suhrkamp nova

Tuvia Tenenbom
GOTT SPRICHT JIDDISCH

Mein Jahr unter Ultraorthodoxen

Fotos, Organisation und Beratung:
Isi Tenenbom
Aus dem amerikanischen Englisch von
Michael Adrian

Suhrkamp

Die Abbildungen stammen von Isi Tenenbom;
die Abbildungen auf S. 30, 114 und 280 wurden
zur Verfügung gestellt von Florian Krauss;
die Abbildung auf S. 515 wurde zur Verfügung gestellt
von Avi Gadlovich, Behadrei Haredim.

Klimaneutral
Druckprodukt
ClimatePartner.com/14438-2110-1001

2. Auflage 2023

Erste Auflage 2023
suhrkamp taschenbuch 5335
Deutsche Erstausgabe
© der deutschsprachigen Ausgabe
Suhrkamp Verlag AG, Berlin, 2023
Copyright © 2023 by Tuvia Tenenbom
Alle Rechte vorbehalten.
Wir behalten uns auch eine Nutzung des Werks
für Text und Data Mining im Sinne von § 44b UrhG vor.
Satz: Greiner & Reichel, Köln
Umschlaggestaltung: Regina Göllner und Hermann Michels
Umschlagfotos: Isi Tenenbom
Druck und Bindung: CPI books GmbH, Leck
Printed in Germany
ISBN 978-3-518-47335-1

www.suhrkamp.de

GOTT SPRICHT JIDDISCH

Mein innigster Dank gilt der Verzauberin meines Lebens, Isi, die nie müde wurde, jede Person und jedes Ereignis in diesem Buch mit ihren allgegenwärtigen Linsen festzuhalten, die all unsere Gäste überreichlich mit Essen und Trinken verköstigt hat und die mir immer mit Worten des Trosts und der Weisheit zur Seite stand.
Dieses Buch ist dir gewidmet.

INHALT

KÜNDIGEN SIE MEINE BEERDIGUNG AN? *Raus hier, Ungläubiger!* 17

FLIEGT MAN BESSER IN EINEM FLUGZEUG ODER AUF EINEM ADLER? *Weiße Esel, Maultiere, ein Prophet und ein Messias auf der Suche nach einer Mauer* 34

DURCHGANG FÜR HUNDE UND ZIONISTEN ABSOLUT VERBOTEN *Ebenfalls verboten: Schöne Königinnen, Vögel und Süße angucken* 40

DIE TRAUER UM EINEN ZERSTÖRTEN TEMPEL *Moses' Gesetz: Ein Mann darf eine schöne Frau nicht anschauen, eine hässliche aber schon* 54

AUF PARTNERSUCHE? GEHEN SIE ZU EINEM GRAB *Taliban-Ladys heiraten samenvergießende Männer* 58

KAHLGESCHORENE KÖPFE UNTER 24 000-DOLLAR-HÜTEN *»Ist sie dünn oder dick? Welche Hautfarbe hat sie? Und welche Haarfarbe?«* 61

EINE STUNDE + EIN GEBET = EINE MILLIARDE SCHEKEL *»Gibst du einem jüdischen Bettler einen Schekel, ist er sauer. Gibst du einem Goj 20 Cents, ist er glücklich.«* 69

EIN LITWAKISCHER RABBINER SIEHT SEINE FRAU AN UND RENNT LOS, UM ES ALLEN ZU ERZÄHLEN *Was genau bedeutet Auferstehung der Toten?* 74

JÜDISCHE MÄNNER MÜSSEN KATZENSCHWÄNZE AUF DEM KOPF TRAGEN *Höchste Zeit, mit zwei palästinensischen Fahnen in der Hand an einem Grab zu Gott zu beten* 81

BEGRÜSSUNG DER NAZIS MIT BROT UND SALZ *»Ich bin lieber bei den Nazis als bei den Zionisten.«* 93

O GOTT, VERSCHAFF MIR EINEN PARTNER *Oder einen kleinen Finger, einen süßen kleinen Finger* 95

DER SCHNELLSTE WEG ZUR GESUNDHEIT: NA, NACH, NACHMA, NACHMAN *Und wenn das nicht funktioniert, versuchen Sie: Pa, Pat, Patri, Patricia* 98

DER PRINZ DER THORA FINDET EIN MÄDCHEN FÜR DICH *Heute nimmt Gott Gebete nur bis 13:30 Uhr entgegen* 101

MODENSCHAU IN MEA SCHEARIM *Wo gibt's die bestaussehenden Juden auf der Welt? In Mea Schearim natürlich!* 104

NACHDEM DIE LADYS VERSCHWUNDEN SIND, KOMMEN SCHARENWEISE ENGEL *Sabbateindrücke: Der Bart eines Rebbes und Vögel auf den Schultern eines Kindes* 108

DER WAHRE NAME GOTTES WIRD MIR IM TRAUM OFFENBART *Ein Mann verbindet sich mit der Logik Gottes, und eine Frau »vergisst«, zur Mikwe zu gehen* 116

WÜRDEN SIE DEN SABBAT ENTWEIHEN, UM EINEN STERBENDEN ZIONISTEN ZU RETTEN? *Frauen: Schlafen darf man mit ihnen, nur anschauen darf man sie nicht* 121

WÜRDEN SIE IHR LEBEN RISKIEREN, UM EINEN STERBENDEN CHASSID ZU RETTEN? *»Fünf Jahre lang hat mich mein Rebbe viermal in der Woche vergewaltigt.«* 127

HAT KÖNIG DAVID MIT EINER VERHEIRATETEN FRAU GESCHLAFEN? NEIN, ER HAT NUR DEN GEBETSSCHAL ÜBERGEZOGEN *Gute Juden stellen keine Fragen. Punkt.* 136

SIE HABEN NOCH NIE IN IHREM LEBEN EINE FRAU KENNENGELERNT, UND PLÖTZLICH IST DA EINE IN IHREM BETT. WAS TUN SIE? *»Als wir uns vereinigten, kam die Heilige Gegenwart zu uns«* 147

VORSICHT VOR DEN FINGERN DER FRAUEN, WENN SIE DAS HÜHNCHEN NEHMEN *Sie ist charedisch, ihr Vater ist ein Konvertit. Wer wird sie heiraten?* 151

GIBT ES DIE SITTENWÄCHTER WIRKLICH? *Vorsicht: Satan versteckt sich unter ihren Kleidern* 161

DIE FRAU, DIE ES KAUM ERWARTEN KANN, SICH DEN KOPF KAHL ZU RASIEREN *Und die Chassidim, die Hamas-Jarmulkes tragen* 167

DAS INTERNATIONALE JÜDISCHE PARLAMENT TRITT IM GURKENLADEN ZUSAMMEN *Sind Sie ein Aschkenase oder ein Jude?* 171

DIE SPRACHE GOTTES: TA, TA, TA, OJ, OJ, OJ, PAM, PAM, PAM *»Wir ziehen es vor, wenn Leute wie Sie, Außenseiter, nicht bei unserem Tisch auftauchen«* 175

WIR WOLLEN DICH TOT SEHEN! ODER LIEBER NOCH EINE PORTION EIERSALAT? *Wenn Sie wissen, wie man Sabbatlieder singt, mein Lieber, werden charedische Ladys Ihre Gesellschaft suchen* 179

SEPHARDEN MÖCHTEN BITTE KOSTENLOSEN KAFFEE *»Kein Studium in der unreinen hebräischen Sprache«* 184

3500 JAHRE BRAUCHT EINE SEELE, UM VOM HIMMEL IN DEN MUTTERSCHOSS HERABZUSTEIGEN *Die Geschichte vom einem Rabbiner, der sich selbst als Lügner bezeichnet und auch wirklich einer ist* 188

IM HAUS DES TEUFELS *Wie man kostenlos zehn kleine Charedim bekommt* 191

BRILLE AB AUF DER STRASSE – UND AUGEN ZU BEIM RADFAHREN! *Schauen gutbetuchte chassidische Männer gutbetuchte chassidische Frauen an?* 195

IN ARABISCHE GEWÄNDER GEHÜLLT, VON PALÄSTI-NENSERN MIT STEINEN BEWORFEN, VON NAZIS BESCHÜTZT *Aus der Tiefe seines Grabs wird Ihnen der Rebbe ein Geschenk machen* 199

WENN GOTT EINEN JUDEN LIEBT, DANN FINDET ER AUCH EINEN PARKPLATZ FÜR IHN *»Meine Seele dürstet nach Gott, nach Dem Lebendigen Gott«* 206

WENN EIN REBBE EINEN GEFILTE FISCH LECKT *Soll ich mich Freitagnacht unter dem Bett des Rebbes verstecken?* 217

OB MAN SCHWARZE ODER WEISSE ENGEL ERSCHAFFT, HÄNGT GANZ VON EINEM SELBST AB *Die günstigste Krankenversicherung der Welt: Rebbes* 221

EIN LITWAK ERKLÄRT DAS UNERKLÄRLICHE *Aber wer hat mehr Spiritualität, eine Kischke oder ein Litwak?* 227

DIE ATEMBERAUBENDE SCHÖNHEIT, DIE NICHT SPRECHEN WILL *Und die Mutter, die ihre Tochter verbrannte* 234

TATSACHE IST: MOSES DER GESETZGEBER TRUG EINEN SCHTREIMEL *Feuerengel veranstalten theatralische Feuerwerke am Heiligen Sitz des Herrn im Himmel* 238

DER BELZER REBBE IST IN MEINEM MAGEN *Wenn sich Engel und tote Rebbes zum letzten Sabbatmahl vereinen* 245

GOTT IST QUICKLEBENDIG IN EINEM UKRAINISCHEN GRAB *Weiße Engel streifen durch die Straßen von Jerusalem* 250

WASSERHAHN AUF, UND IHRE SÜNDEN WERDEN WEGGESPÜLT! *Aber was ist, wenn Sie Ihren Samen in Ihrer letzten Inkarnation vergossen haben?* 256

GOTT SPRICHT JIDDISCH *Und ein Rebbe ist zu einem Interview bereit* 264

WAS IST MÄCHTIGER, EIN HAHN IN MEA SCHEARIM ODER EINE IRANISCHE ATOMBOMBE? *Nichts ist besser als ein Glas Wein, während man das Foto eines alten Litwak anstarrt* 269

VORSICHT: KEINE SCHNAPPSCHÜSSE VON DEN TALIBAN-LADYS *Coronavirus eingefangen? Auf zur Schul!* 274

WENN LILITH AUF PALÄSTINA TRIFFT *Werde ich mein eigenes Mea-Schearim-Baby haben?* 281

DER PALAST VON GER AM TIEFSTEN GRUND DER HÖLLE *Zieht euch an, löscht das Licht, vergnügt euch im Bett* 285

DIE FALSCHE WAHRE GESCHICHTE VON DEM BORDELL IN DER ZEFANJA-STRASSE *Auf Jiddisch kann Ja auch Nein heißen* 290

DER REBBE TRÄGT EINE PISTOLE, UM SICH VOR DEN GERRER CHASSIDIM ZU SCHÜTZEN *Schon mal vom Immobilien-Rebbe gehört?* 295

KÖNNTEN SIE BITTE EINE GRABSTELLE SPENDEN? *Wie man eine 5-Schekel-Frucht für 2000 Schekel verkauft* 301

DER REBBE HAT MEINE HODEN IN DER HAND UND QUETSCHT SIE MANCHMAL *Alle verheirateten Frauen haben denselben Namen: »Pss, pss, pss«* 304

DER MESSIAS WIRD IN EINEM SAUDI-ARABISCHEN FLIEGER KOMMEN *Eine himmlische Verbindung: Chaim Kaniewski und Greta Thunberg* 311

SIE HABEN EIN PROBLEM? DIE CHASSIDIM HABEN EINEN KRAN *Es ist egal, ob Gott existiert oder nicht. Glauben Sie einfach!* 318

SIE KÖNNEN MIR IHR SMARTPHONE GEBEN, ICH MACHE ES FÜR SIE KAPUTT *Begrüßen Sie den Łódźer Rebbe – mich* 322

DIESE JUDEN HALTEN SICH FÜR JORDANIER *Tod den Zionisten!* 328

WARUM KÖNNEN REFORMJUDEN KEIN GUTES ESSEN MACHEN? *Um nicht krank zu werden, ziehen Sie sich aus und stellen Sie sich nackt in den Mondschein* 332

WIE MAN DIE LEICHNAME TOTER JUDEN REINIGT *Geben Rebbes Interviews?* 337

GOTTES NAME OFFENBART: JAAKOV ARJE ALTER *Geben Sie mir Geld, und ich werde Ihre toten Angehörigen auferwecken* 342

KOMM ZU VIZHNITZ UND STELL DICH MITTEN UNTER DIE JESCHIWAJUNGS *Wie man dafür sorgt, dass seine Seele nicht bis in alle Ewigkeit in kochenden Exkrementen schmort* 346

IHRE TOCHTER IST SCHWANGER! *Und ein Gefilte Fisch kann Sie Gott näherbringen* 351

ENTSCHULDIGEN SIE, STEHEN SIE IN VERBINDUNG MIT DEM HEILIGEN GEIST? *Achten Sie darauf, dass Ihre Kinder diese Thorarolle auf keinen Fall zu Gesicht bekommen* 361

AUF DER TOILETTE NICHT AN FRAUEN DENKEN *Ein arabischer Taxifahrer träumt davon, dass ihn chassidische Frauen um Sex bitten* 364

EHEMÄNNER IN SPE VON TALIBAN-LADYS VERSUCHEN, LEUTE ANZUZÜNDEN *Ein heißer Kaffee und ein heißer Kuss in der extremsten Synagoge* 372

WER IST DER GRÖSSERE IDIOT, DER LITWAK ODER DER CHASSID? BEIDE – SAGT DER LITWAK *Zwei junge Litwakim träumen nachts von deutschen Blondinen* 379

EIN GESPRÄCH MIT DEM REBBE VON TOLDOS AHARON *Der Rebbe spricht unzensiert und lässt eine Bombe platzen* 386

DER REBBE IN MEINEM BETT *Der Chassid, der ein Jahrzehnt lang seinen Samen nicht vergossen hat* 395

EIN JOINT ZU EHREN DES SABBATS *Doch warum ehren sephardische Rabbis einen Pädophilen?* 402

DIESER SEPHARDISCHE RABBI IST SO HEILIG, SEINE AUGEN HABEN NOCH NIE EINE FRAU ERBLICKT *Und ein aschkenasischer Rabbi wird wegen Mordverdachts festgenommen* 406

DER PREIS DES SEGENS: VON 20 BIS ZU 50 000 SCHEKEL *Ein Mann wird in der Kommenden Welt belohnt, eine Frau in Dieser* 410

EIN RABBI VERSTECKT SICH HINTER DER VORHAUT EINES BABYS *Und der Prophet Elias erscheint, aber die Rabbis trauen sich nicht, ihn anzusprechen* 415

DER WEG ZUM TRAUMPARTNER: HÄNGEN SIE EIN TUCH AN EINEN BAUM NEBEN EINEM GRAB *Amerikanische Juden, die ihr euch über Transgender und politisch korrekte Halloweenkostüme den Kopf zerbrecht: Lest Psalm 15!* 422

FAKT IST: EIN SCHAF SAGT »AMEN« ZU EINEM RABBI *Fakt ist: Ein toter Mann wird die anderen Toten auferwecken* 431

EIN GESPRÄCH MIT DEM REBBE VON SHOMER EMUNIM *Wer ist Gott? Was ist Gott? Was ist ein Kvitel?* 435

EIN WUNDER: EIN REBBE KOMMT ZU BESUCH, WAR ABER GAR NICHT DA *Was ist der Unterschied zwischen Charedim und Katholiken?* 448

SIE IST GESTORBEN, IHR RABBI ABER HAT SIE AUFERWECKT *Die rumänische Nonne füttert mich mit palästinensischen Plätzchen* 453

EIN GESPRÄCH MIT DEM KARLINER REBBE *Warum der Bojaner Rebbe ein kluger Mann ist* 460

ES IST GOTTES WILLE, DASS CHAREDISCHE LITWAKIM ARM SIND *Kommt ein jiddischsprachiges Kamel in eine Jeschiwa* 463

SIE WÜRDEN IHR LEBEN FÜR IHREN GLAUBEN HINGEBEN, NUR WORAN GLAUBEN SIE? *Ein Toter im Tallit am Stadttor* 471

EIN NOTGEBET: DAS IST IHRE LETZTE CHANCE, EINE PARTNERIN ZU FINDEN *Wenn Sie in einem Grab kein Mädchen finden können, kommen Sie hierher!* 481

HASSER UND TERRORISTEN, IM GEBET VEREINT *Die Uneinigkeit zwischen Studenten und Rabbis in einer Zeit, in der sich die charedische Welt ein wenig öffnet und die freie Welt sich sehr verschließt* 487

BLÄST DER WIND DIR INS HAAR, FLIEGST DU VON DER SCHULE *Warum die Straßen von Bnei Brak so verdreckt sind? Weil Bnei Brak eine liberale Stadt ist* 499

IST MEIN VATER VON DEN TOTEN AUFERSTANDEN? *Ein alter Jude mietet ein Zimmer neben dem Grab seiner verstorbenen Frau* 504

WENN SIE HEIRATEN WOLLEN, TRAGEN SIE EINEN TALLIT AUS EINEM GRAB *Die spannende Bnei-Brak-Show: eine alte Dame, die eine Straßenkatze füttert* 506

DIE MACHT DES KLEINEN FINGERS DER CHASSIDISCHEN LADY *Die glücklichsten Männer kriegen einen Happen vom Heiligen Gefilte* 508

GOTT IST EIN WORT, BASTA! *Schön gekleidete charedische Frauen töten rechtschaffene charedische Männer* 511

EIN CHASSID MIT LANGEM BART ERKLÄRT GOTT DEN KRIEG *Wenn Chassidim versuchen, den Kopf eines anderen Chassids zu sprengen* 515

WAS IST GOTT? EINE BATTERIE *Schlucken Sie diese Pille, und Sie werden nie wieder Ihren Samen vergießen* 525

EINE EINLADUNG ZUM SABBATMAHL WIRD ZURÜCK-GEZOGEN *»Wie ist Ihr Name und der Name Ihrer Mutter?«* 528

EIN GELANGWEILTER LITWAK SUCHT NACH EINER AUFREGENDEN BESCHÄFTIGUNG *Stören Engel die Mobilfunkverbindungen?* 530

SOLLEN WIR DEM ANWALT DIE SCHLÄFENLOCKEN ODER DEN BART ABSCHNEIDEN? *Charedische Journalisten haben Angst davor, über die Ereignisse zu berichten* 533

HAND IN HAND GEHEN GOTT UND ICH MIT EINER WACHTEL IN KIRYAT VIZHNITZ SPAZIEREN *Ein Rom mit Schtreimel* 540

DER HEILIGE UND DIE SCHWÄNZE *Haben Sie mal eine Million für mich?* 546

ÄUSSERLICH CHAREDIM, INNERLICH ATHEISTEN – DIE ANUSIM *Bin ich ein Charedi oder ein Ungläubiger?* 554

DIE STRASSENBAHN BEFÖRDERT IHRE STIERE ZUM HEILIGEN TEMPEL *Verschwindet von hier, ihr Mörder!* 562

Danksagung 575

KÜNDIGEN SIE MEINE BEERDIGUNG AN?

Raus hier, Ungläubiger!

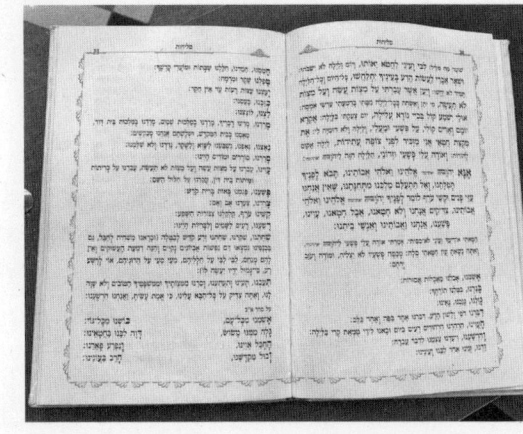

In letzter Zeit ist er öfter um mich herumgetanzt, ein reizender Knabe von zwölf, dann 13, zuletzt 14 Jahren. Er trägt ein weißes Hemd, schwarze Hosen, schwarze Schuhe, eine schwarze Kippa, und er hat zwei schöne Schläfenlocken. Seine Lehrer bewundern ihn und lassen ihn die eine oder andere Klasse überspringen. Als er 14 wird, versucht er es seinen Klassenkameraden gleichzutun, die 18 und 19 sind, und fängt an zu rauchen.

Eines Tages bekam er mit 14 eine Lungenentzündung oder etwas in der Art. Er war im Schlafsaal seiner Jeschiwa (Rabbinerseminar) ans Bett gefesselt und konnte seiner Lieblingsbeschäftigung nicht nachgehen, dem Lernen. Ein Klassenkamerad, 19 Jahre, lieh ihm ein Buch aus, einen Roman über John und Patricia, Namen, die ihm unvertraut waren. Welcher Jude, der noch bei Trost ist, würde sich John nennen, wenn er auch Moische heißen könnte? Welche Jüdin, die noch bei Verstand ist, würde mit dem Namen Patricia die Straße entlanglaufen, wenn sie auch Zisale heißen könnte? Noch interessanter und echt merkwürdig war allerdings, was dieser John und diese Patricia taten. Sie lern-

ten sich, so las er, bei einem romantischen Candlelight-Dinner
kennen, ein Abendessen, zu dem John Patricia einlud, oder war
es umgekehrt, und Patricia lud John ein. Wie absurd, dachte er,
denn welcher Mann, der noch bei Verstand ist, würde eine Frau
zu sich einladen, eine Frau, die er noch nicht einmal kennt, und
welche Frau, die noch bei Trost ist, würde einen Mann zu sich
einladen, einen Mann, den sie noch nicht einmal kennt? Wie unzüchtig.

Aber wie merkwürdig auch immer, so war es.

Sie aßen ein wenig und tranken ein wenig, aßen noch ein wenig und tranken noch ein wenig, als John plötzlich begann, Patricia auszuziehen, und sie lächelnd Gleiches mit Gleichem ver-
galt.

Wie entsetzlich!

Der reizende Knabe von 14 Jahren war schockiert. Nie zuvor
war ihm der Gedanke gekommen, eine Person könnte eine andere ausziehen, geschweige denn ein Mann eine Frau. Tun die
Leute so etwas?, fragte er sich. In seiner Gemeinschaft, dort, wo
er aufwuchs, gilt es bereits als große Sünde, wenn ein Mann eine
Frau ansieht; warum also zog dieser komisch klingende Name
von einem Mann diesen komisch klingenden Namen von einer
Frau aus?

Als er ein bisschen mehr über die Sache nachgedacht und
versucht hatte, sie zu analysieren, fand er, dass eine Frau auszuziehen – oder von einer Frau ausgezogen zu werden – letztlich ein interessantes Konzept war und weiter erforscht werden
musste.

Aber wie es erforschen? Das wusste er nicht.

Noch nicht.

Krank, wie er war, erhob er sich vom Bett und trat ans Fenster, um einen Blick auf die Straße zu werfen. Er sah Männer und
Frauen vorübergehen, und zum ersten Mal in seinem Leben
wandte er seine Augen beim Anblick einer Frau nicht ab. Ja, normalerweise machte er das so. Wenn ihm eine Frau begegnete,
dann senkte er stets den Blick und schaute in die andere Rich-

tung, sodass seine Augen die Frau nicht sehen konnten, weil sich, wie seine Rabbiner ihm immer erklärten, Satan unter der Kleidung der Frauen verbarg. Ja. Und wenn, was der Himmel verhüten möge, vielleicht ein Windstoß unter das Kleid einer Frau fahren und er einen Blick auf Satan erhaschen würde, dann würde er von ihm geschnappt und zu seinem Sklaven auf Lebenszeit gemacht werden. Dennoch schaute er sich jetzt die Frauen an. Sie waren schön anzusehen, sagte er sich, und so gar nicht satanisch. Frauen, schoss es ihm durch den Kopf, sind viel schöner als Männer. Wie hießen sie wohl alle?, fragte er sich. Waren sie alle Patricias? Ob auch er sie zu einem Candlelight-Dinner einladen und ausziehen könnte?

Nein, sagte er sich, könnte er nicht. Er ist kein John.

Könnte er aber John werden?

Gute Frage.

Er stand am Fenster, blickte in den Himmel und dankte Gott, dessen Name *Der Name* ist, dass er solche schönen Wesen erschaffen hatte.

Von neuer Energie erfüllt, zog er sich an und ging auf die Straße, um Frauen aus der Nähe zu betrachten.

Was er sah, gefiel ihm so gut, dass er nicht mehr ein noch aus wusste und zu seinen Rabbis rannte.

Er wandte sich an einen Rabbi nach dem anderen und wollte von ihnen wissen, warum er Frauen nicht anschauen durfte. Durfte er das nicht, weil sie schön waren und er sich aller Freuden enthalten sollte, fragte er sie, oder weil die Rabbis sie hässlich fanden und ihn vor der Hässlichkeit der Welt bewahren wollten? Und übrigens, fragte er sie: Wo steht geschrieben, dass Männer keine Frauen anschauen dürfen? War es Der Name, der am Berge Sinai zu Moses gesagt hatte: Du sollst keine Frauen anschauen? Wenn ja, wo genau steht es, dass Er das gesagt hat? Und davon abgesehen, von wem stammt die Vorstellung, dass sich Satan unter den Frauenkleidern verbirgt, und wo steht das?

Diese Fragen, antworteten die Rabbis, sind kfire, ketzerisch, daher sollte man sich auch nie mit solchen Fragen beschäftigen.

Nur Ungläubige, sagten sie, schauten Frauen an, und nur Ungläubige würden Fragen zu Glaubensangelegenheiten stellen. War er etwa, fragten sie, ein Ungläubiger? War Satan, Gott bewahre, in seinen Körper eingedrungen?

Er hörte sie an, hörte ihnen zu und fragte: Warum soll man keine Fragen stellen? Wann genau hat Der Name bestimmt, dass nur Ungläubige Fragen stellen dürfen? Warum musste ein Satan in ihm wohnen, wenn er eine Frage stellte? Und weil sie schon einmal dabei waren, wer und was war Satan? Und in welcher Frau wohnte Satan eigentlich, bevor er in seinen Körper eindrang? Könnte er diese Frau nicht anschauen, jetzt, wo Satan sie verlassen hatte? Hatte Satan vor, er ließ nicht locker, auch in die Körper seiner Rabbis einzudringen? Und noch eine Frage: Warum ist es ein Akt der Ketzerei, eine Frau anzuschauen? Leugnete er die Existenz Des Namens in dem Moment, in dem er eine Frau betrachtete?

Noch viele andere Fragen kamen ihm über die Lippen, Tag für Tag und Monat für Monat, bis er eines schönen Tages die charedische (ultraorthodoxe) Gemeinschaft und damit die Welt seiner Herkunft verließ. Außerhalb der charedischen Welt, so hoffte er, würde er anschauen können, wen er wollte, sei es einen Mann oder eine Frau, eine Katze oder einen Affen, und alle Fragen stellen können, die er hatte, und alles sagen können, was ihm in den Sinn käme.

Diese Geschichte des reizenden, wissbegierigen, zähen, vor allem aber reizenden Jungen trug sich vor vielen Jahren zu.

Wer ist dieser reizende Junge? Nun, dieser Junge, das bin ich.

Und als ich wegging, verließ ich nicht nur meine Gemeinschaft. Ich verließ auch Jerusalem, verließ Israel, und der reizende Junge in mir versteckte sich von nun an.

Ich ging in die Vereinigten Staaten, wo ich viele Jahre in New York damit verbrachte, an verschiedenen Universitäten zu studieren, und dabei Abschlüsse und halbe Abschlüsse in verschiedenen Fächern sammelte. Im Lauf der Jahre gründete ich ein jüdisches Theater in New York City, wurde darüber hinaus noch

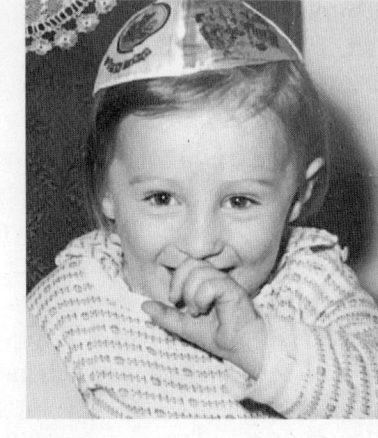

Journalist, machte Deutschland zu meiner zweiten Heimat und schrieb einige Bestseller.

Parallel zu meinen persönlichen Erfolgen aber veränderte sich allmählich in meinen beiden Wahlheimaten etwas, in einem schleichenden Prozess, der letztlich auf eine Gedankenkontrolle zielte.

Wow. Starke Worte, ich weiß. Aber wahr.

Als ich Amerika zu meiner neuen Heimat machte, dachte ich, dass ich im Land der Freien und der Heimat der Tapferen würde sagen und tun können, was immer ich wollte. Nach und nach aber dämmerte mir, dass ich mich zum zweiten Mal getäuscht hatte.

Während die Jahre ins Land zogen, eins ums andere, musste ich immer vorsichtiger damit sein, wohin ich guckte, was ich sagte und was ich tat. In meinen New Yorker Anfängen konnte ich, wenn ich wollte, konservative und liberale Ansichten in den Kommentaren der führenden Tageszeitungen lesen, aber dann verschwanden die Konservativen, bis irgendwann auch die Liberalen weg waren und beide durch puritanische Extremisten ersetzt wurden. In den alten Tagen konnte ich, wenn ich wollte, Stücke inszenieren, in denen nackte Haut mit beißender Gesellschaftskritik verbunden wurde. Das geht nicht mehr. Solche Theateraufführungen, die im überaus brillanten Theater des Absurden ausgebrütet wurden, sind heute eine Sache der Vergangenheit. Allmählich, Schritt für Schritt, ist eine neue Religion entstanden, die für Ideen und Ideale steht, wie man sie früher allenfalls an den Rändern der Gesellschaft gefunden hätte: sexuellen Puritanismus, Gendersensibilität, Klimaaktivismus, Veganismus, Cancel Culture, nichtbinäre Sprache, offene Grenzen, Palästina & Marihuana.

Und dann kam Corona. Das Coronavirus, eine Seuche gigantischen Ausmaßes, forderte Millionen Menschenleben und veränderte für immer die westliche Welt, wie ich sie kannte. Der Wandel, der die Gesellschaft bislang nur allmählich erfasst hatte, machte plötzlich einen gewaltigen Sprung. Zum ersten Mal im Leben erkannten Menschen überall auf der Welt die Grenzen ihrer Macht und mussten mit anschauen, wie der Tod um ihr Haus schlich, nachdem er zuvor alle Grenzen und Hürden übersprungen hatte, ohne dass sie irgendetwas dagegen tun konnten. Hatten sie zuvor geglaubt, sie hätten die Welt erobert, die stolzen Angehörigen jener Generation, die das Smartphone erfunden hatte, den handfesten Beweis ihrer Genialität und Intelligenz, so blickten sie nun entsetzt auf die endlose Parade von Särgen, die über den glänzenden Bildschirm ihres neusten Handys zog. Und während der Engel des Todes in ihren Schlafzimmern tanzte und die Menschen, die liberale Ideen hochhielten und immer an die Redefreiheit geglaubt hatten, unter ihren Decken zitterten, marschierten die Puritaner auf den Straßen, skandierten ihre Parolen so laut, wie sie nur konnten, und beschleunigten den Veränderungsprozess ums Hundertfache. Was einmal richtig gewesen war, wurde nun falsch, und Verhaltensweisen, die einmal als normal gegolten hatten, galten nun als sträflich.

Das Thema, das von dem drastischen Wandel am stärksten betroffen wurde, war zumindest für die Menschen in meinem Umfeld das intimste, nämlich das Sexuelle: Wer darf mit wem schlafen und wer nicht, wer kann wen berühren und wer nicht, was darf man überhaupt mit seinem Gegenüber machen, und was genau sollen die Menschen überhaupt mit ihren Geschlechtsteilen anfangen.

So sah es im linken politischen Spektrum aus, wo der Puritaner nunmehr als Progressiver gilt. Bei der politischen Rechten trat ein gleichermaßen widersinniges Phänomen in Erscheinung. So fanden sich beispielsweise auf der rechten Seite der amerikanischen Politik besonders viele Impfgegner, die behaupteten, dass mehr Menschen an Corona-Impfstoffen stürben als am Coronavirus selbst. Wenn Leute ihnen glaubten und auf dem Friedhof landeten, sei's drum; es war ihnen egal. Es war bizarr, total lächerlich, gefährlich und Gift für die Gesellschaft. Sie verfügten nicht über ein Quäntchen Verstand oder wissenschaftliche Erkenntnisse, um ihre Behauptungen zu stützen, galten aber als redliche, wahrhaftige Weltretter. Sie lebten in einer Lügenblase und ließen sich von keiner Kraft auf der Welt aufhalten.

Dieses Schisma zwischen links und rechts spitzte sich zu, während die Seuche weiter wütete und immer neue Todesopfer forderte, doch Leute wie ich, die in New York City leben, einer Hochburg der Linken, waren vor allem vom linken Lager der Politik betroffen. Unsere alte Welt brach vor unseren Augen zusammen. Und wenn Sie heute in New York City ein Mann sind und Ihren guten Namen behalten wollen, dann vermeiden Sie am besten jeden Kontakt mit den Ladys der Stadt. Wenn meine charedischen Rabbis von einst jetzt nach New York kämen, würden sie sich bei den glühendsten Atheisten der Stadt wie zuhause fühlen.

Komische Welt.

Einem Jahr folgt ein weiteres, die Zahl der Toten und Sterbenden steigt, inzwischen aber langsamer, und der Junge, die reizende Wenigkeit, die ich einmal war, starrt mich in letzter Zeit zunehmend häufiger an. Was wäre geschehen, frage ich mich immer wieder, wenn ich Kurs gehalten hätte, in der charedischen Welt geblieben wäre und eine neue Patricia – oder vielleicht Madonna – heute meinen Weg kreuzen würde, würde ich die Charedim dann jetzt noch verlassen und mich, beispielsweise, den Impfgegnern anschließen?

Inzwischen ist der reizende Junge ganz aus seinem Versteck gekommen, fixiert mich immer ungenierter und fragt: Nachdem die Welt ein einziges Chaos ist, solltest du da nicht umkehren und zu der Welt zurückkehren, die du hinter dir gelassen hast?

Die Wahrheit ist, dass ich nicht viel über die Welt weiß, die ich hinter mir gelassen habe. Ich war zu jung, als ich sie verließ, um sie wirklich zu verstehen. Und heute, wo ich erwachsen bin, könnte sie auch schon eine andere geworden sein, so wie die Welt um sie herum.

Ist sie das?

Ich habe die Jahre meiner Kindheit und Jugend geliebt, und ohne die Rabbis und die ständig zunehmenden Verbote wäre ich dort geblieben. Ich habe Jerusalem geliebt, eine Stadt der antiken Geschichte und aktuellen Intrigen, und nie aufgehört, sie zu lieben.

Sodass ich jetzt, wo ich von der Welt um mich herum enttäuscht bin, manchmal davon träume, eine Reise in meine Vergangenheit zu machen, der spirituellen Welt, aus der ich weggelaufen bin, einen Besuch abzustatten, einer Welt, die ich geliebt und verraten habe.

Wenn ich diese Reise unternehme und nach Jerusalem gehe, wo sollte ich meine Zelte aufschlagen?

In Mea Schearim, meine Lieben, wo denn sonst?

Mea Schearim ist eines der authentischsten charedischen Viertel in Israel und das schillerndste sowieso, und obwohl ich eine Weile dort gelebt habe, habe ich es in zu jungen Jahren verlassen, um es »wirklich« zu kennen. Doch eines weiß ich ganz genau: Sollte Gott gelegentlich auf Erden wandeln, dann sicher in Mea Schearim.

Ich selbst stamme aus einer hochreligiösen Familie, die gottes-
fürchtiger als der Herr und tief in Osteuropa verwurzelt ist. Auf
väterlicher Seite bin ich ein Nachkomme des Radzyńer Rebbes,
des Vorstehers der chassidischen Gemeinschaft von Radzyń, Polen, die von Nazideutschland praktisch ausgerottet worden ist.
Nur sehr wenige Chassidim überlebten die Nazis, darunter mein
Großvater, der Glanz der Dynastie aber ist unter Asche begraben.
Mütterlicherseits bin ich der Enkel eines rumänischen Rabbiners,
dessen Leben, wie das des Großteils seiner Familie, durch eine
Kugel verkürzt wurde, weil er ein Jude war.

Doch sie sind leider nicht die einzigen Toten, an die ich denken muss.

Während ich diese Zeilen schreibe, in just dieser Woche, jährt
sich der Tod meines Vaters; vor über einem Jahrzehnt gab er seine Seele dem Himmel zurück, und seine körperlichen Überreste
wurden in der Heiligen Stadt Jerusalem begraben.

»Seine Seele zurückgeben«, so nannten wir das in unserer Gemeinschaft, wenn jemand verstarb.

Ich sitze in einem Café, starre ins Leere und sehe das Bild
meines Vaters, der zurückstarrt. Er war ein Mann von scharfem
Verstand und immensem Wissen und konnte ihm völlig unbe-
kannte Menschen mustern und anschließend bis ins letzte De-

tail zutreffend analysieren. Er war ein rabbinischer Gelehrter, ein talmudisches Genie und ein liebender Vater, der mich zeit seines Lebens mit Geld überschüttet hat. Und ich sehe meine Mutter, eine großartige Gastgeberin, eine gute Geschichtenerzählerin, eine Frau, die mich dafür bezahlte, wenn ich Huhn aß (was ich wirklich nicht mochte), und die ein ausgezeichnetes Auge für Kunst hatte; die Nazis hat sie wie durch ein Wunder überlebt. Auch sie gab ihre Seele vor einigen Jahren dem Himmel zurück, und ihre Überreste sind ebenfalls in der Heiligen Stadt Jerusalem beerdigt.

Wo bin ich jetzt? Ich bin in Prenzlauer Berg, einem Berliner Kiez, der mir im Lauf der Jahre ans Herz gewachsen ist, und schlürfe einen heißen italienischen Kaffee.

Ich verbringe den Sommer oft in Prenzlauer Berg, wenn ich nichts Besseres zu tun habe. Jeden Morgen suche ich mir ein anderes Straßencafé, bestelle einen Kaffee, oft auch ein Omelett, zünde mir eine Zigarette an und beobachte die Leute. Ja, ich bin ein leidenschaftlicher Leute-Beobachter. Ich bin der Sohn toter Juden, der Enkel verbrannter Juden und sehe gerne lebendige Leute. Gibt es daran etwas auszusetzen?

Ich werde das nie öffentlich zugeben, aber es stimmt, dass die Leute, die ich am häufigsten betrachte, die Ladys sind, die jungen deutschen Ladys, die an meinem Tisch vorbeidefilieren.

Manchmal vermischen sich die Bilder in meinem Kopf: meine toten jüdischen Eltern auf der einen Seite und die lebendigen deutschen Ladys auf der anderen. Manchmal vermischen sich die Bilder sogar noch mehr: oben die Gesichter meiner Eltern und unten die Beine der Ladys.

Ich zünde mir eine Zigarette an, blicke den Rauchkringeln hinterher, wie sie vom leichten Wind in den Himmel getragen werden, und stelle mir vor, dass ich nach Israel fliege, wo meine beiden Eltern zu Erde wurden.

Soll ich den Winden und dem Rauch folgen?

Nun, warum nicht?

Nachdem ich fertig geraucht habe, buche ich ein Hotelzimmer in Jerusalem, nehme ein Taxi zum Flughafen, besteige eine EasyJet-Maschine und fliege ins Heilige Land.

Ja, man muss zackig sein im Leben: Idee haben. Umsetzen. Abhaken.

Lustig, sage ich mir, als ich im Flugzeug sitze: Dasselbe Feuer, das ich in mir hatte, als ich die charedische Welt hinter mir ließ, habe ich jetzt, da ich die westliche Welt hinter mir lasse.

Ich glaube, aber verraten Sie es niemand, dass ich eine Weile in Israel bleiben werde, zumindest für ein paar Monate.

Zum Teufel, warum auch nicht?

Nach der Landung nur wenige Stunden später nehme ich ein Taxi nach Jerusalem, eine Stadt, deren Tote aus ihren Gräbern auferstehen wie Jesus Christus, deren Propheten Direktflüge in den Himmel durchführen wie Mohammed und deren Könige 999 Frauen und Konkubinen haben, die darauf warten, ihren Herrn und Meister zu unterhalten, wie König Salomon. Kurzum, die Stadt Gottes.

Der Taxifahrer setzt mich an meiner künftigen Unterkunft ab, dem Tzefania Hotel, einem Boutique-Hotel in der Tsfanya-Straße im Viertel Mea Schearim. Von innen sieht das Tzefania eher wie

ein österreichisches Heim vor hundert Jahren als wie ein israelisches Hotel der Gegenwart aus, und für einen Augenblick frage ich mich, wo ich eigentlich gelandet bin.

Nun, in Mea Schearim.

Oder, um germanisch präzise zu sein, liegt mein Hotel einen Block unterhalb des berühmten Sabbat-Platzes (Kikar Haschabat) in Kerem Abraham. Im echten Leben aber und wenn man kein Deutscher ist, gehören die Gegenden, die unmittelbar an Mea Schearim grenzen, wie Geula, Kerem Abraham, Batei Ungarin, Beth Israel und so weiter zum gefühlten Mea Schearim.

Mea Schearim. Schon mal gehört?

Mea Schearim bedeutet wörtlich Hundert Tore, hat aber viele Konnotationen, je nachdem, wer man ist. Für manche ist es der heiligste Ort auf Erden; für andere der schmutzigste. Wieder andere, die unabhängigen Denker, sagen, es sei eine Mischung aus beidem.

Ich war schon seit Jahrzehnten nicht mehr in der Tsfanya-Straße. Ich weiß noch, dass es an beiden Enden der Straße häufig zu Zusammenstößen zwischen der Polizei und charedischen Demonstranten kam, die verlangten, dass der Stadtteil am Sabbat für den Verkehr abgeriegelt werde.

Bevor ich das Flugzeug nach Israel bestieg, rieten mir jüdische Bekannte entschieden davon ab, als ich ihnen sagte, dass ich eine Weile in Mea Schearim leben wolle. »Das hältst du keine Nacht lang aus«, sagte mir ein gläubiger Jude. »20 Charedim werden sich um dein Hotel versammeln, sobald du es bezogen hast, Steine nach deinem Fenster werfen und brüllen: ›Raus hier, Ungläubiger!‹«

Inzwischen sind viele Jahre vergangen, seitdem mir erstmals »Ungläubiger« entgegengeschleudert wurde, und ich hoffe, dass ich diesmal besser damit umgehen kann.

Aber wie dem auch sei, ich möchte mich zunächst mit meiner Umgebung vertraut machen.

Nachdem ich meine Koffer im Hotel deponiert habe, spaziere ich durch die engen Straßen von Mea Schearim.

Wenn ich Glück habe und es stimmt, dass Gott gelegentlich Spaziergänge in diesem Viertel unternimmt, werde ich Ihm von Angesicht zu Angesicht begegnen. Man weiß ja nie, vielleicht sind wir eines Tages Hand in Hand unterwegs. Das wäre mal was, oder?

Anders als Gegenden wie etwa Prenzlauer Berg, die mit Cafés und Restaurants gesäumt sind, sind die Straßen von Mea Schearim mit Hinweisschildern gesäumt, auf denen die Frauen aufgefordert werden, sich züchtig zu kleiden. Was ist züchtig? »Züchtige Kleidung umfasst: Geschlossene, langärmelige Bluse, langer Rock. Keine enganliegende Kleidung«, so eines der Schilder. Ich bin mir nicht sicher, warum sie hier solche Schilder aufstellen. Wenn ein Mann eine Frau nicht ansehen darf, ist es dann nicht gleichgültig, wie sie gekleidet ist?

Neben den Schildern fällt mein Blick auf zahllose Plakate an den Mauern dieses Viertels. Über ihnen befinden sich seltsam anmutende Balkone, Anbauten, die scheinbar nicht von Architekten, sondern von Mülltonnenherstellern entworfen wurden.

Die Plakate, die auf Tafeln geklebt sind, auch Paschkewil genannt, ziehen sich ganze Häuserreihen entlang und enthalten Nachrufe auf Menschen, die »ihre Seelen zurückgegeben« haben, sowie diverse Ankündigungen.

Wenn ich mich recht erinnere, hat man die Balkone für das jährliche Sukkot-(Laubhütten-)Fest gebaut, bei dem die charedischen Juden sieben Tage lang in einer Sukka, einer Laubhütte, leben und die Befreiung ihrer Vorfahren aus ägyptischer Knechtschaft feiern, die sich ihrem Glauben zufolge vor Tausenden von Jahren zugetragen hat.

Die Großeltern der hier lebenden charedischen Juden waren, wie man ihren Familiennamen entnehmen kann, Europäer, Belorussen, Ukrainer und Russen, und sie sprachen Jiddisch, eine vom Deutschen abgeleitete Sprache ohne die Spur eines ägyptischen Akzents. Wann genau sie aufhörten, Ägyptisch zu sprechen, und anfingen, Jiddisch zu sprechen, ist ein Geheimnis, um das nur der jüdische Gott weiß, Der Name.

Was ich jedoch weiß, ist, dass ich gerne in ein Café gehen würde.

Alte Gewohnheiten legt man nicht so leicht ab, und ich spiele mit dem Gedanken, einen italienischen Kaffee in einem Straßencafé zu schlürfen und mir hübsche Deutsche anzugucken. Aber es soll nicht sein: Ich sehe weder eine einzige deutsche Seele um mich herum noch ein einziges Straßencafé.

Wir sind hier nicht in Prenzlauer Berg, sondern in Mea Schearim.

Es gibt hier ein paar Restaurants, aber zumeist hinter verschlossenen Türen oder in Kellern – keine Orte, um deutsche Beine zu studieren.

Statt einer Reihe von Cafés sehe ich eine Reihe von Geschäften, in denen ich koschere Heringe und Mesusas (heilige Türpfosten) kaufen könnte, Silberbecher und Essiggurken, Plastikteller und teuren Schmuck, Perücken und Tichel (Kopftücher) für verheiratete Frauen, »Chassidi-Gel« und »Chassidi-Kids« zur Gestaltung perfekt gerundeter Schläfenlocken für Männer, sowie Modeläden und Lebensmittelgeschäfte, Bäckereien und Buchhandlungen.

Was für eine andere Welt.

Die engen Gassen, von denen einige für Autos ungeeignet sind, sind nicht besonders sauber. Hoffentlich sind die Wohnungen der Menschen nicht auch so schmutzig. Ich war noch nie in einer Privatwohnung in Mea Schearim, noch nicht einmal, als ich hier als Jeschiwa-Schüler lebte, damals, wäre aber sehr neugierig darauf.

Ich bleibe bei einer Synagoge stehen, einer Schul auf Jiddisch, und lasse mir von einer alten charedischen Dame mit Tichel auf dem Kopf erklären, dass die Mitglieder dieser Schul die größten

Störenfriede in ganz Mea Schearim sind. »Aber es sind nette Leute«, fügt sie hinzu.

Das ist Jerusalem, sage ich mir, eine Stadt, die seit Tausenden von Jahren mehr Störenfriede erlebt hat als jede andere mir bekannte Stadt, und eine kleine Schul mit Störenfrieden wird da nicht den geringsten Unterschied machen.

Ich frage die Dame, ob sie in der Gegend lebt, was sie bejaht. Wo?, frage ich sie. Sie zeigt auf eine kleine Wohnung auf der anderen Seite der engen Gasse vor der Schul. Als sie sieht, dass meine Neugierde geweckt ist, fragt sie mich, ob ich gerne eintreten würde, und lädt mich zu sich ein.

Und schon sind wir bei ihr.

In diesem Haus, erzählt sie mir, hat sie ihre Kindheit verbracht. Es ist eine kleine Wohnung, mit zwei kleinen Zimmern, jedes so groß wie zwei Doppelbetten, dazu eine kleine Küche und ein kleines Bad. »Als wir Kinder waren, schliefen wir zu neunt hier, und der Rest meiner Geschwister schlief bei meinem Großvater.« Ich habe keine Vorstellung, wie neun Seelen in einen solchen Raum passen sollen. »Damals«, erzählt sie mir, »war ich so glücklich wie niemals wieder.«

Im Haus ist alles makellos, kein Fleck zu sehen.

Und weiter geht's.

Auf der Mea-Schearim-Straße fährt ein Auto mit Lautsprecher auf dem Dach vorbei und verkündet: »Der Trauerzug für den rechtschaffenen Rabbiner Reb Dovid Schloime Birnhak von den wichtigen Toldos-Aharon-Chassidim, Schwiegersohn des gottesfürchtigen Reb Eliohu Steinberger seligen Angedenkens, wird um 18 Uhr von Toldos Aharon zum Ölberg aufbrechen.« Das ist ein Aufruf an die Menschen im Viertel, mit ihrer Teilnahme an der bevorstehenden Beisetzung Reb Dovid ihre letzte Ehre zu erweisen. Der Wagen rollt ganz langsam, damit alle über das Begräbnis informiert sind und sie alles stehen und liegen lassen, um ihm beizuwohnen.

Die Teilnahme an einer Beerdigung, so will es die Tradition, ist eine der entscheidenden Mitzwot (Gottesgebote), die ein Mensch befolgen kann, und wer es tut, dem wird es der Himmel reichlich lohnen.

Worin die Belohnung bestehen wird? Das weiß ich nicht recht.

Wenn ich in dieser charedischen Welt bleiben und hier sterben würde, dann würden sie eines Tages für alle, die Ohren haben, auch mein Begräbnis ankündigen: »Der Trauerzug für den gottesfürchtigen Rabbiner Reb Tuvia Tenenbom seligen Angedenkens wird um 18 Uhr von Toldos Aharon zum Ölberg aufbrechen.«

Und einen Moment lang höre ich in meinem geistigen Ohr, wie sie meine Beerdigung ankündigen.

Eine Vorstellung, bei der mir fröstelt.

Ich blicke dem vorbeifahrenden Auto hinterher, und für den Bruchteil einer Sekunde scheint mir, als ob hinten etwas drin wäre, das ich nicht erkennen kann. Ist das Gott?

FLIEGT MAN BESSER IN EINEM FLUGZEUG ODER AUF EINEM ADLER?

Weiße Esel, Maultiere, ein Prophet und ein Messias
auf der Suche nach einer Mauer

Ich kenne einige der Regeln und Traditionen der Charedim, aber es ist viele Jahre her, dass ich selber einer war, und ich bin mir nicht sicher, ob die Regeln von heute noch die alten sind. Die Welt außerhalb Mea Schearims hat sich verändert und vielleicht ja auch Mea Schearim selbst.

Der Beerdigungsankündiger wiederholt seinen Aufruf mehrere Male und drängt die Leute, ihre letzte Ehre zu erweisen. Ein Mann liegt im Sarg, und das ist die letzte Gelegenheit, ihn zu würdigen.

Kenne ich diesen Mann? Habe ich ihn in meiner Jugend gesehen?

Es spielt keine Rolle. Jetzt zählt nur noch, dass er auf dem Ölberg beigesetzt werden wird, Gottes Lieblingsfriedhof.

Der Ölberg ist, soweit ich weiß, die Begräbnisstätte für die Rechtschaffenen und die Reichen. Eine Grabparzelle kostet hier mehr als ein durchschnittliches Café in Prenzlauer Berg.

Warum ist sie so teuer? Weil der jüdische Messias, bekannt als Messias ben David, am Ende der Tage auf dem weißen Esel von Patriarch Abraham in Jerusalem ankommen wird, und zwar zuerst auf dem Ölberg, wo er alle im Bauch des Bergs beigesetzten Toten wieder zum Leben erwecken wird. Er wird durch die Reihen der Gräber wandeln, ein Grab nach dem anderen aufsuchen, die Namen derjenigen aufrufen, die dort tief im Boden ruhen, und sie werden lebendig aus ihren Gräbern steigen, mit glänzenden Augen und holdem Atem. Einer nach dem anderen werden ihre Körper sich erheben, als wären sie nie tot gewesen.

Woher wissen wir, fragen Sie sich vielleicht, dass Messias ben David auf Abrahams weißem Esel angeritten kommt?

Die Antwort ist lang, aber ich werde sie Ihnen nicht vorenthalten.

Wie Sie bestimmt wissen, steht im biblischen Buch Sacharja geschrieben:

Du, Tochter Zion, freue dich sehr, und du, Tochter Jerusalem, jauchze! Siehe, dein König kommt zu dir, ein Gerechter und ein Helfer, arm und reitet auf einem Esel, auf einem Füllen der Eselin.

Wer ist der König? Der Messias.

Und woher wissen wir, dass der Esel der Esel des Patriarchen Abraham ist?

Wie es bekanntlich im 2. Buch Mose heißt:

So nahm denn Mose seine Frau und seine Söhne und setzte sie auf einen Esel und zog wieder nach Ägyptenland [...].

Und die Weisen (talmudischen Rabbiner) sagen, wie es der wichtigste Bibelkommentator Raschi aufgeschrieben hat, dass Moses der Gesetzgeber denselben Esel nutzte wie schon der Patriarch Abraham.

Und da dieser Esel der Esel des Patriarchen Abraham ist, wissen wir, dass immer, wenn die Bibel einen Esel erwähnt, von Patriarch Abrahams Esel die Rede ist, dem weißen Esel.

Woher genau kommt dieser Esel? Laut manchen Kabbalisten wurde dieser Esel am Ende der sechs Schöpfungstage erschaffen, unmittelbar vor Beginn des Sabbats. Punkt.

Woher wissen wir, möchten Sie vielleicht fragen, dass mit Sacharjas »König« Messias ben David gemeint ist? Von den vielen Antworten auf diese Frage lautet die beste: Es steht der Zunge nicht an, zu viele Fragen zu stellen.

Man kann sich freilich immer noch diese Frage stellen: Was wird der Esel machen, während der Messias die Toten erweckt?

Nehmen wir die Klage- oder westliche Mauer, wie Juden sie nennen. Die Juden sagen, dass die Westmauer Teil ihres alten Heiligen Tempels ist, die israelischen Muslime aber sagen, im Leben nicht! Wie heißt die Mauer?, fragen sie. Al-Buraq-Mauer, antworten sie. Nichts mit Tempel, ob heilig oder nicht. Und nichts mit westlich. Al-Buraq! Warum Al-Buraq?

Nun, da steckt eine Geschichte dahinter; haben Sie Geduld und hören Sie zu.

Als der Prophet Mohammed, Friede sei mit ihm, aus dem heutigen Saudi-Arabien nach Jerusalem kam, besorgte ihm Gott ein himmlisches Tier, Al-Buraq, für den Ritt. Was ist der Al-Buraq? Dem Hadith zufolge »ein weißes Tier, das kleiner ist als ein Maultier und größer als ein Esel«. Also eine Art weißer Esel plus. Unmittelbar bevor der Prophet, Friede sei mit ihm, zusammen mit dem Engel Dschibril in den Himmel flog, baute Allah jedenfalls eine spezielle Mauer, um Al-Buraq daran festzubinden, während der Prophet, Friede sei mit ihm, oben im Himmel war. Da nun eine Ähnlichkeit zwischen dem weißen Esel und dem Al-Buraq besteht, stellt sich die Frage: Wird Gott eine Mauer für den weißen Esel des Messias errichten, während dieser die Toten erweckt?

Die Antwort lautet: Wir werden es einfach abwarten müssen.

Was wir bereits wissen, ist Folgendes: Kurz vor der Ankunft des Messias, vielleicht drei Tage davor, wird der biblische Prophet Elias in die Stadt einreiten. Worauf wird er reiten? Es könnte sein, und hier bin ich mir nicht sicher, dass er auf irgendeinem anderen antiken Tier reitet, vielleicht einer Kuh oder einem Kamel, idealerweise weiß.

Während all das stattfindet, so wurde mir vor vielen Jahren erzählt, werden viele Adler in die Stadt fliegen und Diaspora-Juden aus Orten wie New York und London im Heiligen Land abwerfen.

Ich hätte auf einem Adler hierherfliegen sollen; das ist allemal besser als EasyJet.

Jedenfalls wird der Messias, sobald alle Toten auf dem Ölberg auferstanden sind, auch die anderen Friedhöfe im Heiligen Land Israel aufsuchen und die dort begrabenen Toten erwecken. Deshalb sind, wie wir uns erinnern wollen, die Grabstätten auf dem Ölberg so teuer. Würden Sie nicht auch, wenn Sie das Geld hätten, zu den ersten Erweckten gehören wollen? Ich schon. Kein langes Warten: Messias kommt, ich bin am Leben.

Der Bibel zufolge starb der Patriarch Abraham vor ewig langer Zeit, sein Esel aber überlebte ihn. Wie das? Niemand weiß es. Eigentlich weiß niemand irgendetwas. Manche Leute, die man als Wissenschaftler bezeichnet, glauben, sie wüssten alles. Tun sie aber nicht. Als ich ein kleiner Junge in der Heider (Grundschule) war, erzählte mein Rebbe uns eine Geschichte. Ein paar sogenannte Wissenschaftler machten vor einiger Zeit ein berühmtes wissenschaftliches Experiment. Sie fingen eine Fliege mit ihren Händen, schnitten ihr die Flügel ab und sagten zu ihr: Flieg, Fliege! Aber die Fliege flog nicht. Warum nicht? Weil, so schlossen die sogenannten Wissenschaftler, eine Fliege taub wird, wenn man ihr die Flügel abschneidet.

Hübsch, oder?

So habe ich, ein kleiner charedischer Jude, mein Leben als Charedi begonnen; mit Sprüchen wie diesem.

Wissen Sie, was ein »Charedi« ist?

Das Wort Chared hat im Hebräischen mehr als eine Bedeutung. Es kann beispielsweise ängstlich, ehrfürchtig oder furchtsam bedeuten. Ein Mann ist ein Charedi, eine Frau ist eine Charedit oder Charedis, und der Plural lautet in der männlichen Form Charedim. (Die Schreibweise des achten Buchstabens des hebräischen Alphabets variiert von Ort zu Ort und Sprache zu Sprache. Manche schreiben *h* oder *H*, andere *ch* oder *kh*. Auf diesen Seiten wird er *ch* geschrieben. Ist doch ganz einfach.) In Amerika, wo es manchen Leuten schwerfällt, das *H* von *Haredi* auszusprechen, sagen sie lieber »ultraorthodox« statt »Haredi«.

Nun gibt es mehr als eine Sorte von Charedim oder Gottesfürchtigen. Die verbreitetste, zumindest visuell gesprochen, sind die charedischen Chassidim.

Um ein echter und reiner charedischer Chassid zu werden, braucht man einen Rebbe, dem man folgen kann.

Chassid bedeutet übrigens wörtlich eine fromme Person und in der Umgangssprache Anhänger.

Das Wort Rebbe, jiddisch für Rabbi, hat mehr als eine Bedeutung. Es kann sich auf einen Rabbiner beziehen, der eine chassidische Gruppierung (oder einen Hof oder eine Dynastie) leitet, oder auf einen Grundschullehrer. »Rabbi« hingegen kann sich auf einen nichtchassidischen Rabbiner beziehen, mitunter aber auch auf chassidische Rebbes und gelegentlich sogar auf jeden dicken Mann mit einem Bart und einer Jarmulke (Schädelkappe oder Kippa). »Reb«, eine weitere Ableitung von Rabbi, ist ein Titel, der jedem Mann mit Bart verliehen wird, wenn er charedisch und, sagen wir, älter als 31 ist.

Ein Rebbe für die Kleinen unterrichtet in einer Heider. In einer Heider lernt man alles, was man fürs Leben braucht, vom hebräischen Alphabet bis zum Talmud. Jawohl: Alphabet und Talmud. In meiner Heider unterwies man uns in den fünf Büchern Mose und dem Talmud, einer Reihe von Traktaten, die nach der Zerstörung des Zweiten Tempels von jüdischen Weisen geschrieben wurden. Diese Weisen entwickelten das rabbinische Judentum, also das Judentum, wie wir es heute kennen.

Wenn Sie an diesem Punkt, was Gott verhüten möge, bereits einige der soeben gegebenen Definitionen vergessen haben, werden Sie immer noch ein gesundes und glückliches Leben führen können, so Gott will.

Was mich angeht, so laufe ich noch ein paar Schritte, bis ich eine Steintreppe sehe, auf die ich mich setzen kann.

Die Stimme des Beerdigungsankündigers geht mir nicht mehr aus dem Kopf. Sie ist leiser jetzt, die Worte aber sind dieselben: »Der Trauerzug für den rechtschaffenen Rabbiner Reb Dovid Schloime Birnhak von den wichtigen Toldos-Aharon-Chassidim, Schwiegersohn des gottesfürchtigen Reb Eliohu Steinberger seligen Angedenkens, wird um 18 Uhr von Toldos Aharon zum Ölberg aufbrechen.«

Ich zünde mir eine Zigarette an und fange an zu grübeln: über meine unmittelbare Umgebung, über die Gebiete drumherum und über die Geschichte, die hier alles umgibt.

Der Zweite Tempel, dessen Zerstörung die charedischen Juden bis heute betrauern, stand dort, wo sich heute die Al-Aqsa-

Moschee in der Jerusalemer Altstadt befindet. Das Einzige, was sich von der alten jüdischen Anlage erhalten hat, ist die westliche Mauer oder Klagemauer, die heiligste Stätte der Juden, wo sie klagen, beten und tanzen gehen. Die Palästinenser, die dieselbe Mauer als Al-Buraq bezeichnen, behaupten, hier habe nie ein jüdischer Tempel gestanden. Punkt. Viele Palästinenser und zahllose Muslime auf der ganzen Welt behaupten auch, dass es nirgends auf der Welt Juden gibt. Punkt.

Haben sie recht? Einigen linken Wissenschaftlern zufolge sind die Juden, die auch als Hebräer und Israeliten bekannt sind, die Vorväter der heutigen Palästinenser. Oder anders gesagt, die Palästinenser sind die wahren Juden. Und Fliegen ohne Flügel sind taub.

Ja, echt.

Die Christen, Anhänger einer vom Judentum abgeleiteten Religion, glauben, dass es Juden gibt, behaupten aber, dass sich die Juden in ihrem Messias geirrt haben, da der echte Messias Jesus Christus ist. Die Christen glauben auch, dass Jesus Gottes Sohn ist, von einer Jungfrau geboren, während die Juden glauben, dass jeder Einzelne von ihnen ein Gottessohn ist, und manche von ihnen darüber hinaus glauben, dass ihre Mutter eine Jungfrau ist, nicht aber die von Jesus.

Der Islam, der sich ebenfalls vom Judentum ableitet, lehnt die Jungfrauengeburt ab. Der Islam glaubt an andere Jungfrauen, die Paradiesjungfrauen, aber das ist eine ganz andere Geschichte.

Die brennende Frage für den Moment ist diese: Was passiert mit den Toten, bevor irgendein Messias sie wiedererweckt? Existieren sie irgendwo? Und wenn ja, tun sie irgendetwas? Und wenn ja, was genau tun sie?

Anders als die Muslime, die glauben, dass die Toten da oben im Himmel Paradiesjungfrauen zum ewigen Genusse bekommen, stehen Juden und Christen nicht so sehr auf Sex im Himmel. Traurig.

DURCHGANG FÜR HUNDE UND ZIONISTEN ABSOLUT VERBOTEN
Ebenfalls verboten: Schöne Königinnen, Vögel und Süße angucken

Ich stehe wieder auf, um meine melancholischen Gedanken ab-zuschütteln und weiter durch die Straßen von Mea Schearim zu spazieren, als ein weiteres Auto vorbeifährt, das ebenfalls mit einem Lautsprecher ausgestattet ist. Ein weiterer Mann, unzwei-felhaft so reich oder rechtschaffen wie der erste, ist gestorben. Auch er ist bald auf dem Weg zu seiner letzten Ruhestätte auf dem Ölberg.

Wollen wir hoffen, dass bald alle Toten und Sterbenden auf-erweckt werden.

Es wird mir eine Freude sein, meinen Vater wiederzusehen, mit seinem langen Bart und seinen Schläfenlocken, seinem ste-chenden Blick und seinen Zigarren. Ja, mein Vater liebte Zigar-ren und Pfeifen. Er war ein Kettenraucher, der nie inhalierte, aber stets etwas paffte. Ich frage mich allerdings, wie er aussehen wird, so als Auferstandener. Wird er so alt sein, wie ich ihn das letzte Mal gesehen habe? Und was wird mit mir sein, wenn ich noch viele Jahre lebe, werde ich dann älter sein als mein Vater, wenn er aus dem Grab steigt?

Wer weiß.

Die Mauern zu meiner Rechten, an denen ich gerade vorbei-komme, sind mit Todesanzeigen von Männern und Frauen be-klebt, die gerade das Zeitliche gesegnet haben. Kein Deutscher stirbt in Prenzlauer Berg, hier aber stirbt jeder Jude. Wie das?

Ein Schwarm Mädchen, die auf Jiddisch schwatzen und wie Prinzessinnen gekleidet sind, überholt mich, eine schöner als die andere. Ich gucke sie mir genau an, und jede von ihnen ist viel attraktiver als Patricia.

Wie kann das sein?

Ich hätte nie gedacht, dass Jüdinnen oder Juden schöner aussehen könnten als Deutsche. Hätte ich das gewusst, dann hätte ich sie vermutlich alle zum Candlelight-Dinner eingeladen. Wie kann ich sie bloß übersehen haben?

Was würde wohl passieren, wenn der Messias all die jüdischen Ladys der Vergangenheit erweckte? Würde diese heilige Stadt vor jüdischen Schönheiten explodieren, all den Millionen, die ich all die Jahre übersehen habe?

Nur kommt der Messias heute leider nicht. Ja, jeder gute Charedi verkündet täglich, *dass ich jeden Tag auf ihn warten soll*, aber heute wird das nichts. Warum nicht? Weil heute Donnerstag ist, der Tag vor Freitag, an dem Jüdinnen, die berühmtesten Köchinnen der Welt, keine Zeit haben, um Abrahams Esel zu begrüßen. Sorry. Wie man weiß, beginnen jüdische Ehefrauen und Mütter am Donnerstagabend mit der Zubereitung ihres Tscholents, eines Gerichts, das man nicht mit Worten beschreiben, sondern nur mit der Zunge schmecken kann, und kein Messias wird bei diesem Vorgang stören.

Der Messias, fällt mir plötzlich ein, hat eine entscheidende Eigenschaft mit Dem Namen gemeinsam: Er hat keinen Namen. Er ist als Messias ben David bekannt, was Messias Nachkomme König Davids heißt, aber was bedeutet das? Messias ist kein Eigenname, es bedeutet einfach nur Gesalbter. Könnte ich das vielleicht sein?

Der Name.

Wie in jedem anderen charedischen Viertel wird Gott auch in diesem nicht Gott genannt, sondern »Der Name«. Gelegentlich bezeichnen die Charedim Ihn auch als Baschefer, was Schöpfer heißt, während fantasievollere Leute Ihn auch als Herrn des Universums, den Heiligen, Gesegnet Sei Er, und Den Ort bezeichnen. Aber kein spezifischer Name.

Kurzum: Der Gesalbte wird von Dem Namen gesandt, um die Juden zu retten.

Wenigstens haben die Juden einen Namen.

Messias ben David könnte in der Tat der Messias sein, wie

auch immer sein richtiger Name lautet. Leider taucht hier ein kleines Problem auf: Das Judentum kennt noch einen Messias, nämlich Messias ben Josef, Messias Nachkomme Josefs. Stellt sich also die Frage, wer der wahre Messias ist, oder haben wir zwei?

Tja.

Auch Messias ben Josef hat keinen Eigennamen.

Warum nicht?

Tja.

Jedenfalls, Name hin oder her, wird Der Ort dafür sorgen, dass der Messias heute nicht kommt.

Genauso wenig wie am Samstag. Warum da nicht? Weil am Sabbat, hängen wir's nicht an die große Glocke, charedische Männer »Bettdienst leisten«, vulgo Sex mit ihren Gattinnen haben sollen, und kein Messias ist groß und stark genug, um einen Juden im Bett aufzuhalten. Wie könnte irgendjemand erwarten, jüdische Kinder zu kriegen, wenn ein Messias und ein Esel mitten während des »Dienstes« in die Schlafzimmer jüdischer Paare reiten könnten? Geht gar nicht!

Am Sabbat, dem jüdischen Ruhetag, dient man nun einmal am besten. Der Name brauchte sechs Tage, um die Welt zu erschaffen, wie im 1. Buch Mose festgehalten, während er am siebten Tage, dem Sabbat, ruhte. Und deshalb wurde uns, dem Volk hier, auch als auserwähltes Volk bekannt, von Dem Namen, auch als Der Raum bekannt, gesagt, dass wir am Sabbat ruhen und dabei »dienen« sollen. Wir sind schon im Bett, also warum nicht dienen? So schlagen wir zwei Fliegen mit einer Klappe.

Wie wurde die Welt mit all ihren Planeten, Galaxien, Sternen und Lebewesen in nur sechs Tagen erschaffen? Ich weiß es nicht; ich kann nicht alles wissen. Und wenn mir jemand sagte, dass es eine Fantastilliarde Jahre dauerte, die Welt so hinzukriegen, wie sie ist, könnte ich mir genauso wenig vorstellen, wie das vor sich gegangen sein soll.

Die Zeit verstreicht, und ich laufe weiter. Hin und zurück, hin und her, immer und immer wieder. Gelegentlich lege ich einen Stopp im Hotel ein, werfe einen Blick auf dessen interessante Sammlung von Menoras und anderen Judaica und mache ein Nickerchen. Dann gehe ich wieder hinaus und atme die Luft meiner Jugend ein.

Draußen fällt mir auf, dass hier etwas fehlt: Hunde. In meinem New Yorker Domizil an der Upper East Side von Manhattan hat fast jeder einen Hund. Dort, wo die Menschen sich nicht trauen, irgendetwas über irgendetwas zu sagen, weil sie fürchten, von ihrem Umfeld geächtet zu werden, sind Hunde das perfekte Mittel, um nicht allein zu sein. Hunde, die nicht progressiv sind, treiben alle möglichen lustvollen Dinge, was ihre Besitzer sich nie trauen würden, aber gerne sehen, weil es sie daran erinnert, wie das Leben früher war, in einer Zeit ohne Progressive.

Was ist »progressiv«? Etwas, das man sein muss, Kleidung, die man tragen muss, Wörter, die man gebrauchen muss, und eine Geisteshaltung, der man anhängen muss, wenn man dazugehören will. Progressive lehren unter anderem, dass man nicht *he* oder *she* sagen soll, sondern *they*. Warum? Bin mir nicht sicher. Ich weiß, dass Progressive, wenn man danach geht, was sie sagen, nicht sonderlich auf Sex stehen. Für Puritaner wie sie scheint Sex die Domäne der Rückwärtsgewandten und Populisten zu sein. Sie ziehen ihre Genüsse aus anderen Dingen, etwa der Verehrung der Umwelt, gesundem Essen, Marihuana und Hundeausführen.

Es gibt in Mea Schearim keine Hunde. Und keine Progressiven.

Und jetzt ist es Freitagspätnachmittag.

Am Freitag, dem Vorabend des Sabbats, duschen Männer und Frauen oder tauchen ihre nackten Körper in ein rituelles Bad namens Mikwe ein, um anschließend ihre Festtagskleidung anzulegen. Wenn der Sabbat beginnt, rund eine halbe Stunde vor Sonnenuntergang am Freitag, zünden die Frauen die Sabbatkerzen an und bitten Den Namen, ihre Partner und Kinder zu beschützen.

Zu Ehren des kommenden Sabbats verändern die Straßen von Mea Schearim ihr Gesicht. Alle Geschäfte schließen, die Ampeln gehen aus, an Bushaltestellen leuchtet der Hinweis »Busverkehr bald eingestellt« auf, und Sirenen heulen, um die Ankunft Der Braut zu verkünden. Wer ist Die Braut? Sabbat, nicht Patricia.

Von Autos befreit verwandeln sich die Straßen im Handumdrehen in Bürgersteige, auf denen die Leute entlangschlendern. Die Frauen tragen traumhaft schöne Kleider, sehen aus wie Königinnen und schieben in vielen Fällen einen Kinderwagen vor sich her. Die Männer gehen mit ihren Sprösslingen zur Synagoge, in ihrer feinsten Tracht, die Väter Könige und die Kinder Prinzen, und dort werden sie singen: *Geh, mein Geliebter, und begrüße die Braut.*

Ich hätte einer von ihnen sein können. Die Straße mit Patricia und unseren kleinen Kindern entlanglaufen, die Ruhe des Sabbats und das Lachen der Kinder genießen können.

Nein, nein, nein. Patricia wäre niemals hier. Was würde eine Patricia in Mea Schearim tun, sich mitten auf der Straße ausziehen?

Nein, keine Patricia. Es wäre, wenn es denn hätte sein sollen, Rachel gewesen (die biblische jüdische Vormutter), Feigale (was

Vogel heißt), Malke Scheine (schöne Königin) oder Zisale (Süße). Als ich ein kleiner Junge war, träumte ich davon, eine Rachel zu heiraten, weil Rachel in der Bibel als wunderschönes Mädchen beschrieben wird, oder eine Zisale.

Die Temperatur steigt heute auf über 30 Grad, es herrscht eine brütende Hitze, aber die Männer hier tragen Pelzhüte und lange Mäntel, von denen manche doppelt gefüttert sind. Diese Kleidungsstücke, heißt es, sind jüdische Kleidungsstücke, die, so erzählte man es mir damals, die Juden in den vergangenen tausenden Jahren vor dem sicheren Tod bewahrt haben, insbesondere nach der Zerstörung des Zweiten Tempels in Jerusalem und dem Verlust des Heiligen Lands. Ein weiterer Grund, warum die Juden vor der völligen Auslöschung bewahrt wurden, lernte ich seinerzeit, war, dass sie ihre Muttersprache nie aufgegeben haben.
Welches genau sind die Kleidungsstücke, die sich nie geändert haben? Am auffälligsten in diesen Straßen hier ist der Schtreimel, ein Pelzhut. Nicht alle Juden sind sich über die letzten Details einig, wie ein Schtreimel genau auszusehen und wie dick er zu sein hat. Ähnliche Unterschiede bestehen in Bezug auf die anderen unveränderten jüdischen Kleidungsstücke. Manche sind etwa der Meinung, dass die Hose nur drei Viertel der Länge der Beine haben darf und in die Socken gesteckt werden muss, lange Socken, die die Waden bedecken, während andere die normale Länge für die genuin jüdische halten. Manche glauben, dass die Socken weiß sein müssen, für andere geht nur Schwarz. Es gibt Weißbestrumpfte, wenn ich mich recht erinnere, die keine Mischehen mit Frauen von den Schwarzbestrumpften eingehen würden. Obwohl in manchen chassidischen Höfen beide Arten von Socken zum Einsatz kommen, die einen bei verheirateten Männern und die anderen bei unverheirateten. In wieder anderen Höfen, sagt man mir, ziehen die Männer, die zur Familie des Rebbes gehören, die eine Art Socken an und alle anderen die andere.
Darauf kann ich mir keinen Reim machen.

Ehrlich gesagt liegt die Wahrscheinlichkeit, dass der Patriarch Abraham oder Moses der Gesetzgeber vor Tausenden von Jahren in Ägypten einen Schtreimel trug, unter null, wie ja auch die Bibel oder der Talmud nie einen erwähnen. Doch im wahren chassidischen Denken à la Mea Schearim bedeutet das nicht, dass Patriarch Abraham keinen Schtreimel auf dem Kopf hatte, als er auf seinem weißen Esel ritt.

In welcher Sprache, fragen Sie sich vielleicht, redete Abraham der Patriarch mit seinem weißen Esel? Jiddisch natürlich. In welcher anderen Sprache, seien wir ehrlich, könnte sich ein Schtreimel-bewehrter Jude, der in Ägypten lebt, mit seinem weißen Esel verständigen? Nur auf Jiddisch.

Faktisch ist Jiddisch in erster Linie ein deutscher Dialekt, und nachweislich hat kein jüdischer Esel jemals deutsch gesprochen, aber wir sind keine tauben Fliegen und bleiben bei unserer Geschichte.

»Durchgang für Hunde und Zionisten absolut verboten«, lese ich auf einer Wand vor mir, schwarz auf weißen Grund gesprüht. Unter der weißen Farbe muss es ein anderes Graffito gegeben haben, ich kann es aber nicht entziffern. »Zionisten sind keine Juden«, verkündet eine weitere Aufschrift. »Lest nicht die Ham-

waser [eine charedische Zeitung]«, steht auf einem anderen der hier angebrachten Paschkewils, ein frommer Wunsch von Leuten, die mit konkurrierenden charedischen Blättern verbunden sind.

Wie viele Menschen wohnen in Mea Schearim? Gerüchten zufolge weiß es nicht mal Gott. Und wie viele charedische Gruppen leben in diesem Viertel? Der Legende nach gibt es mehr gegensätzliche Gruppen in Mea Schearim als Menschen. Stimmt das? Natürlich nicht, aber die Legende ist trotzdem hübsch.

Einst hatten die Juden nur einen Anführer wie Moses den Gesetzgeber oder König David, aber seit der Zerstörung des Zweiten Tempels zählte das Land Israel mehr jüdische Anführer als Katzen, und es gibt schon mehr Katzen als Menschen. Wie können diese beiden Aussagen nebeneinander bestehen? Keine Ahnung, aber Tatsache ist, dass sie friedlich und harmonisch Seite an Seite existieren.

Die Zerstörung des Zweiten Tempels, der einst stolz nur 20 Minuten Fußweg von hier entfernt stand, beschleunigte die Gründung von jüdischen Siedlungen in vielen Teilen der Welt, eine Zeit, die als »Galut«, Diaspora, bekannt ist. All das wird sich den Weisen zufolge ändern, wenn der Dritte Tempel gebaut wird.

Wunderbarerweise wird man dafür keinen Architekten brauchen, da der Tempel vom Himmel auf die Erde herabschweben wird, wenn die Zeit gekommen ist, nämlich mit der Ankunft von Messias ben David.

Wann wird das sein? Das ist völlig offen, doch wenn alle lebenden Juden auch nur einen einzigen Sabbat einhalten, wird er sofort erscheinen. Sollte diese Theorie stimmen, sagen andere, wird er nie erscheinen.

Hier in Mea Schearim immerhin wird der Sabbat vollständig eingehalten.

Sobald der Vater mit den Kindern aus der Schul zurück ist, setzt sich die Familie zusammen an den Sabbattisch und singt. Sie begrüßen die Sabbatengel in ihrer Wohnung, und der Mann singt *Wem eine tüchtige Frau beschert ist* aus der Bibel, um seine Frau als die Beste der Besten zu preisen. Dann segnet er seine Kinder, auf dass sie ewig leben mögen, um dann einen Kiddusch auszubringen, mit dem er den Sabbatwein heiligt. Nun machen sich alle Familienmitglieder daran, ein dreigängiges Menü zu verzehren, vielleicht auch ein viergängiges, wobei manche Familien sogar noch mehr auftischen, dazu Süßigkeiten und Getränke, während sie die ganze Zeit singen und den Ruhetag feiern. Käme ein

Nichtjude hier herein und sähe das, würde er glauben, dass diese Leute Weihnachten feiern. Er weiß es nicht, aber diese Juden feiern jeden siebten Tag »Weihnachten«.

Den Sabbat einzuhalten erfordert im Übrigen mehr als nur essen, trinken, ruhen und dienen. Fahren, arbeiten, einen Aufzug nehmen, kaufen, verkaufen, schreiben, fernsehen, elektronische Geräte benutzen, rauchen, kochen, Heißwasser machen und eine Reihe anderer Dinge sind verboten.

Chassidische Juden, wenn es Sie interessiert, nutzen den Sabbat auch, um sich an verschiedenen alkoholischen Getränken gütlich zu tun: Brandy, Whisky, Wein, Wodka und eine Menge anderer Köstlichkeiten, und wenn sie dann noch die Energie haben, stehen sie auf und tanzen.

Warum auch nicht?

An diesem Sabbat, am Samstag, bin ich zu einem Frühstück bei einer religiösen Familie im jüdischen Viertel der Altstadt eingeladen, in der Nähe der Klage-, der Al-Buraq-Mauer.

Umgeben von Arabern, Armeniern, Griechen und allen anderen Arten von Gojim (Heiden), ist das jüdische Viertel ein einzigartiger Ort in Israel. Es liegt mitten in einem der umstrittensten Immobilienareale der Welt, ein Ort, der seit Jahrtausenden viel Blutvergießen gesehen hat, gelegentlich ohne Pause, und heute rund um die Uhr von der israelischen Polizei und vom Grenzschutz bewacht wird.

Wohnungen im jüdischen Viertel sind sehr teuer, sodass nur wenige Auserwählte sie sich leisten können. Die Wohnung, in der ich zu Besuch bin, ist jedoch so einfach eingerichtet, dass es weh tut. Ein paar Fotos, ein großer Tisch, das Essen wird auf Plastiktellern serviert. Hätte John Patricia in diese Wohnung ohne einen Hauch von Romantik eingeladen, dann wäre nichts passiert.

Nachdem ich mich an den Tisch gesetzt habe, versuche ich die Tiefe des Glaubens dieser Familie einzuschätzen. Und statt mich den großen theologischen Fragen des Tages wie dem religiösen

Ursprung des Schtreimels zu widmen, entscheide ich mich für die einfachste: ein Mann, der eine Frau anschaut.

Wenn du auf der Straße bist, guckst du Frauen an?, frage ich einen 16-Jährigen, der neben mir sitzt.

»Nein, natürlich nicht.«

Warum nicht?

»Es ist verboten.«

Sagt wer?

»Es steht geschrieben.«

Geschrieben wo?

»Im Talmud.«

Wo im Talmud?

»Im Traktat Awoda Zara.«

Wo im Traktat Awoda Zara? Auf welcher Seite? Kannst du es mir zeigen?

»Ja, kann ich.«

Würdest du das für mich tun?

»Ich hole das Buch.«

Während er nach dem Buch sucht, bitte ich seine 14-jährige Schwester, mir ihre Gedanken mitzuteilen.

Darf ein Mann eine Frau anschauen, die nicht seine Ehefrau, Mutter oder Tochter ist?

»Nein, das darf er nicht.«

Darf eine Frau einen Mann anschauen, irgendeinen Mann?

»Ja.«

Schaust du Männer an, wenn du auf der Straße unterwegs bist?

»Ja.«

Das ist erlaubt?

»Ja.«

Eine Frau darf einen Mann anschauen, aber ein Mann darf keine Frau anschauen. Ist das so?

»Ja.«

Warum darf ein Mann keine Frau anschauen, aber eine Frau einen Mann?

»Weil –«

Weil was?

»Weil ein Mann, ein Mann, weil.«

Was?

»Eine Frau ist, sie ist, sie.«

Wie bitte?

»Es ist, weil, weil, weil.«

Weil was?

»Es ist, weil, wie soll ich es sagen? Ich weiß nicht, ob du es von mir hören willst, das Ganze –«

Ja, bitte, das Ganze.

»Du meinst, ich soll, eh, eh.«

Ja.

»Der Grund ist, also, es ist wegen, ich weiß nicht, wie ich es sagen soll.«

Sag, was immer dir in den Sinn kommt.

»Möchtest du hören, was mir beigebracht wurde oder was ich denke?«

Du kannst mir beides sagen, aber am meisten interessiert mich, was du denkst.

»Was ich denke?«

Ja.

»Was ich denke, ist, dass, ja, dass, ja.«

Sie lächelt. Inzwischen ist ihr Bruder an den Tisch zurückgekehrt, Talmud in der Hand.

»Ich zeige es dir jetzt«, sagt er.

Gut, ich bin bereit.

»Du wirst es sehen, hier auf diesen Seiten.«

Toll.

Er schlägt das Buch auf und sucht nach der Stelle. Er blättert eine Seite um, dann noch eine und dann noch eine. Dann blättert er zurück. Eine Seite, zwei Seiten, fünf Seiten. Er sucht weiter und weiter, hier eine Seite und da eine, aber die Stelle ist nicht zu finden.

Also steht es nicht da?, frage ich ihn.

»Doch, es *steht* hier.«

Wo?

»Im Buch.«

Wo im Buch?

»Auf einer dieser Seiten.«

Auf welcher?

»Ich habe es einmal gelesen. Ich weiß, dass es hier steht!«

Obwohl er nichts Derartiges in dem Buch finden kann, hat er recht – in gewisser Weise. Der Talmud erwähnt im Traktat Awoda Zara durchaus die Meinung, dass ein Mann besser keine »schönen Frauen« anschaut, aber er sagt nicht, dass es verboten ist.

Grundsätzlich umfasst der Talmud eine Sammlung von Meinungen, oft widersprüchlichen Meinungen, und so verhält es sich auch in der Frage eines Mannes, der eine Frau ansieht. Der Talmud, was man diesem jungen Mann offensichtlich nie beigebracht hat, erzählt auch von prominenten Rabbinern, die gar nicht aufhören konnten, Frauen anzuschauen.

Ich bleibe noch ein Weilchen und betrachte die Leute um mich herum.

Diese Familie ist charedisch, aber nicht chassidisch. Die Charedim sind in Gruppen, Untergruppen und Unteruntergruppen aufgeteilt. Die drei Hauptgruppen, von denen sich im Lauf der Zeit viele Untergruppen abgespalten haben, sind: die Chassidim, Anhänger einer religiösen Bewegung, die im 18. Jahrhundert im Königreich Polen entstand; die Litwaker oder Litwakim, Gegner der chassidischen Bewegung, die sich im Großfürstentum Litauen formierten; und die Sepharden, ein Ausdruck, der sich meistens auf Juden aus Familien bezieht, die aus Ländern mit muslimischer Mehrheit nach Israel einwanderten. (Sephardim bedeutet »spanisch«, weil sie zuvor in Spanien gelebt hatten.)

Die Chassidim lieben es zu singen, manchmal stundenlang, zu tanzen, zu essen, zu beten und kostbare Zeit mit ihren Rebbes zu verbringen. Die Litwakim, die auch als »Mitnaggdim« (»Gegner«, nämlich der chassidischen Bewegung) bezeichnet werden, lieben es zu lernen, sie kleiden sich schlichter als die Chassidim, singen maximal vier Minuten und sammeln Verbote aller Art, weil es für ihre Seele umso besser ist, je mehr verboten wird. Die Sepharden lieben alles Mystische, was auch immer Mystik heißt, und träumen davon, eine/n Litwak als Ehegatten zu fangen, selbst wenn diese/r Litwak krank, hässlich, dick oder alt ist oder einen leichten Dachschaden hat.

Ich selbst habe einen chassidischen Hintergrund, wurde aber in litwakischen Jeschiwas unterrichtet. Das bedeutet, dass ich halb und halb aufgewachsen bin, halb als Chassid und halb als Litwak.

Wäre der Tempel nicht zerstört worden und wären die Juden vor Tausenden von Jahren nicht aus dem Heiligen Land vertrieben worden oder von selbst aus ihm geflohen, dann gäbe es keine Chassidim, keine Litwakim und keine Sephardim. Aber der Tempel wurde zerstört, und er wurde am neunten Tag des hebräischen Monats Aw zerstört, nämlich an genau diesem Abend im jüdischen Kalender vor fast zweitausend Jahren.

DIE TRAUER UM EINEN ZERSTÖRTEN TEMPEL

Moses' Gesetz: Ein Mann darf eine schöne Frau nicht anschauen, eine hässliche aber schon

Als der Sabbat am Samstagabend endet, breche ich wieder in die Altstadt auf, diesmal aber nicht, um etwas zu essen. Der 9. Aw ist ein Fastentag, an dem Juden die Zerstörung von Gottes Haus in Jerusalem, des Heiligen Tempels, betrauern.

Es ist praktisch unmöglich, in einem Privatfahrzeug zur Klagemauer zu fahren, aber aus meinem Viertel fahren alle paar Minuten Linienbusse dorthin.

Der Bus, ein Gelenkbus, ist proppenvoll. Alle Fahrgäste sind gläubige Juden, die die Zerstörung des Tempels bei seinem einzigen erhaltenen Teil betrauern wollen. Das heiligste Teil der Juden, wie deprimierend, ist die einzige erhalten gebliebene Mauer einer prächtigen Tempelanlage, die nicht mehr existiert, und diese Juden strömen in Scharen dorthin, um ihr nahe zu sein, sich mit ihr zu vereinen. Keine Patricia und kein John verstünden diese Logik. Rachel, Zisale und Feigale aber schon.

Stoßstange an Stoßstange kriecht der Verkehr, der Bus schleicht zur Klagemauer, und irgendwann gebe ich es auf, steige aus und gehe zu Fuß weiter.

Nach einer Weile bin ich da. Und da ist sie, direkt vor mir: die Stätte des zerstörten Tempels.

Als kleiner Junge bin ich gerne hierhergekommen. Ich habe die alten Steine der Klagemauer angestarrt und Den Namen gebeten, mir Patricia zu geben, und wenn das nicht möglich sein sollte, dann Rachel, Zisale und Feigale.

Die Weisen sagen, dass die Schechina die Klagemauer seit dem Tag der Zerstörung des Tempels nie verlassen hat und dass die Menschen unter anderem deshalb hier beten. Was ist die Schechina?

Das kann niemand so recht sagen, obwohl sich viele an einer Antwort versuchen. Die Schechina lässt sich als eine weibliche Größe verstehen, die einwohnt. Wo einwohnt? Was für eine Größe? Niemand weiß es genau. Einige meinen, dass die Schechina die weibliche Seite Des Namens ist, was immer das bedeutet, während andere, sogenannte Kabbalisten, auf das mystische Buch Sohar gestützt, sagen, dass die Schechina die Frau Des Namens ist oder so. Kurzum: Nichts Genaues weiß man nicht, und deshalb glaubt jeder an ihre Größe.

Was auch immer sie ist oder nicht ist, sie ist hier, und sie schaut den Kindern Israels, den Juden, dabei zu, wie sie zu Zehntausenden das biblische Buch der Klagelieder rezitieren, das den Fall Jerusalems betrauert:

Ach, wie liegt die Stadt so verlassen, die voll Volks war! Sie ist wie eine Witwe, die Fürstin unter den Völkern, und die eine Königin in den Ländern war, muss nun dienen.

Sie weint des Nachts, dass ihr die Tränen über die Backen laufen. Es ist niemand unter allen ihren Liebhabern, der sie tröstet. Alle ihre Freunde sind ihr untreu und ihre Feinde geworden.

[...]

Es haben die barmherzigsten Frauen ihre Kinder selbst kochen müssen, damit sie zu essen hatten in dem Jammer der Tochter meines Volks.

Der Herr hat seinen Grimm austoben lassen, er hat seinen grim-
migen Zorn ausgeschüttet; er hat in Zion ein Feuer angesteckt, das
auch ihre Grundfesten verzehrt hat.

Ich nähere mich zwei Jeschiwaschülern, die ihre Zeit für ge-
wöhnlich mit dem Lesen des Talmuds zubringen, und frage sie:
Ist es euch erlaubt, Frauen anzuschauen?

Ihre Antwort? Ja und nein, es hängt von den Umständen ab,
sagen sie. Wann ist es euch nicht erlaubt?, frage ich. »Wenn die
Frau schön ist, ist es einem nicht erlaubt, sie anzuschauen«, lautet die gelehrte Auskunft. »Man darf nur hässliche Frauen angucken, keine schönen.«

Warum das nicht?

»Weil es so geschrieben steht.«

Wo steht es geschrieben?

»Im Talmud.«

In welchem Traktat des Talmuds?

»Im Traktat Nida.«

Also nicht in Awoda Zara, sondern in Nida. Welche Seite im
Traktat Nida? Das wissen sie beide nicht. Wie lautet die genaue
Formulierung des Verbots? Daran erinnern sie sich nicht. Aber
es steht zweifellos irgendwo irgendetwas in dieser Richtung geschrieben. Wird explizit gesagt, dass man keine schöne Frau ansehen darf? »Sicher.« Heißt es, um euer Gedächtnis etwas auf-
zufrischen, du darfst keine schöne Lady anschauen? Nun ja,
»nicht genau in diesen Worten, aber so ähnlich«.

Die Frage ist natürlich, woher man wissen soll, ob eine Frau
schön oder hässlich ist. Dafür muss man sie erst in den Blick
nehmen, aber sollte sie zufälligerweise schön sein, würde man
die Sünde in genau dem Moment begehen, in dem man das tut.
Wenn man Glück hat und sie hässlich ist, hat man nicht gesündigt.

Wie entscheidet der Himmel, ob eine Frau schön oder hässlich ist? Das ist eine gute Frage, und keiner dieser Jeschiwajungs
kann sie beantworten.

Am 9. Aw, einem Tag, der an die Zeit erinnert, als jüdische
Mütter so hungerten, dass sie das Fleisch ihrer Kinder aßen, spre-

che ich mit diesen beiden Juden über das Anschauen schöner Damen. Und sie antworten mir. Es ist ein bisschen bizarr, muss ich zugeben.

Während die Beschreibungen der Zerstörung im Buch der Klagelieder immer weiter ausgemalt werden, steige ich zu gegebener Zeit in einen Bus, der mich zurück nach Mea Schearim bringt.

Die Straßen meines neuen Domizils sind nun menschenleer, nur wenige Autos sind unterwegs. Um diese Stunde bilden Puschkes, Spendenboxen, das sichtbarste Element auf den Straßen, überall hängen sie an Pfosten, Toren, Zäunen und Mauern.

Die Leute hier scheinen sich gut um ihre Armen zu kümmern.

AUF PARTNERSUCHE?
GEHEN SIE ZU EINEM GRAB

Taliban-Ladys heiraten samenvergießende Männer

Am nächsten Morgen erreicht die Temperatur 37 Grad, und die grelle Sonne scheint märchenhaft auf den Backofen da unten, beleuchtet eine große Ankündigung auf der Hauptstraße von Mea Schearim. Worum geht es? Darum, einen Partner zu finden. Wer einsam ist und Ausschau nach einer Partnerin hält, wird uns verheißen, kann an einen Ort namens Amuka fahren, im fernen Oberen Galiläa, und das Grab des talmudischen Weisen Jonathan, Sohn des Uzziel, aufsuchen. In nur wenigen Tagen, am Tu B'Aw, dem 15. Aw, bringt uns ein Sonderbus nach Amuka, wo uns berühmte, rechtschaffene Rabbiner erwarten.

Wie könnte ein Weiser, ein talmudischer Rabbiner, der seit Hunderten und Aberhunderten von Jahren einwandfrei tot ist, zwei einsame jüdische Herzen zusammenbringen? Die Antwort lautet: Machen Sie sich darauf gefasst, dass das Verfahren wissenschaftlich belegt ist. Zigtausende von Zeugen, sagen die Verfasser der Ankündigung, können die Macht des Grabs bestätigen und bestätigen, dass sie ihre Partnerinnen in weniger als einem Jahr nach ihrem Grabbesuch gefunden haben.

Als ich ein reizender Bursche war, damals, fuhr ich nach Amuka, zusammen mit ein paar Klassenkameraden, die nichts Besseres zu tun hatten, als ein Auto zu mieten und in den Norden zu düsen. Wir waren im Umfeld des Grabs die Einzigen weit und breit. Heute scheint der Ort eine echte Touristenattraktion zu sein.

Die Zeiten ändern sich.

Jetzt gerade geht eine Frau vor mir her, von der ich nicht sagen kann, ob sie schön oder hässlich ist. Sie ist vom Kopf bis zur Schuhsohle in schwarzes Textil gehüllt, einen Vorhang vielleicht, und man sagt mir, dass Frauen wie sie, besonders züchtige Jü-

dinnen, in Jerusalem als »Taliban« bezeichnet werden. Wer sind diese Taliban? Ich richte die Frage an Jossi, einen sephardischen Juden von hier, der einfach alles weiß: »Die ›Taliban‹ sind überwiegend neugläubige Frauen, die in der Vergangenheit mit jedermann geschlafen haben und im Bikini auf der Straße waren. Jetzt, wo sie religiös sind, verhüllen sie ihren Körper so weit wie möglich, weil sie glauben, dass diese neue Kleiderordnung ihren sündigen Körper läutern wird. Ihre ebenfalls neu zum Glauben erweckten Männer mögen den neuen Stil ihrer Gattinnen, weil es ihnen umso mehr Lust bereitet, sie auszuziehen, je länger es dauert, und sie sich dabei einbilden, dass sie Diamanten unter den schwarzen Tüchern finden.«

Nach einer kurzen Pause fährt er fort: »Diese neu bekehrten Männer schließen sich dem chassidischen Hof von Brazlaw am Ende der Mea-Schearim-Straße an. Sie haben ein ungewöhnliches Problem: Sie pflegten Sex mit allen möglichen Personen zu haben, und jetzt befürchten sie, dass sie viel zu viel Samen in ihrem Leben vergossen haben, als dass Der Name ihnen je vergeben könnte, weil es eine große, große Sünde ist, wenn ein Mann seinen Samen vergießt, die größte Sünde überhaupt. Deshalb gehen sie zu Brazlaw. Der Rebbe von Brazlaw, der seit über zwei Jahrhunderten tot, im Himmel aber noch sehr umtriebig ist, hat versprochen, dass er den ganzen vergossenen Samen solcher Männer sammeln und ihn in Diamantenberge verwandeln würde.«

Darüber hinaus versprach der Brazlawer Rebbe seinen Anhängern, wie mir ein Brazlawer Chassid verrät, den ich auf der Straße kennengelernt habe, dass er sie in der Kommenden Welt, wenn sie sich lange Schläfenlocken wachsen ließen, vor den Toren der Hölle, falls das Himmelsgericht sie dorthin beorderte, schnappen und an ihren Schläfenlocken mit sich ins Paradies schleppen würde.

Das geschieht also mit den Leuten, die hier sterben, begreife ich endlich: Ihre Körper werden auf den Ölberg oder auf einen anderen Friedhof gebracht, ihre Seelen aber fliegen zu Rabbi Nachman, dem Brazlawer Rebbe.

Gut für die Männer, aber was ist mit den Frauen? Mea Schearims Frauen wachsen schließlich keine Schläfenlocken, was bedeutet, dass Rabbi Nachman sie nicht mit sich ins Paradies schleppen wird. Ist das wirklich so? Nur keine Sorge. Frauen kommen garantiert in den Himmel, das heißt ins Paradies, lese ich auf Schildern, auf die man überall in diesem Viertel stößt, wenn sie sich, solange sie in Dieser Welt sind, an die folgenden Regeln der Züchtigkeit halten: Die Arme dürfen von den Ellenbogen an aufwärts nicht enthüllt sein, die Beine müssen mit schwarzen oder undurchsichtig braunen Strümpfen verhüllt sein und Röcke bis weit unters Knie reichen. Alle anderen Körperteile, mit Ausnahme ihrer Unterarme, ihres Gesichts und Halses, müssen bedeckt sein. Enge, körperbetonte Kleidung ist verpönt; viele aber tragen ziemlich enge Ärmel, die die genaue Form ihrer Arme unterhalb des Ellenbogens verraten.

O Gott, wie gut ich mich an diese Regeln erinnere! Es ist, als hätte mich jemand hier als Teenager geschnappt, auf einem Al-Buraq weit weg geflogen und mich anschließend wieder hier auf einem weißen Esel abgesetzt.

Wie alt ist Patricia inzwischen? Lebt John noch?

KAHLGESCHORENE KÖPFE UNTER 24 000-DOLLAR-HÜTEN

»Ist sie dünn oder dick? Welche Hautfarbe hat sie?
Und welche Haarfarbe?«

Unterwegs in den Straßen der Rechtschaffenen komme ich an verschiedenen chassidischen Höfen vorbei. Karlin-Stolin, Satmar, Lelev, Duschinsky, Brazlaw, Tora VeYira, Toldos Aharon, Toldos Avrohom Yitzchok, Shomer Emunim und viele andere, die nur der Herr lesen und aussprechen kann.

Ich erinnere mich an einige dieser Höfe, vor allem einer aber ist mir im Gedächtnis geblieben, Toldos Aharon, dessen Mitglieder als Reb Arelach bezeichnet werden, also als Anhänger von Rabbi Aharon Roth (oder Aaron Rote), der unter dem Namen Reb Arele bekannt war. Viel weiß ich nicht über sie, nur das, was ich hörte, als ich noch hier lebte. Die Gemeinschaft war, so wurde mir damals erzählt, eine jiddischsprachige Gruppe von Fanatikern in goldenen Kaftanen, allesamt glühende Antizionisten. Stimmt das? Ich weiß es nicht. Ich weiß nur, dass ich ihnen seinerzeit aus dem Weg gegangen bin, jetzt aber bei Gelegenheit gerne herausfinden würde, wer sie eigentlich sind.

Ja, ich weiß ziemlich wenig über sie. Aber wenn ich mich recht entsinne, handelt es sich um einen chassidischen Hof, der in den 1920er Jahren von Reb Aharon Roth gegründet wurde, ursprünglich unter dem Namen Shomer Emunim. Diese Gruppe spaltete sich schließlich in drei Gruppierungen auf, Toldos Aharon, Toldos Avrohom Yitzchok und Shomer Emunim, die heute alle in Mea Schearim und anderswo eine Blütezeit erleben. Die verheirateten Frauen dieser drei chassidischen Höfe, so wurde mir erzählt, rasieren sich nach der Hochzeit den Schädel kahl. Ihre Männer hingegen haben das schon mit drei Jahren hinter sich. Wird irgendjemand aus diesen drei Gruppen mit mir sprechen, wenn ich, ein Mann mit runder roter Brille und stattlichem Bauch, auf ihn zusteuere?

Nicht im Traum hätte ich gedacht, dass mir die Antwort auf diese Frage umgehend zuteilwird, und zwar von einer jungen Frau, der Frau eines Rabbis (einer Rebbetzin). Sie heißt Rebbetzin Leah Miriam Kohn und hat, wenn ich das so sagen darf, ein strahlend schönes Gesicht und ein Lächeln, das den hartherzigsten Mafiaboss in Sizilien dahinschmelzen lassen würde. Wenn ich sie richtig verstehe, ist sie mit einem Sohn des Rebbes von Toldos Aharon verheiratet, der sich selbst, wenn ich nicht irre, als Rabbi von London bezeichnet. Lustigerweise sieht sie ein bisschen wie die »Rachel« aus, die ich mir vor ewigen Jahren ausgemalt hatte, jene Rachel, die ich heiraten würde, wenn mir keine Patricia in den Schoß fiele.

Wir halten einen kleinen Schwatz.

Manche Leute behaupten, sage ich zu ihr, dass die Frauen ihrer Gemeinde erniedrigt und missbraucht werden und ihr Leben in Depressionen und Kummer verbringen. Stimmt das?

Ich habe keine Ahnung, was meine Zunge und Lippen dazu brachte, diese Worte auszusprechen, aber sie haben es getan.

Die Rebbetzin schenkt mir ein Lächeln, ein strahlendes Lächeln, und fragt: »Sehe ich depressiv aus für Sie? Missbraucht? Erniedrigt?«

Nicht direkt, aber was weiß ich schon?

»Ich verrate es Ihnen: Ich bin glücklich, die zu se...
bin, ich bin stolz darauf, Teil meiner Gemeinschaft zu...
es ist für mich ein Glück, ihr anzugehören.«

Ich würde sehr gerne Ihren Mann kennenlernen. Lä... ...ich
das einrichten?

»Ich werde ihn fragen, ob er sich mit Ihnen treffen will, und
Ihnen Bescheid geben. Rufen Sie mich an.«

Sie gibt mir ihre Mobilnummer.

Würdest du deine Mobilnummer einem Fremden geben,
der dir gerade ins Gesicht gesagt hat, dass deine Gemeinschaft
eigentlich zum Himmel stinkt? Ich würde es nicht tun, sie aber
schon.

Eine ältere Frau, die zusammengenommen auf mehr als hundert Kinder, Enkel und Urenkel kommt, bleibt auf ihrem Weg stehen, um die Rebbetzin zu grüßen. Die Rebbetzin sagt lächelnd
zu mir, dass ich vielleicht ein wenig mit der Frau sprechen sollte,
um herauszufinden, wie deprimiert sie ist. Die Ladys lachen, und
die ältere lädt mich zu sich nachhause ein.

In ihrer Wohnung, die ein bisschen unaufgeräumt, aber sauber ist, bietet sie mir kalte Limonade an und zeigt mir Fotos von
ihrer Familie in einem Album – nicht auf einem Smartphone, sie
hat keines.

Während ich mir die Fotos anschaue, die durchweg glückliche
Gesichter zeigen, tritt der Sohn der Frau zur Tür herein. Er ist
hier, um nachzusehen, ob alles in Ordnung ist, sagt mir seine
Mutter; das mache er jeden Tag. Verständlicherweise hat er nicht
erwartet, einen Mann im Haus anzutreffen, und ist mehr als
überrascht. Er mustert mich, einen Fremden, einen völlig Fremden, der vielleicht sogar ein Ungläubiger ist. Seine Mutter erzählt
ihm, dass Rebbetzin Leah ihr den Fremden vorgestellt hat. Sofort
entspannt er sich und heißt mich herzlich willkommen.

Die Dame des Hauses hat noch weitere Kinder, wie sie mir
verrät. Und ihr junger Sohn heiratet nächsten Monat, sodass sie
dieser Tage damit beschäftigt ist, Geld für diesen Anlass zu sammeln.

Wie viel Geld versucht sie zusammenzubekommen? Die Hochzeit, sagt sie, wird 200 000 Schekel kosten, also fast 50 000 Euro, und einige Menschen und Institutionen in der Gemeinde werden ihr helfen, jeden einzelnen Agorot davon aufzubringen.

Sie erläutert mir einiges, was ich interessant finde.

Die Reichen unter uns, sagt sie, investieren einen Teil ihrer Einnahmen in die Gemeinde und teilen auf diese Weise das, was sie haben, mit denen, denen es fehlt. Auch bestehe die Möglichkeit, sich zinsfrei Geld von einem Gemach zu leihen, einem zinsfreien Kreditfond.

Warum ist die Hochzeit so teuer?, frage ich.

Es ist nicht allein die Hochzeit, die so teuer ist, sondern da sind auch noch die anderen mit ihr verbundenen Kosten, kriege ich zur Antwort.

Welche?

Ein Bräutigam muss beispielsweise am Sabbat einen Schtreimel tragen, und »der billigste Schtreimel kostet 6 000 Schekel [ca. € 1500]«, sagt der Sohn zu mir. Für bestimmte Schtreimel zahlen Männer, die sich Qualität leisten können, bis zu 10 000 US-Dollar. Und Edel-Schtreimel lassen sich diejenigen, die ein sehr komfortables Leben führen, sogar 24 000 US-Dollar kosten.

Ich hätte gerne so einen für 24 000 $.

Wissen Sie, woraus ein Schtreimel gemacht ist?, frage ich den Sohn, der es sich jetzt auf dem Sofa bequem gemacht hat. »Aus dem Schwanz des Zobels, vieler Zobel für einen Hut«, antwortet er. Wie viele Zobel? Das weiß Der Name, er nicht.

Das sind die Kosten für den Hut, aber der angehende Ehemann wird mehr brauchen als bloß einen Hut. So muss er etwa einige Kaftane haben, einen goldenen für den Sabbat und einen bläulichen für die gewöhnlichen Tage, und jeder Kaftan (Bekische) kostet 1000 Schekel, was etwa 250 Euro entspricht. Dann ist da der Gartel, der spezielle Gürtel, der zum Bekische gehört und auch ein hübsches Sümmchen kostet. Nicht zu vergessen der Mantel über dem Kaftan, der als Dschubbe bekannt ist und den er ebenfalls brauchen wird. Ganz zu schweigen von schönen Schuhen und Strümpfen für den Sabbat, schwarzen oder weißen, und da haben wir von neuen Hemden, Hosen, neuer Unterwäsche und natürlich einer schönen Armbanduhr, vorzugsweise einer goldenen, noch gar nicht gesprochen. Noch einen Ausgabenposten sollte man niemals außer Acht lassen, weil es ohne ihn keine Hochzeit und keine Ehe gibt: die Gebühr des Schadchens, des Heiratsvermittlers. Wenn Männer eine Frau nicht mal anschauen und junge Männer und Frauen nicht zusammen sein dürfen, wie sollen ein Junge und ein Mädchen da zusammenfinden? Auftritt des Heiratsvermittlers. Der Schadchen, ob Mann oder Frau, professionell oder nicht, kennt die beiden Familien oder tut jedenfalls so und ist mit den persönlichen Eigenschaften und der Lebensgeschichte des jungen Mannes und der jungen Frau gut genug vertraut, um sicherzustellen, dass die beiden wirklich zusammenpassen. Die Hoffnung liegt beim Herrn.

So funktioniert das in der charedischen Welt.

Als ich noch ein Teil von ihr war, hörte ich die Geschichte eines 19-jährigen Jeschiwaschülers, der vor einem aufgeschlagenen Buch saß, dessen Augen aber ins Leere starrten. Als der Rabbi bei ihm vorbeikam, hielt er inne und setzte sich neben ihn. »Wie sieht sie aus?«, flüsterte der Rabbi seinem Schüler ins Ohr. »Ist sie groß? Ist sie klein? Ist sie dünn oder dick? Welche Hautfarbe hat sie? Und welche Haarfarbe? Wie klingt sie?«

Der Rabbi brauchte nicht lange, um den Jungen unter die Haube zu bringen.

Und jetzt habe ich eine Frage: Stimmt es, dass jemand aus einer Familie, deren Männer am Sabbat weiße Socken tragen, niemanden aus einer Familie heiraten wird, deren Männer schwarze Socken tragen?

Stimmt, sagt die Mutter.

Dachte ich mir schon.

Es sind aber noch weitere Kosten zu bedenken, bevor man heiratet: die Kleidung der Frau. Züchtig gekleidet zu sein, also so viel Haut zu bedecken wie möglich, ist viel teurer, als nackt herumzulaufen.

Wie alle anderen menschlichen Lebewesen wollen auch charedische Frauen attraktiv aussehen. Du kannst züchtig sein und den Großteil deines Körpers bedecken und trotzdem sexyer aussehen als jede Frau im Bikini. Das ist das große Geheimnis der Mode: Man kann jede beliebige Person nehmen, ob schön oder hässlich, und dafür sorgen, dass sie unter einer Stoffbedeckung fantastisch aussieht. Manche charedischen Frauen, dieses kleine Detail sollte Sie nicht schockieren, sind hinreißender als Miss Universe. Aber es bestehen natürlich ein paar Regeln jenseits bloßer Modediktate. Ein Beispiel: Verheiratete Reb-Arelach-Frauen tragen, zumindest soweit ich sehe, am Freitagabend zu Beginn des Sabbats eine weiße Kopfbedeckung. Am Sabbattag selbst können sie, wenn ich nicht irre, ihre Kopfbedeckung in jeder beliebigen Farbe wählen, solange sie nicht zu auffällig ist, also etwa flammend rot.

Wie dem auch sei, ich verabschiede mich von meinen Gastgebern und mache mich auf den Weg zu einem Perückenladen.

Ja doch.

Ich liebe Mode und finde die charedische ziemlich faszinierend. Und so gehe ich zu dem Perückenladen beim Sabbat-Platz, um mir anzuschauen, was eine frischvermählte Frau ihr Eigen nennen muss, bevor ein Ring seinen Weg an ihren Finger findet. Manche charedischen Gemeinschaften wie die Reb Arelach schreiben vor, dass eine verheiratete Frau ein Kopftuch, ein Tichel trägt, keine Perücke, andere charedische Frauen jedoch tragen Perücken, und zwar sehr gerne.

Eine verheiratete charedische Frau, um es Ihnen brühwarm zu erzählen, darf ihr Haar niemand anderem zeigen als ihrem Ehemann, und vielleicht nicht einmal ihm, wie manche meinen. Haare, so befand vor langer Zeit ein alter Rabbi, dessen Name niemand kennt, sind äußerst verlockend, und wenn verheiratete Frauen, Gott behüte, mit unbedecktem Kopf herumlaufen würden, dann kämen die Männer in große Versuchung, ihre Membranen würden schmelzen, und sie würden endgültig den Verstand verlieren. Um die Männer vor einer solchen Katastrophe zu bewahren, erschuf Gott in Seiner Gnade die Perücke, und deshalb gibt es diesen Perückenladen.

Wenn Sie sich fragen, wie diese Perücken im wirklichen Leben auf diesen Frauen aussehen, bitte sehr: Es hängt von der Perücke ab. Manche Perücken sind so hinreißend, dass sie aus jeder Frau einen Pornostar machen können.

Gewiss, die Idee der Kopfbedeckung besteht ja gerade darin, sicherzustellen, dass die Männer nicht in Versuchung geraten, und doch sind gewisse Perücken potenzielle Membranenschmelzer, was logischerweise bedeuten müsste, dass Perücken das Verbotenste überhaupt sein sollten. Aber nein, nicht alles auf der Welt ergibt Sinn. Hat es irgendeinen Sinn, dass Schlangen auf der Welt herumkreuchen? Sie sind da, und wir müssen mit ihnen leben, so wie mit den verlockenden Frauen auch.

Der Perückenladen, im Untergeschoss eines Gebäudes, verkauft natürliche und künstliche Perücken, also solche aus Menschenhaar und andere aus synthetischem Haar. Eine Naturperücke kostet 5800 Schekel (ca. €1450), die synthetische daneben 1700 Schekel (ca. €420). Billiger als ein Schtreimel.

Das ist alles, was ich wissen wollte. Warum? Keine Ahnung.

Ich verlasse den Perückenladen und bin wieder auf der Straße.

Und was sehe ich da? Ein großes Plakat, das ein öffentliches Gebet an der Klagemauer um zusammenpassende Paare ankündigt. Die charedische Gemeinschaft ist eingeladen, sich an der Klagemauer zu versammeln und zu Dem Namen zu beten, auf dass er helfen möge, passende Partien zu finden.

Darüber gerate ich ins Grübeln: Einmal angenommen, dass die Gebete um passende Paarungen erhört werden und alle Singles ihre Lebenspartner finden, was passiert dann? Wenn eine Hochzeit 200 000 kostet, ganz zu schweigen von den Kosten, eine eigene Wohnung zu kaufen oder zu mieten, wie viele werden sich das überhaupt leisten können? Wenn man von den inneren Straßen Mea Schearims ausgeht, wo ich jetzt stehe, mich umsehe und einmal mehr die ganzen herumfliegenden Abfälle registriere, dann habe ich nicht den Eindruck, dass sich

viele dieser Leute 200 000 Schekel leisten können, nur um unter die Haube zu kommen. Kann es wirklich sein, dass die Gemeinschaft jedem Neuvermählten mit 200 000 Schekel aushilft, nur damit er sich verheiraten kann?

Nebenbei, nur falls Sie sich das gefragt haben: Die Straßen mögen schmutzig sein, aber die Passanten sind supersauber.

Hier zum Beispiel ein chassidisches Paar. Der Mann scheint geistig behindert zu sein, wie auch die Frau. Zusammen sehen sie glücklich aus. Ein perfektes Paar! Die Glücklichen, es gibt hier einen Heiratsvermittler. Sonst hätten sie höchstwahrscheinlich alleine leben und ein elendes Dasein fristen müssen.

EINE STUNDE + EIN GEBET = EINE MILLIARDE SCHEKEL

*»Gibst du einem jüdischen Bettler einen Schekel, ist er sauer.
Gibst du einem Goj 20 Cents, ist er glücklich.«*

Ich spaziere weiter herum und komme an einer Wechselstube vorbei. Ich unterhalte mich kurz mit dem Eigentümer. Wer, frage ich ihn, braucht heutzutage noch Geldwechsler? Ich habe seit Ewigkeiten keinen mehr aufgesucht; warum sollte in unserem hochtechnologischen Zeitalter jemand so etwas machen?

»Sie werden überrascht sein«, antwortet er mir. »Die Transaktionen, die allein ich durchführe, gehen jeden Tag in die Hunderttausende.«

Wer hat solche Beträge, lieber Geldwechsler?

»Das weiß ich nicht. Vielleicht sind es Spenden aus dem Ausland, um die Gemeinde am Laufen zu halten.«

Das ist der seltsamste Wortwechsel, den ich je mit einem Geldwechsler hatte.

Ich gehe in die Gegend, in der einst meine alte Jeschiwa war, Beis Ha'Talmud, bis ich zu einem Restaurant gelange, das doch tatsächlich Das Restaurant (Hamisada) heißt. Das Restaurant, in der Nähe eines der Gebäude der Mir-Jeschiwa, betreiben Moti und seine Frau Tehilah. Hier kann man unter anderem Yapchick (eine Mischung aus Kartoffelkugel und Fleisch) für 28 Schekel (€7) bestellen, Tscholent für gerade mal 17 (€4,25) oder auch für stattliche 60 Schekel (€15), je nach Größe, Frikadellen für zehn Schekel das Stück, aber auch einzelne Zigaretten für 2,50 (€0,62). Ja, sie verkaufen einzelne Zigaretten hier, auch kann man im ganzen Restaurant rauchen. Moti war früher Anwalt und verkauft Ihnen jetzt eine Marlboro für 2,50 Schekel, und er wähnt sich im Himmel.

Sind die Leute in der Gegend hier arm oder reich?, frage ich Moti als Kenner der Gemeinde.

»Das weiß niemand«, lautet seine Antwort.

Eine Familie kann Millionen haben und direkt neben einer Familie leben, die nichts hat, und kein Außenstehender könnte den Unterschied erkennen, sagt er.

Was ist mit den Straßen los, warum sind sie so verdreckt?

Eine Lebensweise, antwortet Moti. Eines Tages, erzählt er mir, wollte ein sehr berühmter Wohltäter diese Gegend besuchen. Als die Leute hörten, dass er im Anmarsch war, nahm jeder einen großen Plastiksack und sammelte auf der Straße allen Abfall ein. Der Wohltäter schaute sich um, war beeindruckt und reiste bester Stimmung wieder ab. Sobald er weg war, kamen die Leute wieder aus ihren Wohnungen, Plastiksäcke in den Händen, und leerten den Müll wieder auf den Straßen aus. Warum kippt ihr Abfall auf die Straße?, fragte ein Passant. Sie blickten ihn überrascht an und sagten: »Wohin sonst sollten wir unseren Müll werfen? Hier kommt er ja her!«

Stimmt diese Geschichte? Ich weiß es nicht. Sie könnte auch eine Allegorie sein, eine Fabel oder einfach ein Vorwand des Erzählers, um sich einen Spaß zu machen.

Um der Wahrheit die Ehre zu geben, sind die Straßen hier im Vergleich etwa mit New Yorker U-Bahn-Stationen tipptopp.

Aber egal.

Einige Schritte von Motis Restaurant entfernt befindet sich The Kuperman's zinsfreier Kreditfonds oder, auf Hebräisch, Gemach, angeblich Israels größter, mit einem Volumen von bis zu einer Milliarde Schekel. Leicht zu finden ist der Fonds nicht, da seine Büros im Untergeschoss eines unscheinbaren Gebäudes liegen, in dem man eine Toilette, nicht aber eine millionenschwere Finanzverwaltung vermuten würde. Aber so mögen sie es hier, und dorthin gehe ich jetzt.

»Man nimmt an, dass in der charedischen Gesellschaft Israels Tausende von Gemachs tätig sind«, entnehme ich israelischen Medien. Und Kuperman soll der König der Gemachs sein.

Das Büro ist klein. Fünf Angestellte sitzen im hinteren Teil des Raumes hinter Durchsichtfenstern, vor ihnen sind ebenso viele Sitzplätze für die Kreditnehmer vorgesehen. Ich lese die Öffnungszeiten: Fünf Tage in der Woche jeweils eine Stunde am Tag. Wie kann man in einem Büro, das wie ein kleiner Friseursalon aussieht, eine Milliarde Schekel umsetzen, und das bei einem Betrieb von fünf Stunden pro Woche? Ich weiß es nicht. Was ich aber weiß, ist dies: Wenn Sie heiraten wollen und sich fragen, wie Sie die 200 000 Schekel für Ihre Statusänderung aufbringen sollen, versuchen Sie Ihr Glück am besten hier.

Ich lasse mich auf einem der Plastikstühle nieder, neben mir sitzt Schimon. Er ist hier, um einen zinsfreien Kredit in Höhe von 20 000 US-Dollar zu beantragen, rückzahlbar in fünfzig Raten. Er ist durch ein Apartment, das er gerade gekauft hat, in gewisse finanzielle Schwierigkeiten geraten; lange Geschichte, sagt er. Er verdient seinen Lebensunterhalt in der Lebensmittelindustrie, doch die monatlichen Raten schnüren ihm die Luft ab. An dieser Stelle kommt Kuperman's Gemach ins Spiel. Schimon hat schon einmal einen Kredit erhalten und rechnet auch diesmal nicht mit Schwierigkeiten. Neue Kreditnehmer, erzählt er mir, müssen zwischen sechs Monaten und zwei Jahren auf einen Termin bei Kuperman's warten und brauchen Bürgen, bevor ihnen ein Kredit gewährt wird. Wie viele Bürgen? »Das hängt davon ab, wie gut deine Bürgen sind«, sagt ein Mann, der neben uns steht, mit einem Lächeln auf den Lippen. »Ich bin nicht hier, um einen Kredit zu beantragen«, fügt der Mann hinzu. »Ich bin hier, um Geld einzuzahlen. Die Banken zahlen heute nur noch symbolische Zinsen, und da ziehe ich es vor, mein Geld in einem Gemach zu deponieren, weil ich weiß, dass es Menschen in Not hilft. Wenn ich das Geld zurückbrauche, wird das Gemach es mir sofort geben. Schönen Tag!«

Ist er wirklich ein Einzahler und kein Kreditnehmer? Nur Der Name, Kuperman und er wissen es.

»Gibst du einem jüdischen Bettler einen Schekel«, sagt mir dann Schimon, »ist er sauer. Gibst du einem Goj 20 Cents, ist er glücklich. Warum? Weil sich ein jüdischer Bettler vorstellt, was er einem armen Mann geben würde, wenn er reich wäre; mindestens zehn Schekel [€ 2,50], und deshalb ist er mit dem einen Schekel nicht zufrieden. Auch ein Goj stellt sich vor, was er geben würde, wenn er ein reicher Mann wäre, den ein Bettler anspricht, nämlich nichts, und deshalb ist er von den 20 Cents begeistert.«

Plötzlich kommt der ganze Betrieb zum Erliegen. Was ist passiert? Ist die New Yorker Börse zusammengebrochen? Nein. Etwas viel Wichtigeres ist passiert: Es ist Zeit zum Beten!

Worüber beten die Juden, während sie Millionen bewegen? Nun, in erster Linie über die Auferstehung der Toten. Ja, genau. Alle Milliarden der Welt sind nicht einen Heller wert, wenn du sie nicht nutzen kannst, nachdem du dich aus deinem Grab erhoben hast. Ergibt für mich voll Sinn.

Nach dem Gebet verlasse ich das Büro und stehe auf der Straße vor einem Meer an Jeschiwa-Schülern. Einer von ihnen erzählt mir, dass die Mir-Jeschiwa rund 8000 Schüler hat.

Die Zahlen in dieser Gegend, ob von Schekel oder von Schülern, sind astronomisch.

Als ich hier lebte und auf der Jeschiwa Beis Ha'Talmud war, stand diese Jeschiwa unter der Leitung ihres Gründers, Rabbi Berel Schwartzman, der ein enger Freund meines Vaters war. Rabbi

Berel, der vor rund zehn Jahren starb und auf dem Ölberg begraben ist, war ein genialer Mann, im Talmud und in vielen anderen jüdischen Büchern beschlagen. Ab und zu besuchte er meine Eltern in Bnei Brak, und ich erinnere mich noch an diese Besuche, als wären sie gestern gewesen. Er war ein interessanter Mann mit einer ganz besonderen Persönlichkeit. Eines Tages, als er einen Vortrag hielt, schwirrte ihm eine Fliege vorm Gesicht herum. Er unterbrach seinen Vortrag und verfolgte die Bewegungen der Fliege. Er wollte wissen, warum die Fliege so flog, wie sie es tat, und was sie dazu brachte, immer im Kreis zu fliegen, als würde sie sinnlos irgendein Ziel verfolgen. Reb Berel war neugierig: Was war es, das die Fliege suchte?

Die Beis Ha'Talmud zog einige Jahre nachdem ich sie verlassen hatte, an einen anderen Ort um. Seiner Biografie zufolge tat sich Rabbi Berel an einem Punkt in seiner erfüllten Laufbahn mit einem Rabbi namens Nota Schiller und anderen zusammen, um die berühmte Jerusalemer Jeschiwa für reuige Juden (Baal Teschuwa: »Rückkehrer zum Judentum«) zu gründen, Ohr Somajach.

Ich freue mich darauf, an einem der nächsten Tage Rabbi Nota Schiller zu treffen.

Was mich daran erinnert: Ich bin schon sehr, sehr, sehr lange nicht mehr in einer Jeschiwa gewesen.

EIN LITWAKISCHER RABBINER SIEHT SEINE FRAU AN UND RENNT LOS, UM ES ALLEN ZU ERZÄHLEN

Was genau bedeutet Auferstehung der Toten?

Am nächsten Tag gehe ich in eine der größten Jeschiwot in Jerusalem, um eine Talmudlesung mitzuerleben. Die Schüler sitzen auf unzähligen Bänken in einer riesigen Halle, den Talmud aufgeschlagen vor sich, und hören zu, wie ihnen der gelehrte Rabbi einen komplexen talmudischen Begriff erklärt. Manche schreiben jedes Wort mit, andere starren ihn nur an, und wieder andere schauen ins Leere, hängen ihren eigenen Gedanken und Träumen nach. Vielleicht werden einige Eltern, denke ich mir, schon bald ein Gemach aufsuchen müssen.

Nachdem der Rabbi mit seiner Lesung fertig ist und sich anschickt, die Halle zu verlassen, folgen ihm viele seiner Schüler, als würden sie sich weigern, ihren geliebten Lehrer ziehen zu lassen. Soweit ich sehen kann, bitte lachen Sie nicht, hat er mehr Bewunderer als der König von Saudi-Arabien – und der hat viele Bewunderer, der saudischen Presse zufolge.

Draußen fährt schon wieder ein Lautsprecherwagen vorbei und kündigt eine weitere Beisetzung an.

Niemand um mich herum scheint über diese Ankündigung betrübt. Für diese Menschen ist eine Beerdigung, vermute ich, nicht das Ende der Welt, denn die Toten erstehen ja ohnehin wieder auf.

Ich spreche einen der Anhänger des Rabbis an und bitte ihn, den Rabbi zu fragen, ob er sich vielleicht persönlich mit mir treffen würde. Der Rabbi sagt ihm, dass er dies gerne tun würde, und so besuche ich ihn privat bei sich zuhause.

Er lebt bescheiden, ganz anders als der saudische König; wir setzen uns in sein Wohnzimmer, das von Büchern umrahmt ist.

Es ist noch jemand im Haus, da ich Schritte höre, es zeigt sich aber niemand. Vielleicht ist es seine Frau, vielleicht aber auch ein Engel. Rabbiner und Engel gehen Hand in Hand, habe ich einst gelernt.

Der Rabbi schenkt mir ein schüchternes Lächeln und dann einen Blick, nur so, und zeigt mir schließlich ein Telefonbuch. Ich habe seit Ewigkeiten kein Telefonbuch mehr gesehen, aber die Angehörigen seiner Gemeinde, in der Smartphones verpönt sind, nutzen sie nach wie vor. Er schlägt es bei der Rubrik Wohltätigkeit auf, den Gemachs. Es folgen viele, viele Seiten mit Wohltätigkeitseinrichtungen. »Das ist unsere Welt«, sagt er mir und meint die charedische Welt. »Wir helfen uns gegenseitig und lassen niemanden fallen. Wo sonst gibt es so etwas?«

Manche der Gemachs gewähren Kredite, die zinslos zurückzuzahlen sind; andere kümmern sich um verschiedene Bedürfnisse wie beispielsweise Medikamente, die nicht bezahlt werden müssen. Einige Gemachs bieten Kinderwagen an, andere erlauben eine Computernutzung für wenige Schekel, wieder andere haben Klimaanlagen zu reduzierten Preisen im Angebot. Kurz: Hilfe für die Bedürftigen in jeder Form, in der sie benötigt wird.

Anschließend mustert er mich mit einem langen Blick und sagt: »Ich stelle eine Bedingung. Nennen Sie nicht meinen Namen oder meine Jeschiwa.«

Das habe ich nicht erwartet, aber ich akzeptiere seine Bedingung.

Wovor hat er Angst? Das muss er selber wissen, aber es ist schon interessant, dass selbst in einer Gemeinde wie seiner, in der sich die geistigen Führer großer Verehrung erfreuen, sich bestimmte Führer vor ihren Anhängern fürchten.

Er spricht mit leiser, aber fester Stimme. In seiner Stimme liegt eine Sanftheit, die mit Sturheit und selbstbewusster Autorität gemischt ist. Wenn er seinen Namen auch nicht öffentlich gemacht sehen will, so möchte er doch, dass seine Worte gehört werden. Und noch etwas fällt mir an ihm auf: Er ist kein Chassid, sondern ein Litwak (wir erinnern uns an die Herkunft der Mitnaggdim aus Litauen), Angehöriger einer Gruppe, die sich etwas auf ihr Wissen, nicht auf ihre Gefühle zugutehält, aufs Studium und nicht auf Geschichten, und das sieht man. Er strahlt keine Wärme aus, und die Sprache des Lächelns scheint er nicht zu kennen. Er würde gut nach Hamburg passen, denke ich.

Glauben Sie, dass der Messias kommen und die Toten wieder zum Leben erwecken wird?, frage ich den gelehrten Mann.

»Der Name wird das tun.«

Ich formuliere meine Frage noch einmal anders: Glauben Sie, dass der Messias kommen wird, die Toten ersuchen wird, aus ihren Gräbern aufzuerstehen, und mit der Hilfe Des Namens werden sie alle wieder zum Leben erweckt?

»Nicht alle, aber gewiss diejenigen, die die Thora studiert haben.«

Können Sie mir das ausmalen: Wie werden die auferstandenen Toten aussehen? Einer von ihnen ist ja vielleicht mit acht Jahren, ein anderer mit 80 Jahren gestorben. Werden sie als Acht- und als Achtzigjährige zurückkommen? Und: Werden die Auferstandenen für immer das Alter haben, in dem sie erweckt wurden, oder werden sie mit jedem Jahr älter werden?

»Ich habe darüber nachgedacht, habe aber keine Antwort. Nicht alles hat eine Antwort.«

Ich möchte Sie etwas anderes fragen: Warum sollte Der Name Menschen töten und dann wiedererwecken? Kann Er sie nicht einfach am Leben lassen?

»Wenn Menschen von dieser Welt scheiden, werden sie entweder für das belohnt, was sie getan haben, als sie am Leben waren, oder bestraft, wenn sie Strafe verdienen.«

Kann Der Name sie nicht bestrafen, ohne sie erst zu begraben?

»Es heißt, dass das Leiden in der Hölle so schwer ist, dass kein Schmerz in Dieser Welt ihm vergleichbar wäre.«

Wenn ich das richtig verstehe, will Der Name den Sündern die denkbar härteste, grausamste Strafe zuteilen, und das lässt sich nur in der Hölle machen, nachdem sie tot sind.

Aber diejenigen, die ihr Leben mit dem Studium der Thora verbracht haben, werden belohnt, nicht wahr?

»Natürlich.«

Was ist die Thora? Die Thora ist eine Sammlung von Regeln und Vorschriften. Um ein Beispiel aus dem Traktat Bava qama zu nehmen: »Wenn ein Ochse eine Kuh aufspießt und damit zu Tode bringt, und wenn ihr neugeborenes Junges tot neben ihr liegt und man nicht weiß, ob die Kuh es zur Welt brachte, bevor der Ochse sie aufspießte, oder ob die Kuh es zur Welt brachte, nachdem der Ochse sie aufspießte, dann bezahlt der Besitzer des Ochsen den halben Schaden für die Kuh und ein Viertel des Schadens für das Neugeborene.« Höchst interessant. Aber warum ist das Studium dieser Gesetze so wichtig für Den Namen? Es unterscheidet sich nicht sehr von einem Jurastudium an der Universität, aber diese Studierenden werden meines Wissens nicht mit einem guten Platz im Himmel geehrt. Warum werden diejenigen, die Gesetze über Ochsen und Kühe studieren, so großzügig belohnt?

»Die Thora sind die Gesetze Des Namens. Und warum will Er, dass wir sie studieren? Weil Der Name das Höchste Gut ist, und Er will uns Gutes tun. Schließlich ist das der Grund, warum Der Name die Welt geschaffen hat, weil er Gutes tun will.«

Es braucht schon einen Rabbi, um dir binnen weniger Minuten klarzumachen, wie grausam Gott ist und wie gut Er ist.

Warum, frage ich den geschätzten und geheimnistuerischen Rabbi als Nächstes, darf ein Mann keine Frau anschauen?

»Weil es so in der Bibel steht.«

Wo?

»Im Buch der Zahlen [4. Buch Mose]: ›*dass ihr euch nicht von eurem Herzen noch von euren Augen verführen lasst*‹«.

Und das bezieht sich auf Frauen?

»Sicher.«

Dagegen kommt man nicht an, denn er ist sich »sicher«.

Kann eine Frau einen Mann anschauen?

»Ja.«

Warum kann sie und er nicht?

»Wenn ein Mann eine Frau ansieht, dann erregt das sein Begehren, und das kann zu verbotenen Handlungen führen.«

Aber Frauen haben auch Begierden, und auch sie könnten am Ende verbotene Handlungen begehen, oder nicht?

»Die Begierden der Männer und die Begierden der Frauen sind verschieden.«

Vielleicht ist es Ihnen nicht bewusst, aber die Begierden der Männer und die Begierden der Frauen sind sich ziemlich ähnlich.

»Aber nicht gleich.«

Soweit ich das gesehen habe, sind sie sich ziemlich gleich!

»Nicht dass ich wüsste. Ohnehin kann ein Mann nach der Heirat seine Frau oft anschauen, und auch ich tue das. Es ist eine gute Tat, die eigene Frau anzuschauen und sie mit solchen Blicken zu erfreuen. Das ist auch der Wille Des Namens.«

Das wäre ein lustiger Anblick: Ein Rabbi, der einen Stuhl mit in die Küche nimmt, wo seine Frau das Huhn für das Sabbatessen zubereitet, und er sitzt dann da und betrachtet sie, bewundert ihre Schönheit im Vergleich zu dem Huhn.

Verraten Sie mir etwas, frage ich, warum tragen Sie diese schwarze Kleidung? Ist das auch der Wille Gottes? Hat Patriarch Abraham sie getragen? Oder Moses der Gesetzgeber?

»Rabbis früherer Generationen haben es eingeführt, dass wir diese Kleidung tragen, und was immer sie uns auftrugen, das tun wir. Rabbi Israel von Salant sagte, dass ein Mann seinen Bart abrasieren darf, und deshalb tun es einige von uns. Er sagte auch, dass ein Mann eine Krawatte tragen sollte, also tragen seine Anhänger Krawatte. Auf der anderen Seite sagen manche Rabbis, dass Männer ihren Bart nicht abrasieren sollten, weshalb es viele nicht tun. Wir folgen unseren Rabbis!«

Folgen sie wirklich ihren dahingegangenen Rabbis? Na ja, nicht wirklich. Da er als Litwak einer Gruppe angehört, die in meinen Tagen keine Rabbis darum ersuchte, für sie zu beten, erzähle ich ihm, dass ich vor einiger Zeit Leute vor dem Haus eines litwakischen Rabbis Schlange stehen sah, um sich von ihm segnen zu lassen, eine Praxis, die litwakische Rabbiner in der Vergangenheit verurteilten. Als ich ein Kind war, lasse ich ihn zudem wissen, lebte dieser Rabbi schräg gegenüber von uns in Bnei Brak, und ich erinnere mich noch, dass ich nicht besonders beeindruckt von ihm war. Aber etwas hat sich offensichtlich verändert, und heute halten viele charedische Juden diesen Rabbi für einen Wundermacher und Wahrsager. Sie suchen ihn auf, damit er sie von Krankheiten heile, bereichere, wenn sie arm sind, und ihre diversen persönlichen Probleme löse, worin diese auch bestehen mögen. Als ich das sah, sagte ich mir: Diese Leute behaupten, sie glaubten an Den Namen, aber soweit ich sehe, glauben sie an einen Rabbi. Liege ich falsch?

»Nicht ganz. Im und nach dem Holocaust wurde der Glaube schwächer. Und obwohl seitdem viele Jahre vergangen sind, ist der Glaube, den die Angehörigen unserer Generation haben, viel geringer als in den Generationen vor dem Holocaust.«

Anders gesagt, die Leute, die zu jenem Rabbi (Rabbi Chaim Kaniewski) gehen, sind Rabbigläubige statt Gottgläubige, sie beten zu einem Rabbi statt zu Gott.

Mit diesen Gedanken gehen wir auseinander, er in seine Welt und ich in die meine, und das Geheimtreffen nimmt ein Ende.

Zurück in meinem Hotel, kommt mir der Gedanke, dass ich mich mit dem Mann von Rebbetzin Leah unterhalten sollte, einem heiligen Rabbiner, der ein Chassid ist. Vielleicht kann er mir das Konzept erläutern, wonach man eher zu einem Rabbi als zu Gott betet.

Ich rufe die Rebbetzin an und habe ihren Mann am Apparat.

»Es wäre schön, Sie zu treffen«, sagt er, »aber ich weiß nicht, wie das gehen könnte. In jeder freien Minute studiere ich die Thora, so wie es sein soll, wann also sollten wir uns treffen können? Jetzt gerade spiele ich mit meinen Kindern, da ich sie sehr liebe, aber wenn ich nicht mit ihnen zusammen bin, dann studiere ich unentwegt. Ein Treffen ist ausgeschlossen.«

Ich frage mich, ob dieser London-Rabbi auch so zu den Briten spricht. In diesem Fall würden sie ihm höchstwahrscheinlich den Weg zum Flughafen weisen, hinaus aus dem Königreich.

Nachdem ich nun mit diesen beiden geistlichen Männern durch bin, ist es Zeit, mich um meinen Bauch zu kümmern. O ja.

JÜDISCHE MÄNNER MÜSSEN KATZENSCHWÄNZE AUF DEM KOPF TRAGEN

Höchste Zeit, mit zwei palästinensischen Fahnen in der Hand an einem Grab zu Gott zu beten

Hadar Geula, nur einen Katzensprung von meinem Hotel entfernt, ist in erster Linie ein Deli, doch im hinteren Teil stehen auch ein paar Tische und Stühle.

Dorthin gehe ich, begleiten Sie mich doch einfach.

Auf meine Rechnung. Ich lade Sie ein!

Was ich nehme? Also, zwei Scheiben Gefilte Fisch, einen Kartoffelkugel und einen Jerusalem-Kugel, also einen Lokschen- bzw. Nudel-Kugel. Dazu einen Auberginensalat mit süßem und scharfem Chili. Köstlich! Mein Magen tanzt vor Vergnügen, als er diese Gerichte vergangener Tage wiedererkennt. Meine Zunge und mein Gaumen, die sich wieder wie die eines reizenden Knaben anfühlen, singen 26 Hallelujas.

Hätte ich damals eine Rachel geheiratet oder eine Zisale, dann bekäme ich dieses Essen mindestens siebenmal die Woche. O Rachel, o Zisale, wo seid ihr?

Nehmen Sie Kreditkarten?, frage ich den Mann hinter der Theke, als mir einfällt, dass manche Restaurants in Prenzlauer Berg nur Bargeld akzeptieren. »Nun, hängt davon ab«, antwortet der Mann. Hängt wovon ab? »Wenn sie gültig ist, nehmen wir sie. Sonst nicht.«

Der Mann bringt mich zum Lachen.

Echte Witzbolde, diese Juden.

Nachdem mein Bauch glücklich ist, fragen meine Füße, ob ich nicht gerne einen kleinen Spaziergang mit ihnen machen würde.

Aber klaro. Ich sage nie Nein zu meinen Füßen, Gliedmaßen, die mir seit meiner Geburt mehr oder weniger treu gedient haben.

Auf dem Spaziergang sehe ich vor mir zwei junge Männer, einen im weißgestreiften blauen Kaftan und einen im schwarzen Mantel. Wofür steht der blaue Kaftan, und was ist der Unterschied zwischen denen, die Blau, und denen, die Schwarz tragen? Und was hat es mit denen auf sich, die goldene Kaftane tragen?, frage ich sie.

Der blaue, erläutert mir der blaue Mann, ist für den Alltag, der goldene für den Sabbat, und beide stehen für die Anhänger von Toldos Aharon und andere »Chalmer«, vulgo Charedim aus Jerusalem. Die schwarzen ohne Streifen, sagen sie mir, sind für Junggesellen.

Gut zu wissen.

Wenig später sprechen mich zwei junge Männer in chassidischer Aufmachung an, schwarz ohne Streifen. Sie bitten um ein Zedakah oder eine Spende für die Armen. Ich habe kein Bargeld, sage ich ihnen. Kein Problem, erhalte ich zur Antwort, und einer holt prompt ein mobiles Kartenlesegerät heraus und sagt mir, dass er meine Kreditkarte gerne mit jedem Betrag belastet, den ich wünsche. Ich kann auch in Raten zahlen, jeden beliebigen Betrag, sodass meine Karte einmal im Monat oder einmal in der Woche belastet wird, ganz nach Belieben.

Ich breche in haltloses Gelächter aus. Niemand, ob in New York oder Berlin, hat je versucht, einfach so und dann noch auf der Straße meine Kreditkarte zu belasten, aber wir sind in Mea Schearim. Die jungen Männer sehen mich lachen und lachen einfach mit. Sie lachen so sehr, dass sie die Spende ganz vergessen, um die sie mich vor wenigen Momenten gebeten haben.

Als ich weitergehe, fällt mein Blick auf eine palästinensische Fahne, die hoch oben über einer Schul flattert, zusätzlich zu mehreren palästinensischen Fahnen, die auf Häuser und Mauern in der Nähe gemalt sind. »Zionisten sind keine Juden«, lese ich zudem auf einigen Mauern. Daneben findet sich Werbung für Pilgerfahrten zu den Gräbern von Rabbis, an denen Gebete erhört und Wunder gewirkt werden. Wenn ich es richtig verstehe, verbringen Antizionisten ihr Leben gerne an Gräbern mit palästinensischen Flaggen in der Hand. Das würde gut zu einigen Strömungen in der gegenwärtigen palästinensischen Kultur passen. Denn wenn sie krank sind, suchen diese Palästinenser die Gräber von Selbstmordattentätern auf, weil sie glauben, dadurch geheilt zu werden.

Wer hat diese Fahnen aufgestellt, und wer hat die Mauern bemalt?, frage ich einen älteren Chassid mit einem einladenden Lächeln.

»Sie müssen eine Weile hier verbringen, verstehen, wie die Gemeinschaft funktioniert, um zu begreifen, wer was macht.«

Eine solche Antwort wird man in Bnei Brak nicht hören, der charedischen Stadt bei Tel Aviv, in der ich meine ersten Jahre auf dieser Welt verbracht habe. In Bnei Brak würden sie es eher vorziehen, dass du nicht unter ihnen weilst, wenn du so einfache Dinge nicht verstehst. Man muss ein chassidischer Jude in Mea Schearim sein, um auf so eine Antwort zu verfallen.

Kein Wunder, denke ich mir heute, dass ich bereits in sehr jungen Jahren beschloss, nach Jerusalem zu ziehen, in die heilige Stadt der Propheten, Esel und umwerfenden Ladys.

Habe ich gerade »umwerfenden Ladys« gesagt? Ja, ich glaube, das habe ich. Was soll ich sagen? Seit ich durch die Straßen von

Mea Schearim laufe, schaue ich mehr charedische Frauen an, als ich je Frauen in einer unheiligen Stadt angeschaut habe. Gewiss, wenn ich in Prenzlberger Cafés sitze, riskiere ich auch hier und da einen Blick, wie jeder gesunde Jude, dessen Hirn nicht auf Dope ist, aber ich tue das nicht permanent. Hier aber kann ich, wie seltsam, meinen Blick nicht von den Mea Schearimer Schönheiten abwenden.

Dieses Mea Schearim hat etwas, das mich anzieht, und ich frage mich, was Mea Schearim eigentlich zu dem macht, was es ist.

Geh zu Yoilish Krauss, sagt mir ein Journalist, der wird dir alles erklären, was du über Mea Schearim wissen musst.

Ich habe in diesen Tagen nicht viel Vertrauen in Journalisten, gehe aber trotzdem zu Yoilish.

Yoilish wohnt in der Honi-Hameagel-Straße, im »echten« Mea Schearim. Jeder weiß, wo Yoilish lebt, weil Yoilish anscheinend gerne mit Journalisten spricht, und je mehr Menschen seine Adresse kennen, umso besser. Jeder kennt die Adresse des israelischen Ministerpräsidenten in der Balfour-Straße in Jerusalem, warum also sollte nicht auch jeder wissen, wo Yoilish lebt? Ist Yoilish nicht schließlich wichtiger als ein Ministerpräsident?

Yoilish Krauss ist ein großer Unruhestifter, wie ich ebenfalls höre, und als der »Kambatz«, operative Leiter, des charedischen Rats bekannt, was immer das bedeuten soll, falls es überhaupt etwas bedeutet.

Und hier stehe ich jetzt vor seinem Haus, und Rachel, seine Frau, begrüßt mich.

Rachel, eine Prinzessin in der geschlossenen Welt Mea Schearims, stammt aus den hochangesehenen Familien von Rabbi Aharon Katsnelenboigen und Rabbi Amram Blau, den Gründern der extrem antizionistischen Jeschiwa Tora VeYira sowie der Neturei-Karta-Bewegung. Yoilish und Rachel, so höre ich, sind die Extremsten der Extremen des israelischen Judentums, die diesen Titel wohl beide als Ehre betrachten würden.

Hängt natürlich alles davon ab, was man unter »extrem« versteht.

Rabbi Amram Blau, der Gründer der »extremsten« charedischen Bewegungen seiner Zeit, heiratete spät im Leben eine schöne ehemalige Katholikin, Ruth, die 26 Jahre jünger war als er mit seinen 71 Jahren. Es kümmerte ihn nicht, dass fast alle um ihn herum, Rabbiner und wer sonst noch alles, damit drohten, ihn zu ächten. Als ob er das nötig gehabt hätte, erinnerten sie ihn daran, dass sie eine ehemalige Katholikin war, zudem viel jünger als er, und versuchten, ihn davon zu überzeugen, dass er seine Ehre beflecken würde. Ihm war das völlig egal; die Liebe siegte, die von Mann zu Frau und die von Frau zu Mann. Extrem vielleicht, aber verliebt.

Wie die versiffte und unschöne Straße, die zu Yoilish und Rachel führt, sieht auch die Fassade ihres Hauses aus. Ihr Wohnsitz ist leider ein einziges Chaos.

Hier sehe ich eine leere Plastiktüte, hier einen zerbrochenen Plastikstuhl, dort einen Plastikteller, eine Plastikflasche, ein paar übereinandergetürmte Matratzen und keine Spur von Ordnung. Für den durchschnittlichen Deutschen wäre das eine totale Katastrophe, für die 18 Kinder plus zwei Eltern aber, 20 Leutchen alles in allem, ist hier alles in perfekter Ordnung.

Ja, Rachel und Yoilish haben 18 Kinder.

Nicht alle Kinder leben im Haus, wie ich annehme. Einige müssen schon verheiratet sein, aber es schwirrt immer noch ein ziemlicher Haufen von ihnen hier herum, und ich bin beeindruckt, wie gut sie erzogen sind. Wenn ich eine »normale« Familie in den USA oder in Deutschland besuche, dann treffe ich in der Regel auf schreiende oder total verzogene Kinder oder solche, die ihre Eltern herumkommandieren. Nicht so hier. Yoilishs und Rachels Kinder sind wie Blumen in der Wüste, schön und offen, sie lächeln mich warm an, als wäre ich der seit langem verschollene, geliebte Onkel, den eines Tages wiederzusehen sie sich alle erträumt haben.

Und sie plaudern mit mir.

Eines der jüngsten Kinder, ein bezaubernder Junge, bringt mir das 1. Buch Mose auf Jiddisch bei. Er singt die Verse in einem reizvollen Jiddisch, angespornt von seiner engagierten Mama. Eine ihrer Töchter, die nicht weniger charmant ist als der Junge, versorgt mich mit einem Glas kaltem Wasser, das sie neben mir auf einen Stuhl stellt, um es mir nicht direkt geben zu müssen, natürlich aus Angst, mich dabei versehentlich zu berühren, was eine große Sünde wäre, da es dazu führen könnte, dass ich sie begehre, wovor uns Der Name bewahren möge.

Rachel, eine freundliche Frau, macht auf mich den Eindruck eines glücklichen Menschen, immer mit einem Lächeln im Gesicht, auch wenn ihr einige Zähne fehlen.

Liebevoll geleitet sie mich zu meinem Sitzplatz im Wohnzimmer.

Wir setzen uns, Reb Yoilish und ich, an einen großen Tisch vor einem Bücherregal, um uns ein wenig auf Jiddisch zu unterhalten, seiner Mame-Loschn oder Muttersprache. Sonst hätte ich Hebräisch mit ihm gesprochen, die Landessprache, aber er kann kein Hebräisch, wie er mir sagt.

Gut, dann also Jiddisch.

Unzählige Jahre lang, erzählt er mir, hat er Demonstrationen gegen die Entweihung der antiken jüdischen Gräber durch die zionistische Regierung organisiert.

Tja, er glaubt, dass ich einer von den westlichen Journalisten bin, die ihn besuchen, um ihn gegen die furchtbaren Menschen des Staates Israel wettern zu hören, die verfluchten Zionisten, und wie mörderisch das Land namens Israel ist, in dem er immerhin lebt. Für diese westlichen Journalisten, die ihn oder seinen Nachbarn Rabbi Hirsch im selben Haus interviewen, bietet er einen großartigen Anblick: Er sieht aus wie ein »Jude«, der jüdischste Jude, den man sich denken kann, mit extralangen Schläfenlocken, langem Bart, einer großen weißen Jarmulke, und er bekämpft den jüdischen Staat und unterstützt die Palästinenser. Sie lieben das, weil es ihnen zu einem heißbegehrten Bild verhilft: einem »authentischen« Juden, der gegen den jüdischen Staat ist, einen Staat, den er wirklich ablehnt. Ich aber möchte gar nicht über Politik sprechen und bin von der »jüdischen« Ikonografie nicht beeindruckt. Ich will etwas über andere Dinge erfahren. Den Glauben beispielsweise.

Das sage ich ihm auch.

Mir ist ein populärer Trend in der charedischen Welt aufgefallen, sage ich ihm: Gebetsausflüge zu den Gräbern von Juden. Ist das nicht eine Form von Götzenverehrung? Warum sollte irgendjemand, der an Den Namen glaubt, an einem Grab beten wollen?

»In dieser Generation sind die Menschen schwach, die Menschen sind gebrochen, sie wissen nicht, wo sie mit sich hinsollen und was sie tun sollen, und deshalb zieht es sie zu den Gräbern.«

Ich habe diese Entschuldigung schon von dem Rabbi gehört, der seine Zeit zuhause damit verbringt, seine Frau anzuschauen.

Und frühere Generationen?, frage ich nach.

»Sie studierten die Thora und mussten nicht zu Gräbern gehen. Sie waren gläubiger.«

Warum ist die jetzige Generation von Charedim weniger gläubig?

»Wegen der Zionisten.«

Krampfhaft versucht er, das Gespräch auf seine antizionistische Propaganda zu lenken. Aber ich bin nicht gewillt, darauf einzugehen.

Warum, frage ich den Mann, tragen Charedim Schtreimel und schwarze Kleidung?

Reb Yoilish, der durch die Institutionen von Toldos Aharon geprägt wurde, ist von der Frage überrascht, nimmt die Herausforderung aber an. Charedim tragen deshalb schwarze Kleidung und Schtreimel, erzählt er mir, weil vor mehr oder weniger 350 Jahren eine Gesera, eine Verordnung einer nichtjüdischen Behörde, die Juden zwang, einen Katzenschwanz auf ihrem Kopf zu tragen und sich schwarz zu kleiden, um sie zu verunglimpfen.

Draußen ist es mit über 30 Grad knackig heiß, aber Reb Yoilish trägt einen Schtreimel, einen Pelzhut, der für die eisigen Winter in Sibirien geeignet ist, weil irgendein *schmeckale beckale* König irgendwann einmal den bizarren Einfall hatte, dass Juden Katzenschwänze auf dem Kopf haben sollten.

Und warum der Kaftan? Was steckt da dahinter?

»Das weiß ich nicht«, antwortet Reb Yoilish und ergänzt: »Solche Fragen habe ich nie gestellt.«

Was er allerdings weiß, ist dies: »Der Kaftan besteht aus 26 Stoffstücken, da 26 der numerische Wert Des Namens ist, Jehovahs.« Was er ebenfalls weiß, ist, dass ein Mann keine Armbanduhr tragen darf, weil Armbanduhren Bestandteil der weiblichen Kleidung sind und ein Mann keine weiblichen Kleidungsstücke tragen darf. »So steht es in der Thora.«

Er hat eine Taschenuhr, die er mir stolz zeigt.

Ich freue mich für ihn.

Aber genug von Männern und Uhren, sage ich mir; sprechen wir lieber über Frauen, Tichels und Perücken.

Ich möchte wissen, sage ich ihm, an welchem Punkt in der Geschichte verheirateten Frauen verboten wurde, ihr Haar offen zu tragen, und wo in der Bibel Der Name Frauen befiehlt, ihr Haar zu bedecken.

»Das begann in der Zeit Moses, als eine Frau angewiesen wurde, eine Bedeckung auf ihrem Kopf zu tragen.«

In der Zeit Moses des Gesetzgebers?

»Ja. Es steht im Kapitel Korach.«

Sie haben ja die Bibel griffbereit, lassen Sie uns nachschauen.

Er nimmt die Heilige Bibel aus dem Bücherregal, schlägt das Korach-Kapitel (im 4. Buch Mose) auf, und ich lese laut vor:

Und Korach, der Sohn Jizhars, des Sohnes Kehats, des Sohnes Levis, dazu Datan und Abiram, die Söhne Eliabs, und On, der Sohn Pelets, die Söhne Rubens, die empörten sich gegen Mose, dazu zweihundertfünfzig Männer unter den Israeliten, Vorsteher der Gemeinde, von der Versammlung berufen, namhafte Leute. Und sie versammelten sich gegen Mose und Aaron und sprachen zu ihnen: Ihr geht zu weit! Denn die ganze Gemeinde, sie alle sind heilig, und der Herr ist unter ihnen. Warum erhebt ihr euch über die Gemeinde des Herrn?

Was hat das mit einer Kopfbedeckung für Frauen zu tun?, frage ich.

Als Reaktion liest Reb Yoilish, der berühmte operative Leiter, das Heilige Buch und verwendet einige Zeit darauf, das Kopfbedeckungsgebot in der Korach-Geschichte zu finden. Er blättert vor und zurück und wieder vor, steht am Ende aber mit leeren Händen da. »Mein Kopf versagt den Dienst«, gesteht er. Sein Kopf sei voller idiotischer Dinge, und weil er sich zu sehr mit Essen und Trinken statt mit Studieren beschäftige, könne er den Vers nicht finden.

Gut. Versuchen wir es mit einer einfacheren Frage: Warum dürfen Männer Frauen nicht anschauen?

»Weil Männer keine ›Bremsen‹ haben, sie haben keine Stoppschilder.«

Aber Frauen haben Stoppschilder?

»Ja. Frauen besitzen im Unterschied zu Männern Weisheit, wie es geschrieben steht.«

Sind Frauen also besser als Männer?

»Sicher.«

Wenn Sie sagen, dass Männer Frauen nicht anblicken dürfen, meint das lange Blicke oder jeden Blick?

»Jeden Blick.«

Wo steht denn, dass ein Mann keine Frau ansehen darf?

Es steht irgendwo, antwortet er, aber er weiß nicht mehr, wo. »Das ist eine Tradition, und man sollte keine Fragen stellen; man soll nicht nach dem Grund fragen.«

Warum soll man nicht nach dem Grund fragen?

»Weil es heißt, dass man keine Fragen stellen soll.«

Und wo steht das?

Tja, dieser Reb Yoilish weiß es nicht. Der Gefilte Fisch und der Lokschen-Kugel, die ihm über seinen Mund in den Kopf gestiegen sind, lenken ganz schön ab.

Die Bibel sagt, erzähle ich ihm, dass Moses Frauen anschaute. Vielleicht kann ich das nicht beweisen, weil ich nicht weiß, wo in der Bibel es steht, aber was soll's?

Ein solches Konzept oder Argument ist für seinen Kopf jetzt zu viel, und wir belassen es dabei.

Stimmt es, wechsle ich das Thema, dass »Zionisten keine Juden sind«?

Eigentlich will ich gar nicht über den Zionismus mit ihm reden, aber ich wüsste gerne, ob die Kugels und der Gefilte Fisch ihn auch bei diesem Thema ablenken.

Dieses Graffito, sagt Reb Yoilish, wurde »von Baalei Teschuwa geschrieben«.

Und die Palästinenserfahnen, worum geht's da?

»Die sind gegen die Baalei Teschuwa.«

Warum das?

»Die Baalei Teschuwa haben viel Geld, und sie vertreiben uns aus unseren Wohnungen, weil sie Spitzenpreise zahlen können, doch wenn sie die Palästinenserfahne sehen, dann gefällt es ihnen hier nicht und sie verschwinden« aus dem Viertel.

Wer sind diese Baalei Teschuwa? Nun, Zionisten, die charedisch geworden sind und die hier niemand braucht, weil »sie keine Juden sind«. Ja, plötzlich überlegt er es sich anders und sagt, dass Zionisten in der Tat nicht jüdisch sind und die Baalei Teschuwa das nicht verstehen. Die Zionisten sind die Quelle der satanischen Kräfte, reine Gojim. Sie sind Teil des »Erew-Raw«, jenes Trosses nichtjüdischer Ägypter, die sich dem Auszug der Israeliten aus Ägypten in biblischen Zeiten anschlossen und sich mit ihnen auf den Berg Sinai schlichen wie Diebe in der Nacht, auf jenen Berg Sinai, auf dem den frühen Juden, den Israeliten, von Gott selbst die Thora gegeben wurde, wie es in der Bibel erzählt wird. Aber sie sind keine Juden und dürfen nach ihrem Tod nicht auf einem jüdischen Friedhof beigesetzt werden. Sie sind, kurz gesagt, Ägypter, oder kurdisch, sagt er. Und dann setzt er noch einen drauf: Wer in der israelischen Armee dient, ist kein Jude.

Der Gefilte Fisch und die Kugels vernebeln ihm nicht die Sicht, sobald das Thema »Zionisten« zur Sprache kommt.

Interessant.

Reb Yoilish lebt gut mit seinen Widersprüchen. Als er sich am Ende unseres Gesprächs vom Tisch erhebt, klingelt sein Mobiltelefon, und er entfernt sich etwas, um in sicherem Abstand von mir mit dem Anrufer zu sprechen. Ich kann ihn aber immer noch hören, hören, was er sagt, und er spricht jetzt Hebräisch. Der Mann kann also doch Hebräisch. Ich vermute, er wollte mich nicht wissen lassen, dass er eine »zionistische« Sprache spricht.

Zionisten, Charedim. Was hat es mit ihnen bloß auf sich?

BEGRÜSSUNG DER NAZIS MIT BROT UND SALZ

»Ich bin lieber bei den Nazis als bei den Zionisten.«

Zionisten und Charedim geraten seit Jahrzehnten aneinander, aber soweit ich weiß, sind beide dessen allmählich ein wenig müde.

Der Konflikt zwischen charedischen und zionistischen Juden reicht bis in die Anfänge des modernen Zionismus zurück, beginnend mit Dr. Theodor Herzl, jenem zionistischen Visionär, der den Zionismus von einem Konzept im Kopf zu einem Plan auf einem Blatt Papier verwandelte. Der Zionismus als Vorstellung von einem jüdischen Leben im biblischen Land Israel ist so alt wie die Bibel, der zionistische Urtext. *Der Judenstaat* aber, Herzls Buch von 1896, verhalf den Juden zu der Einsicht, dass sich ein jüdischer Staat in ihrer Lebenszeit verwirklichen ließe und dass die Diaspora nicht unbedingt das ewige Schicksal des Juden sein musste. Charedische Juden, Menschen, die bereit sind, ihr Leben für die Bibel aufs Spiel zu setzen, hätten sich eigentlich als Erste zu einer solchen biblischen Idee bekehren lassen müssen, taten es aber nicht. Tatsächlich waren sie (und sind in Teilen immer noch) die größten Gegner des Zionismus.

Warum?

Als der Zionismus, der moderne Zionismus ernsthaft begann, fürchteten die charedischen Religionsführer, dass es mit dem charedischen Leben vorbei wäre, wenn ein jüdischer Staat geschaffen und von Juden regiert würde. Warum dachten sie das? Nun, viele der frühen Zionisten waren nicht religiös, und die Charedim befürchteten, dass Jiddisch nicht mehr die Muttersprache der Juden wäre und ihre in Ehren gehaltenen Höfe und litauischen (litwakischen) Jeschiwas verschwinden würden. Im Wesentlichen, so schwer das auch für manchen zu schlucken sein mag, befürchteten die charedischen Führer, dass das europäische jüdische Fußvolk der jüdischen Religion den Rücken kehren würde, sollten sich die Juden von ihren antisemitischen Feinden in verschiedenen europäischen Ländern befreien, und dass die charedische Welt ein Ende fände. Das ist nicht geschehen. Die charedischen Juden hatten es noch nie so gut wie heute in Israel, wo ihre Zahl inzwischen über eine Million erreicht.

Im Zweiten Weltkrieg wollten Mitglieder der Jewish Agency meinen Großvater mütterlicherseits und die von ihm geführte Gemeinschaft vor den näher rückenden Nazis und rumänischen Faschisten retten, die in ihrem Vernichtungsfeldzug gegen die Juden kurz davor waren, auch die Juden aus seiner Stadt in die Hände zu kriegen. Die Vertreter der Jewish Agency boten ihm und anderen aus seiner Gemeinschaft an, sie aus Rumänien herauszuschmuggeln und in den bald zu gründenden Staat Israel zu bringen. Er weigerte sich. »Ich bin lieber bei den Nazis«, sagte er ihnen, »als bei den Zionisten.« Als die Nazis und die Faschisten schließlich vor den Toren seiner Stadt standen, begrüßte er sie mit Brot und Salz, wie man Könige einst begrüßt hatte, wenn sie in einer Stadt Einzug hielten. Daraufhin feuerten sie ihre Kugeln auf seinen Kopf ab, warfen diejenigen seiner Kinder, die sich in der Stadt befanden, in ein Gewässer und stellten sicher, dass sie ertranken, um anschließend seine Frau zu erschießen, die Mutter der ertränkten Kinder. Seine Tochter, meine Mutter, hat den Zionisten die Verbrechen der Nazis nie verziehen. Ergibt das irgendeinen Sinn? Nein. Die Realität des Menschen ist selten die beste Freundin der Logik.

Die Geschichte meiner Familie väterlicherseits war eine ganz andere. In den Jahren des Holocaust rief der Radzyńer Rebbe, der letzte der Radzyńer Rebbes, seine Chassidim dazu auf, die Waffen zu ergreifen, sich den Partisanen anzuschließen und die Nazis mit allen möglichen Mitteln zu bekämpfen. Die Nazis fingen und ermordeten ihn, und die Dynastie von Radzyń ist Geschichte.

Aber genug von den Nazis. Es ist Zeit, dass Sie sich einen Partner suchen, wenn Sie noch keinen haben.

O GOTT, VERSCHAFF MIR EINEN PARTNER

*Oder einen kleinen Finger, einen süßen
kleinen Finger*

Der Tag des öffentlichen Gebets an der Klagemauer um passende
Partner ist gekommen, da darf ich nicht fehlen.

Es wimmelt nur so von Betenden an der Klagemauer, der Al-
Buraq-Mauer. Nicht alle sind hier zum Zwecke der Paarbildung,
aber wenn mich meine Erinnerung nicht täuscht, hieß es auf
dem großen Werbeplakat, das Gebet um passende Partner werde
neben der Sichtblende zwischen dem Männer- und dem Frauenbereich abgehalten. Ja, an diesem heiligen Ort beten Männer und
Frauen getrennt, damit sich die Geschlechter nicht vermischen,
was Gott verhüten möge, und sich in unmittelbarer Nachbarschaft der Überreste Seiner Heimstätte verlieben.

Die Frauen und die Männer neben der Sichtblende können
sich nicht sehen, vielleicht spüren sie aber beim Beten ihre ge-
genseitige Anwesenheit. Es wäre sehr viel einfacher, beide miteinander zu paaren, wenn man die Sichtblende abbaute, sodass
sich beide Seiten sehen und vielleicht ja ineinander verlieben
können. Aber nichts ist einfach in Jerusalem, und logische Argumente sind zum Scheitern verurteilt.

Ich spreche mit den Betenden um mich herum und versuche
herauszufinden, warum sie hierher kamen statt, beispielsweise,
zu einem Schadchen zu gehen.

Einige von ihnen verraten mir, dass die Heiratsvermittler in
ihrem Fall nichts Vernünftiges zustande gebracht hätten und sie
deshalb auf den ultimativen Heiratsvermittler angewiesen seien:
Den Namen. Andere sagen mir, sie seien nicht für sich selbst hier,
sondern für Angehörige. Ein Jeschiwa-Junge, 17,5 Jahre alt, behauptet, dass er hier ist, um für seine beiden 22- und 25-jährigen
Brüder zu beten, die Singles sind. Sein Freund ist hier, um für

seine Schwester zu beten, die 21,5 Jahre ist; er hat Angst, dass sie als alte Jungfer sterben wird.

Was für ein Gebet sagen sie eigentlich auf? »Ich bete die Psalmen, einen nach dem anderen«, antwortet mir ein junger Mann.

Fragst du Den Namen nicht konkret nach einer passenden Partnerin?

»Nicht nötig. Der Name weiß, was ich brauche.«

Wenn Er weiß, was sie brauchen, stellt sich die Frage, warum sie überhaupt hier sind. Weiß Er nur dann, was sie sich aus tiefstem Herzen wünschen, wenn sie hier sind?

Aber wer bin ich, um mit einsamen Seelen zu diskutieren, die Gesellschaft suchen?

Ich belausche das Gebet dieses Mannes. *Verbirg dein Antlitz nicht vor mir in der Not*, betet er aus Psalm 102.

Nachdem sie mit Beten fertig sind, steigen die Paarungsbeter in einen Linienbus. Die Männer sitzen in der vorderen Hälfte des Busses, die Frauen in der hinteren. Warum? Weil die Männer so die Frauen nicht anschauen, diese notorischen Versucherinnen der Menschheit, während der Bus durch die heiligen Straßen Jerusalems fährt. Obwohl, wie mir auffällt, sie manchmal einen winzigen Blick, nicht länger als anderthalb Sekunden, auf die Ladys im hinteren Bereich werfen. Oh, wie sehr es sie nach ihnen verlangt! Oh, wie sehr sie sie begehren! Die sexuelle Spannung in diesem Bus, das kann ich Ihnen sagen, könnte die schwerste Rakete im Nullkommanichts zum Mond schießen.

Und diese Spannung, zwischen den starken Begierden und der totalen Unterdrückung, erzeugt eine permanente Besessenheit von allem Sexuellen.

Als ich noch ein reizender Knabe war, erinnere ich mich, berührte ich heimlich den kleinen Finger eines georgischen Mädchens auf der Straße nicht weit von meiner Jeschiwa – für vielleicht eine Sekunde. Anschließend drehte ich tagelang, wenn nicht wochenlang am Rad. Oh, wie sehr ich diesen kleinen Finger wollte!

Als die Nacht anbricht, habe ich einen Traum, einen schönen Traum von einem kleinen Finger. Der süße kleine Finger, einer nur, fliegt über die Klagemauer, dann zu einem Café in der Jaffa-Straße in Jerusalem und von dort auf den Gipfel des höchsten Bergs in Österreich, bis er schließlich in einem Café in, wo sonst, Prenzlauer Berg landet.

O Herr, verliere ich in dieser Heiligen Stadt den Verstand?

DER SCHNELLSTE WEG ZUR GESUNDHEIT: NA, NACH, NACHMA, NACHMAN

Und wenn das nicht funktioniert, versuchen Sie:
Pa, Pat, Patri, Patricia

Ich gehe zur Jaffa-Straße auf der gegenüberliegenden Seite des charedischen Judentums, um mir eine kleine Pause von der Heiligkeit zu gönnen. Die Jaffa-Straße, durch die Jerusalems einzige, den Ost- und Westteil der Stadt verbindende Straßenbahn fährt, fungiert auch als unsichtbare Grenze zwischen Charedim und Säkularen. Sie ist lediglich ein paar Gehminuten von Mea Schearim entfernt, bildet aber eine andere Welt, die alles andere als charedisch ist.

In einem Café bestelle ich ein Omelett mit allerlei Salaten, Käse, Aufstrichen und Brot – ein sogenanntes israelisches Frühstück.

Es ist fast wie in Prenzlauer Berg, nur dass hier keine Deutschen herumschwirren.

O Herr der Herren, ich kann nicht glauben, was meine Augen gerade sehen! Auf dem Bürgersteig taucht nur Zentimeter neben mir eine Gruppe von Brazlawer Chassidim auf, fünf Männer insgesamt, und singt. Da willst du Pause vom Heiligen und Geistlichen machen, aber die Heiligkeit verfolgt mich, wohin ich auch gehe, Himmel hilf!

Die heiligen Männer von Brazlaw singen. Laut. Sie haben ihren Wagen ganz in der Nähe geparkt, übersät mit »Na, Nach, Nachma, Nachman von Uman«-Aufklebern, und sie tanzen zu Ehren ihres heiligen Rabbiners, Rabbi Nachman, der im ukrainischen Uman begraben ist. Rabbi Nachman verschied 1810, aber das ist ihnen vollkommen schnuppe. Sie glauben, dass Rabbi Nachman sie von ganz oben im Himmel oder von seinem Tausende Kilometer entfernten Grab aus hören kann, und sie tanzen, um ihn aufzuheitern. Sie haben eine Flasche mit irgendeinem Getränk dabei, ich bin mir nicht sicher, was es ist, und trinken alle aus dieser Flasche. Nächsten Monat, wenn nur Der Name es will, werden sie in die Ukraine fliegen, um sich auf das Grab ihres Rabbiners zu legen. Es ist gut, bei den heiligen Toten zu sein, weil die Heiligen nie wirklich sterben und ihre Seelen über ihren eigenen Gräbern schweben.

Wer ist hier grotesker, frage ich mich, sie mit ihrem Grab oder ich mit meinem kleinen Finger?

Schwer zu sagen.

Eines Tages, so die Geschichte dahinter, besuchte ein Mann seinen Freund, einen Brazlawer Chassid. Der Brazlawer lag schwerkrank im Bett, vielleicht mit einer Lungenentzündung, vielleicht mit etwas anderem, und konnte nichts tun außer in seinem Lieblingsbuch lesen, einem Buch, das rund zweihundert Jahre zuvor von dem Brazlawer Rebbe, Rabbi Nachman, verfasst worden war. Aber jetzt konnte der kranke Chassid nicht einmal mehr das tun. Er war körperlich so geschwächt, dass er um die Mittagszeit einschlief. Der Besucher, ein Mann mit einer lustigen Ader, der ein wenig Langeweile hatte, nahm ein kleines Stück Papier und schrieb etwas darauf, das er lustig fand. »Wer dreimal hintereinander ›Na, Nach, Nachma, Nachman von Uman‹ sagt, wird von jeder Krankheit geheilt.« Er legte den Zettel in das Buch des Brazlawers und ging. Als der ein paar Stunden später aus dem Schlaf erwachte und sein Lieblingsbuch aufschlug, fiel, o Wunder, eine handschriftliche Notiz auf sein Bett. Er nahm sie, las sie und zweifelte nicht daran, dass Rabbi Nachman selbst – oder ein von ihm gesandter Engel aus dem Himmel – den Zettel für ihn in das Buch gelegt hatte. Er blickte zum Himmel auf und sagte dreimal »Na, Nach, Nachma, Nachman von Uman«, einmal, und noch einmal, und noch einmal. Als er nach einer Woche wieder gesundete, hatte er keinen Zweifel daran, dass er aufgrund der Heilkraft der Wörter »Na, Nach, Nachma, Nachman von Uman« genesen war. Er erzählte die Geschichte seinen

Freunden, Brazlawer Chassidim, und sie stürmten auf die Straßen und sprayten ganz Israel mit »Na, Nach, Nachma, Nachman von Uman« voll, bis Tausende religiöser Juden begannen, daran zu glauben. Als sein Freund die allgegenwärtigen Graffiti sah und ihm sagte, dass er das »Na, Nach, Nachma, Nachman von Uman« geschrieben und als Witz gedacht hatte, war es für eine Umkehr zu spät.

Ich hätte dasselbe tun sollen: »Pa, Pat, Patri, Patricia.« Man stelle sich vor, ganz Israel sähe dieses Zeichen: Pa, Pat, Patri, Patricia. Wäre das nicht eine Gaudi? Zehntausende Israelis verbringen Tage und Nächte damit, »Pa, Pat, Patri, Patricia« zu rufen.

Und man stelle sich vor, stelle sich einfach mal vor, der Besucher hätte dem kranken Brazlawer das Buch über John und Patricia gegeben, statt seine kleine »Na«-Nummer zu schreiben. Niemand in Israel würde »Na, Nach, Nachma, Nachman von Uman« skandieren. Können Sie sich das vorstellen?

Wow.

DER PRINZ DER THORA FINDET EIN MÄDCHEN FÜR DICH

Heute nimmt Gott Gebete nur bis 13:30 Uhr entgegen

Auf einer der Hotelterrassen sehe ich auf einem Stuhl neben meinem eine charedische Zeitung namens Yated Ne'eman, die wahrscheinlich ein Hotelgast liegengelassen hat, eines von mehreren charedischen Blättern.

Das erinnert mich daran, was mein Rebbe in der Heider zu sagen pflegte: »Alles, was in der Zeitung steht, ist eine Lüge, mit Ausnahme des Datums; alles, was im Radio gesagt wird, ist eine Lüge, mit Ausnahme der Stunde.«

Aber wollen wir mal sehen, was es heute Neues gibt, zumindest laut dieser Zeitung. Heute, am Freitag, ist der Vorabend von Tu B'Aw, dem 15. des Monats Aw, der als einer der besten und allerheiligsten Tage im jüdischen Kalender zählt. Und heute, so lese ich in Yated Ne'eman, ist »ihre Erlösung gekommen!« Wer wird erlöst? Nun, wie sich erweist, ist Tu B'Aw der Tag, an dem sich die Tore des Himmels zum Gebet für jene öffnen, die ihren Zivug, Partner, noch nicht gefunden haben. Und so wird heute in Bnei Brak in der Wohnung von Rabbi Chaim Kaniewski ein spezielles Gebet stattfinden. Rabbi Chaim wurde vor 94 Jahren oder so geboren und ist in der charedischen Welt, so lese ich, als Rabbi aller Kinder Israels in der Diaspora und auch als der Fürst der Thora bekannt. Wenn Sie nach einem Zivug suchen, lese ich weiter, dann senden Sie Ihren Namen bis heute um 13.30 Uhr ein, und der Diasporafürst wird Ihren Namen gegenüber Dem Namen erwähnen, und dann finden Sie im Nullkommanichts den richtigen Partner. Niemand muss also nach Amuka fahren, denn Rabbi Chaim wird beten und Der Name wird willfahren. Wie es heißt: Der Gerechte verfügt, und Der Name lässt es geschehen.

Als ich ein Kind war, wurde Chaim Kaniewski Chaimke genannt oder sogar der seltsame Chaimke, wie ich ihn nannte, weil er ziemlich merkwürdig war, mit einem sonderbaren Lächeln im Gesicht. Damals hielt ich ihn außerdem für einen Idioten. Dieser Tage aber ist er der heiligste und intelligenteste Mann in der Stadt und nicht weniger als ein Fürst.

Ist er das?

Ich bin mir da nicht so sicher. Der Fürst der Thora und seine Anhänger scheinen den Talmud völlig vergessen zu haben, den wesentlichen Gehalt dessen, was sie Thora nennen.

Im Folgenden sei zitiert, was der Talmud (Traktat Ta'anit) über Tu B'Aw sagt und wie der Feiertag begangen wurde, als der Heilige Tempel noch stolz in Jerusalem stand und Gott selbst über das Heilige Land herrschte, nicht Chaimke oder sonst wer.

»Jisrael hatte keine fröhlicheren Festtage als den fünfzehnten Ab und den Versöhnungstag. An diesen pflegten die Töchter Jerusalems in geborgten weißen Gewändern auszugehen [...]. Die Mädchen Jerusalems zogen aus und tanzten in den Weingärten, indem sie dabei sangen: Jüngling, erhebe deine Augen und schaue, wen du dir wählest [...]. Die Schönen unter ihnen sprachen: Schauet nur auf Schönheit, denn bei der Frau ist Schönheit die Hauptsache. Die Patrizierinnen unter ihnen sprachen: Schauet nur auf Familie, denn die Frau ist nur

wegen der Kinder da. Die Hässlichen unter ihnen sprachen: Nehmet
euren Kauf hin um des Himmels willen, dass ihr uns aber mit Gold-
stücken bekränzet.«

»Wer keine Frau hatte, ging da hin«, ergänzt der Talmud.

Was für ein Unterschied zwischen damals und heute! Als Der Name alles in der Hand hatte, hatten jüdische Jungs und Mädels jede Menge Spaß, mit wilden Partys in den Weinbergen zur Feier der Sexualität, und, Junge, Junge, was schauten sich die Jungs die Mädels an.

In unserer Zeit sucht ein charedischer Jude, wenn er keine Frau finden kann, ein Grab auf, weint am zerstörten Tempel oder setzt sich mit einem über 90-jährigen Mann in Verbindung.

Wie sind wir nur dahin gekommen? Ich weiß es nicht.

Ja, gewiss: Der Talmud ist eine Sammlung endloser Meinungen von genauso vielen Weisen. Man findet in ihm beispielsweise auch die Auffassung, dass ein Mann einer Frau nicht beim Singen zuhören soll. Warum sich irgendjemand auf diese Meinung statt auf die andere stützen sollte, die die Norm vor der Herausbildung des ultraorthodoxen Judentums war, sei dahingestellt.

Doch sei dem, wie ihm wolle, als der Abend anbricht und der Sabbat beginnt, mache ich einen Spaziergang durch die Straßen von Mea Schearim. Schon wieder.

MODENSCHAU IN MEA SCHEARIM

Wo gibt's die bestaussehenden Juden auf der Welt?
In Mea Schearim natürlich!

Manche gehen gerne in den Zoo, um fasziniert Kamele, Paviane, Giraffen, Löwen, Vögel und Schlangen zu beobachten. Feine Sache, gebe ich zu, aber mir sind Menschen lieber. Ich bin ein Menschenbeobachter.

Wenn ihr gerne Menschen beobachtet, meine Lieben, dann kommt her und labt euren Blick an der Schönheit der Menschheit.

Schaut euch das an. Was für ein Anblick!

Beginnen wir, wie bereits auf diesen Seiten angedeutet, mit den Ladys.

Sie sind draußen auf der Straße, in ihren feinsten Kleidern, und wirken wie Prinzessinnen, Jerusalemer Prinzessinnen natürlich, nicht britische. Erinnert ihr euch noch an Prinzessin Diana, den Traum so vieler Männer? Vergesst sie. Jerusalemer Prinzessinnen sind eine ganz andere Nummer, nicht von dieser Welt. Man kann sie beim besten Willen nicht mit den Frauen von Prenzlauer Berg vergleichen, beispielsweise. O nein. Dort zeigen diese gojischen Ladys ihre Beine oder Teile ihrer Beine, ihre Brüste oder Teile ihrer Brüste, je nachdem, was ihrer Meinung nach die Fantasien von Männern, anderen Frauen, Frauen, die früher Männer waren, Männern, die früher Frauen waren, und Menschen, die früher Katzen waren, anregt. Hier vergisst du das besser. Hier gibt's keine Brüste. Ich meine, natürlich sind sie da irgendwo, aber du kannst sie nicht sehen. Du kannst sie dir vorstellen, aber du kannst sie nicht sehen. Nö. Keine Beine, und Hüften ist ein Wort, das keiner ausspricht. Und was die Genitalien angeht, vergiss sie. Ich meine, ja, du kannst sie dir vorstellen, aber sie haben keine Namen, so wie Gott. Die Wörter Penis oder Vagina existieren im klassischen Hebräisch nicht einmal, und du wirst sie nirgendwo in der Bibel finden. (Im Jiddischen sagt man zum Penis »Shmuck«.) Deshalb gilt das biblische Hebräisch als reine Sprache, als heilige Sprache. Vorstellen, meine Lieben, aber nicht aussprechen. Vorstellen. Nur Vorstellen. Keine Verdinglichung hier, alles nur Vorstellung. Mea Schearim, meine Lieben, ist der perfekte Ort für Charedim und Progressive. Ja. Was ihr hier seht, sind die Kleider, hinreißende Kleider, von denen keines wie das andere aussieht, so wenig wie ein Tichel aussieht wie das andere. Aber man kann die Arme sehen, vom Ellbogen abwärts, womöglich zum Missfallen der Progressiven. Und die Gesichter. Was für Gesichter! Wie Engel von ganz oben.

Oh, wenn ich nur so heilig, weise und klug wäre wie König Salomon, ein heiliger Mann, der von 999 Ladys umgeben war. Obwohl ich zugeben muss, dass ich es wahrscheinlich besser getroffen habe als er. Wie viele seiner Ladys, sag es mir, sprachen Jiddisch, die sexyste Sprache überhaupt? Wie viele von ihnen waren so gekleidet wie diese Mea-Schearim-Ladys?

Diese Frauen, das verrate ich dir, sind viel sexyer als Mutter Teresa seligen Angedenkens.

Maria, die Muttergottes, das Wunschbild von Milliarden Christen für Jahrhunderte, sah genauso aus wie diese chassidischen Frauen aus Mea Schearim. Kein Wunder, sagst du vielleicht, sie war ja eine Jüdin wie die Feigales und Zisales, die gerade hier durch die Straßen laufen.

Die Muttergottes, jede Wette, sprach fließend Jiddisch.

Und falls du noch nie hier warst, möchte ich dir einige Details beschreiben: Die Kleider, die die charedischen Frauen von Mea Schearim tragen, sind aus klassischen, hochwertigen Materialien (zumindest sieht es so aus) und raffiniert entworfen und geschnitten, alles, um den weiblichen Körper in anmutiger, aber klarer Linienführung zu betonen. Manche gleichen im Design klassischen Abendkleidern, andere gehen mehr in Richtung Haute Couture, die meisten aber sehen tatsächlich klassischen europäischen Gemälden von Maria sehr ähnlich. Nicht zu vergessen das Make-up, das die Frauen hier benutzen: immer dezent, nie zu auffällig, und gut aufgetragen. Die meisten von ihnen haben eine attraktive Figur, und nur sehr wenige sind übergewichtig (was auch für die Männer gilt).

Doch ist der Sabbat nicht nur für den Spaziergang da, sondern auch eine Zeit des Gebetes. Im Gebet bitten die charedischen Juden Gott darum, nach Zion zurückzukehren und die Toten zu erwecken. »*Und treu bist du, die Toten wieder zu beleben. Gelobt seist du, Ewiger, der die Toten belebt!*«

Nachdem die Gebete gesprochen sind, ob in Jeschiwas oder Schuls, kehren die Betenden natürlich wieder auf die Straße zurück, um ihre schönen Selbste vor aller Augen aufmarschieren zu lassen. Ich sage ihnen A Giten Schabbes, einen guten Sabbat, wenn ich an ihnen vorbeigehe, und einer nach dem anderen erwidert mir A Giten Schabbes, manche singen es sogar und schenken mir ein kleines Lächeln noch dazu.

Die Männer in ihren goldenen Kaftanen und großartigen Schtreimel sind so attraktiv, dass sie viel schöner aussehen als jeder britische Royal, schöner sogar als Charles.

Jawoll!

Was würde ein Transgender-Charedi wohl tragen, frage ich mich, ein prachtvolles Kleid oder einen prachtvollen Schtreimel? Beides vielleicht.

Gerade gehen einige Goldene an mir vorüber, die sexysten Männer der Geschichte.

Kommt her, o ihr Gays und Queers aus aller Welt, kommt in die heilige Stadt Jerusalem und badet eure Augen in den rosigsten Düften männlicher Sexualität. Diese chassidischen Männer werden eine Versuchung für euch darstellen; sie werden euch herausfordern, und ihr werdet sie nie berühren dürfen, wie intensiv ihr sie auch anschaut. Ja, ihr könnt sie anschauen, solange ihr wollt. Wie dieser litwakische Rabbiner, der seine Mußestunden zuhause damit verbringt, seiner Frau in der Küche beim Zerteilen des Hühnchens zuzusehen.

Das einzige Problem besteht allerdings darin, dass die Goldenen Jungs nicht dafür bekannt sind, ihre zarten Hände mit toten Hühnchen zu beschmutzen.

Nun denn.

Chassidische Männer, gleich welchen Alters, tragen Bart. Litwakim rasieren sich normalerweise, bis sie verheiratet sind, aber wenn sie anfangen, sich für wichtiger als andere zu halten, lassen auch sie sich einen Bart stehen. Die meisten Männer in Mea Schearim tragen einen Bart, manche einen langen, manche einen kurzen, dieser und jener Form. Ich selbst bin kein Bartträger, aber ich habe in meinem Leben manche Frauen gesehen, die für einen bärtigen Mann töten würden. Stell dir vor. Alle charedischen Männer, falls du auf Männer stehst und mehr Details hören möchtest, rasieren sich die Köpfe, bis auf ihre sexy Schläfenlocken.

Zurück in meinem Hotelzimmer grüble ich, ob, wenn alles erlaubt wäre und die Jungen mit den Mädchen hätten gehen können, die Mädchen von Mea Schearim dann so schön wären. Wären die Jungen von Mea Schearim so attraktiv? Würde ich länger als einen Tag in diesem Viertel bleiben? Gäbe es Mea Schearim überhaupt?

Der Sabbat ist noch nicht vorbei, und ich kann den Sabbatmorgen kaum erwarten.

NACHDEM DIE LADYS VERSCHWUNDEN SIND, KOMMEN SCHARENWEISE ENGEL
Sabbateindrücke: Der Bart eines Rebbes und Vögel auf den Schultern eines Kindes

Es ist Sabbatvormittag.

Es ist heiß, brutal heiß, und die Ladys der Nacht lassen sich nicht blicken. Nur einige Männer sind auf der Straße, vereinzelte, aber ich schaue sie mir gerne an, wenn sie mit ihren wärmenden Hüten auf den Köpfen und den goldenen Kaftanen um ihre Leiber an mir vorübergehen.

Direkt vor mir ist ein chassidischer Bursche, ein gutaussehender junger Mann mit goldenem Haar und goldenem Kaftan, neben einem niedlichen Jungen mit süßem Gesicht und goldenen Schläfenlocken. Sie stehen am Eingang der Schul von Shomer Emunim, meines Wissens der ursprünglichen der Toldos-Aharon-Dynastie, der Reb Arelach.

Ist das Morgengebet schon zu Ende?, frage ich die beiden Schönen. Nein, nein, sagen sie. Ja, sie haben vor drei Stunden begonnen, um 9:30 Uhr, es sind aber noch ein paar Stunden bis zum Ende des Gottesdienstes. An den meisten Orten dauert das Morgengebet am Sabbat rund anderthalb Stunden, aber nicht hier. Hier sind es fünf.

Das ist mein Laden!

Dieser Ort, sagte mir einmal jemand, ist der Ort der Extremsten der Extremen, aber so behauptet man es praktisch von jeder Gruppe in Mea Schearim, wo chassidisches Jiddisch gesprochen wird, eine Sprache, die Übertreibungen liebt.

Ja, es gibt viele jiddische Dialekte, der chassidische aber neigt am meisten zu Übertreibungen und ist auch der humorvollste.

Es geht allerdings um mehr als nur Humor.

Gestern sagte mir jemand, dass, wenn ich chassidisches Jiddisch spreche, »nicht du und ich es sind, die miteinander reden, sondern es spricht dein Großvater mit meinem Großvater, so empfinden wir es«. Wenn ich mich mit den Leuten hier auf chassidischem Jiddisch unterhalte, sagte er, »dann fühlen wir uns sofort mit dir verbunden, obwohl du kein Charedi bist. Wenn du chassidisches Jiddisch mit uns sprichst, bist du einer von uns.«

Ja, ich spreche Jiddisch hier, die chassidische Variante. Weder in meiner Kindheit noch während meiner Studien in Mea Schearim (wo ich an einer litwakischen Jeschiwa lernte) brachte ich mehr als zwei Sätze auf Jiddisch heraus, aber jetzt klinge ich wie ein Einheimischer. Wie ist das passiert? Ich weiß nicht, wie der sprachliche Geist funktioniert, vermute aber mal, dass sich, weil ich aus meinen frühen Tagen in den USA, als ich einige Monate in Williamsburg, Brooklyn, lebte, bereits gewisse Kenntnisse im chassidischen Jiddisch hatte und inzwischen auch Deutsch verstehe, beide Sprachen auf wundersame Weise am Tag meiner Ankunft in Mea Schearim in meinem Kopf miteinander verbunden haben.

Wie auch immer, als ich ins Heiligtum der Extremsten trete, schaue ich mir die Gläubigen an. Ihre Schläfenlocken sind noch länger, als ich es je für möglich gehalten hätte, manche reichen bis zu den Hüften. Wie kriegen sie das hin, sie auf einer solchen Länge vollkommen rund zu halten? Vielleicht kümmern sich die Engel des Sabbats um ihre Schläfenlocken und halten sie rund und sexy.

Es könnte natürlich auch sein, dass sie mit Chassidi-Gel nachhelfen. Auf jeden Fall, wie immer beim jüdischen Gebet, ist die Gebetsrichtung von äußerster Wichtigkeit. Die Ausrichtung beim Gebet ist hier, wie überall in Jerusalem, zum Tempelberg, auf dem einst der jüdische Tempel stand. Betende in Israel außerhalb Jerusalems beten in Richtung Jerusalem, und Juden außerhalb Israels beten in Richtung Israel. Alle beten sie im Kern in Richtung des Tempelbergs, der Klagemauer.

Wenn ich meinen Blick über die Gottesdienstbesucher schweifen lasse, dann scheint die Sitzordnung nach dem Familienstand organisiert zu sein. Eine Seite der Schul ist offenbar verheirateten Männern vorbehalten, da sie den Tallit (Gebetsschal) über ihrer Kleidung tragen, während auf der anderen Seite die Gläubigen ohne Tallit sitzen, die Junggesellen, wie ich annehme.

Und dazwischen ich.

Die Frauen sitzen oben oder wo auch immer, ich kann jedenfalls keine sehen. Es ist von zentraler Bedeutung, dass man beim Beten keine Frauen sieht, weil man sonst an sie denkt statt an Den Namen.

Der Rebbe, ein älterer Mann mit einem Tallit, der außer seinem Bart fast seinen gesamten Kopf verhüllt, murmelt Bibelverse, wie mir scheint. Einer der Chassidim öffnet den Thoraschrein, in dem sich verschiedene Thorarollen mit den fünf Büchern Mose befinden. Eine der Rollen, die unter dem Namen Sefer Thora bekannt sind, wird herausgenommen und zur Bima getragen, einem erhöhten Pult, auf den die pergamentene Sefer Thora gleich gelegt werden wird, damit aus ihr vorgelesen werden kann.

Während die Thorarolle auf ihrem Weg ist, scharen sich die Gläubigen um sie, beugen sich über sie und lassen einen heißen Kuss auf sie fallen. Einer nach dem anderen tut dies, bis die Thorarolle schließlich auf die Bima gelegt und aufgerollt wird. Dann hebt ein Mitglied der Gemeinde sie hoch und zeigt sie den versammelten Gemeindegliedern, die alle mit ihrem rechten kleinen Finger in ihre Richtung weisen und sagen: »*Dies ist das Gesetz, das Mose den Israeliten vorlegte ...*«

Dann wird die Thorarolle wieder auf die Bima gelegt, und der Rebbe namens Rabbi Schloime Rote, wie ich mir habe sagen lassen, beginnt mit der Lesung.

Die fünf Bücher Mose, die auch als Pentateuch bezeichnet werden, sind in mehr oder weniger gleich große Abschnitte unterteilt, sodass im Laufe des Jahres an jedem Sabbatmorgen ein anderer Abschnitt oder Parascha aus ihnen in der Schul vorgelesen werden kann. Der Wochenabschnitt dieses Sabbats heißt *Waetchanan* (»Und ich bat den Herrn«), ein Teil der Bibel, der sehr emotional ist und gleichzeitig einige der zentralen Elemente des Judentums umfasst. Hier lesen wir, wie Moses den Israeliten, die er aus der Sklaverei in Ägypten geführt hat, sagt, dass er sie gerne auf ihrer Reise als freies Volk ins Land Israel begleiten würde. Gott aber, teilt er ihnen mit, erlaube ihm nicht, in das Land zu gehen, als Strafe dafür, dass er auf einen Fels geschlagen habe, statt zu ihm zu reden. Wie früh in der Bibel erzählt wird, hatte Gott Moses aufgefordert, zu einem Fels zu reden, damit Wasser aus ihm käme, doch schlug Moses stattdessen auf den Fels, was Den Namen sehr erzürnte.

Moses berichtet dem Volk auch, dass Der Name ihn angewiesen habe, auf einen Berg zu steigen und nach Norden und Süden, Westen und Osten zu schauen, um mit eigenen Augen das schöne Land Israel zu sehen, das er niemals betreten würde. Du wirst außerhalb des großartigen Lands Israel sterben, sagt ihm Der Name.

Moses erinnert die Menschen an ihre Knechtschaft in Ägypten, an das Wunder ihrer Freiheit und ihre Reise, ihre lange Reise nach Israel, und fordert sie auf, den Geboten Des Namens zu gehorchen. Tun sie es nicht, warnt er sie, dann werde Der Name sie aus dem Heiligen Land vertreiben und über die ganze Welt zerstreuen.

Moses erinnert das Volk auch an die Zehn Gebote, die ihm auf dem Berg Sinai gegeben wurden: unter anderem halte den Sabbat, ehre deinen Vater und deine Mutter, du sollst nicht töten, du sollst nicht die Frau deines Nächsten begehren.

Und hier spricht Moses dann die berühmteste jüdische Zeile: »Höre, Israel, der Herr ist unser Gott, der Herr ist einer.« Das ist der Vers, den angeblich viele gläubige Juden rezitierten, bevor sie in den Gaskammern der Nazis ihren letzten Atemzug taten.

Als der Rebbe die Zehn Gebote rezitiert, stehen die Gläubigen auf und versammeln sich um ihn. Er liest die Verse quälend langsam, sehr, sehr langsam, und seine Anhänger achten auf jede Silbe, als hätten sie diese Gebote noch nie zuvor gehört.

Nach einer langen Weile ist dann die Thoralesung beendet, und die Thorarolle wird wieder in den Thoraschrein eskortiert.

Die Gebetsandacht geht weiter.

In dem Teil des Gebets, der Keser Itnu heißt, erhebt sich die versammelte Gemeinde und singt und betet so laut wie menschenmöglich, als ob Gott im Himmel völlig taub wäre.

Scharen von Engeln oben,
Mit Deinem Volk Israel unten,
werden Dich krönen, Herr unser Gott,
Dich dreimal gemeinsam heiligen,
Wie von Deinen Propheten verkündet:
Und sie rufen zueinander und sagen: Heilig, heilig, heilig ...

Heilig, heilig, heilig skandieren die Chassidim, als wären dies die schönsten Wörter, die ein menschliches Ohr je gehört hat.

Das ist eine ganz andere Andacht als die, die ich als Knabe gewohnt war. Als wir beteten, hielten wir uns wie die meisten anderen Charedim nicht lange mit Inhalten auf. Es gab einen Text auf der Seite, im Gebetbuch, und wir sprachen die Worte nach. Dachten wir je über ihre Bedeutung nach? Selten, wenn überhaupt. Nicht so hier. Die Leute hier denken an jedes Wort und vielleicht sogar an jeden Buchstaben.

Gott muss die Langsamkeit mögen. Diese Betenden haben schließlich Einzug ins Heilige Land gehalten.

Nachdem die Andacht beendet ist, bilden die Chassidim eine Schlange, um A Giten Schabbes zu dem Rebbe zu sagen, und ich schließe mich ihnen an. Als ich am Rebbe vorbeikomme, gibt er seinen Anhängern ein Zeichen: zeigt mit einem Finger auf mich und legt drei Finger auf seine Lippen. Keine Ahnung, was das zu bedeuten hat. Aber ein Chassid wendet sich sofort an mich und fragt, ob ich mich ihrer Gemeinde für einen Kiddusch anschließen möchte.

Ich sage Ja!

Was für ein Kiddusch!

Ich esse ihre Version des Jerusalem-Kugel, die köstlichste ihrer Art, die meine Zunge je geschmeckt hat. Sie ist dunkel, dunkelbraun und würzig, scharf und unglaublich köstlich, und sie wird von einer eiskalten Pepsi Cola begleitet.

Hoffentlich werde ich diesen Rebbe irgendwann einmal privat treffen, damit ich ihm dafür danken kann, dass er an mich gedacht hat. Ich habe keinen Schimmer, wie man eine Privataudienz bei einem Rebbe bekommt, aber vielleicht finde ich es ja noch heraus. Im Augenblick bin ich dankbar für dieses Kiddusch, ein Wort, das Heiligung bedeutet.

Ja, das ist ein heiliger Kugel. Absolut.

Ich liebe Kidduschs. Ein öffentlicher Kiddusch, Essen und Trinken am Ende eines Sabbat-Gottesdienstes, ist etwas, das nur die Chassidim kennen. Die Litwakim, die die Freuden des Lebens nicht so sehr genießen wie die Chassidim, pflegen diesen Brauch nicht. Sie beten und gehen nachhause, wie traurig.

Nach dem Kiddusch greife ich zu einem Buch dort auf dem Tisch, einem Buch des Gründers, Rabbi Aharon Roth. Ich lese in ihm, dass es in Glaubensdingen keine Fragen gibt. Man glaubt einfach, und fertig.

Yoilish, scheint mir, hält sich daran, vor allem nachdem er sich den Bauch mit Gefilte Fisch und Kugels vollgeschlagen hat.

Sabbat.

Wie wir alle wissen, steigt am Sabbat die Schechina, die Heilige Gegenwart, zur Erde herab, um sich zum Volke Israel, den Juden, zu gesellen und sich mit ihnen zu vereinigen. Und sollten Sie je an einem Sabbat in Mea Schearim weilen, werden Sie das spüren. Es liegt etwas Besonderes in der Luft, etwas Außerweltliches. Man nenne es Heilige Gegenwart, man nenne es Sabbat, man nenne es Weihnachten, man nenne es Jerusalem-Kugels, man nenne es Schönheitsparaden. Man nenne es, wie man will; es liegt in der Luft (und in Ihrem Magen).

Und während ich in mein Hotel zurückgehe und die Sonne sich langsam senkt und die Dämmerung über der Erde anbricht, sehe ich eine Familie, die in ihrem Wohnzimmer an einem Tisch sitzt und dem Sabbat ein Lebewohl singt. Das jüngste Familienmitglied, ein Junge von vielleicht zehn Jahren, singt so schön, dass ich mir vorstelle, Vögel müssten ihm auf den Schultern sitzen und ihn begleiten, und also stehen bleibe, um mir das anzugucken.

Sein Vater, der sieht, wie ich seinen Sohn anstaune, tritt aus dem Haus, um sich mit mir zu unterhalten. Ich sage ihm, auf Jiddisch natürlich, was für einen erstaunlichen Sohn er hat. Seit ihr a igger (Sind Sie ein Einheimischer?), fragt er verwundert, da er mich noch nie gesehen hat.

Ich glaube, er verbindet sich mit meinem Großvater.

Und was jetzt, fragen Sie sich vielleicht, wo der Sabbat vorbei ist?

Bleiben Sie dran.

DER WAHRE NAME GOTTES WIRD
MIR IM TRAUM OFFENBART
Ein Mann verbindet sich mit der Logik Gottes,
und eine Frau »vergisst«, zur Mikwe zu gehen

Nach dem Ende des Sabbats folgt traditionell eine kleine Mahlzeit namens Melawe Malka, »Begleitung der Königin«, womit die Heilige Gegenwart gemeint ist.

Ich setze mich mit einigen Charedim zusammen, ein paar Männern und einem verheirateten Paar, damit wir die Königin zusammen auf einer der Terrassen meines Hotels begleiten können.

All diese Charedim sind Litwakim, keine Chassidim, und damit vermutlich von der Logik statt von Gefühlen, vom Analysieren statt vom Singen beherrscht.

Wie ist es, eine charedische Frau zu sein?, frage ich die Frau.

»Großartig!«

Und warum?

»Das Wichtigste für mich ist«, antwortet sie, »dass mein Mann keine anderen Frauen anschaut.« Er ist ein treuer Ehemann, verrät sie mir, und »sieht nur mich an«.

Wow!

Was bedeutet es, charedisch zu sein?, frage ich in die Runde.

»Ein Leben, das dem Ziel gewidmet ist, Dem Namen näherzukommen«, sagt einer, und alle stimmen zu.

Wie erreicht man ein solches Ziel?

»Indem man die Thora studiert.«

Wie funktioniert das?

»Die Logik der Thora ist die Logik Des Namens, und wenn man die Thora studiert, verbindet man sich durch Seine Logik mit Dem Namen. Näher kann man an Den Namen nicht herankommen.«

Es ist Gott also wichtig, dass man die Thora studiert?

»Ja!«

Warum?

»Weil es das ist, was Der Name will, und auch der Grund, warum Er die Welt erschaffen hat.«

Warum will Er das?

Nun, da frage ich besser Ihn, meint er zu mir, und alle stimmen zu. Sie sind gläubig, sagen sie, und der Glaube teilt sich keinen Raum mit der Logik. Punkt.

Das Ehepaar, ein gutaussehendes Duo, wusste bereits sehr früh in seiner Beziehung, dass sie zueinander gehörten, erzählen sie. Seit wann? Als sie sich zum zweiten Mal trafen. Ihre zweite Verabredung, berichten sie mir, dauerte sechs Stunden lang. Nein, sagen beide, sie haben sich nicht berührt, bevor sie verheiratet waren, geschweige denn Sex gehabt oder sich geküsst. Sie haben nur miteinander gesprochen. Haben Sie, frage ich den Mann, Ihre zukünftige Frau angeschaut, als Sie mit ihr geredet haben?

»Ja, ihr Gesicht.«

Nur ihr Gesicht?

»Vor allem. Von Zeit zu Zeit aber habe ich auch einen verstohlenen Blick unter ihr Gesicht geworfen.«

Und?

»Mir gefiel, was ich sah.«

Seine Frau ist erfreut, das zu hören.

Der Ehemann studiert in einem Kollel, einer Jeschiwa für verheiratete Männer, während die Frau in einem Immobilienunternehmen arbeitet, um die Familie zu finanzieren. Sie ist sehr glücklich darüber, verrät sie mir, dass sie ihrem Mann ermöglichen kann, sein Leben dem Studium der Thora zu widmen.

»Ich habe eine Schwäche«, fügt sie hinzu und erläutert etwas näher, was sie schon angedeutet hat, »ich bin sehr eifersüchtig und möchte, dass mein Mann niemals andere Frauen anschaut.« Doch dem Schöpfer sei Dank gibt es keine Frauen im Kollel und somit ist alles gut.

Da die Frau so sehr auf ihren Mann steht, ist es Zeit, ein oder zwei intime Themen anzuschneiden. Ich habe ein Gerücht ge-

hört, erzähle ich ihnen, dass charedische Paare vollständig bekleidet sind, wenn sie Sex haben. Stimmt das?

O nein. Manchen Rabbinern zufolge, informiert mich der
Ehemann, kann eine Frau die Scheidung einreichen, wenn ihr
Mann sich weigert, beim Sex nackt zu sein. Ein Trick ist aber
schon dabei: Der Sex muss im Dunkeln und unter der Bettdecke
stattfinden. Ja, die Körper vereinen sich, Haut an Haut, aber man
sieht den nackten Körper des anderen nicht. Nicht zu wissen, wie
der eigene Ehepartner nackt aussieht, hat viele Vorteile, erfahre
ich, weil er dann im Geiste das sexyste, schönste Geschöpf sein
kann, das Der Name je erschaffen hat.

Zu bestimmten Zeiten, erzählen sie mir, können sich Ehemann und Ehefrau nicht vereinigen. Zum Beispiel während der
Periode der Frau. In dieser Zeit ist die Frau »unrein« und darf
nicht einmal ihren eigenen Mann berühren.

Kurz nachdem ihre Periode vorbei ist, muss die Frau die Mikwe aufsuchen, um wieder rein zu werden, und dann kann sie in
ihr Bett eilen und der Mann hinterher, und zusammen werden
sie richtig viel Spaß haben, im Dunkeln unter der Bettdecke.

Ja, sie schlafen in separaten Betten.

Wehe dem Mann, das sollten alle wissen, der seine Frau nicht
gut behandelt, könnte sie dann doch »vergessen«, zur Mikwe zu
gehen, sodass er zu keiner Tages- oder Nachtzeit unter irgendeiner Decke noch irgendeinen Spaß haben wird. In diesem Fall
ist dem Mann selbst die Berührung ihres kleinen Fingers verboten. Ja, der Spitze ihres kleinen Fingers!

Und wer glaubt, er könne sich eine Zeitlang mit Masturbation
über Wasser halten, bekommt gleich den Schock seines Lebens:
Selbstbefriedigung ist einer der größten Frevel gegen Den Namen.

Tatsache.

Das männliche Geschlechtsteil ist in der charedischen Welt
nicht als Penis oder selbst Genital bekannt, sondern als »Bris«,
was Bund bedeutet. An diesem Teil des Körpers wird jeder jüdische Babyjunge im Alter von acht Tagen beschnitten, ein Vor-

gang, der als Brit Mila bezeichnet und als Bund verstanden wird, den Der Name mit jedem Juden eingeht. Der Bund wurde ursprünglich in der Bibel geschlossen, im 1. Buch Mose:

Das aber ist mein Bund, den ihr halten sollt zwischen mir und euch und deinen Nachkommen: Alles, was männlich ist unter euch, soll beschnitten werden; eure Vorhaut sollt ihr beschneiden. Das soll das Zeichen sein des Bundes zwischen mir und euch.

Die Beschneidung ist deshalb eine Prägung, ein Zeichen Gottes am männlichen Genital. Wenn ein Mann masturbiert, so brachten es uns unsere Rabbiner bei, wie ich mich noch sehr genau erinnere, dann verrät er den Bund mit Dem Namen und ist schlechter als ein durchschnittlicher Goj.

Was unseren lieben Ehemann angeht: Wenn er sich bessert und seiner Frau beispielsweise etwas so Schönes kauft wie ein paar neue Schuhe oder einen frischen Apfelstrudel mit Vanillesoße nur für sie, dann wird der lieben Ehefrau plötzlich einfallen, dass sie vergessen hat, zur Mikwe zu gehen, und sie wird schneller zu einer solchen rennen, als Al-Buraq durch die Lüfte fliegen kann, zurück zu ihrem Bett rasen, unter der Bettdecke verschwinden, unter der mit einem Mal der ausgehungerte Ehemann zum Vorschein kommt, vor Freude schreiend.

Yeah, yeah, yeah.

Übrigens habe ich in meiner Jugend (wie viele andere in meiner Gemeinschaft) nie verstanden, warum Babymädchen ihren Bris nicht beschnitten kriegen. Damals kam ich nicht auf die Idee, dass Frauen keinen Bris haben. Was sollten sie sonst haben, wenn nicht einen Bris?

Jedenfalls und um zur Realität zurückzukehren, verlässt uns die Königin Sabbat, und nach dem Ende unserer herrlichen Plauderei verabschieden sich die Charedim und lassen mich allein.

Ich schlummere ein und sehe mich im Traum in einem Spiegel, ein reizender Knabe, der auf der Suche nach Dem Namen durch die Straßen von Mea Schearim läuft. Wo ist Er? Versteckt Er sich irgendwo in einer Wohnung? In welcher? Ich gehe weiter und weiter, bis mein Blick auf den kleinen Finger einer chassidischen Frau fällt. Ich fixiere den kleinen Finger und folge ihm, Straße um Straße. Wie süß ist das denn von dem kleinen Finger! Nur ein kleiner Finger und doch so mächtig! Ist dieser kleine Finger Gott? Womöglich. Zu wem sonst, seien wir ehrlich, könnte dieser kleine Finger gehören? Ich bleibe stehen, der kleine Finger entschwindet langsam meinem Blick, und ich weiß: Ich habe Den Namen gesehen, und Er ist das Beste aller Zeiten, und Er hat einen Namen, einen wahren Namen: Kleiner Finger.

Ich erwache aus diesem meinem zweiten Traum vom kleinen Finger und mache mir eine Tasse türkischen Kaffee, bitter und süß. Wäre ich ein vollwertiger Einwohner Mea Schearims, würde ich jetzt die Wörter Kleiner Finger im ganzen Viertel sprayen: Kleiner Fi, Fin, Fing, Finger.

Ich ziehe mich an und gehe raus.

WÜRDEN SIE DEN SABBAT ENTWEIHEN, UM EINEN STERBENDEN ZIONISTEN ZU RETTEN?

Frauen: Schlafen darf man mit ihnen, nur anschauen darf man sie nicht

Ich laufe durch die Straßen meines kleinen Fingertraums und lande 20 Minuten später bei den Shomrei Hachomos, einer Jerusalemer charedischen Gemeinschaft in Mea Schearim. Zwei 16-Jährige gehen an mir vorbei. Beide mit Schläfenlocken, aber noch ohne Bart. Sie sind perfekt gekleidet, makellos sauber und geben sich wie die angesehensten Erwachsenen. Normale 16-Jährige außerhalb dieses Viertels sind auf der Straße die reinsten Nervensägen mit ihrem Geschrei und Gejohle. Diese nicht.

Sind sie taubstumm? Vielleicht, wer weiß, sind sie zwei Engel aus den englischen Scharen der Shomer Emunim, könnte doch sein? Aber nein. Sie können hören, sie können sprechen, und sie sind aus Fleisch und Blut. Ja, sie schütteln mir die Hand.

Zu meiner Überraschung lädt mich einer der beiden zu einer besonderen Feier ein, die später in der Woche stattfinden wird. Zum Sijum, Abschluss, der von ihm vollständig gelernten Traktate Sukka und Makkot wird er um 14 Uhr eine Rede halten. Er fände es toll, wenn ich mit dabei wäre. Ob ich Zeit hätte?, fragt er mich.

Ich versuche es, sage ich. Bei meinem engen Terminplan als Ganztags-Spaziergänger weiß ich nie. Nicht ausgeschlossen, dass ich an genau diesem Tag um 14 Uhr eine Rebbetzin kennenlerne, die mir ihren kleinen Finger zeigt. Und zu einem chassidischen kleinen Finger würde ich nie Nein sagen. Das ist so, als würde man Ihnen Gefilte Fisch anbieten, würden Sie da Nein sagen? Natürlich nicht.

Ich lasse mich weiter von meinen Füßen durch Mea Schearim führen, während meine Augen über die unzähligen Institutionen schweifen, die auf meinem Weg liegen. Fast an jeder Ecke und alle paar Häuser steht eine stolze Institution. Ob eine Jeschiwa, eine Jungenschule, eine Mädchenschule, ein Kollel für verheiratete Männer, eine Schul – alles ist dabei. Die älteren der hier lebenden Menschen, wird mir klar, investieren enorme Ressourcen, Zeit und Geld in die Erziehung der nächsten Generation.

Und das merkt man.

Ich möchte einen dieser Älteren kennenlernen, sage ich mir.

Zu den öffentlichen Persönlichkeiten Mea Schearims, die am häufigsten von ausländischen Medien interviewt werden, zählt neben Reb Yoilish Rabbi Hirsch oder Reb Israel Meir Hirsch, der Sohn des verstorbenen Rabbi Moshe Hirsch, der als »Außenminister« von Neturei Karta galt, jener Gruppierung, deren Beruf der Antizionismus ist. Ja, ja, manche Juden sind in der Hochtechnologie tätig, andere im Antizionismus.

Reb Israel Meir wohnt ein Stockwerk über Reb Yoilish, aber was für ein Unterschied! Seine Wohnung ist makellos sauber, mit braunem Bücherregal und Glasschrank, einem langen Tisch und bequemen Stühlen, weißem Tischtuch, glänzenden Gläsern und verschiedenen Sorten Erfrischungsgetränken für den Gast.

Auf seiner Visitenkarte, die die palästinensische Fahne zeigt, firmiert er als »Anführer von Neturei Karta, Palästina«. Palästina, nicht Israel. Wir, er und ich, sind in Palästina, nicht in Israel. Das ist seine Marotte. Er glaubt nicht an den Staat Israel, und die Zionisten sind für ihn ein Ausdruck des Bösen, was ihn zu einem Liebling jener Auslandsjournalisten macht, die Israel verunglimpfen wollen.

Ich für meinen Teil ziehe es vor, mich nicht mit seinen Gedanken über andere auseinanderzusetzen, seien es Zionisten oder Jesiden. Stattdessen bitte ich ihn, mir zu erzählen, was es bedeutet, Charedi zu sein, doch zieht es ihn sofort zu seinen Hauptfeinden,

den Zionisten. Das Wort Charedi, sagt er, wurde von den Zionisten erfunden. Ich weiß nicht, woher er diese Idee hat, und ehrlich gesagt, ist es mir auch egal. Mich interessiert nicht, gegen wen er ist, sondern nur, für was er ist. Doch hört er nicht auf. Die Besessenheit vom Zionismus ist zu stark, um von ihr loszukommen. Zionisten sind keine Juden, informiert er mich. »Jeder, der nicht an die 13 Glaubensgrundsätze glaubt, wie Maimonides sie aufgestellt hat, ist kein Jude.«

Wie ich ihn so sprechen höre, gebe ich nach, aber nur ein bisschen. Dem jüdischen Gesetz zufolge ist es einer Person gestattet, den Sabbat zu entweihen und beispielsweise Auto zu fahren (was Charedim sonst am Sabbat verboten ist), um ein Menschenleben zu retten. Würde er, Reb Israel Meir, am Sabbat Auto fahren, um einem Zionisten das Leben zu retten, etwa dem Opfer eines Unfalls? Nein, sagt er. »Er mag krank sein, er mag dem Tod ins Auge sehen, es ist uns trotzdem nicht erlaubt, sein Leben zu retten. Das ist das Gesetz.« Würden Sie, Reb Israel Meir, diesen Juden sterben lassen? Das ist hypothetisch, nicht real, sagt er, da ihm der brisante Charakter seiner Aussage bewusst ist. »Ich habe Ihnen nur das Gesetz zitiert. Dem Gesetz zufolge ist es uns nicht erlaubt, ihn zu retten.«

Tja, da er sich so sehr auf Maimonides stützt, sage ich zu ihm: Gemäß Maimonides (zitiert nach Nachmanides) darf ein Mann ein sexuelles Verhältnis mit einer Frau haben, die nicht seine Gattin ist, wenn die Frau nicht verheiratet ist oder ihre Periode hat. Sind Sie damit einverstanden?

»Das ist das Gesetz, also ja.«

Heißt das, dass Sie mit der Regel einverstanden sind, dass Männer außerhalb der Ehe Sex mit Frauen haben können?

»Es ist gegen die Thora.«

Wie? Waren wir uns nicht gerade einig, dass es erlaubt ist?

Nun, ja und nein. Ja, es gibt ein Gesetz, und nach dem Gesetz der Thora kann ein Mann mit so vielen Frauen schlafen, wie er möchte, aber nein, weil ein Mann nach der Thora Frauen nicht anschauen darf.

Wie können diese beiden Regeln zusammen bestehen? Das ist eine dumme Frage, wohlgemerkt, weil in Mea Schearim alles möglich ist, vor allem, wenn man es auf Jiddisch sagt, der Sprache, in der er und ich uns miteinander unterhalten.

Der Fairness halber sei allerdings angemerkt, dass diese beiden Regeln in jeder beliebigen Sprache sehr wohl zusammen bestehen können. »Dienen« verheiratete Paare nicht schließlich in verdunkelten Zimmern?

Unterm Strich: Beim Sex mit einer Lady sollten Sie als Mann unter allen Umständen das Licht ausgeschaltet lassen. Denn ansonsten, mein Lieber, könnten Sie sie begehren, und dann werden Sie Sex mit ihr haben, wovor uns Der Name bewahren möge. Ja, ich weiß, dass das für Sie keinen Sinn ergibt, aber das liegt nur daran, dass Sie – dreimal dürfen Sie raten – kein Jiddisch können.

Warum darf ein Mann eine Frau nicht anschauen?, frage ich Reb Israel Meir.

»So steht es geschrieben.«

Wo?

Ups, da ist er sich nicht so sicher; er wird es nachprüfen und sich bei mir melden – hoffentlich noch vor der Ankunft des Messias. Wie er mir ebenfalls verrät, schreibt das jüdische Gesetz vor, dass verheiratete Frauen ihren Kopf bedecken müssen. Wo steht das geschrieben? Nun, er wird auch das überprüfen und mir mitteilen – hoffentlich bevor wir uns nach der Auferstehung wiedersehen.

Alles in allem ist die Grundlage des jüdischen Heims, so lehrt er mich, Züchtigkeit. Einfacher gesagt: Dass eine Frau ihre Haut bedecken muss und ein Mann sie nicht ansehen darf, ist die Grundlage des Judentums. Ich frage mich laut, warum dann Maimonides die Züchtigkeit nicht in seine 13 Glaubenssätze aufgenommen hat. Zu den 13 Glaubenssätzen zählt etwa die Überzeugung vom Kommen des Messias und der Auferweckung der Toten. Warum nicht Züchtigkeit?

Bedauerlicherweise ist das eine Frage, die er nicht beantworten kann.

Übrigens erzählt er mir auch, dass ein Mann sich nicht mit einer Frau unterhalten darf, die nicht seine Ehefrau ist. So steht es geschrieben. Für Reb Israel Meir, ich erkenne ein Muster, ist alles irgendwo da oben über den Wolken, im Äther, außer den Zionisten, die immer unter uns sind.

Aber Gott sei Dank weiß er eine Menge über Schtreimel. Der Schtreimel, informiert er mich, wurde zu einer jüdischen Kopf-bedeckung, nachdem die russischen Herrscher den Juden vor zweihundert Jahren befahlen, den Schwanz eines Tieres auf dem Kopf zu tragen. Das ist ein anderes Datum als das, welches mir Reb Yoilish eine Etage tiefer genannt hatte, aber was soll's. Hundert Jahre hin, hundert Jahre her, es ist alles dasselbe.

Ich frage mich, was geschehen wäre, wenn die russischen Herrscher vor zweihundert Jahren befohlen hätten, dass Jüdinnen in einem roten Bikini herumlaufen müssen. Würden chassidische Frauen der Logik der Schtreimel tragenden Männer folgen und freitags abends in roten Bikinis durch die Straßen von Mea Schearim stolzieren?

Ich stelle ihm diese Frage nicht, weil ich fürchte, dass er auch sie nicht beantworten kann, und ich will den Mann ja nicht in Verlegenheit bringen.

Er für seinen Teil spricht immer weiter. Der goldene Kaftan für den Sabbat sei ein arabischer Mantel, der aus Syrien stamme.

Gut zu wissen. Aber ich habe doch noch eine Frage für ihn. Ein berühmtes jüdisches Sprichwort besagt: »Es ist schwer, Jude zu sein.« Welche Mizwa (Gebot) zu befolgen fällt Ihnen am schwersten?, frage ich den syrischen Araber.

Reb Israel Meir denkt darüber nach, aber es fällt ihm nichts ein. »Nichts ist schwer«, sagt er schließlich. Die simple Tatsache ist, lässt er mich wissen, dass es ziemlich leicht ist, Jude zu sein. Den Sabbat zu befolgen, eines der Kerngebote des jüdischen Gesetzes, ist nicht schwer. Was sollte so schwer daran sein, Tscholent, Gefilte Fisch und Kugels zu essen?

Leider essen tote Rebbes weder Tscholent noch Kugels, ja noch nicht einmal Gefilte Fisch, und dennoch suchen viele Charedim ihre Gräber auf und beten dort. Was halten Sie davon?

»Bei den Toten zu beten ist Götzenverehrung«, antwortet er.

Jetzt bin ich überrascht; mit dieser Antwort habe ich nicht gerechnet.

Warum unterbinden die Rabbiner es dann nicht?, frage ich den palästinensischen syrischen Araber.

»Weil die ganze charedische Welt eine einzige große Götzenverehrung ist. All diese Rabbis, was sind sie? Reine Götzenanbeter. All die Rabbis, all diese Rebbes, ich sage es Ihnen noch einmal, sind Götzenanbeter.«

Auch die in Mea Schearim?

Ja, einschließlich Toldos Aharon.

Bald ist das Interview zu Ende, und ich lasse den Palästinenser, den leidenschaftlichsten Palästinenser aller Zeiten, in seinem Palästina, und begebe mich wieder nach Israel, nach Mea Schearim.

Ich teile zwar die Ansichten dieses Hirsch nicht, muss aber zugeben: Der Mann ist mir sympathisch.

Man hatte mich vor den Bewohnern Mea Schearims gewarnt, aber bislang mag ich sie. Stimmt etwas mit mir nicht?

WÜRDEN SIE IHR LEBEN RISKIEREN, UM EINEN STERBENDEN CHASSID ZU RETTEN?

»Fünf Jahre lang hat mich mein Rebbe viermal in der Woche vergewaltigt.«

Ich beginne, an mir selbst zu zweifeln. Seit ich Journalist bin, habe ich noch nie so positiv über die Menschen gedacht, über die ich schreibe, und noch nie sie alle so schön und attraktiv gefunden. Ja, ich muss das wiedergeben, was ich sehe, was auch immer es ist, und wenn es positiv ist, soll es positiv sein, aber könnte es nicht auch sein, dass ich einfach blind für alles Negative geworden bin und nur noch das Positive wahrnehme?

Ich bitte israelische Bekannte, mich mit Intellektuellen in Kontakt zu bringen, die starke Gegner der charedischen Welt sind. Er oder sie, so meine Hoffnung, könnte mich in die richtige Richtung weisen.

In der Stadt Giv'atajim, heißt es, lebt ein Professor, der ein Vordenker ist und die charedische Welt von A bis Z kennt. Ich nehme einen Zug nach Tel Aviv, um von dort aus mit dem Taxi zur Wohnung des Professors in Giv'atajim zu fahren.

Kurz nachdem ich den Zug bestiegen habe, setzt sich ein religiöser Jude neben mich. Er trägt eine Schädelkappe und sucht das Gespräch. Er heißt Jossi, wie er mir sagt. Jossi ist leicht übergewichtig, schlampig angezogen und wirkt wie ein Mann, der nicht viel Spaß im Leben hat.

Er erzählt mir, dass er 32 Jahre alt ist, drei Monate lang verheiratet war und dann geschieden wurde. Er war einmal charedisch, sagt er, ist es heute aber nicht mehr. Er trägt immer noch eine Kippa, ja, aber nur seinen Eltern zuliebe. Sein Vater war ein Rosch-Jeschiwa (Leiter einer Jeschiwa), ist jetzt aber pensioniert. Als Jossi acht Jahre alt war und noch in seiner Heider lernte, hat ihn sein Rebbe fünf Jahre lang viermal in der Woche vergewaltigt, eröffnet er mir. Dieser Rebbe lebte in Mea Schearim, ein Satmarer Chassid, und wohnt heute in Bnei Brak. »Er hat zu allen möglichen Institutionen, zu jedermann Verbindungen, einschließlich der Polizei.«

Warum wurden Sie geschieden?

»Weil ich keine Beziehung mit meiner Frau haben konnte.«

Haben Sie sie geliebt? Hat sie Sie geliebt?

»Ja.«

Warum konnten Sie dann keine Beziehung mit Ihrer Exfrau haben?

»Wann immer wir intim wurden, musste ich an den Rebbe denken.«

Und das war es.

Heute, erzählt er mir, fühlt er sich von keiner Frau der Welt sexuell angezogen.

Wenn Sie eine schöne Frau oder einen Porno sehen, fühlen Sie sich dann zu ihr hingezogen?

»Nein.«

Sagen wir, Ihnen begegnen eine nackte Frau und ein Hund. Würden Sie für beide dasselbe empfinden, sexuell gesprochen?

»Ja.«

Vielleicht fühlen Sie sich zu Männern hingezogen?

»Nein.«

Haben Sie Ihre Frau je nackt gesehen?

»Ich habe ihre Silhouette gesehen, nicht aber ihre Haut. Nicht das Fleisch. Wir versuchten, intim zusammenzukommen, ohne Licht im Zimmer. So ist das Gesetz.«

Wenn ich auf der Suche nach etwas Negativem über die charedische Welt war, dann habe ich es wohl gerade gefunden, von jemandem, dem ich rein zufällig begegnet bin. Die Frage ist: Steht Jossis Geschichte für einen breiteren Trend, oder ist sie ein Einzelschicksal?

Das Thema Pädophilie in der charedischen Welt wird von säkularen Medien gerne aufgegriffen, was den Eindruck vermittelt, es gäbe in den geschlossenen Gemeinschaften der Charedim viel mehr Fälle von Pädophilie als sonst im Land. »Nicht ein einziges Kind«, zitiert *Haaretz* eine ungenannte Quelle aus Mea Schearim in einem Artikel, der die charedische Gesellschaft extrem kritisch beurteilt, »wurde hier nicht [sexuell] missbraucht.« Als wäre dies noch nicht genug, bezeichnet der Artikel das, was in Mea Schearim passiert, als »eine schleichende Seuche der Ermordung junger Seelen«. Stimmt das? Allgemein gesprochen fällt es mir schwer zu glauben, dass irgendeine Gemeinschaft von Menschen mehr Pädophile und Vergewaltiger aufweist als andere. Wenn ich unrecht habe und der Trend des Missbrauchs in der charedischen Welt seit Ewigkeiten besteht, wovon viele Säkulare überzeugt sind, dann frage ich mich: Wie ist es möglich, dass ich davon nichts mitbekommen habe, als ich im zarten Kindes- und frühen Erwachsenenalter war? War ich so hässlich, dass niemand Interesse an mir hatte? Ich glaube nicht.

Wenn irgendein Journalist oder eine Journalistin in New York, der Stadt, in der ich den Großteil meines Lebens verbracht habe, einen Artikel schriebe, in dem er oder sie eine ganze Gemeinschaft, sei es die der Schwarzen, der Hispanics oder der Asiaten, beschuldigte, ein Haufen Pädophiler zu sein, dann würde er oder sie sofort entlassen. In diesem Land hingegen sind Geschichten über sexuellen Missbrauch und regelrechte Vergewaltigungen ein bevorzugtes Thema in den säkularen Medien, und niemand hat vor, irgendjemanden deswegen zu entlassen.

Gibt es Vergewaltiger in der charedischen Welt? Ja sicher, so wie in jeder anderen menschlichen Gemeinschaft. Aber wie viele? Das weiß ich nicht.

Hoffentlich wird mich der Professor, den ich besuche, aufklären.

Die Wohnung des Professors liegt eine kurze Taxifahrt vom Tel Aviver Bahnhof entfernt, und ich bin physisch, psychologisch und mental bereit, ihn zu treffen. Er heißt Dan Schueftan (auch Shiftan), ein schöner Name.

Das Apartment dieses Mannes ist nicht leicht zu finden, da es Teil eines Komplexes ist, der anscheinend von einem Talmudgelehrten entworfen wurde, aber schließlich kommt er aus seiner Wohnung, und jetzt erkenne ich ihn: ein Mann im rosafarbenen Hemd und dunkelblauen Jeans, ganz ohne Schtreimel. Er führt mich in sein Domizil und dort in ein Zimmer mit haufenweise Schubladen, einer Reihe von Bürostühlen, einem Schreibtisch und einem Bücherregal, alles sehr sauber und akribisch geordnet.

Beeindruckend.

Bevor wir mit dem Interview beginnen, gehe ich nochmal auf die Toilette und werfe einen Blick auf den Rest der Wohnung. Und was sehe ich? Im Nebenzimmer, der Küche wohl, liegt ein Berg von Plastiktüten, manche mit irgendetwas gefüllt, andere nicht. Es sieht aus, als hätte jemand einen öffentlichen Müllcontainer in der Wohnung errichtet. So etwas habe ich noch in keinem einzigen Haus gesehen.

Dr. Sigmund Freud könnte den Gegensatz zwischen diesen beiden Räumen vielleicht erklären, ich nicht.

Ich weiß nicht, was in den Plastiktüten ist, ob sie mit Abfällen vollgestopft sind oder ob der Mann vielleicht alles Mögliche hortet für den Fall, dass sämtliche Geschäfte zumachen und er in den nächsten zehn Jahren nichts mehr kaufen kann. Ich weiß es nicht. Es sieht aus wie Müll, ja, selbst wenn die Tüten mit Leckereien gefüllt sein sollten.

Dieses Abfallpanorama erinnert mich an die Mülltonnendepots an den Bürgersteigen bei meinem Hotel. Sie sind schön, aus Jerusalem-Stein gemauert, nur ist von den Mülltonnen, die sich in ihnen befinden sollten, keine Spur zu sehen. Die Jerusalemer Stadtverwaltung, wurde mir gesagt, hat sie entfernt und durch riesige, hässliche Container ersetzt, die jetzt Parkplätze wegnehmen. Der Grund? In der Vergangenheit hätten junge Männer bei gewalttätigen Demonstrationen immer wieder Mülltonnen angezündet und auf die großen Kreuzungen geschoben, um den Verkehr zu blockieren, bis es der Stadtverwaltung zu bunt wurde und sie die größeren, zum Schieben viel zu schweren Container anschaffte. Stimmt diese Geschichte? Ich weiß es nicht. Da es sich hier um ein charedisches Viertel handelt, sind sich nicht alle über alles einig, und viele sagen mir, dass die Stadtverwaltungs-Müllcontainer-Geschichte jeder Grundlage entbehrt. Worum aber ging es bei den Demonstrationen? Das ist gar nicht so leicht herauszufinden. Ein Befragter sagte mir: »Die Charedim dürfen nicht in Fitnessstudios gehen oder irgendeine Art von Sport machen; sie dürfen nicht fernsehen, ins Theater oder ins Kino gehen, dafür sollen sie den ganzen Tag lang die Thora studieren. Aber einige Menschen können nicht studieren, weil ihnen einfach der Grips dazu fehlt, also demonstrieren sie. Was sonst sollten sie tun?«

Wenn diese Taugenichtse Müll brauchen oder sonst etwas in Plastiktüten, dann finden sie in diesem Haus mehr als genug, um bei der nächsten gewaltsamen Demonstration ein Feuer zu entzünden.

Ich frage mich, ob mein Professor weiß, ob die Mülltonnengeschichte wirklich stimmt.

Aber vielleicht schneide ich das Thema Müll ihm gegenüber besser gar nicht erst an; ist vielleicht ein bisschen heikel.

Zurück von der Toilette, setzen wir uns zum Gespräch zusammen.

»Meiner Meinung nach«, sagt mir der Tütenprofessor, »sind die Charedim die größte Bedrohung für das jüdische Volk.«

Und er, wer ist er? »Ich bin ein Zionist, ein fundamentalistischer Zionist«, antwortet er.

Warum sind die Charedim eine solche Bedrohung für die anderen Juden?

»Wir haben im Moment eine Gruppe von Juden, deren Zahl in dramatischer, beängstigender und schädlicher Weise wächst, nämlich die ultraorthodoxe Gemeinschaft.«

Er stellt klar, dass sich seine Anmerkungen zu den Charedim nur auf diejenigen beziehen, die nicht in der Armee dienen und finanziell nichts zur Gesellschaft beitragen. Mit anderen Worten, die Mehrheit der charedischen Männer, wenn ich mich auf das verlassen kann, was ich tausendmal von Nicht-Charedim gehört habe: Charedim arbeiten nicht.

»Die Lebensweise der Ultraorthodoxen in Israel ist eine Gefahr für die Zukunft des jüdischen Volkes«, fährt er fort, »weil sie 7,2 Kinder pro Familie haben, 7,2 primitive Kinder pro Familie.«

Sie sind »Schmarotzer«, sagt er ziemlich erregt und wütend. »Sie leben vom Schweiß meiner Stirn und von meinem Blut«, zürnt er und ergänzt: »Wer nicht arbeitet, hat es nicht verdient zu leben.«

Starke Worte.

Da das charedische Weltbild besagt, dass Männer ihr Leben der Thora widmen sollen, haben sie da nicht ein demokratisches Anrecht darauf, ihren Glauben zu praktizieren?, frage ich meine neuste intellektuelle Bekanntschaft.

Nein, sagt er. Kein Mann in einer Demokratie hat ein Anrecht darauf, zu vergewaltigen, und eine Demokratie kann ihren Bürgern ihren Willen auferlegen und verlangen, dass sie einen Teil ihrer Zeit aufwenden, um für ihren Lebensunterhalt zu arbeiten. Er wird lauter, bekommt einen Wutanfall und wiederholt zigmal, dass die Charedim »Schmarotzer« sind.

Würde ein Nichtjude das sagen, denke ich bei mir, würde man ihn als Antisemiten einstufen. Wie sonst sollte man jemanden bezeichnen, der sagt, dass eine bestimmte Gruppe von Leuten zu viele Kinder hat und alle miteinander Schmarotzer sind?

Sie haben in der israelischen Armee gedient, sage ich, waren also bereit, Ihr Leben zur Verteidigung Ihrer jüdischen Mitbürger zu riskieren, wären Sie auch bereit, Ihr Leben zur Verteidigung ultraorthodoxer Juden zu riskieren und beispielsweise Mea Schearim zu verteidigen?

Er will diese Frage um alles in der Welt nicht beantworten, da sie seiner Meinung nach nicht fair ist. Doch als ich sie mehrere Male wiederhole, sagt er schließlich, dass er, jawohl, sein Leben zur Verteidigung Mea Schearims riskieren würde, nicht wegen der Menschen, die dort leben, sondern weil Mea Schearim zu Israel gehört.

»Die Leute in Mea Schearim sind nicht einmal richtige Juden, wenn man Maimonides folgt, weil sie für ihren Lebensunterhalt nicht arbeiten.«

Können Sie mir zeigen, wo Maimonides das sagt, was Sie ihm zuschreiben?

Nein, wie Reb Yoilish und Israel Meir kann er das nicht.

Bei rechtem Licht betrachtet erscheint er mir, zumindest teilweise, wie ein Spiegelbild von Reb Yoilish und Reb Israel Meir. Jede Seite des Konflikts behauptet, dass ihre Gemeinschaft und

nur ihre jüdisch ist und keine andere. Und nach Meinung jeder Seite kann die andere ruhig tot umfallen, besser gestern als heute. Beide Seiten beziehen sich auf Quellen, können aber keine genauen Fundstellen angeben, mit denen sich diese überprüfen ließen, und jede Seite ist leidenschaftlich davon überzeugt, dass die andere schändlich ist, ohne ein Wörtchen darüber zu verlieren, was an der eigenen denn so großartig sein soll.

Wie ich kürzlich gelesen habe, arbeiten über 70 Prozent der charedischen Frauen für ihren Lebensunterhalt, und der Unterschied zwischen den Arbeitsgewohnheiten der Gläubigen und der Säkularen ist gar nicht so groß. Aber es hat keinen Sinn, das vorzubringen, denn sein Herz ist hasserfüllt.

Als sein Mobiltelefon klingelt, nimmt er das Gespräch an und erzählt mir danach, dass der Anrufer eine sehr wichtige Person in einer sehr hohen Position ist und dass sehr wichtige Leute ihn oft um seinen Rat bitten.

Na prima.

Ich verabschiede mich von dem Mülltütenprofessor, zünde mir draußen auf der Straße eine Zigarette an und frage mich, woher er seinen starken Hass auf die Charedim hat. Was haben sie ihm angetan, das ihn so verletzte und seinen Zorn erregte? Ich hatte starke Argumente, sachbezogene Daten und genaue Statistiken, intensive philosophische Diskussionen und gewichtige theologische Argumente erwartet, bekam aber letztlich nur grimmigen Hass zu hören.

Während ich meine Zigarette rauche, lese ich auf meinem iPhone, dass die Charedim laut *Haaretz* die glücklichsten Menschen in Israel sind.

Ich blicke meinen Rauchringen hinterher und denke über Den Namen nach. Hat Der Name wirklich keinen Namen?

Ich weiß nicht, worüber Sie nachdenken, wenn Sie sich eine Zigarette gönnen, falls Sie rauchen sollten, ich jedenfalls denke darüber nach: Hat Der Name, Herr der Schmarotzer, wirklich keinen Namen?

Nun ja, Er hat einen Namen, gewissermaßen. Man bezeichnet ihn als Den Ausdrücklichen Namen, den aber niemand kennt. Angeblich sollen ein paar Leute tatsächlich Den Ausdrücklichen Namen kennen, und wenn sie ihn aussprechen, dann können sie die Toten erwecken, schneller, als Adler über Länder hinwegfliegen und ganze Städte zerstören oder retten. Als ich ein Kind war, bitte nicht weitersagen, wollte ich den Namen Des Namens wirklich wissen. Ich habe viele Kabbala-Bücher durchgesehen, um den Namen Des Namens zu finden. Nein, ich wollte keine Städte zerstören oder Toten erwecken, das soll Der Name schön selbst tun. Ich wollte mir ein lebendiges Wesen für mich selbst erschaffen, ein reizendes Mädchen natürlich, insofern diejenigen, die Den Ausdrücklichen Namen kennen, auch andere Menschen erschaffen können. Ja. So schuf bekanntlich der Maharal von Prag, ein weltberühmter Rabbiner, den Golem, ein allmächtiges Geschöpf, das die tschechischen Juden vor Jahrhunderten vor ihren gojischen Feinden rettete, die sie vergewaltigen und töten wollten.

In Giv'atajim werde ich wahrscheinlich keine Antwort auf irgendeine Frage zu Dem Namen finden. Der Name ist in Jerusalem, direkt bei seinem zerstörten Tempel, und so nehme ich den Zug dorthin.

HAT KÖNIG DAVID MIT EINER VERHEIRATETEN FRAU GESCHLAFEN? NEIN, ER HAT NUR DEN GEBETSSCHAL ÜBERGEZOGEN

Gute Juden stellen keine Fragen. Punkt.

Zurück in Jerusalem, lerne ich etwas. Was lerne ich? »Wer Psalm 27 im Monat Elul [der auf den Monat Aw folgt] täglich morgens und abends rezitiert, dem steht ein wunderbares Jahr bevor.«

Wer erteilt mir diese Lektion? Ein arbeitsloser sephardischer Jude, der seine Zeit damit verbringt, in seiner Freizeit, also eigentlich die ganze Zeit, Segenssprüche, Heilungen und Wunder zu sammeln.

Was mich betrifft, so möchte ich der Sijum-Feier der Traktate Sukka und Makkot beiwohnen und mir die Rede des Teenagers anhören, der mir bei den Shomrei Hachomos über den Weg gelaufen ist. Allerdings könnte dieses Ereignis für einen Mann wie mich ohne Bart und Schläfenlocken unzugänglich sein, wenn ich nicht einen charedischen Juden finde, der mir Zutritt verschafft.

Um dieses kleine Problem zu lösen, suche ich Reb Yehezkel David Lefkovits auf, der in den vergangenen Jahrzehnten am Wiederaufbau der Shomrei-Hachomos-Gemeinde beteiligt war und mir in diesem kleinen Teil der Welt überall Zutritt verschaffen kann. Ich kenne Reb Yehezkel eigentlich gar nicht, aber dafür kenne ich in New York einen Mann namens Mordy, einen feinen Kerl, und der kennt einen Mann namens Itzik, einen netten Kerl, und Itzik macht mich mit Reb Yehezkel bekannt.

Klasse, nicht?

Als ich in Reb Yehezkels Weltecke eintreffe, sehe ich als Erstes die Kinder dieses Viertels, die auf mich sehr gepflegt und hinreißend wirken, aber taff drauf zu sein scheinen, wenn mich nicht alles täuscht. In der Sekunde, in der sie mich auf ihrem Fleck-chen Erde sehen, stürmen sie sofort auf mich zu und mustern mich, nur um sicherzustellen, dass ich kein Feind bin, etwa ein deutscher Nazi oder ein russischer Zar. Aber dann begrüßt mich Reb Yehezkel, und die Kinder gehen sofort davon aus, dass ich keine Gefahr für sie darstelle, und spielen weiter miteinander.

Reb Yehezkel macht einen kleinen Rundgang mit mir durch sein Viertel.

Vor 40 Jahren, erzählt er mir, war die Gegend der Shomrei Hachomos eine »Hurva«, eine Ruine, aber jetzt ist aus dem Slum ein faszinierender Kiez mit Hunderten von Familien geworden. Wir laufen zusammen durch die Straßen der Shomrei Hacho-mos, und ich sehe Hochbetagte, die kaum noch gehen können, neben kleinen Kindern, die überall herumrennen und -springen. Für eine Sekunde fühlt es sich an, als sähe ich einen Film: Hier beginnt das Leben, dort endet es.

Die Häuser, an denen wir vorbeikommen, sind winzig, schei-nen aber gut erhalten. Es sind durchweg Steinhäuser aus dem so-genannten Jerusalem-Stein, was ihnen eine Ähnlichkeit mit den Mauern um Jerusalems Altstadt verleiht.

Vor uns steht eine Gruppe von Männern mit Pappkartons vol-ler Obst und Gemüse. Was hat es damit auf sich? Dieses Obst und Gemüse, verrät mir Reb Yehezkel, wird kostenlos oder zum Selbstkostenpreis an bedürftige Mitglieder der Gemeinschaft ab-gegeben. Hier kann man auch eine kleine Karte in der Größe einer Kreditkarte bekommen, die man vor dem Sabbat in einer Bäckerei kostenfrei gegen einige Challot (Sabbatbrote) einlösen kann.

Diese Leute kümmern sich umeinander. Das ist berührend.

Nach unserem kleinen Rundgang setzen wir uns in Reb Ye-hezkels Büro in der Spitzer-Straße zu einem Gespräch zusam-men. Sein Büro ist schlicht: ein paar Zimmer, ein Taschenrech-ner, ein Tisch, ein paar Stühle und eine Klimaanlage. Möchten Sie Tee oder Kaffee?, fragt er seinen Gast, während er ihm Süß-gebäck anbietet.

Reb Yehezkels Handy klingelt, und er nimmt das Gespräch an. Er hat ein Mobiltelefon, kein Smartphone. Hier, meine Lieben, sind Smartphones verboten.

Haben Charedim wirklich, wirklich keine Smartphones?

Sie sagen, sie hätten keine. Aber sie sagen es auf Jiddisch, und das ist eine Sprache, in der ein Nein manchmal ja bedeutet. Im Jiddischen geht es immer um Nuancen, sehr feine Nuancen, und wenn man sich nicht auf Nuancen versteht, sollte man diese Sprache nicht sprechen.

Reb Yehezkel legt auf und bietet mir weitere Süßigkeiten an.

Er stammt aus Ungarn, erzählt er mir, wo sein Vater seine Frau und drei Kinder im Holocaust verlor. Reb Yehezkels Vater heiratete ein zweites Mal und war mit seiner neuen Frau, Reb Yehezkels Mutter, geschäftlich erfolgreich. Aber das Leben unter den neuen Herren, den Russen, war schwer, und so emigrierten sie nach Israel. Der junge Yehezkel arbeitete im Gardinengeschäft der Familie, hatte aber eines Tages einen Unfall, nach dem er nicht mehr stehen konnte. Auf der Suche nach einer Arbeit, die er im Sitzen ausüben konnte, fand er eine Tätigkeit im Finanzbereich der Shomrei-Hachomos-Stiftung, die die Shomrei-Hachomos-Gemeinde verwaltet. Um Geld einzuwerben und auszugeben, braucht man eine Zunge, keine Beine. Alles in allem hat Reb Yehezkel mehrere Jahrzehnte lang ganztags gearbeitet und ist in gewissem Maße immer noch mit der finanziellen Seite der Gemeindeverwaltung befasst.

Reb Yehezkel ist ein disziplinierter und geduldiger Mann, er weiß, dass der Aufbau von was auch immer Zeit, Disziplin und Geduld erfordert. Es brauchte seine Zeit, bis das Viertel der Shomrei Hachomos von einem Slum in die schöne Umgebung verwandelt war, die es heute ist. Das Buch Esther, sagt er mir, erzählt eine Geschichte, die sich über zwölf Jahre erstreckt. Wenn sie das Buch lesen, glauben viele Leute, dass sich die dort beschriebenen Ereignisse in nur wenigen Tagen oder allenfalls ein paar Wochen abspielten, aber nein. Zwölf Jahre. Alles braucht seine Zeit.

Interessant, dass er ein biblisches Buch anspricht, sage ich mir. Charedische Juden lesen die Bibel kaum, mit Ausnahme einiger weniger Bücher: der fünf Bücher Mose und einiger weniger anderer, zu denen auch Esther zählt. Die anstößigen Bücher, diejenigen, die die schmutzige jüdische Wäsche öffentlich waschen – und von denen gibt es einige –, werden übergangen, sodass die Charedim viele Bibelgeschichten gar nicht kennen. Die biblische Geschichte von König David, aus dessen Nachkommenschaft der Messias stammt, und wie er eine verheiratete Frau verführte, mit ihr schlief und dann ihren Mann zum Sterben aufs Schlachtfeld schickte, ist für Charedim tabu. Wird sie aber bei seltenen Gelegenheiten doch einmal erwähnt, dann verpackt in alle möglichen Ausflüchte. Klassische Ausflüchte können unglaublich einfallsreich sein. Zum Beispiel: Ja, König David schlief mit einer verheirateten Frau, aber was heißt »schlief«? »Schlief« in seiner mystischen Bedeutung bezieht sich auf den Akt, den Gebetsschal überzuziehen.

Scheint Ihnen wenig überzeugend? Zweifellos. Aber versuchen Sie das auf Jiddisch, und es wird Ihnen *sehr* überzeugend vorkommen.

Warum der ganze Einfallsreichtum?, werden Sie vielleicht fragen. Ganz einfach: Charedim können es nicht verdauen, dass im Heiligsten des Heiligen, der Bibel, eine sexuelle Geschichte steht, weil ihnen die bloße Erwähnung des Wortes »sexuell« verboten ist. Auch verkraften sie es einfach nicht, dass der Verfasser der Psalmen (für den gläubige Juden König David halten), der am meisten bewunderte König, eine Frau nicht nur anschaute, sondern mit ihr auch noch schlief. Ganz zu schweigen von der Geschichte über die Pilegesch in Gibea (die Nebenfrau eines Leviten), eine biblische Geschichte über die Kinder Israels vom Stamme der Benjaminiter, die eines Tages durchdrehten und eine Frau vergewaltigten, einer nach dem anderen, bis sie tot umfiel. Wie konnten die Juden in biblischen Zeiten, die den Charedim als Krönung des Judentums gelten, so etwas tun? Nun, die Antwort lautet: Lest es nicht. Unter den Teppich damit. Gebetsschal drüber.

Reb Yehezkel, dem nicht bewusst ist, was mir gerade durch den Kopf geht, vertraut mir an, wie ein Jude wie er seinen Tag beginnt.

»Als Erstes wasche ich mir die Hände. Ich bewege die Füße nicht aus dem Bett, bevor ich mir die Hände gewaschen habe. Ich habe eine Schüssel Wasser und eine Tasse unter meinem Bett. Immer. Dann sage ich das Morgengebet *Mode Ani*: »Ich danke dir, König, Lebender und immer Bestehender, dass du mir in Barmherzigkeit meine Seele wiedergegeben hast, groß ist deine Treue.« Als Nächstes gehe ich auf Toilette und anschließend zur Mikwe. Wenn das getan ist, sage ich das Morgengebet, um danach den Talmud zu studieren. Dann frühstücke ich und gehe nach dem Frühstück zur Arbeit. Mein Tag beginnt ungefähr um halb fünf Uhr morgens, und um zehn fange ich mit der Arbeit an.«

Was ist ein Jude? Was bedeutet es, ein Jude zu sein?, frage ich den Geldmann.

»Man wird als Jude geboren, und man ist ein Jude. Ein Jude hat bestimmte Regeln, an die er sich halten muss. Die Thora hat 613 verschiedene Gebote, die wir befolgen müssen, und ich danke Dem Namen dafür, dass ich ein Jude bin. Ein Jude muss zur

Schul gehen, er muss zur Mikwe gehen, seine Frau muss zur Mikwe gehen, und sie muss ein Tichel tragen.«

Wow, das ist die Antwort auf die Millionenfrage!

Wie sieht es mit einer jüdischen Person aus, die die Gebote nicht befolgt, ist sie immer noch ein Jude?

»Je nachdem. Es gibt Juden, die sie nicht befolgen, weil sie es nicht besser wissen; sie sind wie kleine Kinder, die von einem Feind entführt wurden. Wenn aber jemand Bescheid weiß und trotzdem, sagen wir, den Sabbat nicht hält, oder wenn er die Tefillin nicht anlegt [Gebetsriemen, die praktizierende Juden jeden Morgen, außer am Sabbat und an jüdischen Feiertagen, auf dem Kopf und am Arm tragen], dann ist er es, der sich vom jüdischen Volk abgeschnitten hat. Wie es [im 2. Buch Mose] heißt: ›*Darum sollen die Israeliten den Sabbat halten, dass sie ihn auch bei ihren Nachkommen halten als ewigen Bund.*‹ Wenn sich jemand nicht an diesen Bund hält, dann schneidet er sich ab, und in diesem Falle muss ich ihn am Sabbat nicht retten.« Das bedeutet natürlich, dass man den Sabbat nicht entweihen soll, um das Leben solcher Menschen zu retten.

Glauben Sie, frage ich ihn, dass die meisten säkularen Juden als entführte Kinder zu betrachten sind, oder sind sie die Art Juden, die Bescheid wissen und sich trotzdem nicht daran halten?

Die meisten Menschen in Israel, antwortet er, sind von der kindischen Art, und Charedim müssen den Sabbat entweihen, um ihr Leben zu retten.

Benjamin Netanjahu, ein säkularer Jude, hat viele, viele Jahre als israelischer Ministerpräsident gedient. Sollte er am Sabbat gerettet werden, wenn man ihn nur retten kann, indem man den Sabbat nicht einhält?

»Ich denke nein. Es wäre nicht erlaubt, den Sabbat zu entweihen, um ihn zu retten.«

Bevor wir unsere Unterhaltung beenden, sagt Reb Yehezkel zu mir: »Ich stelle keine Fragen. Ich weiß nicht. Sie haben mich gefragt: Was ist ein Jude? Ich sage Ihnen: Wir sind Juden, nicht aus einem bestimmten Verständnis heraus; wir sind Juden, weil wir als Juden geboren wurden und Juden sein müssen.«

Reb Yehezkel ist bereit, mich zu der Sijum-Feier zu begleiten, nur nicht gerade jetzt. Er hat einige Dinge zu erledigen, wird mit mir aber dorthin gehen, wenn ich in ein paar Stunden, zwischen 16 und 17 Uhr, zurückkehre.

Ja, wir sind hier in Mea Schearim, nicht in Deutschland. Zwei Stunden mehr oder weniger bedeuten für niemanden einen großen Unterschied, oder?

Ich mache einen Gang durchs Viertel und stelle eine erwähnenswerte Veränderung gegenüber gestern fest: Die alten Todesanzeigen sind verschwunden und durch neue ersetzt worden. Täglich sterben immer mehr Menschen, deren Namen alle sehen können sollen, sodass sie den trauernden Familien ihr Beileid ausdrücken können.

Ich trinke eine kleine Flasche Cola Light, dann noch eine, und um 16.30 Uhr bringt mich Reb Yehezkel zur Sijum-Feier in die Shomrei-Hachomos-Jeschiwa.

Wir sind spät dran, aber die Feier läuft noch. Jungen zwischen 13 und 16 Jahren füllen den Saal, alle in ihre edelste und sauberste chassidische Garderobe gekleidet, Eltern und Verwandte sitzen im Hintergrund, vorne im Saal sitzen Rabbiner an einem langen Tisch und sprechen in ein Mikrofon. Zu meiner Rechten sehe ich eine Gruppe Musiker und Sänger, deren Aufgabe es vermutlich ist, uns alle möglichst glücklich und fröhlich zu machen. Zu meiner Linken sehe ich gerahmte Zeugnisse, eines für jeden Schüler, mit Angabe seiner speziellen Leistungen. Dieser Junge wird dafür ausgezeichnet, dass er den Traktat Sukka, jener dafür, dass er den Traktat Makkot auswendig kann, und hier ist einer, dem man die Goldene Urkunde dafür überreicht, dass er Sukka oder Makkot oder beide tief durchdrungen hat.

Auf allen Tischen stehen verschiedene Speisen und Getränke. Kalte Getränke mit oder ohne Koffein, kalter Orangensaft und jede Menge süße Kekse, süßer Kuchen, Kartoffel-Kugels, Lokschen-Kugels und alles andere dazwischen, was Zucker enthält. Die Rabbis halten Reden, auch die Schüler halten Reden, und ich denke bei mir: Sie sehen genauso aus wie ich in ihrem Alter.

Wenn ich sie anschaue, schaue ich mich an, oder nicht?

Mit einem Unterschied: Sie haben keine Ahnung davon, dass irgendwo auf diesem Planeten eine Patricia lebt. Sie haben keine Patricia in ihrem Herzen. Sie haben eine Sukka im Kopf.

Sukka ist ein Traktat im Talmud, der sich der Sukka (Laubhütte) und dem Feiertag Sukkot (Laubhüttenfest) widmet. Laut Bibel sollen Juden am Feiertag Sukkot in einer Sukka sitzen, um sich an ihren wundersamen Auszug aus Ägypten und die provisorischen Unterkünfte zu erinnern, in denen sie lebten, bevor sie das Land Israel erreichten. In jeder anderen Kultur wäre das ein relativ einfach zu befolgendes Gebot: Man stellt einen Stuhl und Tisch auf einen Balkon oder in einen Park, isst einen Happen und trinkt einen Kaffee oder ein Glas Wein mit jemandem, und schon kann man gehen. Geschafft. Nicht so im Judentum und vor allem nicht im rabbinischen Judentum, das ungefähr seit der Zerstörung des Tempels als das »echte« Judentum gilt. Ja, eine Sukka ist eine provisorische Unterkunft, sagen die Weisen, aber was heißt provisorisch? Und von welcher Größe? Welcher Breite?

Welcher Länge? Hat sie Wände, und wenn ja, wie viele? Verfügt sie über ein Dach, und wenn ja, woraus besteht es? Kann man bei sich zuhause eine Sukka bauen? Muss man in ihr essen, und wenn ja, wie oft? Muss man in ihr schlafen, oder reicht es, sie anzusehen?

Und das ist erst der Anfang.

Wenn ich diesen Jungs zuhöre, jungen Männern, die ihre Zeit damit zubringen, zu lernen, welche Sukka koscher ist und welche nicht, ganz zu schweigen von all den Segenssprüchen, die sie jedes Mal sagen müssen, wenn sie irgendetwas essen, zusätzlich zu allen anderen Segenssprüchen, die insgesamt mindestens hundert am Tag ergeben, und allen anderen Arten von Gebeten, dann vermute ich, dass den meisten von ihnen nicht viel Zeit bleibt für Fragen wie die, wie die Toten nach ihrer Auferstehung aussehen werden oder was der eigentliche Name Des Namens ist.

Die Musiker beginnen zu spielen.

Die Tische werden zur Seite gerückt. Langsam, aber sicher werden einem Schüler nach dem anderen die Urkunden ausgehändigt. Der zuständige Rabbi liest den Namen jedes Schülers vor, der dann zum Vordertisch tritt, um seine Urkunde entgegenzunehmen. Währenddessen tanzen die anderen Schüler zu seinen Ehren wie die Wilden.

Das wiederholt sich mit jedem Schüler und Zeugnis. Gelegentlich hebt einer seiner Kameraden einen besonders ausgezeichneten Schüler hoch, trägt ihn auf seinen Schultern, und die anderen tanzen mit mehr Energie um das Paar herum, als sich in einem Sattelschlepper voller Coca-Cola-Flaschen fände.

Die Freundschaft zwischen den Schülern und das Glück, das sie ausstrahlen, wenn sie ihre Auszeichnung erhalten, sind herzerwärmend, und man möchte eigentlich jeden Einzelnen von ihnen drücken. Die Liebe zueinander, die diese Gruppe von Jugendlichen verströmt, ist ansteckend und ungeheuer erfrischend.

In Deutschland oder Amerika bin ich oft von Leuten umgeben, die mir und jedem sonst, der es hören will, ihre Liebe zu ihren Mitmenschen und ihr Engagement für die ganze Menschheit, das Klima, die Natur und alle anderen guten Beweggründe bekunden. Kein Einziger von ihnen und auch nicht alle zusammen haben je die Liebe gezeigt, die hier jeder Schüler ausstrahlt. Man schaue nur, wie sie miteinander tanzen, sich gegenseitig für ihre Leistungen auf die Schultern klopfen und einander bei den Händen halten, als wären sie siamesische Zwillinge, die durch eine gemeinsame Seele verbunden sind.

Bei ihrem Anblick beginne ich an Krauss wie Hirsch zu zweifeln. Krauss & Hirsch wissen viel über Journalisten und sind ansonsten vollauf mit ihrem Hass auf den Zionismus beschäftigt, aber keiner der beiden hat mir gegenüber die Wärme an den Tag gelegt, die hier zu sehen ist, die Liebe, die hier strahlt, das Glück, das hier erklingt. Ich frage mich, ob sie überhaupt wissen, dass so etwas existiert.

Ich verbringe eine, zwei, drei, Der Name weiß, wie viele, Stunden mit diesen Schülern und merke nicht, wie die Zeit vergeht. Als mich der Schüler, den ich vor ein paar Tagen zufällig kennenlernte, in der Menge entdeckt, flitzt er herüber, um mich zu fragen, warum ich nicht schon früher da war, um seinen Vortrag zu hören. Ich sage ihm, dass ich das gerne getan hätte, aber Reb Yehezkel zu der Zeit leider nicht konnte. Er versteht das und ist dankbar dafür, dass ich kommen wollte. O Gott, wie reizend diese Schüler sind!

Die Frage ist: Was wird aus diesen reizenden Kerlen, wenn sie erwachsen sind und heiraten?

Reb Yehezkel, der von einem zum anderen geht und sich mit den Leuten unterhält, während ich die ganze Zeit auf demselben Platz sitzen bleibe, fragt mich schließlich nach meinem Eindruck. Ich sage ihm, dass ich sehr beeindruckt bin, und bitte ihn, mich mit einigen Leuten in der Gegend bekannt zu machen.

Er ist einverstanden. Er stellt mich Reb Dovid (David) vor, einem Gefolgsmann des Hofs der Toldos Avrohom Yitzchok. Reb Dovid, erfahre ich, ist ein Konvertit, ein Deutscher, der zum Judentum übergetreten ist. Er könnte, kommt mir in den Sinn, eine

Art Ehe zwischen Prenzlauer Berg und Mea Schearim verkörpern. Wie funktioniert eine solche Kombination? Ich bin nicht sicher, werde es aber hoffentlich am nächsten Freitagabend herausfinden. Ja, ich werde Freitagabend mit dem Konvertiten verbringen. Na, eifersüchtig geworden?

SIE HABEN NOCH NIE IN IHREM LEBEN EINE FRAU KENNENGELERNT, UND PLÖTZLICH IST DA EINE IN IHREM BETT. WAS TUN SIE?

»Als wir uns vereinigten, kam die Heilige Gegenwart zu uns«

Zwei Tage noch bis Freitagabend. Bis dahin möchte ich einen verheirateten Mann treffen, der hier aufgewachsen ist, einen Mann, der einmal ein reizender Schüler war wie die, die ich gerade erlebt habe. Ein paar Kilometer von meinem Hotel entfernt verspricht ein koscheres Restaurant »Heimishe Essen«, und wenn Sie nicht wissen, was das bedeutet, schließe ich Sie in meine Gebete ein, sobald ich das nächste Mal eine Schul besuche. Ich möchte es probieren und dort meinen jungen Mann treffen.

Ich gehe ins Restaurant und lade einen jungen verheirateten Chassid ein. Wir unterhalten uns, und er sagt mir, dass er mir gerne ein Kapitel seines Lebens anvertrauen will, wenn ich seinen Namen und vorzugsweise auch den des Restaurants nicht erwähne, in dem wir sitzen und in dem er Stammgast ist. Kein Problem. Ich bestelle für uns beide, und wir schwatzen.

Junge Männer der Gemeinschaft, die kurz vor der Hochzeit stehen, eröffnet er mir, haben eine Geschichte zu erzählen wie keine andere. Was für eine Geschichte? Nun, am Hochzeitstag oder frühestens einen Tag davor nimmt ein Berater den Bräutigam zur Seite und erklärt ihm alles, was er mit seiner Frau in ihrer ersten gemeinsamen Nacht wird tun müssen. Sie ist eine Frau, ein Mädchen, eine Gattin, eine Person, die er kaum kennt und noch nie berührt hat, mit der er sich aber plötzlich auf die intimste Weise wird vereinigen müssen.

In dieser Gemeinschaft, erklärt er mir, in der unverheiratete Männer und Frauen keinen Kontakt miteinander haben, ist das erste Mal, wenn ein Paar sich bei einem Treffen begegnet, das die Eltern oder ein Heiratsvermittler arrangiert haben, zugleich das erste Mal, das jeder von ihnen dem anderen Geschlecht begegnet. In den meisten Fällen werden sie sich, wenn sie sich mögen, noch zwei- oder dreimal treffen – aber nie privat. Wenn alles gut geht, verloben sie sich und heiraten. Und dann finden die beiden, die sich kaum kennen, einander im selben Bett wieder.

Können Sie sich an diesen Tag erinnern?, frage ich den Chassid.

Ja, kann er.

Es war hart, der härteste Tag in seinem bisherigen Leben. Für jemanden, der in Mea Schearim aufgewachsen ist, vertraut er mir an, ist der Akt, mit einer Frau allein in einem Zimmer zu sein, hart. Man weiß nicht, was man tun soll, sagt er.

Der Berater kam also einen Tag vor Ihrer Hochzeit, nicht wahr? So weit klar, aber was hat er Ihnen gesagt?

»Er hat mich gefragt, ob ich schon mal Pornofilme gesehen habe. Ich sagte: ›Pornofilme? Was ist das?‹«

Wie hat er reagiert?

»Er hat mir gesagt, was ich mit meiner neuen Frau tun soll und wie man es tut.«

Was hat er gesagt, können Sie mir Details nennen?

»Es fällt mir sehr schwer, darüber zu sprechen.«

Warum?

»Er hat mir die ›Details‹ erklärt.«

Worin bestehen sie?

»Ich kann das nicht wiederholen.«

Waren Sie und Ihre Frau nackt im Bett in Ihrer Hochzeitsnacht? Ich meine, ist es einem Mann und einer Frau erlaubt, nackt zu sein, wenn sie intim miteinander sind?

»In einem geschlossenen Raum ist es, glaube ich, erlaubt.«

Sehen verheiratete Paare einander nackt?

Nun, erklärt er mir, der Geschlechtsakt sollte im Dunkeln stattfinden. Sie können aber ihre Körper immer noch sehen. Wie können sie das, frage ich, wenn sie doch im Dunkeln sind? Er blickt mir in die Augen und sagt: »Mit ›Dunkelheit‹ meinte ich keine ägyptische Finsternis« (eine der zehn biblischen Plagen, die Der Name über die Ägypter verhängte, um sie zur Befreiung der Juden zu zwingen).

Ich möchte Sie etwas fragen: Kann ein verheirateter Mann seine Frau bei Tageslicht nackt sehen?

»Oh, das wäre nicht züchtig.«

Haben Sie Ihre Frau je bei Tageslicht nackt gesehen?

Das, sagt er mir, ist ein Geheimnis, das er nie preisgeben wird.

Kommen wir auf den Tag vor Ihrer Hochzeitsnacht zurück. Sie erhielten Anleitungen, was Sie zu tun hätten, Schritt für Schritt. Wie haben Sie sich gefühlt, als Sie von diesen Anleitungen hörten?

»Ich war schockiert. Ich war verängstigt. Ich war verloren.«

Wie war Ihre Hochzeitsnacht, betrachten Sie sie als eine schwarze Nacht, eine schlechte Nacht?

»Nein, das würde ich nicht sagen. Es war eine heilige Nacht, weil die Heilige Gegenwart zu uns in dieses Zimmer kam, als wir uns vereinigten. Es war eine besondere Nacht. Ich weiß nicht, wie ich es beschreiben soll. Eine reine Nacht. Seinerzeit war es verwirrend, wissen Sie; es war etwas, das ich noch nie zuvor getan hatte.«

Nach dem Restaurantbesuch lerne ich Glückspilz später in meinem Hotel eine Chassidin kennen, die mir erklärt, was jener junge Mann mir nicht erklären konnte. Die Details.

»Bevor ich heiratete, traf ich die Eheberaterin, und sie erklärte mir alles.«

Was sagte sie?

»Als sie über den Bris sprach, wusste ich nicht, wovon die Rede war, also zeichnete sie einen für mich. ›So sieht ein Bris aus‹, sagte sie, ›und Ihr Ehemann wird ihn in Sie hineinstecken. Dann gibt er einen bestimmten Laut von sich, springt aus dem Bett, und es ist vorbei. Das war's. Ganz einfach.‹«

Jetzt kann ich mir vorstellen, was der Berater meines Restaurantgasts vor der großen Nacht gezeichnet hat. Er ist ein Beispiel für das, was die jungen Schüler von der Sijum-Feier eines Tages erleben könnten, wenn sie älter sind.

Jawohl. Aber Reb Dovid, der Konvertit, wird mir eine andere Geschichte zu erzählen haben, da bin ich mir sicher.

VORSICHT VOR DEN FINGERN DER FRAUEN, WENN SIE DAS HÜHNCHEN NEHMEN

Sie ist charedisch, ihr Vater ist ein Konvertit.
Wer wird sie heiraten?

Reb Dovid lebt in der Shomrei-Hachomos-Gemeinde, die überwiegend ungarischer Herkunft ist, und ich besuche ihn am Freitagabend. Auch zwei seiner Kinder, Eliezer und Scheindel, sind zuhause. Eliezer, noch ein kleiner Junge, spielt mit einer Spielzeugrakete. Scheindel interessiert sich für Mode. Sie trägt Glitzerschmuck und träumt davon, eines Tages Tänzerin zu werden, flüstert mir ein Vögelchen ins Ohr. Kann ein Mädchen aus Mea Schearim Tänzerin werden? Natürlich nicht, aber sie kann immer noch träumen.

Bevor wir uns zum Sabbatmahl niederlassen, nimmt mich Reb Dovid zur Schul mit, seiner Schul, der Schul der Toldos Avrohom Yitzchok, um am Freitagabendgebet teilzunehmen. Die Schul ist heute Abend nicht gut besucht, sagt er mir im Hineingehen. In meinen Augen ist sie brechend voll, soweit ich sehe, ist jeder Platz besetzt, aber er sieht es nicht so. Der Rebbe, sagt er, macht gerade Urlaub in Europa, und wenn er nicht hier ist, gehen viele Chassidim zum Beten in andere Schuls. Wenn er damit recht hat, frage ich mich, wo die anderen Chassidim bei Anwesenheit des Rebbes noch Platz finden sollten. Natürlich ist Der Name als Wundermacher bekannt, und wenn Er die Welt in sechs Tagen erschaffen konnte, wie die Bibel sagt, dann sollte kein Zweifel daran bestehen, dass er auch sechs Millionen Menschen in diesem Gebäude hier unterbringen kann.

Ich sitze zusammengequetscht auf einer Holzbank und schaue mich um. An einem Pfosten in meiner Nähe hängt ein kleines Plakat mit der Botschaft: Wenn die Leute während des

Gebets nicht reden, werden viele Wunder geschehen. Der Text führt sogar ein Beispiel an: »Es gab ein Paar, das viele Jahre lang versuchte, Kinder zu kriegen, bis es endlich klappte, nur weil ihr während des Gebets nicht geredet habt.«

Eine Lektion fürs Leben: Wenn du während des Gebets die Klappe hältst, wird irgendjemand da draußen Papa.

An einem Tisch zu meiner Rechten sitzt der Süßigkeitenmann, der am Sabbat Tüten voller Süßigkeiten für die Kinder, die am Gottesdienst teilnehmen, in der Schul bereithält. Ich will wissen, wie das in der Praxis funktioniert. Los geht's: Der Süßigkeitenmann sitzt am Tisch, Tüten neben sich, und betet. So weit ganz einfach, oder? Aber es geht weiter. Einige Kinder kommen zu ihm und fragen ihn nach einer Süßigkeit oder zweien, andere bedienen sich, ohne zu fragen, manche schauen nach, was es überhaupt gibt, andere nicht, manche wählen ihren Lieblingsgeschmack, andere nicht; und für diejenigen, die an ihrem Platz bleiben, steht der Süßigkeitenmann irgendwann auf und verteilt den Rest der Süßigkeiten unter ihnen.

Interessant, diesen Kindern und ihrem Umgang mit den Süßigkeiten zuzusehen. Man erkennt, wer ein geborener Anführer ist und wer nicht, wer ein gutes Leben haben und wer als Bettler enden wird.

Am Tisch zu meiner Linken sitzt ein Mann, der ein Mitglied der Sittenwächter sein könnte, einer Organisation, die Gerüchten zufolge in Mea Schearim tätig sein soll. Deren Mitglieder, so wird gemunkelt, sollen sicherstellen, dass die Züchtigkeitsgebote eingehalten werden. In der Regel seien das Vertreter des männlichen Geschlechts, deren IQ oder EQ fürs Lernen nicht ausreicht, die aber Muskeln haben, als rechtschaffen oder so gelten wollen und anderen gerne sagen, dass sie sich bessern müssen, sonst ... Warum glaube ich, dass der Mann zu meiner Linken ein Sittenwächter ist? Na ja, er steht alle paar Minuten auf, geht raus und dann wieder rein, er scheint ein Problem damit zu haben, sich zu konzentrieren.

Die Gemeinde singt die Hymne zur Begrüßung des Sabbat,

Lecha Dodi: »*Komm mein Freund, der Braut entgegen, lasst uns den Sabbat begrüßen ...*«

Sie singen mit einer solchen Inbrunst, als hätten sie dieses Gebet noch nie in ihrem Leben gesungen.

Anschließend rezitieren sie aus dem Sohar.

So wie sie sich oben zu Einem vereinigen, so vereinigt Sie sich unten im Geheimnis des Einen, um oben mit ihnen Eins in Einem zu sein. Der Heilige, Gesegnet Sei Er, wird nicht oben auf Seinem Ehrenplatz sitzen, bis Sie nicht im Geheimnis des Einen ist. Um wie Er Eins in Einem zu werden. Und hier haben wir das Geheimnis von »Der Herr ist eins und sein Name ist Eins« erklärt. Das Geheimnis des Sabbats: Der Sabbat vereinigt sich mit dem Geheimnis des Einen, damit das Geheimnis des Einen bei ihr verweilen kann.

Alles klar? Für mich nicht, so wie wahrscheinlich für 99 Prozent der Gottesdienstbesucher auch nicht.

Die klassischen kabbalistischen Texte lassen sich nur mit sehr viel Fantasie und Kreativität interpretieren. Wenn man ein Händchen dafür hat, wird die Interpretation eines solchen Textes immer noch davon abhängen, was für ein Mensch man ist und warum man seine Zeit mit der Interpretation eines derartigen Textes verbringen möchte. Steht man beispielsweise auf Pornografie, dann kann man diesen Text als eine heiße sexuelle Begegnung zwischen Gott und Seiner Partnerin lesen. Erfreut man sich hingegen an chassidischen Erzählungen, wird man ihn als einen erklärtermaßen heiligen Text begreifen, von dem jedes einzelne Wort genau in dem Moment, in dem der Sabbat eintritt und das Geheimnis der Einheit des Einen den Erdball erfüllt, sakrale Heiligkeit im ganzen Universum verbreitet. Ich selbst hätte ihn vor vielen Jahren als die Geschichte von John und Patricia interpretiert, doch ist dieses Paar inzwischen so alt, dass eine solche Interpretation nicht mehr überzeugt.

Einerlei, das Gebet geht weiter.

Der »Sittenwächter«, der vor vielleicht 20 Minuten verschwunden ist, kehrt plötzlich mit Hunderten von Sabbat-Bulletins zurück, die unter den Gemeindemitgliedern verteilt werden.

Was sind Sabbat-Bulletins? Sabbat-Bulletins sind wöchentliche Mitteilungsblätter von zwei bis vier Seiten Länge, die am Sabbat in den Synagogen verteilt werden und Kommentare zur wöchentlichen Thoralesung sowie Geschichten religiöser Natur enthalten.

Ich nehme mir ein paar.

Anscheinend als Teil einer Serie mit dem Titel »*Der Heilige, Gesegnet Sei Er, hat gesagt: ›Niemand, der auf mich hört, verliert*‹« lese ich eine Geschichte über einen gewissen Reb Berisch Cornblit. Reb Berisch hatte eine Metzgerei in der heiligen Stadt Jerusalem, in der die Rechtschaffenen aus der jüdischen Gemeinschaft einzukaufen pflegten. Im Rahmen seiner Geschäftstätigkeit musste er auch an Frauen verkaufen, nicht nur an Männer, ein Umstand, der dazu führen könnte, Der Name behüte, dass er von den Frauen in Versuchung geführt würde. Damit dies nicht passierte, achtete er genau darauf, die Frauen, die er bediente, nicht anzublicken. Nicht ein einziges Mal, so die Geschichte, habe er das Gesicht einer seiner Kundinnen gesehen. Wie gelang ihm diese bewundernswürdige Leistung? Ganz einfach: Er bediente seine Kundinnen von einem speziellen Tisch in seinem Laden aus, der über eine Sichtblende mit einer Aussparung unten verfügte. Er schob das Fleisch durch diese Durchreiche und sie, die Frauen, ließen das Geld auf dem Tisch liegen, statt es ihm auszuhändigen. So verhinderte er, dass er, Gott bewahre, das Gesicht oder die Finger irgendeiner Frau erblickte. Der Herr schütze uns.

Eines Tages jedoch, oy vey, entpuppte sich ein Huhn, das er einer Frau verkauft hatte, ohne ihr Gesicht, ihre Finger, ihren Bauch oder ihre Zehen zu sehen, im Nachhinein als nicht koscher. Das bedeutete, dass er die Kundin aufsuchen musste, um sie vor dem Verzehr des Huhns zu warnen, damit sie und ihre Familie sich ihre Mägen nicht mit, möge uns der Himmel beschirmen, allen möglichen entsetzlichen Geistern vollschlagen würden, wie sie nun einmal in nicht koscherer Nahrung lauern.

Normalerweise würde er in einem solchen Fall zu dem Käufer eilen, um ihn vor dem Verzehr des Huhns zu warnen. Da dieses spezielle Huhn aber an eine Frau verkauft worden war, ein Wesen, das er nicht gesehen hatte, konnte er nicht in gewohnter Weise verfahren.

Untröstlich und trauriger als traurig schloss Reb Berisch schnurstracks seinen Laden und eilte zur Schul, um zum Namen zu beten und Ihn anzuflehen, diese gefährliche Situation zu bereinigen. Nach einem langen Gebet und vielen vergossenen Tränen kehrte Reb Berisch in der Hoffnung, dass Der Name die richtigen Maßnahmen ergreifen würde, in seine Metzgerei zurück.

Und wahrlich, nur Augenblicke nachdem er sein Geschäft wieder geöffnet hatte, betrat wunderbarerweise eine Frau den Laden und fragte nach einem Huhn. Sie habe heute schon eins bei ihm gekauft, sagte sie Reb Berisch, sei aber auf ihrem Heimweg von einer Katze angesprungen worden, die das Huhn geschnappt habe und mit ihm weggerannt sei.

Und ja, das war das besagte Huhn, das nicht koschere Huhn! Reb Berisch tat seinen Mund in dankbarem Gebet zum Schöpfer auf und schenkte der Frau ein weiteres Huhn!

So etwas widerfährt Männern, wie Sie nun sehen können, die keine Frauen anschauen: Wunder!

Den Rechtschaffenen widerfahren, wohlgemerkt, viele Wunder. Neulich, so eine andere Geschichte in dem Blättchen, bestieg ein Mann einen Bus, in dem alle Sitzplätze belegt waren, sodass er sich in der Mitte neben die Tür stellte. An der nächsten Haltestelle stieg eine Frau ein und stellte sich direkt neben ihn. Die Frau, eine nicht züchtig gekleidete Jüdin, Der Name schütze uns, sprach mit lauter Stimme und lachte herzhaft, was Männer bekanntlich beides aufreizt. Als rechtschaffener Jude stieg er an der nächsten Haltestelle aus. Kaum war er auf der Straße, als der Bus plötzlich einen Unfall hatte, bei dem ein Passagier verletzt wurde und ins Krankenhaus musste. Dreimal dürfen Sie raten, wer dieser Passagier war. Niemand anderes als die unanständig gekleidete Jüdin, die mit lauter Stimme sprach und herzhaft lachte und den Rechtschaffenen in Versuchung führte.

So etwas widerfährt Frauen, die rechtschaffene jüdische Männer aufreizen: Unfälle!

Das sind wichtige Lektionen, die man sich merken sollte, denn sie werden einem Juden den rechten Weg weisen.

O ja.

Nach dem Ende des Gebets bringt mich mein Gastgeber für diesen Abend zu den Toldos Aharon, der anderen und größeren Gemeinschaft von Anhängern Reb Aharons, die als Reb Arelach bezeichnet werden.

Wow, ich traue meinen Augen kaum – das nenne ich mal einen gerammelt vollen Laden. Und so viele Schtreimel hier, dass man einen riesigen Zoo voller Zobel bräuchte, um sie herzustellen. Würde ich gerne noch etwas sehen?, fragt mich ein Gottesdienstbesucher, der sich als Reb Noson Walles vorstellt. Ja, klar, warum nicht? Wir gehen die Treppe hoch, höher und höher, bis wir an eine Tür gelangen, die Reb Noson für mich öffnet.

Und was sehe ich?

Lange Reihen, eine nach der anderen, von Reb-Arelach-Kindern, kleine Reb Arelachs, Hunderte davon, und sie alle blicken mich an, mit einem kleinen Lächeln im Gesicht. So süß, o König aller Könige! Noch nie haben mich so viele Kinder angeschaut, alle gleichzeitig, und alle lächeln beim Anblick eines Mannes mit runder roter Brille und Hosenträgern, meiner Wenigkeit, ein Anblick, der sich ihnen noch nie geboten hat, und sie nehmen anscheinend an, dass ich ein Clown bin.

Den Anblick dieser kleinen Kinder, die süßer sind als Honig mit ihren weißen, von Chupchiks (Bommeln) gekrönten Schädelkappen, weißen Hemden, gerundeten Schläfenlocken und dem himmlischsten aller Lächeln, werde ich nie vergessen. Wenn Sie es aber gewohnt sind, säkulare Medien zu lesen, dann sind das alles Opfer sexuellen Missbrauchs.

Ja. Es gibt einerseits die, die glauben, was sie im Sabbat-Bul-

letin lesen, und andererseits die, die glauben, was sie in den säkularen Medien lesen. Sie bilden ein perfektes Paar und sollten
einander heiraten.

Jedenfalls kehren Reb Dovid und ich zu seiner Wohnung zurück
und setzen uns dort zusammen mit seinen Kindern und ihrer
Mutter, seiner Frau, zum freitagabendlichen Sabbatessen nieder.
Nach jüdischer Tradition sind drei Mahlzeiten am Sabbat üblich:
freitagabends, samstagmorgens und samstagnachmittags. Und
wer drei Mahlzeiten am Sabbat zu sich nimmt, sagen die Weisen im Traktat Sabbat, wird vor der Hölle bewahrt. Jawoll! Das
erste Sabbatmahl, das wir jetzt bei Reb Dovid verspeisen, besteht
traditionell aus Fisch, Hühnersuppe, Huhn, Kugel und Challa
(Zopfbrot). Zusätzlich hat die Frau, die ebenfalls eine Konvertitin ist, nicht nur eine, sondern zwei Sorten Fisch, diverse Salate
und Süßwaren aufgetischt. Der Mann, ein guter Deutscher, betet
eifrig. Das Essen kann warten, Gott nicht. Er betet, betet, betet.
Kein nichtdeutscher Chassid würde jemals das ganze Gebetbuch
herunterbeten, Herr Dovid aber tut es.

Nachdem er den Herrn gepriesen und angefleht hat, erzählt
mir Reb Dovid, ein ehrlicher Deutscher, die Geschichte seiner Familie bis ins kleinste Detail, es ist die traurige Geschichte eines
Konvertiten.

In der charedischen Welt ist der Stammbaum alles. Wenn Sie
der Sohn oder selbst der Urenkel eines Rebbes sind, dann ist Ihre
Seele von höherer Qualität. Blaues Blut. Je größer der Rebbe, von
dem Sie abstammen, desto größer sind auch Sie.

Aber bevor überhaupt von rabbinischen Stammbäumen die
Rede ist, ist der Stamm der Schirm, unter dem jeder Stammbaum Schutz sucht. In unserem Fall ist der Stamm das jüdische
Volk, der jüdische Stamm. Und der jüdische Stamm, so glauben
die Charedim, überragt alle anderen Stämme, weil er vom Namen selbst auserwählt wurde. Daraus folgt, dass alle nichtjüdischen Völker mit Hunden, Affen und Elefanten gleichzusetzen
sind. Wie also sollte ein chassidischer oder sonst ein Jude Kon-

vertiten behandeln? Nach dem jüdischen Gesetz kann ein Nichtjude zum Judentum übertreten und ein absolut koscherer Jude werden, auch dürfen Juden einen Konvertiten nie daran erinnern, dass er ein Konvertit ist. Kein Esel, kein Hund, kein Elefant mehr. Das Ganze gleicht, halten Sie sich fest, einer Transgender-OP. Ein Mann kann zu einer Frau werden, eine Frau zu einem Mann, und im Judentum ein Hund zu einem Juden. So ist das Gesetz. Wird dieses Gesetz, das Der Name den Juden ausdrücklich anbefohlen hat, befolgt? Nicht wirklich. Die Ausrede dafür, sich nicht an dieses Gesetz zu halten, obwohl Der Name es persönlich befohlen hat, lautet so: Die seelische Qualität eines Ex-Gojs, glauben die Charedim, ist geringer als die seelische Qualität eines Juden, insbesondere wenn dieser Jude ein charedischer Jude ist. Die Seele eines charedischen Juden, wurde mir als Kind gesagt, stammt vom allerheiligsten Ort im Himmel, direkt neben dem Heiligen Sitz Des Namens an der obersten Spitze aller Himmel, von denen es übrigens sieben gibt. Der Name sitzt auf Seinem Heiligen Sitz, umgeben von Billionen von Engeln und Seelen. Wenn Sie der Nachfahre eines Rebbes sind, das dürfen Sie nie vergessen, dann kommt Ihre Seele direkt *unter* dem Heiligen Sitz, dem Höchsten des Höchsten des Höchsten an Heiligkeit.

Dieser Logik folgend bedeutet all das freilich: Der Name kann verfügen, was Er will, die Charedim machen sowieso, was sie wollen. Charedim, falls das bislang noch nicht klar geworden sein sollte, sind Menschen wie du und ich und nicht gerade vollkommen. Das wiederum bedeutet in der realen Welt, dass ein Konvertit in charedischen Gefilden ein Bürger zweiter Klasse ist.

Werden Sie, frage ich meine Gastgeber, dementsprechend behandelt? »Nein«, sagen sie. Wie werden Sie dann hier behandelt? »Als drittklassige Bürger«, antwortet Reb Dovid mit traurigem Blick. Seine Kinder, wie großartig und hinreißend sie auch sein mögen, werden also leider keine realistische Chance haben, irgendeinen normalen Angehörigen ihrer Gemeinschaft zu heiraten. Wenn kein Wunder geschieht, wie es natürlich immer passieren kann, wird ein Angehöriger der Gemeinschaft, der zur

Ehe mit ihnen bereit wäre, höchstwahrscheinlich entweder chronisch krank, viel älter, geistig behindert oder die hässlichste Person sein, die Der Name je erschaffen hat. Und das gilt nicht nur für die Bewohner dieser Gemeinschaft, sondern für jeden aus der charedischen aschkenasischen Welt. Auch die Sepharden, Juden, die aus arabischen Ländern nach Israel kamen, können im Normalfall keinen Aschkenasen heiraten, wenn dieser nicht krank, hässlich oder sehr alt ist oder Konvertiten als Eltern hat.

Das ist die traurige Realität, wenngleich charedische Juden kein Copyright auf diese Art von Verhalten haben.

Die Erwählten Charedim, siehe da, sind nicht so viel anders als die New Yorker Progressiven, der letzte Schrei der atheistischen Welt unserer Zeit. Die Progressiven, die bedauerlicherweise vergessen haben, dass die wichtigsten Säulen der Demokratie die Rede- und die Gedankenfreiheit sind und dass eine Vielfalt von Ideen schätzens- und nicht verachtenswert ist, betrachten jeden außer sich selbst als regressiv, rückständig und als garantiert zwielichtige Erscheinung, Leute, die ihrer Aufmerksamkeit nicht wert sind.

Wie dem auch sei, ist es nicht leicht, ein Konvertit bei den Toldos Avrohom Yitzchok zu sein. Reb Dovids Frau, erfahre ich, geht jeden Freitagabend vor Sabbateingang zum Beten an die Klagemauer, ein Fußweg von 20 Minuten und dann wieder 20 Minuten zurück, weil sie sich nicht wohl dabei fühlt, in einer der Schuls des Viertels zu beten, wo die Leute sie als eine Person betrachten, die unter ihnen steht.

Wie können Männer, die ihr ganzes Leben lang zu vermeiden suchen, Frauen anzublicken, ohne auch nur zu wissen, wo in der Bibel ein solches Verbot steht, gleichzeitig ein ausdrückliches biblisches Gebot Des Namens ignorieren? Die Antwort lautet: So ist das Leben.

Eines der Kinder dieser Familie, ein junger Mann, der noch nie als Ebenbürtiger behandelt wurde, ist drogenabhängig. »Er tut sich Sachen rein«, so formuliert es Reb Dovid bei seinem Versuch zu erklären, warum dieser Sohn jetzt im anderen Zimmer schläft.

Wie Reb Dovid mir sagt, wusste er, dass es seinen Preis haben würde, als er sich den Toldos Avrohom Yitzchok anschloss, dass man ihn und seine Familie nie als gleichwertig behandeln würde. »Aber ich glaube, dass ihre Lebensweise die jüdischste Lebensweise ist«, und daher beschloss er, Teil von Toldos Avrohom Yitzchok zu werden. Es ist unfair, es ist grausam, aber wie Reb Dovid sagt: »Ich überlasse alles Gott.«

Was wird Gott tun? Das weiß niemand außer Gott.

Reb Yehezkel, der mich mit Reb Dovid bekannt gemacht hat, bringt mich mit einer weiteren Person in Kontakt, Reb Mordche, einem Mann, der so wenig ein Konvertit ist, wie das überhaupt geht, und ich verabrede mich mit ihm für nach dem Sabbat.

GIBT ES DIE SITTENWÄCHTER WIRKLICH?

Vorsicht: Satan versteckt sich unter ihren Kleidern

Es ist Sonntag, ein Werktag in Israel, und ich treffe mich mit einem herausragenden Einwohner Mea Schearims namens Reb Mordche Gutfarb, dem stellvertretenden Leiter der mächtigen Kaschrut-Behörde, die über die Speisegesetze wacht; sie ist als Badatz bekannt und die ranghöchste ihrer Art.

Der Mann, der sich seines Ansehens bewusst ist, kleidet sich so, wie man das von einem herausragenden Mitglied der Toldos-Aharon-Gemeinde erwarten würde: weiße Kippa mit einer lustigen Chupchik, blau-weiß gestreifte Weste, tadellos weißes Hemd mit Zizit (Schaufäden) darüber.

Als ich seine Residenz betrete, begrüßt er mich mit einem Lächeln und führt mich in seinem Reich herum: überall schöne Bilder, die seine Frau Esther gemalt hat, perfekt gefaltete und geometrisch angeordnete Kleider in dem makellosen Zimmer seiner Tochter, zahllose mustergültig sortierte und hübsch angeordnete Legosteine in einem der Kinderzimmer sowie ein prächtiger Silber-Kandelaber im Wohnzimmer, das zudem viele religiöse Bücher in einem stattlichen Bücherregal birgt. Alles in allem ein sauberes, glänzendes Domizil, das mit viel Geschmack, Ordnung und Liebe eingerichtet ist. Reb Mordches Frau zeigt mir nun ein schönes Fotoalbum voller attraktiver Männer und hinreißender Mädchen, ihren Kindern natürlich. Anschließend serviert eine seiner Töchter eine Auswahl köstlicher Kuchen, die sie und ihre Mutter gebacken haben. Der Dattelkuchen ist, man kann es nicht anders sagen, eine Wucht.

Das ist, einfach gesagt, das Gegenbild zu Reb Dovids kleiner Wohnung.

Als wir schließlich am großen Tisch im Wohnzimmer sitzen, weihe ich meinen geschätzten Gastgeber in das Hühnchenwunder und die Busunfallgeschichte ein, die ich im Sabbat-Bulletin gelesen habe. Sind diese Geschichten ernst gemeint?, frage ich ihn. Glaubt er sie?

Es kursieren zehn Millionen Geschichten über Churchill, entgegnet er lächelnd und fragt: »Glauben Sie sie?« Die Geschichten aus diesen Blättchen, lässt er mich wissen, richten sich nicht an ihn oder mich.

Ein junger Mann, ein Sohn Reb Mordches, betritt das Zimmer.

Gibt es die Sittenwächter wirklich?, frage ich, in Gedanken immer noch bei meinem Besuch in der Schul.

Reb Mordches Sohn, Reb Mordches Frau und Reb Mordche selbst wirken ein wenig überrascht von dieser Frage und reden nun alle durcheinander. Die Gerüchte über die Sittenwächter sind viel größer als ihre reale Existenz, sagt Reb Mordche. Es sei nicht so, dass es eine Organisation dieses Namens gebe, sondern lediglich einen Mann, der sich selbst diesem Zweck verschrieben habe, und wenn irgendetwas passiere, wenn etwas aus dem Rahmen falle, dann sammle er ein paar Leute um sich, die sich um die Sittenstrolche kümmern und sie, in manchen Fällen, auch verprügeln würden. Die Leute, die diese Sittenarbeit verrichten, sagt der Sohn, sind nicht die Leute, die glanzvolle Leistungen im Unterricht erbringen, sondern »Gelangweilte«, da sie nicht viel lernen, und es sind dieselben, die nachts Parolen wie »Zionisten sind keine Juden« auf die Mauern des Viertels sprühen.

Im Allgemeinen und so wie die Anwesenden es sehen, verhalten sich die Sittenwächter, falls es sie gibt, auch nicht so viel anders als die Menschen auf der ganzen Welt. Man stelle sich zum Beispiel vor, ein Paar laufe nackt durch die Straßen von New York oder Tokio. Wie werden die New Yorker oder die Tokioter reagieren? Werden sie das Paar seiner Wege ziehen lassen? Natürlich nicht. Sie werden die Polizei rufen, und das Paar wird wahrscheinlich in Gewahrsam genommen oder was auch immer, und es wird Anzeige gegen die beiden erstattet werden. Meinen Gastgebern zufolge unterscheidet sich Mea Schearim nicht so sehr von New York oder Tokio, nur dass in Mea Schearim, wenn das Paar freizügig gekleidet ist und leidenschaftliche Küsse austauscht, was für die Charedim gleichbedeutend mit Sex in der Öffentlichkeit ist, die Sittenwächter alarmiert werden, um die Situation zu bereinigen. Haben die Sittenwächter eine Dienststelle, von der aus sie operieren? Eine kleine Dienststelle, lautet die Antwort. Wie klein? Das weiß allein Der Name und vielleicht nicht einmal Er.

Warum sind die Züchtigkeitsregeln so wichtig für diese Gemeinschaft? Weil so das jüdische Gesetz ist, sagt Reb Mordche. Wo steht dieses Gesetz geschrieben? Das zeigt er mir gerne. Er holt ein Buch mit dem Titel *Schulchan Aruch* aus dem Regal und liest vor: »Ein Mann muss sehr, sehr große Distanz zu Frauen wahren. Ein Mann darf die Schönheit der Frauen nicht erblicken, den Duft auf ihrem Körper nicht riechen oder zusehen, wie Frauen ihre Kleidung auf der Wäscheleine aufhängen. Ein Mann darf die bunte Kleidung einer Frau nicht anschauen, selbst wenn er die Frau kennt, selbst wenn sie die Kleidung nicht trägt, da dieser Anblick ihn dazu bringen könnte, an sie zu denken. Wenn einer auch nur den kleinen Finger einer Frau sieht und Vergnügen daran hat, ist es so, als hätte er ihre Blöße gesehen.«

Ups! Und ich habe mit dem Gedanken gespielt, dass Kleiner Finger Gottes Ausdrücklicher Name sei.

Das Buch, aus dem Reb Mordche vorliest, ist weder die Bibel noch der Talmud. Was ist der *Schulchan Aruch*? Der *Schulchan Aruch* wurde vor über 400 Jahren von dem sephardischen Rabbiner Josef Karo in Zefat verfasst. Bis heute ist er eines der wichtigsten Bücher in der charedischen Welt, wenngleich ich mir nicht sicher bin, warum das so ist. Ein gewöhnlicher charedischer Mann wird niemals eine sephardische Frau heiraten, sofern er nicht Krebs hat und seine Tage gezählt sind, das Buch eines toten Sepharden aber wird so hoch in Ehren gehalten.

Hat der *Schulchan Aruch* recht? Laut der Bibel schaute der Patriarch Jakob Frauen nicht nur an, sondern er küsste Rachel sogar, lange bevor er sie heiratete. Sollten wir nicht seinem Beispiel folgen? Ist nicht der Pentateuch, der für gläubige Juden die von Moses niedergeschriebene Rede Des Namens ist, ein heiligeres

Buch als der *Schulchan Aruch*?, frage ich. Reb Mordches Frau, die selbst eine Gelehrte zu sein scheint, antwortet, dass Jakob dies tat, bevor den Israeliten am Berg Sinai die Thora gegeben wurde. Ich halte dagegen. Sagen die Weisen nicht, frage ich sie, dass die Patriarchen alle Gebote befolgten, lange bevor irgendetwas am Berg Sinai gegeben wurde? Und sagen die Weisen nicht, füge ich hinzu, dass Der Name die Welt durch die Worte der Thora schuf, Tausende von Jahren vor Jakob?

Esther weiß keine Antworten auf meine Fragen, und ich nehme noch ein Stück Dattelkuchen. O Herr aller Herren, ist der köstlich!

Wie bereits erwähnt, führten jüdische Jungs und Mädels am 15. des Monats Aw Liebestänze auf, ohne dass Der Name selbst, der nicht weit davon entfernt im Heiligen Tempel weilte, etwas dagegen gehabt hätte. Es gefiel Ihm vielmehr. Das beweist natürlich nichts, ich weiß, denn nirgendwo steht geschrieben, dass Gott charedisch ist. Seltsamerweise schätzt Gott sogar Konvertiten. Sollten wir am Ende die Sittenwächter auf den Fall aufmerksam machen und Gott ein für alle Mal eine Lektion erteilen?

Ich nehme noch eine Scheibe Dattelkuchen. O Schöpfer der Welt, ich glaube nicht, dass Rabbi Josef Karo jemals etwas so Gutes geschmeckt hat. Hätte er, dann hätte er es zweifellos verboten.

Reb Mordche, ein Mann, der gelegentlich auch Judaismus unterrichtet, zeigt mir weitere Regeln im *Schulchan Aruch*, nur für den Fall, dass ich noch nicht genug hatte und darauf brenne, mehr zu hören: »Wenn ein Mann morgens aufwacht, sollte er seine Kleidung anziehen, während er noch im Bett liegt, sodass er beim Aufstehen bereits angezogen und nicht nackt ist. Man sage nicht: ›Ich bin in meinem eigenen Zimmer, wer kann mich hier schon sehen?‹ Gott, der Gebenedeite, kann. Wie es heißt: ›Die ganze Erde ist voll von Seiner Ehre.‹«

Ich kapier's nicht. Wenn Der Name uns in unseren eigenen Zimmern sehen kann, dann scheint es nur logisch, dass Er auch unsere schönen Körper unter der Bettdecke und unserer Kleidung sehen kann. Warum sollten wir uns also einen Kopf darum machen, unsere sexy Haut vor Ihm zu verbergen?

Das ist eine gute Frage von der Art, wie ich sie mit 14 gestellt habe und die kein Rabbi anders beantworten konnte als mit: »Ja, glaubst du denn wirklich, dass du es besser weißt als Rabbi Josef Karo? Du bist ganz schön überheblich, Tuvia! Fliehe vor solchen Fragen, wie man vor einem Feuer flieht!« Und ein anderer Rabbi sagte zu mir: »Fragen wie diese wurden dir von Satan eingegeben. Pass bloß auf!«

Falls Sie ihn noch nicht kennen, Satan ist ein Engel, der Tag und Nacht damit beschäftigt ist, die Gerechten in die Versuchung immer neuer sexueller Begegnungen zu führen. Ein guter Tag für Satan ist ein Tag, an dem mehr Juden Sex haben als am Tag davor. Wie Ihnen inzwischen klar sein sollte, verbirgt sich Satan unter der Kleidung der Frauen. Deshalb ist, wie jeder weiß, eine Frau das verführerischste Geschöpf überhaupt.

In vielen anderen Kulturen wird Satan als absolut hässliche, abschreckende Kreatur dargestellt. Nicht so bei den Charedim: Ihr Satan ist die sexyste, schönste Frau, die Der Name je erschaffen hat.

Mir kommt das Bild der schönen Rebbetzin in den Sinn, der ich über den Weg gelaufen bin, als ich meine ersten Schritte in diesem Viertel unternahm, die Gattin jenes Rabbiners, der von sich behauptete, die ganze Zeit zu studieren. Versteckt sich Satan vielleicht unter ihrer Kleidung?

Ich frage Reb Mordche, wie viele Menschen alles in allem Rabbi Aharon Rotes Fußstapfen folgen.

Alles in allem, schätzt er, umfassen die drei chassidischen Höfe, die Reb Aharons Lehren anhängen, 2500 Familien: Toldos Aharon 1500, Toldos Avrohom Yitzchok 700 und Shomer Emunim 300. Wenn das stimmt, dürften sie rund 25 000 Seelen zählen, wenn man die außerordentliche Größe ihrer Familien bedenkt.

Von den 1,2 Millionen Charedim in Israel (eine Zahl, die manche noch höher ansetzen) sind diese Leute eine kleine Minderheit, allerdings eine besonders bunte und authentische. Die meisten anderen chassidischen Höfe sind beispielsweise nach jüdischen Städten, Kleinstädten und Dörfern benannt, die im Zweiten Weltkrieg dezimiert wurden, wie Belz, Ger, Lelev, Satmar und viele andere. Sie nicht. Sie sind Anhänger von Reb Aharon Rote, nicht die Überlebenden einer lange untergegangenen jüdischen Diaspora. Ihre Namen erinnern nicht an Tod und Zerstörung, Krematorien und Gaskammern, sondern an jemanden, der Bücher schrieb, einen gelehrten Rabbiner, der sie heute von oben betrachtet, aus seinem königlichen Sitz in der Anderen Welt.

Ich bleibe noch eine ganze Weile bei der Familie Gutfarb. Am Ende lädt Reb Mordche mich zum Freitagabendmahl in einigen Wochen ein. Wenn ich von den Kuchen ausgehe, dürfte das ein tolles Essen werden.

Und jetzt, da ich bei der Gutfarb-Familie war, wächst mein Appetit auf Rebbes. Wäre doch schön, einen oder zwei von ihnen kennenzulernen.

DIE FRAU, DIE ES KAUM ERWARTEN KANN, SICH DEN KOPF KAHL ZU RASIEREN

Und die Chassidim, die Hamas-Jarmulkes tragen

Heute ist ein schöner, heißer Tag. Ich bin auf der Mea-Schearim-Straße unterwegs. Ein Auto hält auf meiner Höhe an, ein Mann steigt aus. Sein Name ist David, erfahre ich, und dass er Philanthrop ist. Er lebt nicht in diesem Viertel, hat weder Bart noch Schläfenlocken, aber eine Jarmulke auf dem Kopf. Er ist orthodox, aber nicht ultraorthodox, gewissermaßen Charedi light. Wie er mir sagt, unterstützt er die Toldos-Aharon-Gemeinschaft finanziell, obwohl er kein Chassid ist.

Wir unterhalten uns ein bisschen, und er lädt mich zu sich ein, außerhalb Mea Schearims.

Ich werde total gerne eingeladen und nehme die freundliche Einladung an.

David lebt in einem luxuriösen Haus, das zu bauen ihn zig Millionen Dollar gekostet haben muss. Sein Wohnzimmer zum Beispiel hat eine so hohe Decke, dass Tausende von Engeln in ihm fliegen könnten, ohne dass es jemand mitkriegen würde. Wir setzen uns in dieses Riesenzimmer, das aussieht wie eine äußerst komfortable Museumshalle im Himmel; auf einem ausladenden Tisch steht reichlich Gebäck und Getränke, wir knabbern, trinken und reden.

Worüber? Über die Goldenen Jungs.

David erzählt mir, dass die Ursprünge der schönen goldblauen Mäntel, die die Reb Arelach tragen und als heilige jüdische Kleidung betrachten, ins Osmanische Reich zurückreichen. Eines Tages, so die Geschichte, wurde der Steuereintreiber des Sultans auf dem Weg von Galiläa in die Heilige Stadt Jerusalem von aschkenasischen Juden aus derselben überfallen. Sie raubten alles Geld, das er seit endlosen Wochen mit sich herumgetragen hatte. Als der Sultan ihn nach dem Geld fragte, erzählte ihm der Steuereinnehmer, was ihm widerfahren war. Nachdem er das gehört hatte, verhängte der Sultan sogleich ein Todesurteil über alle aschkenasischen Juden, die in Jerusalem lebten. Um dem sicheren Tod zu entgehen, begannen die aschkenasischen Juden, arabische Kleidung zu tragen, so etwa die »Hamas-Jarmulke«, um ihr Judentum zu verbergen und sich als perfekte Muslime auszugeben.

Ich mag solche Geschichten.

Ja, ich weiß: Die Hamas wurde 1987 gegründet, da lag der Sultan schon lange unter der Erde, aber die Geschichte ist gut, warum also sollte man sie in Zweifel ziehen?

David erzählt mir auch, dass sogar der Name der Oberbekleidung, die manche Charedim über ihren goldenen Kaftanen tragen, Dschubbe, von Muslimen stammt, die denselben Mantel tragen. Ich persönlich habe zwar noch nie einen Araber gesehen, der wie Reb Ahrele gekleidet war, aber was weiß schon ich.

Für mich sind die goldblauen Kaftane die sexysten Männerklamotten, die je entworfen wurden, und ich liebe die Jarmulkes mit ihren Chupchiks, ob sie von der Hamas stammen oder aus dem Stricherclub.

David findet weder die goldenen Kleidungsstücke noch die Leute, die sie tragen, sexy. Außerdem hätten die Charedim sowieso keinen tollen Sex. Einige Chassidim, behauptet er, hätten nur selten Sex. Welche Chassidim? Die Ger- (oder Gur-)Chassidim, antwortet er. Von einem Bücherregal im Nebenzimmer holt er ein Buch, um mir die Verordnungen (»Takunes«) zu zeigen, unter denen dieser spezielle chassidische Hof angeblich lebt. »Das Beilager ist einem Paar nur einmal im Monat gestattet. Der Geschlechtsverkehr muss sehr sittsam ausgeübt werden, fast völlig bekleidet, einschließlich Zizit, um die Begierden des Mannes zu zügeln. In der Öffentlichkeit soll ein Mann nicht neben seiner Frau gehen und sie nicht bei ihrem Namen nennen.«

Das Buch, das nicht von einem Angehörigen der Ger-Gemeinschaft verfasst wurde, nennt keine Quelle für diese Regeln. Gibt es sie wirklich? Werden sie eingehalten? Ich weiß es nicht, bin aber interessiert und mache mir eine Notiz: Herausfinden, ob es solche Takunes wirklich gibt.

Jedenfalls kennt David, der Philanthrop, den Rebbe von Toldos Aharon persönlich und kann, wenn ich möchte, versuchen, ein persönliches Treffen zwischen ihm und mir zu arrangieren.

Das wäre großartig, sage ich, genau das habe ich mir gewünscht.

Ich esse und knabbere noch ein wenig und breche dann auf, mit dem Gedanken im Kopf: Könnte es solche Takunes wirklich geben?

Ich streife durch die Straßen Jerusalems, hierhin und dorthin und wieder zurück, bis ich einen Gerrer Chassid finde. Ich frage den Mann: Stimmt es, dass Ihr Rebbe es Ihnen nicht erlaubt, Ihre Frau mit ihrem Namen anzusprechen? »Wir sind ein polnischer chassidischer Hof«, erklärt mir der Mann, »und wir haben von den Katholiken gelernt, die Frauen zu fürchten, aber das heißt nicht, dass wir alle Befehle unserer Führer befolgen; wir sind nicht mehr in Polen; das hier ist Israel.«

Sagen Sie mir bitte, wie heißt Ihre Frau?

»Oh«, antwortet der Gerrer Chassid, »das ist eine schwierige Frage! Haben Sie Zeit zu warten, bis ich das herausgefunden habe? Wenn ja, dann rufe ich meine Frau an, und wenn sie rangeht, werde ich versuchen, sie dazu zu bringen, mir ihren Namen zu verraten. Können Sie warten?«

Wir beide prusten vor Lachen.

Und doch steckt oft ein großes Stück Wahrheit in einem Witz, und so langsam beginnt mich dieses Takunes-Ding wirklich zu interessieren. Ich will das herausfinden. Ich muss.

Spätnachts auf dem Rückweg zum Hotel lege ich noch einen Zwischenstopp in Uris Pizza ein, einem Laden, auf den viele Charedim schwören, wie ich gehört habe. Vielleicht treffe ich da auf ein paar hungrige Gerrer Chassidim, die mit mir über Takunes sprechen, während sie in ihre Pizzen beißen.

Die Pizzeria ist proppenvoll mit hungrigen Juden, die Pfannenpizza essen, aber ich sehe keinen Gerrer Chassid unter ihnen.

An einem Tisch neben mir sitzen zwei junge blonde Mädchen von vielleicht 18 Jahren, beide mit schönen, wallenden langen Haaren, die sich ihre Pizza schmecken lassen. Werden Sie sich Ihren Kopf kahl rasieren, wenn Sie heiraten?, frage ich eine der beiden. »Mit der Hilfe Des Namens«, antwortet sie, als würde sie verträumt auf den Tag warten, an dem sie ihren kahlen Schädel im Spiegel betrachtet. Beide Mädchen, die Jiddisch miteinander sprechen, gehören zum chassidischen Hof der Bojaner, sagen sie mir. Wo lag das ursprüngliche Bojan?, frage ich sie. Nun, genau wissen sie es nicht. Vielleicht, sagt eine von ihnen, in Russland. Soweit ich mich vage erinnere, war es in der Ukraine, aber Russland macht natürlich ein bisschen mehr her.

Ich schreibe mir eine Gedankennotiz, dass ich den Bojaner Hof aufsuchen muss.

Aber zunächst verabschiede ich mich aus Uris Pizza. Über die Takunes werde ich mich anderswo schlau machen müssen.

Die Graffiti »Zionisten sind keine Juden«, »Zionisten sind Nazis« und »Zionisten sind Terroristen« starren mich von jeder Straßenecke an. Selbst wenn diese Verkündungen, wie man mir bei Reb Mordche mitteilte, wirklich das Werk einiger gelangweilter Halbwüchsiger sind, lässt sich doch nicht leugnen, dass Antizionismus anscheinend ein fester Bestandteil der geistigen Einstellung vieler Menschen hier ist. Warum sonst würden die Bewohner dieses Viertels sie nicht einfach entfernen?

DAS INTERNATIONALE JÜDISCHE PARLAMENT TRITT IM GURKENLADEN ZUSAMMEN

Sind Sie ein Aschkenase oder ein Jude?

Am nächsten Tag besuche ich das Viertel Bucharim, in dem viele Sepharden täglich beten und das nicht weit von meinem Hotel entfernt ist. Möchte mal sehen, ob die Sepharden auch antizionistische Graffiti sprayen.

Als ich das Viertel betrete, was ich in meinen jungen Jahren nie getan habe, komme ich an der Moussaieff-Synagoge vorbei. Ein älterer Sepharde sieht mich, einen weißhäutigen Mann mit Hosenträgern, ein Anblick, der sich ihm nicht oft bietet. »Sind Sie«, fragt er mich, »ein Aschkenase oder ein Jude?« Für ihn gibt es keine hellhäutigen Juden. Äußerstenfalls sind Leute wie ich Deutsche wie die Geschöpfe, die in Prenzlauer Berg herumlaufen.

O Prenzlauer Berg, fast hätt ick dir verjessen!

Die Moussaieff-Synagoge, erfahre ich, ist nicht nur ein Ort des Gebets, hier werden auch Vorträge gehalten. Klingt prima, und ich melde mich zu einer Vorlesung von einem Rabbi Mutsafi an.

Er sitzt auf einem schönen Holzstuhl und hat seinen Stock, der von einer silbernen Spitze gekrönt ist, stolz neben sich stehen. In seinem Vortrag spricht er über das Rosch-Haschana-(Neujahrs-)Gebet. An Neujahr, so sagen es die talmudischen Weisen, wird das Schicksal der Menschen niedergeschrieben, und zehn Tage später, an Jom Kippur, dem Versöhnungstag, wird das endgültige Urteil verkündet. Zwischen diesen beiden heiligen Tagen wird um das Schicksal jedes Menschen gerungen: wer leben und wer sterben, wer gesund und wer krank, wer reich und wer arm sein wird, wessen Leben im Feuer und wessen durch das Schwert enden wird. An den hohen Feiertagen, die bald anstehen, bittet jeder gläubige Jude Den Namen darum, ihm oder ihr den Tod zu ersparen und das Leben zu gewähren, ein gutes und gesundes Leben. Vor diesem Hintergrund fragt Rabbi Mutsafi: Wenn ein Jude um das Leben bittet, um welches betet er dann, das Leben in dieser Welt, hier auf der Erde, oder das Leben in der Kommenden Welt, im Himmel? Diese zweite Möglichkeit erscheint mir nicht besonders sinnvoll, aber ich verstehe, dass dieser Mann seinen Stock mit der Silberspitze nicht verlieren möchte und Fragen stellen muss, ob sie sinnvoll sind oder nicht.

Ich verlasse den Vortrag des Rabbis und gehe wieder auf die Straße. Ich schaue mich um und sehe nirgends »Zionisten sind Nazis«-Graffiti. Vielleicht ist die Fixierung auf den Zionismus ein reines Aschkenasen-Ding, wer weiß?

Ich unterhalte mich mit einigen Leuten und erfahre, dass das hochwichtige Internationale Jüdische Parlament jeden Freitag um viertel nach elf vormittags im nahegelegenen Markt Schuk Habucharim tagt, und zwar im dortigen Laden für Hamutzim (eingelegtes Gemüse).

Am nächsten Freitag gehe ich ins Parlament.

Yehezkel, ein talentierter Barde oder »Peitan« im örtlichen Jargon, leitet das Gebet und den Gesang für die Versammlung des Essiggemüse-Parlaments. Worüber entscheidet das Parlament? Nun, über die Zukunft der Menschen im Viertel. Und wie entscheidet es? Nicht durch Abstimmung, sondern durch Gebet.

Ich bin begeistert, dass ich einer so bedeutenden Parlamentssitzung beiwohnen darf.

Ein Parlamentarier, will sagen eine Person mit zwei Beinen, zwei Augen, zwei Ohren und zwei Händen, spricht den Namen einer Person aus, Ofer Joel Sohn von Hanah, und die Parlamentarier beten für Ofers Erfolg. Und erfolgreich wird er zweifellos sein, weil die Anwesenden, alles sephardische Juden, an genau diesem Punkt dazu übergehen, Arak auf seinen Erfolg zu trinken und Lieder auf Den Namen anzustimmen. Was singen sie? Großartige Lieder. Hören Sie mal rein: »Wir haben gegen dich gesündigt, sei gnädig mit uns.« Wenn Sie den Text nicht verstehen, weil er mit sephardischem Akzent rezitiert wird, oder wenn Sie zu beschäftigt sind, um sich einen Kopf über ihn zu machen, dann genießen Sie die Melodie, die überaus fröhlich ist und auch gut zu einem Hochzeitslied passen würde.

Ein weiterer »Parlamentarier«, der Sohn des berühmten sephardischen Rabbiners Reuven Elbaz, lässt mich wissen, dass ich am ersten Abend der Slichotgebete die Jeschiwa Or Hachaim seines Vaters aufsuchen solle, wenn ich ihn treffen möchte, und er mir nach dem Ende des Gottesdienstes für ein Interview zur Verfügung stünde.

Prima. Mache ich.

Yehezkel versammelt übrigens auch kleine Kinder in Orel Rachel, einer Synagoge, die nicht weit von hier liegt und in der er Süßigkeiten an jedes Kind verteilt, das besser singt als die anderen.

Dorthin gehe ich jetzt.

Was für ein Anblick! Neben Süßigkeiten verteilt Yehezkel auch Dollarnoten. Ja, Dollarnoten.

Dutzende Kinder drücken die Bänke der Synagoge, in der sich überall der Name Jehovah, J, H, W, H, geschrieben und gedruckt findet, und Yehezkel wedelt mit einem Bündel Eindollarscheine vor den Augen der Kinder. Er verspricht ihnen, dass derjenige, der am besten singt, einen Dollar erhalten wird, hört mich an, einen DOLLAR. Einen amerikanischen Dollar, die grünste Währung überhaupt. Die Kinder sind ganz aufgeregt, jedes versucht die anderen an Lautstärke zu übertreffen, um glücklicher Besitzer des Ein-Dollar-Scheins zu werden.

Unglaublich.

Nach der Verteilung von Süßigkeiten und Barem kommt ein Lehrer in die Synagoge, ein Rabbi mit langem Bart. Er erzählt den Kindern, dass jeder Wunsch, für den sie in der Slichot-Phase (um die hohen Feiertage) beten, die nächste Woche beginnt, erfüllt werden wird. »Der Himmel öffnet sich an den Slichot-Tagen, und alles, wonach ihr fragt, wird euch gegeben werden. Ganz bestimmt!« Nachdem sie das gehört haben, singen sie aus vollen Kehlen: »Wir haben gegen dich gesündigt, sei gnädig mit uns.«

Sehr ernste Worte in Verbindung mit einer fröhlichen Melodie scheinen weder die Kinder noch ihre Rabbis zu verwundern.

Die Tradition der Slichot, Gebete und Gedichte der Buße und Reue, handhaben Sepharden und Aschkenasen unterschiedlich. So beginnen etwa die Sepharden die Slichot-Periode an diesem kommenden Montag, erzählt mir Yehezkel, im Gegensatz zu den Aschkenasen, den »Nichtjuden«, bei denen sie etwa zwei Wochen später anfängt.

Draußen auf der Straße sehe ich ein »Zionisten sind keine Juden«-Graffiti, das teilweise übermalt ist. Was hat es nun damit auf sich?

DIE SPRACHE GOTTES: TA, TA, TA, OJ, OJ, OJ, PAM, PAM, PAM

»Wir ziehen es vor, wenn Leute wie Sie, Außenseiter, nicht bei unserem Tisch auftauchen«

Vor dem nahenden Sabbat ziehe ich wieder durch die Straßen des Viertels. Vielleicht lerne ich ja heute etwas, das ich gestern noch nicht wusste.

Als ich noch der reizende Junge von einst war, zog mich diese Gegend an, aber heute, wo ich wieder hier, jedoch älter bin, verwirrt sie mich umso mehr, je tiefer ich in sie eintauche. Was in Gottes Namen ist das für eine Welt? Warum diese Graffiti überall?

Ich gehe, gehe, gehe.

Allmählich bemerke ich, wie der Verkehr nachlässt, bis kein Auto mehr unterwegs ist.

Ich bleibe stehen und schaue mir in Ruhe die Leute um mich herum an. Sobald der Verkehr ruht und ich nur Menschen sehe, ändert sich meine Stimmung. Eine besondere Ruhe ergreift die Straße und mich. Das fühlt sich gut an. Der Sabbat in Mea Schearim, denke ich heute, gehört zu den Dingen, die mir die Gegend immer sympathisch gemacht haben. Es ist friedlich; Menschheit ohne Maschinen.

Was sehe ich? Was ich am letzten Sabbat schon gesehen habe. Hunderte von Frauen, eine von entzückenderer Gestalt als die andere, eine in einem entzückenderen Kleid als die andere. Züchtigkeit, Schmüchtigkeit – diese Ladys sind einfach die sexysten der ganzen Welt. Ältere Männer, liebenswürdig und sanft, die mir »A Giten Schabbes« zusingen, wenn sie an mir vorbeigehen. Kleine Kinder, die wie Prinzen und Prinzessinnen gekleidet sind und in einem lebendigen Jiddisch miteinander schwatzen.

Wie kann man diese Leute nicht mögen?

Es ist alles so friedlich, so schön, und ich verliebe mich wieder in sie.

Ich tauche in der Menge unter und biege am Ende der Mea-Schearim-Straße, direkt neben der Schul der Brazlawer Chassidim, rechts ab und gehe die Straße hoch, bis ich am Slonim-Gebäude angelangt bin. Slonim ist ein chassidischer Hof, über den ich nichts weiß, außer dass er existiert. Manche Leute sagen mir, nebenbei bemerkt, dass das keine Chassidim seien. Sind sie etwa Litwakim? Nein, lautet die Antwort. Aber was sind sie denn dann? Slonimer. Oder, wie einige meinen, Chalmer, was Jerusalemiten wären. Schau an.

Beim Betreten des Gebäudes höre ich Gesang und folge den Stimmen tief ins Innere des Baus.

Und was sehe ich dort? Etwa tausend Menschen, die meisten auf Tribünen, ihre Augen fest auf ihren Rebbe, den Slonimer Rebbe gerichtet, einen älteren Mann mit Schtreimel, der zusammen mit den Leitern der Gemeinde, wie ich vermute, an einem langen Tisch sitzt.

Können Sie sich vorstellen, welcher Anblick sich meinen Augen bietet? Eintausend Männer in schwarzen Gehröcken (Bekischen), die meisten mit Schtreimel auf dem Kopf, singen im Gleichklang. Nein, nicht über Sünden oder Vergebung. Tatsächlich singen sie gar nicht über irgendetwas. Wir sind hier nicht im Parlament. Wir sind hier bei den Slonimern, und ihre Sprache sind Melodien, Melodien ohne Worte. Das hier sind Nigunim, was ein hebräischer Ausdruck für Melodien ist. Die Nigunim, die hier gesungen werden, sind lang und laut, sie kommen völlig ohne Worte aus und sind doch voller Klänge, aller möglichen Klänge. »Oj, oj, oj, da, da, da, oh, oh, oh, la, la, la.«

Darum schenkte Der Name womöglich Seinen Kindern Zungen, Kehlen und Lippen, damit sie an Freitagabenden la, la, la singen können.

Es werden hier noch einige andere Lieder gesungen, die so gehen: Da, da, da. Oder so: Ta, ta, ta. Manchmal ist es auch eine Kombination: Oj, oj, oj, da, da, da, la, la, la, da, da, ah, pam, pam pam, la, la, la, ah, ah, ah. Faszinierend, dass alle eintausend hier wissen, an welcher Stelle la oder oj kommt. Eintausend Menschen, eine schwarze Menschenmasse mit Schtreimel auf dem Kopf, Seite an Seite und Reihe um Reihe um Reihe, inmitten und auf drei Seiten des Saals, der als Saal der Tischs, Heichal Hatishim, bekannt ist, und diese Masse macht mit dem Mund pam, pam, pam, ta, ta, ta. In manchen Momenten spüre ich die Elektrizität in der Luft, wenn die Tausend in Trance geraten und irgendwo durch den Himmel fliegen, und zwar weit über dem siebten. »Für uns«, verrät mir ein Chassid später, »ist das einer der intimsten Augenblicke in unserem Leben, und wir ziehen es vor, wenn Leute wie Sie, Außenseiter, nicht bei unserem Tisch auftauchen. Wir fühlen uns ›nackt‹ während des Tischs; wir vereinigen uns mit dem Rest der Chassidim im Saal, wir vereinigen uns mit Dem Namen, und wir wären dabei lieber alleine.«

Ein Mann alleine mit 999 Männern.

Selbst wenn man ansonsten anderer Menschen Privatsphäre respektiert, wäre es ein Verbrechen, an einem Freitagabend in Jerusalem zu sein und diesen Freitagabend-Tisch nicht mitzuerleben. Wenn Sie hier die Wände wackeln sehen, als ob das Gebäude abheben würde, dann sollten Sie wissen, dass Sie nicht wackelnde Wände erleben, sondern die Gegenwart Des Namens.

Ja, so hat man es mir gesagt. Es klingt ja auch nachvollziehbar. Es passt schließlich, dass einem Gott ohne Namen mit Liedern ohne Worte gehuldigt wird. Ein Paar, das Der Raum zusammengeführt hat.

Die Kaftane der Slonimer sind nicht gold und blau. Sie sind schwarz. Die Slonimer scheinen nicht so zu tun, als seien sie Araber. Sie wissen, dass sich kein Araber eine volle Stunde lang hinstellt und oj, oj, oj singt. Dafür muss man schon ein Slonimer Chassid sein.

Nachdem eine Stunde vergangen und jeder ganz mit dem Himmel verbunden ist, steht der sorgfältig gekleidete Rebbe auf und strebt zum Ausgang. Die Chassidim tun es ihm gleich.

Plötzlich ist der Saal leer, kein Schtreimel mehr in Sicht, aber Der Raum ist noch im Saal. Man kann Ihn hören, lautlos, und man kann Ihn sehen, formlos.

Das ist der jüdische Gott, mein Freund, und Er ist in Slonim gegenwärtig. Wenn Sie Atheist sind, könnten Sie die Auffassung vertreten, dass sich im Moment hier niemand aufhält, doch ist das Judentum eine abstrakte Religion, in der sich »niemand« in Der Name übersetzen lässt. Ja, ich weiß, man muss ein Jude sein, um bei dieser Art von Logik mitzukommen, aber wenn man eine Stunde hier verbringt und pam, pam, pam singt, erschließt es sich einem vielleicht auch als reinem Goj.

Ich könnte noch eine Weile hier in Dem Raum bleiben, denke aber, Er ist reif genug und kann auf Sich Selbst aufpassen.

Zurück auf der Straße. »Zionisten, euer Ende ist nah«, verkündet ein Graffito an einer Wand, neben der großformatigen Ankündigung, dass jeder, der am nächsten Donnerstagabend das Grab des verstorbenen Rebbes von Shomer Emunim aufsucht, womöglich all seine Wünsche erfüllt bekommt, da dieser, so lese ich, versprochen hat, »Geschenke« zu verteilen und sich im Himmel für jeden Besucher des Grabs an seinem Todestag, seiner Jahrzeit, einzusetzen. Vor langer Zeit, als die chassidische Welt ihren Anfang nahm, wirkten lebende Rebbes Wunder; heute können das auch die toten.

Wenn das mal kein Fortschritt ist.

Am Schluss der Ankündigung heißt es, dass für alle, die Geschenke erhalten möchten und deren Wünsche erfüllt werden sollen, Busse zur Verfügung gestellt werden.

Ich werde da sein. Ich möchte auch ein Geschenk. Zuerst einmal aber möchte ich morgen früh einen guten Tscholent verspachteln. Es ist Sabbat, gut essen gehört zum Pflichtprogramm.

WIR WOLLEN DICH TOT SEHEN!
ODER LIEBER NOCH EINE PORTION
EIERSALAT?

Wenn Sie wissen, wie man Sabbatlieder singt,
mein Lieber, werden charedische Ladys Ihre Gesellschaft
suchen

Am Sabbatmorgen bin ich zu Reb Israel Meir Hirschs Schwester eingeladen, die angeblich den besten Tscholent in ganz Mea Schearim macht.

Der Weg zu ihr führt kreuz und quer durch viele enge Gassen, in denen Menschen in größter Nähe zueinander leben, einer an der Backe des anderen. Zur Unterhaltung der Passanten, nehme ich an, haben Sprayer überall ihre gewohnt kreativen Botschaften hinterlassen: »Durchgang für Zionisten verboten«, »Wir fordern: Tod den Zionisten«, »Wir fordern: Holocaust für die Zionisten«.

Was soll das denn? Haben das etwa die sexy Ladys geschrie-

ben, die ich gestern Abend sah? Wenn ja, sind sie wirklich so gemein?

Nach einigen weiteren Graffiti treffe ich schließlich bei Reb Israel Meirs Schwester ein, in deren einfach eingerichteter Wohnung der Tisch das Hauptmobiliar des Wohnzimmers bildet. Im Haus befinden sich viele Menschen, alte, junge, mittelalte, männliche, weibliche und was auch immer davon die Mitte ist.

Ich bin hier offensichtlich nicht der einzige Gast, wie mir langsam klar wird; viele andere Gäste sitzen am Tisch, pardon: an den Tischen: Ja, ja. Männer und Frauen hocken nicht im selben Zimmer. Schtreimeltragende Männer hier, Tod fordernde Frauen da. Das Essen soll aber dasselbe sein, soweit ich verstanden habe.

Der Tscholent ist, was soll ich sagen, überragend. Noch besser ist der Eiersalat, den ich unverhohlen rühme. Als er hört, wie ich den Eiersalat seiner Frau lobe, holt Reb Schmuel, der Mann des Hauses, aus der Küche für mich eine Extraportion. Die nichtcharedischen Juden sollen sterben, wenn es nach den Graffiti draußen geht, drinnen aber kriegen sie eine doppelte Portion Eiersalat.

Merkwürdiger Gegensatz.

Hoffentlich ist mein Eiersalat nicht vergiftet.

Als das Essen beendet oder fast beendet ist, fangen die Männer an, Sabbatlieder zu singen. Das einzige Problem dabei ist: Sie haben keinen blassen Schimmer vom Singen. Sie versuchen es und scheitern krächzend. Diese Familie, begreife ich rasch, ist nicht chassidisch, sondern litwakisch, und obwohl die Männer Chalmer sind und »arabische« Kleidung tragen, können sie nicht singen wie die Reb Arelach und sind von den Slonimern so weit entfernt wie der Himmel von der Erde.

Ich sage ihnen, Gott vergebe mir meine Aufrichtigkeit, dass ich mich durch ihren Gesang auf eine Beerdigung versetzt fühle statt an einen Sabbat-Tisch.

Und bevor sie ein Wort zu ihrer Verteidigung einlegen können, beginne ich zu singen, laut und deutlich.

Plötzlich ist der Teufel los. Als die Damen im Nebenzimmer mich singen hören, geschieht ein Wunder, wie Mea Schearim es noch nicht erlebt hat. Als Erstes stürmen die Kinder, die bei den Frauen gegessen haben, in unser Zimmer, das Männerzimmer, um das Wunder zu bestaunen, das der Erweckung der Toten auf dem Ölberg gleicht, dann folgen die Frauen. Oh, wie schön sind diese Frauen! Verführerischer als Hillary Clinton und Angela Merkel, Golda Meir und Alexandria Ocasio-Cortez, Annalena Baerbock und Whoopi Goldberg.

Und nicht eine von ihnen fordert meinen Tod ein.

Gut so.

Ein kleines Problem gibt es aber. Noch ist kein Kugel serviert worden, weder ein Kartoffelkugel noch ein Lokschen-Kugel. Wo sind die Kugels?, frage ich völlig frustriert und erhalte prompt und ohne Zögern zur Antwort: Wir sind Litwakim, keine Chassidim, und wir essen keine Kugels.

Ups.

Nach dem Sabbatausgang, beschließe ich kurzerhand, werde ich auf die Mauern von Mea Schearim sprühen: »Wir fordern: Tod den Litwakim.«

Kurz, deutlich, sauber und gerecht.

Wie allgemein bekannt, erörtern Litwakim gerne hochfliegende Themen. An diesem Tisch diskutieren sie über wichtige Fragen, die mit der unmittelbaren Zukunft des jüdischen Volkes zu tun haben und nicht bis nach dem Sabbat warten können. Beispielsweise: Wurde der Satmarer Rebbe, Rabbi Joel Teitelbaum, von Zionisten vor den Nazis gerettet oder nicht? Wurde er tatsächlich. Mitte der 1940er Jahre bestieg der Rebbe den von zionistischen Abgesandten organisierten Rettungszug, der ihn aus dem nazibeherrschten Ungarn in die Freiheit und in Sicherheit brachte, während seine in Ungarn verbliebenen Anhänger umgebracht wurden. Waren seine Anhänger wütend auf ihn? Nein. Trotzdem, so seltsam es klingen mag, vergab er seinen Rettern seine Rettung nie und widmete von nun an sein Leben dem Kampf gegen den Zionismus und die Zionisten.

Aber nicht jedem gefällt die Geschichte, und nicht jeder lässt sich von Tatsachen überzeugen. Einer der Söhne der Rebbetzin vom Eiersalat behauptet unmissverständlich, dass nicht die Zionisten den Rebbe retteten, sondern der Rebbe die Zionisten.

Wie das?

Schweigen.

Ich erzähle diesem Sohn von meinem Großvater mütterlicherseits, dem antizionistischen Rabbi, der zusammen mit seiner Familie und seinen Anhängern von den Zionisten hätte gerettet werden können, es aber vorzog, bei den Nazis zu bleiben.

Sie wurden alle ermordet, alle miteinander, kaltblütig.

Er starrt mich an, ich schaue ihm in die Augen. Langsam senkt er seinen Blick, sagt kein Wort, und ich verabschiede mich.

Zusammen mit einigen anderen Familien ist die Familie Hirsch der Fahnenträger der Neturei-Karta-Bewegung, unter deren Banner charedische Männer in typisch »jüdischer Kleidung« mit langen Schläfenlocken bei Großveranstaltungen in verschiedenen Ländern demonstrieren und das Ende des »zionistischen« Staats verlangen. Internationale Medien zeigen gerne Fotos von diesen Juden, doch wie viele Anhänger hat die Neturei-Karta-Bewegung überhaupt weltweit? Wenn man nach ihrer Medienpräsenz geht, müssen es Millionen sein. Ist es aber auch so?

Ich unterhalte mich mit Leuten aus der Nachbarschaft, und sie erzählen mir, dass die Neturei-Karta-Bewegung insgesamt vielleicht maximal 200 Familien umfasst. Und wie viele unterstellen sich Hirschs Führung? »Fünf bis zehn Familien, wahrscheinlich aber nur fünf«, erklärt mir eine junge charedische Frau.

Ein anderer Gesprächspartner, ein chassidischer Mann, öffnet mir die Augen: »Die Leute von Neturei Karta verdienen sich ihren Lebensunterhalt nicht selbst, werden aber von den Satmarer Chassidim in New York unterstützt, wenn sie für viel Unruhe in Israel sorgen. Demonstrationen, Graffiti, alles Mögliche. Je mehr Unruhe sie stiften, desto mehr Geld kriegen sie. Das ist alles.«

Könnte es sein, dass die 200 Familien, oder die fünf bis zehn der Hirsch-Anhänger, hinter den ganzen Graffiti stecken? Vielleicht, aber was weiß ich?

Zeit, eine Satmarer Schul aufzusuchen, finden Sie nicht?

SEPHARDEN MÖCHTEN BITTE KOSTENLOSEN KAFFEE

»Kein Studium in der unreinen hebräischen Sprache«

Am späten Nachmittag gehe ich zum Satmar-Gebäude, das nur einen Block von meinem Hotel entfernt liegt, und versuche, mit einem der dortigen Chassidim über Neturei Karta und ähnliche Themen zu sprechen, aber er macht sich nur über mich lustig. »Sie scheinen zu glauben«, sagt er zu mir, »dass ich davon träume, freitagabends am Kopf des Tischs zu sitzen und einen Sabbat-Tisch zu leiten. Nein, ich träume von etwas anderem. Mein Traum ist es, am Kopf des Tischs zu sitzen, das ja, aber dem einer Großbank, und als Kopf der Bank ihre Finanztransaktionen zu leiten. Nicht Tisch, sondern Bank.«

Er lächelt bei der Vorstellung, eine Privatbank ganz für sich allein zu haben.

Er bringt mich zum Lachen.

Der Hauptkultraum der Satmarer ist ein Fest fürs Auge: eine in Blau- und Azurtönen und -schattierungen bemalte Decke, die dem Himmel gleicht; ein großer goldener Kronleuchter mit vielen, womöglich kristallenen Glastropfen; eine beeindruckende Bundeslade mit goldener Krone; dunkelbraune Holzwände, vielleicht aus Mahagoni, sowie dazu passende braune Tische und Bänke. Zweifellos hat die Einrichtung dieses Raums eine Stange Geld gekostet.

Es dauert keine Minute, da bleibt mein Blick an einem Aushang hängen: »Kein Studium ohne Übermantel; die Benutzung von Computern ist in allen Bereichen des Gebäudes verboten; kein Studium in der unreinen hebräischen Sprache.«

Unreine hebräische Sprache.

Das erinnert mich an Reb Yoilish, den Hebräisch sprechenden Unruhestifter, der behauptet, diese Sprache nicht zu können.

Unreine hebräische Sprache. Interessant. Ich mache ein Foto

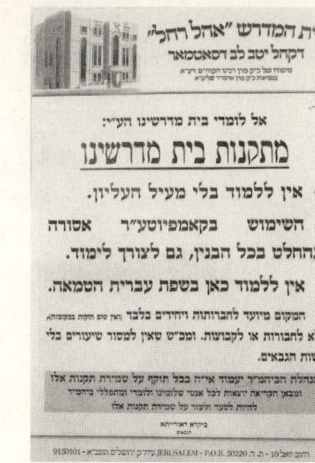

von diesem Aushang und schicke es an zwei Satmarer Chassidim in New York. Ihre Reaktionen? Der Erste antwortet mit einem einzigen Wort: »Taliban.« Der Zweite erklärt, dass die Satmar-Chassidim in Jerusalem zum Teufel nochmal aus Israel verschwinden sollen. Doch wohin sollten sie umsiedeln? Vielleicht auf den Mond, vielleicht nach Ägypten, woher sie ursprünglich stammen.

Beim Verlassen des Gebäudes sehe ich folgenden Hinweis auf dem Bürgersteig: »Frauen werden gebeten, diesen Bürgersteig nicht zu betreten oder sich dort aufzuhalten.«

Ein Satmarer Chassid sagt mir vertraulich, dass die Leiter seiner Gemeinde leider verrückt geworden sind.

Nur wenige Augenblicke später lerne ich einen chassidischen Juden kennen, der nicht zu Satmar gehört, und frage ihn, warum die Satmarer das alles tun. Sitzt ihr Antizionismus so tief? Er beäugt mich naiven Idioten, der anscheinend hinterm Mond lebt, und sagt: »Nein, mein Lieber, mit Zionismus, Hebräisch oder Übermänteln hat das nichts zu tun.« Worum geht es dann? »Um sephardische Juden.« Wie bitte? »Sehen Sie, das Gebäude der Satmarer ist angenehm, schön, verfügt über eine tolle Klimaanlage, elegante Möbel und bietet kostenlosen Kaffee für alle. Die

Verantwortlichen hatten aber ein kleines Problem: Die Satmarer sind viele Chassidim, und das Gebäude ist oft brechend voll, sodass sie es sich nicht leisten können, Außenstehenden Zutritt zu gewähren. Verstehen Sie?«

Was hat das mit dem zu tun, wonach ich Sie gefragt habe?

»Die Sepharden haben ihr eigenes Gebäude, die Moussaieff-Synagoge, ein paar Straßen weiter. Dort gibt es keine Klimaanlage, keinen Gratiskaffee, und alles ist heruntergekommen. Daher sind die Sepharden zu den Satmarern gegangen und haben sich bei ihnen breitgemacht. Um dieses Problem zu lösen, haben die Satmarer diesen Aushang da angebracht. Warum? Weil die Sepharden nur Hebräisch sprechen und viele von ihnen keinen Mantel tragen. Jetzt dürfen sie Gott sei Dank nicht mehr hinein. Die Satmarer konnten halt nicht sagen: ›Keine Sepharden bitte‹, das wäre ja Rassismus. Kapiert?«

Zu komplex für mich, meine Lieben, und ich glaube, ich trinke meinen Kaffee woanders.

Ich gehe in ein nahegelegenes Restaurant, das für seinen superkoscheren Kaffee bekannt ist, und setze mich an einen Tisch neben drei Frauen, eine aschkenasische Mutter mit ihrer Tochter und ein sephardisches Mädchen. Die Mutter, die aus einer der hier angesehensten chassidischen Dynastien stammt, erzählt mir, sie habe monatelang zuhause gesessen und jeden wachen Moment zum Namen gebetet, dass er ihr helfen möge, eine passende Frau für ihren geschiedenen Sohn zu finden. Endlich habe Der Name ihr nach vielen vergossenen Tränen geholfen, und ihr Sohn werde bald dieses junge sephardische Mädchen heiraten. Die angehende Gattin, die Sephardin, die bald die Schwiegertochter der Aschkenasin sein wird, sei eine tolle Frau, intelligent, gut und schön, sagt mir die Mutter und fügt hinzu, dass sie Dem Namen extrem dankbar für sie ist. Ob ich an der Hochzeit teilnehmen möchte, fragt sie mich. Ich sei herzlich eingeladen, vorausgesetzt, dass ich keine Fotos von der Hochzeit mache. Warum nicht? Sie wolle nicht, dass die Bilder überall kursieren. Warum das? Es solle eben nicht jeder wissen, dass ihre künftige Schwiegertochter eine Sephardin ist. Ja, ihr Sohn ist geschieden, und wer außer einer Sephardin oder vielleicht der Tochter eines Konvertiten würde ihn heiraten, doch muss man deshalb in die ganze Welt hinausposaunen, dass ihre Schwiegertochter Sephardin ist?

»Bitte nennen Sie meinen Namen nicht«, fordert die Mutter mich auf, eine Bitte, die ich in der charedischen Welt oft zu hören bekomme.

Hat sie vor, bald zu den Slichotgebeten zu gehen?

Ich schon.

3500 JAHRE BRAUCHT EINE SEELE, UM VOM HIMMEL IN DEN MUTTERSCHOSS HERABZUSTEIGEN

Die Geschichte vom einem Rabbiner, der sich selbst als Lügner bezeichnet und auch wirklich einer ist

Heute findet nach Mitternacht ein sephardischer Slichot-Gebetsdienst in der Jeschiwa Or Hachaim statt. Anschließend bin ich durch die Vermittlung seines Sohns mit dem Leiter der Jeschiwa, Rabbiner Reuven Elbaz, verabredet. Rabbi Reuven Elbaz gehört zu den wichtigeren sephardischen Rabbinern, vor allem was die reuigen Juden betrifft (Baalei Teschuwa: »Rückkehrer zum Judentum«); unser Treffen soll gegen 1.40 Uhr morgens stattfinden.

Ich begebe mich in die Jeschiwa. Hier werde ich Glückspilz meinen nächsten Interviewpartner auch beim Namen nennen dürfen!

Als ich den Saal von Or Hachaim betrete, hält gerade ein jüngerer Rabbi einen Vortrag. Vor dem Gebet ist erst noch eine Lektion fällig, vermute ich. Er spricht über die Ursprünge der menschlichen Seelen. Die Seelen, unterrichtet er uns, kommen von der Spitze des Siebten Himmels. Wo ist der Siebte Himmel? Nun, sehr weit weg. Ein Mensch, sagt er, würde 500 Jahre brauchen, um von einem Himmel zum nächsten zu laufen. 500 Jahre, um ihn der Höhe nach, und 500, um ihn der Breite nach zu durchqueren. Jetzt, führt er aus, muss man nur noch 500 mit sieben multiplizieren, um die Entfernung auszurechnen, die eine Seele, eure oder meine, braucht, um vom Siebten Himmel zur Erde in den Schoß unserer Mütter zu reisen. Und dann, erinnert er uns, braucht Satan vom ersten Moment unserer Geburt an keine Minute, um uns auf Abwege zu führen. Wie dieser ganze Prozess genau funktioniert, wo doch die Schwangerschaft üblicherweise von der Empfängnis bis zur Geburt rund neun Monate dauert, führt er nicht näher aus. Aber wen kümmert's? Die Geschichte ist ausgezeichnet.

Nach dem Vortrag füllt sich der Saal mit Menschen zumeist jüngeren Semesters. Um viertel vor ein Uhr morgens tritt Rabbi Reuven Elbaz ein, umringt von einer großen Gruppe Soldaten. Findet heute Morgen eine Militäroperation statt? Keine Ahnung, aber Rabbi Elbaz wird mir alles erklären, wenn wir uns unterhalten.

Rabbi Elbaz, den ich noch nie zuvor gesehen habe, bleibt bei mir stehen und schüttelt mir die Hand. Er würde sich freuen, mich zu treffen, wenn der Gebetsdienst vorbei ist, sagt er.

Ich hoffe, er hat nicht vor, bei unserem Treffen die ganzen Soldaten in seinem Schlepptau zu haben.

Er beginnt den Slichotdienst.

Ein Teil der Gebete geht in etwa so: Wir haben mehr gesündigt als jedes andere Volk, wir schämen uns mehr als jedes andere Volk. Wir haben Verfehlungen begangen, wir sind hinterlistig gewesen, wir haben betrogen, wir haben gestohlen, wir haben unseren Samen vergossen.

Die Sache mit dem Samen beschäftigt die Charedim ganz außerordentlich, ob sie Aschkenasen sind oder Sepharden. Für das rabbinische Judentum ist das ein altbekanntes Thema, dem sich auch viele jüdische Weise gewidmet haben. Vor Tausenden von Jahren beklagten sie die Existenz des Penis mit den Worten: »Der Mensch hat ein kleines Glied, das, wenn er es hungern lässt, satt ist, und wenn er es sättigt, hungrig ist.«

Gläubige Juden sind nicht die Einzigen, die besessen sind von dem kleinen Glied. Eine der wichtigsten Fragen der fortschrittlichsten westlichen Gesellschaften, denen Gay Pride so heilig ist wie einst Jesus Christus, lässt sich wie folgt zusammenfassen: Wo darf ein Mann sein kleines Glied einführen und wo nicht?

Doch während ich mich noch frage, warum wir von dem Miniglied so besessen sind, sind Rabbi Elbaz und die Hunderte von anwesenden Studenten, ganz zu schweigen von der Traube Soldaten um ihn herum, damit beschäftigt, Dem Namen zu sagen, was für große Sünder sie sind, wie schlecht sie sind, wobei sie sich als Räuber, Diebe, Lügner, Ehebrecher, als korrupt und kriminell bezeichnen – ja, all das gehört zu ihrem Gebet in dieser frühen Morgenstunde – und wollen, dass Er ihnen trotz allem vergibt.

Ehebrecher. Sind wir alle ...?

Könnte es sein, dass jeder Mann hier und in der charedischen Gemeinschaft im Allgemeinen Sex mit verheirateten Frauen hat?

Zum Glück und dank himmlischer Gnade ist diese Selbstanklage irgendwann zu Ende, und Rabbi Elbaz tritt auf mich zu. Nein, er kommt nicht zum Interview. Nein, nein. Er will sich leider nicht mit mir treffen. Und warum nicht? Darum nicht.

Das muss ich ihm lassen: Als er gerade im Gebet gesagt hat, wir sind hinterlistig gewesen, hat er tatsächlich die Wahrheit gesagt. Die Frage ist: Trifft das auch auf den Rest der Gottesdienstbesucher und auf den Rest der Juden zu? Sind die Juden allesamt Lügner und Sünder?

IM HAUS DES TEUFELS
Wie man kostenlos zehn kleine Charedim bekommt

Wie beginnt so ein sündiges jüdisches Leben? Um das herauszufinden, besuche ich die Heider von Toldos Aharon, in der Jungen ab drei Jahren unterrichtet werden. Ich möchte die ersten Schritte der selbsternannten jüdischen Teufel mit eigenen Augen sehen.

Könnte spannend werden!

Willkommen im Haus Des Teufels.

Ich beginne meinen Rundgang in Begleitung des Mannes, der mir die Tür zu den Kindern in genau diesem Gebäude zuerst geöffnet hatte, Reb Noson Walles.

Im ersten Klassenzimmer, das ich betrete, sehe ich rund 20 Kinder im Alter von fünf bis sechs Jahren, die im Raum verteilt an Tischen sitzen, während der Rebbe vorne steht und überall auf dem Boden Legosteine liegen.

Die Kinder beten um gutes Wetter und rühmen gleichzeitig Den Namen dafür, dass er die Winde und den Morgentau erschaffen hat.

Ja, wirklich.

Der Rebbe, der mir mit einem Lächeln die Hand reicht, spricht zu den Kindern, kleinen Menschen mit einer Chupchik auf ihren weißen Kippas. Auch die Kinder lächeln, während sie mich ansehen und versuchen, sich einen Reim auf dieses Wesen, auf mich zu machen. Dann lächeln sie noch mehr.

Sie sehen so süß aus!

Ich sage Hallo zu den Kindern und dem Rebbe, und dann passiert Folgendes:

Der Rebbe sagt zu den Kindern: Sagt jetzt alle: *Segen und Erfolg!*

Die Kinder sagen zu mir: *Segen und Erfolg.*

Rebbe: Sagt jetzt alle: *Für ihn und all seine Familienmitglieder.*

Kinder: *Für ihn und all seine Familienmitglieder.*

Rebbe: *Im Zhus von die Tinokios shel Beis Rabon* [Dank der kleinen Kinder in der Heider].

Kinder: *Im Zhus von die Tinokios shel Beis Rabon.*

Als ich versuche, mit meinem iPhone ein Foto von den Kindern zu machen, treffe ich auf schockierte Blicke. Reb Noson sagt mir, dass Smartphones in der Gemeinschaft verboten sind und dass es die Kinder verwirrt, eines in ihrer Klasse zu sehen. Ich stecke das iPhone wieder in die Tasche und lächle die Kinder an.

Der Rebbe fährt fort: *Im Zhus von die Heilige Thora* [Dank der Heiligen Thora].

Kinder: *Im Zhus von die Heilige Thora.*

Rebbe: *Möge er ein gesegnetes Jahr haben, a Ksiveh V'hasime Toiveh* [ein gutes Schreiben und Unterschreiben, was bedeutet, dass ich ein gutes Jahr haben möge].

Kinder: *Möge er ein gesegnetes Jahr haben, a Ksiveh V'hasime Toiveh.*

Rebbe: *Und mögen ihn keine Sorgen drücken.*

Kinder: *Und mögen ihn keine Sorgen drücken.*

Rebbe: *Mögen ihn nur die guten Engel begleiten.*

Kinder: *Mögen ihn nur die guten Engel begleiten.*

Rebbe: *Amen!*

Kinder: *Amen!*

Der Rebbe zu mir: »Ich sage immer: Was auch geschieht, ich werde die Heider nie verlassen. Warum nicht? Ganz gleich, was man braucht, das Gebet der reinen Kinder lässt es geschehen. Es ist ganz erstaunlich!«

Ich schaue bei einer anderen Klasse herein.

Diesmal bitte ich die Kinder, zu singen. Ich weiß nicht, welcher Teufel mich gerade reitet, aber ich hab's getan.

Zum Glück machen sie mit.

Der Rebbe beginnt zu singen, und die Kinder fallen ein. Ihr Lied geht so:

Ein Vater will, kann aber nicht, der Kaiser kann, will aber nicht.

Unser Vater [Gott], du willst; unser König [Gott], du kannst – erbarme dich unser, antworte uns, denn wir haben nichts vorzuweisen.

Ja, schon wieder. Der schlechte Jude geht zum Namen und bittet Ihn, sich seiner zu erbarmen, des obersten Sünders der Menschheit.

Ich ziehe los, um mir weitere Kinder und Klassen anzuschauen, in diesem Stockwerk und jenem, alles ohne Aufzug.

Und was sehe ich? Klasse um Klasse, allesamt Engel unterschiedlichen Alters mit denselben Schädelkappen. In manchen Klassen tanzen die Kinder, als ich hereinkomme, einfach zum Vergnügen, während sie das Lob Des Namens singen und Segenswünsche für den Gast.

Ein Inbild der Schönheit.

Bei einem solchen Anfang ist es kein Wunder, dass aus diesen Kindern glückliche Erwachsene voller Humor und Lachen werden. Und Schauspieler natürlich, Schauspieler mit einem Kostüm, die einen Araber spielen.

Wenn dies das Haus Des Teufels ist, dann bin ich ein langer Lulatsch.

Bevor ich mich verabschiede, führt mich Reb Noson noch auf eine andere Etage, wo die älteren Jungen lernen.

Diese Etage ist keine Heider, sondern eine Jeschiwa, in der die halbwüchsigen Jungen paarweise den Talmud studieren, wobei solche Paare als Chavrusas bezeichnet werden, was Studienkollegen heißt. Es ist erfrischend, sie zu beobachten, jedes Paar in seiner eigenen kleinen Welt und so viele Paare in einem Raum.

Ich sehe mich selbst in ihnen, und viele Erinnerungen steigen in mir hoch. Etwas in mir will sich ihnen anschließen, aber ich bin leider kein Teenager mehr.

Das Konzept der Chavrusas, so viel sei verraten, ist großartig. Natürlich wird man ihnen an einer gewöhnlichen Oberschule oder Universität nicht begegnen, aber in der Welt der Jeschiwot sind sie weit verbreitet. Sie haben viele Vorteile, vor allem weil diese Art des Studiums die Schüler miteinander verbindet und eine Kameradschaft zwischen den jungen Männern stiftet, die oft ein Leben lang hält.

Diese Kameradschaft ist nicht nur in den Mauern der Jeschiwa zu spüren, sondern auch auf den Straßen von Mea Schearim. Wohin man in diesem Viertel auch blickt, sieht man immer wieder junge Jeschiwaschüler, die sich zusammenscharen, zusammen spazieren gehen und zusammen essen. Manchmal weist ein Schüler darauf hin, dass seine Schwester eine perfekte Partnerin für seinen Studienkollegen sein könnte, und ehe man sich's versieht, sind zehn weitere Charedim geboren.

Das Tolle an dieser Art der Heiratsvermittlung ist natürlich, dass sowohl die Braut als auch der Bräutigam erheblich an Heiratsvermittlergebühren sparen.

Als ich Toldos Aharon verlasse, frage ich mich: Wer hat beschlossen, diesen kleinen Leuten einzutrichtern, dass sie sich als ein Haufen Sünder präsentieren müssen? Denken sie wirklich, dass Der Name so dumm ist, ihnen das zu glauben? Ich kann mir mit Mühe und Not vorstellen, dass der Sultan ein Vollidiot war und ihnen abkaufte, dass sie Araber seien. Aber denken sie wirklich, dass sie jeden an der Nase herumführen können, selbst Gott?

Vielleicht ist das etwas spezifisch Jüdisches. Fast zweitausend Jahre lang wurde uns von den Völkern der Welt gesagt, wie schlecht, hässlich, sündig und hinterlistig wir seien, und bei einigen von uns kann das ja Spuren hinterlassen haben, sodass wir nur das Schlechteste von uns selbst denken.

Vielleicht, vielleicht auch nicht, sicher ist nur eines: Ich muss mehr über diese Leute in Erfahrung bringen.

BRILLE AB AUF DER STRASSE – UND AUGEN ZU BEIM RADFAHREN!

Schauen gutbetuchte chassidische Männer gutbetuchte chassidische Frauen an?

Ich kontaktiere einen jungen Charedi und frage ihn, ob er Zeit hat, sich mit mir zusammenzusetzen und mir die Geheimnisse seines Daseins anzuvertrauen, falls er welche hat. Ich kenne ihn nicht persönlich; wir haben neulich unsere Telefonnummern ausgetauscht, als wir uns in einem Geschäft begegnet sind, das ist alles, was ich von ihm weiß.

Einige Stunden später sitzen wir uns in einem koscheren, sehr koscheren Jerusalemer Restaurant gegenüber.

Ich bestelle mir ein Hühnergericht und eine Cola Zero, er ein Hähnchenschnitzel und eine normale Cola.

Und wir reden.

Wie tickt ein charedischer Kopf?, frage ich den Mann.

Nun, er kann mir von sich erzählen. Er ist ja schließlich ein Charedi.

Er ist seit vier Jahren verheiratet, sagt er mir, während er in sein Schnitzel beißt, und hatte in den ersten beiden Ehejahren keine Kinder. Nada. Er und seine Frau wollten unbedingt Kinder, aber aus irgendwelchen ihnen unklaren Gründen klappte es nicht. So verfielen sie auf den Gedanken, dass sie himmlischen Beistand bräuchten. Er wurde aktiv und fuhr nach Meron, ging zum Grab des Raschbi und betete.

Neun Monate später wurde ein Baby geboren.

Das ist Teil der charedischen Mentalität, erklärt er mir. Himmel und Erde sind eins, und wenn es auf der Erde nicht läuft, muss man den Himmel um Beistand anrufen.

Der Raschbi (Rabbi Schimon ben Jochai), von dem er spricht, ist ein Weiser, der angeblich den Sohar schrieb, das wohl wichtigste Buch der jüdischen Mystik. Während niemand die Genialität des Sohar bestreiten wird, gehen viele Gelehrte davon aus, dass das Buch erst Jahrhunderte nach dem Ableben des Raschbi entstand. Aber das spielt keine Rolle. Der Mann, der mir gegenübersitzt, glaubt wie viele Chassidim, dass der Raschbi den Sohar schrieb, und sie fahren in die nordisraelische Stadt Meron, um an seinem Grab zu beten.

Leider ist seitdem kein neues Baby mehr aus dem Leib seiner Frau geschlüpft, obwohl sich das Paar dringend weitere Kinder wünscht. Ist es nicht Zeit, frage ich ihn, während ich in mein Hühnchen beiße, wieder nach Meron zu fahren? »Gute Idee«, antwortet er, »ich glaube, das mache ich.«

Wir nehmen beide einen Schluck von unseren Colas.

Dieser Jude, der sich an Slichot-Tagen und an den hohen jüdischen Feiertagen zum größten Sünder auf Erden ausruft und Dem Namen gegenüber als Ehebrecher, Dieb, Räuber, Lügner, als korrupt und kriminell ausgibt, verrät mir seine großen Kämpfe mit dem kleinen Körperteil, seinem Miniglied.

Er gönnt sich eine kurze Pause von seinem Schnitzel und erzählt mir eine Geschichte.

Erst heute, sagt er, fuhr er mit dem Fahrrad in der Nähe der Jaffa-Straße, wo, Der Name behüte uns, unzüchtige Frauen vorbeikamen. Er wollte sich durch sie nicht in Versuchung führen lassen und deshalb die Augen schließen, wusste aber nicht, wie er mit geschlossenen Augen radeln sollte. Er wollte schließlich auch keinen Unfall bauen, sagt er, musste also die Augen offen halten, doch waren Verführerische Wesen vor ihm, nicht nur Pkws und Laster. Als ihm klar wurde, dass er bei ihrem Anblick sein Seelenheil aufs Spiel setzen würde, traf er die schnelle Entscheidung, lieber sein Leben als sein Seelenheil aufs Spiel zu setzen. Was also tat er? Er senkte den Kopf beim Radfahren, sodass er nur noch auf den Asphalt blickte, und betete zum Namen, dass er ihn vor den vielen Fahrzeugen auf der Straße bewahren möge. »Sie wissen, was geschieht«, sagt er zu mir, »wenn ein Jude in Gefahr zum Namen betet? Der Name hört zu, und was immer der Mann vom Herrn des Universums erbittet, erfüllt Er! Ich fuhr auf dem Fahrrad, und die ganze Strecke lang war nicht eine Ampel rot, alle waren grün, das ist mir noch nie passiert, und ich bin heil nachhause gekommen!«

Wow, wow. An dieser Stelle nehmen wir beide noch einen Bissen von unseren Hühnern und stoßen mit unseren Colas an, um das Wunder seines Überlebens zu feiern.

Er erzählt mir, dass in seiner Gemeinschaft manche Männer ihre Brille absetzen, wenn sie auf die Straße gehen, damit sie nicht versehentlich Frauen angucken.

Ich proste ihm zu Ehren dieser Männer nochmals mit meiner Cola zu.

Wir essen auf in der Hoffnung, dass zukünftige Hühner nicht zum Namen beten werden, um sie vor Menschen wie uns zu bewahren.

Habe ich jetzt ein tieferes Verständnis der Charedim als vor unserem Treffen?

Am nächsten Tag nehme ich ein Taxi zum Hightech-Park Har Hotzvim in der Kiryat-Hamada-Straße, wo angeblich viele schöne charedische Frauen arbeiten. Der Taxifahrer, ein Araber, ist ganz aufgeregt, als er mich dorthin bringt. Auch er will das Wunder der Schönheit sehen. Und ein Wunder ist es in der Tat! Überall sieht man gutgekleidete Frauen, die in unterschiedlichen Bereichen arbeiten und, wenn man nach ihrer sexy Kleidung geht, auch ordentlich verdienen.

Setzen chassidische Männer, die in der Gegend arbeiten, beim Anblick dieser Schönheiten ihre Brillen ab?

Das will ich herausfinden.

Hier sind sie, ich sehe sie.

Mehrere chassidische Männer in ihren traditionellen Gewändern gehen an mir vorbei, und ich sehe, wie sie Blicke auf die Ladys werfen, während sie in ihre Handys sprechen.

Nicht jeder Charedi verhält sich wie der Chassid, den ich gestern kennengelernt habe.

Dan Schueftan, Sie sollten hierherkommen und sich eine Welt

anschauen, von deren Existenz Sie nichts ahnen. Trauen Sie sich aus Ihrer Studierstube heraus, Ihre Müllsammlung läuft Ihnen schon nicht weg, und sehen Sie hier in Jerusalem, der Stadt der Heiligen und der Geistlichen, wie viele Ihrer verhassten Charedim für ihren Lebensunterhalt arbeiten. Sie werden staunen.

Und ich, verstehe ich die Charedim jetzt ein bisschen besser, einmal abgesehen vom Professor? Vielleicht, vielleicht auch nicht, aber eines wird mir klar: Ich amüsiere mich mit ihnen. Die Dinge, die ich hier tue, so viel ist gewiss, würde ich mich woanders nie trauen. Würde wohl irgendjemand, der bei Verstand ist, ein Taxi nehmen, um Frauen auf der Straße vor einem Bürogebäude zu betrachten?

Als neuer Student von Mea Schearim ist das, was ich gerade getan habe, vielleicht Teil einer Charedi-Existenz im Mea-Schearim-Stil. Ich spreche schließlich Jiddisch, und es wird immer mein Großvater sein, der mit ihren Großvätern spricht, wie bescheuert meine Aktionen auch sind.

Aber das Leben dreht sich nicht nur darum, sich zu amüsieren, wie mir die täglichen Aufrufe zur Teilnahme an Beerdigungen deutlich machen, die lautstark auf den Straßen Mea Schearims ertönen. Es ist Zeit, meine ich, dass ich einen Friedhof aufsuche.

IN ARABISCHE GEWÄNDER GEHÜLLT, VON PALÄSTINENSERN MIT STEINEN BEWORFEN, VON NAZIS BESCHÜTZT

Aus der Tiefe seines Grabs wird Ihnen der Rebbe ein Geschenk machen

Es ist Donnerstagabend, der Tag, um Geschenke am Grab des Rebbes entgegenzunehmen, des toten Rebbes von Shomer Emunim. Busse stehen in der Malhei-Israel-Straße bereit, nur wenige Schritte von meinem Hotel entfernt, und ich steige in den ersten.

Die Jahrzeit, der Todestag des Rebbes, ist am Freitag. Normalerweise würden die Chassidim im Laufe dieses Tages das Grab des Rebbes aufsuchen, doch ist Freitag auch der Feiertag der Muslime, und um zum Ölberg zu fahren, muss man arabische Viertel durchqueren, ein gefährliches Unterfangen für einen Juden, selbst wenn er wie ein Araber gekleidet ist, also kommen sie jetzt, am Donnerstagabend. Wie wir wissen, beginnt der Tag im jüdischen Kalender am Abend, sodass Donnerstagabend schon Freitag ist.

Der Bus passiert erst einige jüdische Viertel und fährt dann langsam in die arabischen.

Ein Pkw vor uns wird von Arabern mit Steinen beworfen; ein alltäglicher Vorgang, wie man mir sagt, über den in den Medien selten, wenn überhaupt, berichtet wird. Kämen wir am »Freitag«, sprich tagsüber, dann, so heißt es, wären die Steine doppelt oder dreifach so groß und zahlreich. Die Polizei, die in dieser Gegend stets auf der Hut ist, beschließt besondere Vorsichtsmaßnahmen und weist uns an, außerhalb des von ihr gesicherten Friedhofsabschnitts mit dem Grab des Rebbes nirgendwo auf dem Ölberg herumzulaufen.

Es ist unglaublich, diese Vorgänge mitzuerleben: Diese Chassidim, die als Antizionisten bekannt sind, können das Grab ihres Rebbes nur besuchen, weil die zionistische Polizei, die auch als Nazipolizei bekannt ist, ihr Leben für sie riskiert.

Jedenfalls erreichen wir den Ölberg an einem Eingang in der Nähe des fraglichen Grabs, an dem mehrere Mannschaftswagen in Bereitschaft stehen, um uns zu beschützen.

Der tote Rebbe, glauben die Chassidim, wird all jenen, die ihn zu seiner »Jorzajt« besuchen, jeden Wunsch erfüllen. Um ehrlich zu sein, ist mir nicht klar, warum sie den Rebbe nicht bitten, die Araber am Steinewerfen zu hindern.

Die antizionistischen Charedim, so mein Verdacht, nehmen gerne große, hochtrabende, drohende Worte in den Mund, aber das ist nur Gerede. Innerlich sind sie wie Kleinkinder, kleine Kinder, die in ihrer Heider für einen Fremden singen.

Neben den Mannschaftswagen der Polizei steht ein Zelt, das die Chassidim früher am Tage aufgeschlagen haben und das als Einlass zu dem Gebetsgottesdienst dient, der später am Grab abgehalten werden wird. Drinnen sehe ich Dutzende großer Tabletts, auf denen sich zwei unterschiedliche Arten heißer Kugels türmen, der Kartoffel- und der Lokschenvariante. Natürlich nehme ich eine oder zwei Portionen von jeder Sorte.

Genauer gesagt, drei.

Sie schmecken himmlisch!

Herr im Himmel, erhöre meine Bitte: Sorge dafür, dass diese Charedim niemals sterben, denn wer sonst könnte solche köstlichen Kugels machen? Herr, höre mich an: Selbst wenn du bewirkst, dass mich heute Abend ein Araber steinigt, werde ich es nicht bereuen, hierhergekommen zu sein.

Außen am Zelt hängt ein großes Plakat mit Aussprüchen, die der Rebbe angeblich zu Lebzeiten von sich gegeben hat: »Ich werde demjenigen, der das für mich tut, nichts schuldig bleiben.« Anders gesagt: Wenn du mich an meinem Grab besuchst, dann tue ich auch etwas für dich. Ein anderer Satz auf dem Poster lautet: »Dein Kvitel bleibt das ganze Jahr über beim Rebbe.«

Nachdem ich fertig gegessen habe, drückt man mir eine Kerze und ein Stück Papier in die Hand. Die Kerze soll über dem Grab angezündet werden, und auf dem Stück Papier, dem Kvitel, soll ich aufschreiben, was ich mir für mein Leben wünsche, wie viele Kinder oder einfach nur, wie ich und meine Mutter heißen, und der Rebbe wird dann schon weitersehen.

Der hier begrabene Rebbe ist Reb Avrom (Avrohom) Yitzchok, Sohn von Reb Aharon, dem Gründer.

Beim Grab liegen kostenlose kleine Broschüren für diejenigen aus, die lieber nach einem geschriebenen Text beten.

In der ersten Broschüre, die ich aufschlage, heißt es: »Friede sei mit dir, unserem Lehrer und unserem Rebbe, mit dir sei Friede von jetzt bis in alle Ewigkeit; ruhe in Frieden und sei nicht traurig über das Elend deiner Verwandten. Der Große König, Gesegnet sei Er, wird dich bald wieder zum Leben erwecken.«

Wow, wow, wow!

Ein weiteres Gebet: »Hier, an diesem Ort, vereine ich meine Seele und meinen Geist durch die Rezitation von Psalmen mit dem Geist und der Seele unseres Meisters, Herrn und Lehrers, Reb Avrohom Yitzchok ...«

Die Heftchen werden durch weitere Texte zu spezifischen Themen ergänzt, sollten Sie einen solchen Text verwenden wollen. Hier ist beispielsweise ein Gebet für einen Mann, der auf der Suche nach einer Frau ist. Der Text dieses speziellen Gebets ist interessant. Der Möchtegern-Ehemann bittet Den Namen, dass er ihn gnädig behandeln und ihm den Weg zu seiner Partnerin weisen möge. Warum sollte ein Mann am Grab eines toten Mannes um eine Frau bitten? Das hat einen guten Grund, meine Lieben. Am Jahrestag seines Todes, hört, hört, wird die Seele des Rebbes über seinem Grab schweben, und jeder Wunsch, den ein Chassid am Grab äußert, wird den Himmel in Windeseile erreichen, wenn die Seele des Rebbes an ihren Platz in der Kommenden Welt zurückkehrt.

Fliegt genau in diesem Moment eine Seele über meinen Kopf? Keine Ahnung, vielleicht.

Ein weiterer Gebetstext, den ich hier sehe, ist für eine Frau, die einen Partner finden möchte, einen guten Ehemann, und zugleich ein Gebet dafür, Kinder zu bekommen.

Es finden sich keine Gebetstexte, die Gott, den Himmel oder den Rebbe um ein Schloss oder eine Villa bitten, ein deutsches Auto oder Flitterwochen in den Alpen. Nur Partner und Babys.

Was ist denn so Besonderes an Partnern?

Es ist etwas Besonderes, wie es im Talmud heißt. Eines Tages, so erzählt der Talmud, fragte eine Matrona einen Weisen: Gott schuf die Welt in sechs Tagen, und das vor langer Zeit; was hat Er nur seitdem gemacht? Der Weise antwortete: Seit jenen sechs Tagen sitzt der Schöpfer auf Seinem Heiligen Sitz und bringt Menschen zusammen, einen mit dem anderen. Diese Antwort überraschte sie. Seit wann ist denn Kuppelei etwas Besonderes? Sie könne Alleinstehende, und zwar viele davon, an einem einzigen Tag verkuppeln; dafür müsse man kein Gott sein. Der Weise sagte zu ihr: Man könnte glauben, dass Verkuppeln einfach ist, aber für den Heiligen, gepriesen sei Er, ist es schwieriger als die Teilung der Wasser. Nachdem sie das hörte, nahm sie tausend ihrer Sklaven, männliche und weibliche, und verheiratete sie an einem Abend miteinander.

Es dauerte nicht lange, bis sie die Idiotie ihrer Tat einsah. Als die Sonne in den frühen Morgenstunden wieder aufging, bluteten ihre Sklaven, und ihre Knochen waren gebrochen, denn sie hatten sich die ganze Nacht lang geprügelt. Als sie das sah, sagte sie zu dem Weisen: »Es gibt keinen Gott wie euren Gott; eure Thora ist wahr, schön und gut.«

Ich nehme mir die Zeit, ein bisschen auf dem Ölberg herumzulaufen.

Es ist dunkel und windig, man sieht kleine Sterne am Himmel und Gräber auf dem Boden. Grab um Grab um Grab um Grab, überall Tote, von denen jeder seine eigene Geschichte hatte, aber nur diese Gräber geblieben sind, ihre letzte Heimstätte, in der sie nun stumm zu meinen Füßen ruhen. Ich versuche sie mir vorzustellen, ihnen ein Gesicht zu geben, während mir ein leichter Wind ins Gesicht weht. Sind sie es, die Toten, die mir den Wind ins Gesicht blasen? Fliegen ihre Seelen über ihren Gräbern und erzeugen so den Windeffekt? Einen Augenblick lang scheint es so, und ich weiß nicht, ob ich beflügelt oder verängstigt sein soll.

Ist es das, was die Chassidim empfinden, wenn sie zum Beten an das Grab ihres toten Rebbes kommen?

Ich laufe noch ein wenig umher und stelle mir jetzt den Messias und seinen weißen Esel vor. Irgendwie, weiß auch nicht warum, passt ein weißer Esel hierhin; ich kann ihn als Teil der Landschaft sehen. Wach auf, Reb Eliohu, wird der Messias sagen, und Reb Eliohu wird von den Toten auferstehen und, wenn kein Araber ihn gleich wieder steinigt, zu Toldos Aharon zurückkehren. Welch einen Empfang man ihm dort bereiten wird! Die besten Kugels, der köstlichste Gefilte Fisch, ein leckeres Gallah (gebratene Hühnerleber mit Zwiebeln), dazu eine eiskalte Cola Zero. Oh, es ist so lange her, dass er das letzte Mal Cola Zero trank! Er muss einen höllischen Durst haben.

Bis bald, Reb Eliohu, in Toldos Aharon. Ich warte auf Sie.

Ich gehe zum Bus, um mit den Chassidim zurückzufahren.

Was ist die Tiefe der charedischen Seele, eine Tiefe, die sich vom Heiligen Sitz hoch oben im Siebten Himmel bis zu den Gräbern am Grund der Erde erstreckt? Was ist es, das ich vor so vielen Jahren hinter mir gelassen habe und jetzt hier suche? Vielleicht, sagt eine Stimme in mir, ist dies das »Geschenk«, das der Rebbe, Rabbi Avrohom Yitzchok, dir gibt, genau diese Gedanken, die du jetzt hast, eben diese Fragen, die du dir nun stellst.

Während sich der Bus seinen Weg zurück nach Mea Schearim bahnt, denke ich an die Stärken der Chassidim.

Sie leben in ihrem Glauben, keine Frage. Die Chassidim folgen dem Weg, den ihre Vorfahren ihnen gewiesen haben und der ihnen Sicherheit und eine Bestimmung verleiht. Sie sind ein Stamm, ein Stamm auf Erden und im Himmel, und um all ihre Bedürfnisse wird sich gekümmert, im Leben wie im Tod. Was will man mehr? Das Beste, worauf ein säkularer Mensch unserer Zeit hoffen kann und wofür er Tag und Nacht kämpft, ist ein kühles Klima in hundert Jahren, die Abschaffung der nationalen Grenzen und die Abschaffung von Mann und Frau, wie wir sie kennen. Was sonst haben wir im Westen? Keinen Biss Kugel, kein einziges »Geschenk« aus einem Grab, und sehr wenig Lebensfreude.

Ja. Die Charedim, die ich bislang kennengelernt habe, überwiegend Chassidim, führen ein glückliches Leben.

Sie sind gastfreundlich und haben mich bei sich aufgenommen, einen Mann, der ihren Regeln nicht folgt, und das trotz aller abstoßenden Graffiti auf den Mauern von Mea Schearim gegen jene, die nicht so religiös sind wie sie.

Sie haben gutes, köstliches Essen.

Sie halten zusammen und kümmern sich von der Wiege bis zur Bahre und bis in alle Ewigkeit umeinander.

Sie haben Rebbes, die für sie beten und sie beschützen, selbst wenn sie tief im Erdreich liegen.

Sie haben eine Sprache voller Humor, ihr Jiddisch.

Und sie haben Musik. Ihre Melodien, ihr ta, ta, ta, da, da, da, oj, oj, oj, und ihre unverwechselbare musikalische Interpretation von Bibel- und Talmudversen sind überaus bezaubernd.

Woher stammen diese Melodien? Woher stammen diese Lieder? Wurden sie Moses auf dem Berg Sinai gegeben, zusammen mit den Zehn Geboten? Ich weiß es nicht. Vielleicht finde ich es ja noch heraus.

Zur Krönung haben sie Musikstars, chassidische Sänger, die einem das Herz so herrlich zum Schmelzen bringen und einen auf eine emotionale Achterbahnfahrt mitnehmen, wie man sie noch nie zuvor erlebt hat.

Sie sind die Promis der charedischen Welt.

Einer dieser Promis ist ein talentierter Sänger, ein junger Mann namens Motty Steinmetz.

WENN GOTT EINEN JUDEN LIEBT, DANN FINDET ER AUCH EINEN PARKPLATZ FÜR IHN

»Meine Seele dürstet nach Gott, nach Dem Lebendigen Gott«

Die Chassidim lieben es, zu singen, zu singen und zu singen, wann und wo auch immer. Am Sabbat – und Sie müssen das erleben, um es zu glauben – können viele der Schuls hier mit jedem Musical-Theater am Broadway oder im Londoner West End mithalten. Und wenn die Gottesdienste vorbei sind, hören Sie zu, wie sie einander »A Giten Schabbes« zusingen. Jeder Chassid hat seine eigene Melodie, und sie ist immer reizvoll.

Einer der besten chassidischen Sänger ist Motty Steinmetz; er ist mit einer großartigen Stimme und hoher emotionaler Intelligenz gesegnet. Die Lieder des etwa 30 Jahre alten Sängers im Körper eines 17-Jährigen sind oft in Geschäften und Wohnungen in Mea Schearim zu hören. Motty, der in Bnei Brak, der Stadt meiner Kindheit, geboren wurde, würde perfekt zu den Toldos Aharon passen, wenn er nur einen goldenen Kaftan trüge, aber er lebt lieber in Bnei Brak, und dorthin fahre ich jetzt.

Mottys Tonstudio in einem unscheinbaren Büro unterhalb des Straßenniveaus liegt nur wenige Schritte von dem Haus entfernt, in dem ich als Kind aufgewachsen bin. Ich nehme mir die Zeit, mir die Straßen meiner Kindheit anzuschauen. Wie anders sie heute aussehen! Früher war das eine ruhige Gegend; wir hatten sogar einen kleinen Orangenhain neben unserem Haus, wo ich auf meinem Weg von und zur Heider Orangen pflückte, nur um einen Segensspruch sagen und Dem Namen dafür danken zu können, dass er Orangen erschaffen hat. Heute wachsen hier keine Orangen mehr. Stattdessen sehe ich zwei Mädchen auf einer Bank, die über den Fremden mit Hosenträgern in ihrer Stadt lachen. Warum sollte ein Mann, fragen sie sich wahrscheinlich, in der drückenden Hitze dieses Tages Hosenträger anhaben, wenn er doch zwei oder drei Mäntel und einen riesigen Schtreimel tragen könnte? Für sie muss ich verständlicherweise ein absoluter Idiot sein.

Ich betrachte meine Umgebung. Ich kann meinen Vater und meine Mutter über diese Straßen gehen sehen. Beide sind nun schon lange tot, aber ich sehe sie vor mir, als würden sie noch leben. Und da bin ich, wie ich den Fußgängern zuschaue, allen miteinander. Hier ist Chaimke Kaniewski, der komische Kauz, und hier Chaim Graineman, der mit hoch erhobenem Kopf voranstolziert, während ihm seine 16 Kinder folgen; sie wirken eher wie eine Kongregation als wie eine Familie. Hier ist Rabbi Gedaliah Nadel, ein genialer Rabbiner, der sein Geld mit dem Verkauf von Eiern und Gott weiß was verdient hat. Hier ist Jaakov Arje Alter, der Gerrer, der künftige Rebbe des chassidischen Hofs von Ger, der so schnell geht, als würde er von Dämonen gejagt, mit herunterhängendem Kopf und seinem seltsam baumelnden langen schwarzen Mantel. Hier ist der Deutsche, Herr Borer, der Hühner in seinem Hinterhof hielt. Er starb am Coronavirus, wie ich höre.

Ich sehe sie mit den Augen eines Kindes, stelle mir vor, dass sie alle noch hier sind, und fühle mich wie ein Fremder. Mit wenigen Ausnahmen waren meine Nachbarn litwakisch, nicht chassidisch, und sie waren kalt wie ein sibirischer Winter, selbst an den heißesten Sommertagen.

Da fährt ein Linienbus vorbei, auf dem eine große Werbeaufschrift prangt: »Lebensunterhalt. Gesundheit. Passender Partner. Segnung des Messias.« Darunter steht die Nummer, die man anrufen muss, um dieser Segnungen teilhaftig zu werden, ergänzt um die Worte: »Möge unser Meister, Lehrer und Rabbi, König, Messias, ewig leben.« Der Messias, auf den sich diese Reklame bezieht, ist der frühere Chabad-Lubawitscher Rebbe Menachem Mendel Schneerson, der starb, als Motty Steinmetz zwei Jahre alt war. Der Werbebotschaft zufolge ist er aber gar nicht tot. Er lebt und wird für immer und ewig leben. Wie Jesus Christus.

Ich gehe zum Studio.

Motty begrüßt mich in einer kurzen Aufnahmepause: »Nu, wie fühlt es sich an, hier in Bnei Brak zu sein?«

Er zeigt mir das Studio und meint, dass heute »die Aufnahmen so lala laufen«. Das Studio umfasst einen Aufnahmeraum, einen Nebenraum, Küche, Bad und vielleicht noch weitere Räume, die ich nicht gesehen habe.

Der Mann ist nicht zufrieden. Er ist bereits seit geraumer Zeit im Studio und arbeitet an einem neuen Album, mit dem er sich große Mühe gibt. Aber »es ist noch nicht perfekt, o nein«. Er stellt mich seinem Techniker und Aufnahmeleiter David vor, der zufälligerweise sein Cousin ist. »Ich nehme nur mit ihm auf«, sagt er mir.

Ebenfalls anwesend sind Ruvi Banet, Mottys Manager, Agent, Booker mit rund zehn weiteren Funktionen, sowie Ruvis Frau Naomi, ihrer aller Mama, die sich um sie kümmert, als wären sie kleine Kinder und keine Erwachsenen.

David, ein cooler Typ mit Schläfenlocken hinter den Ohren, sitzt am Computer und zeichnet jeden Laut auf, der Motty über die Lippen kommt. Er nimmt nicht nur auf; er ist in gewisser Weise auch Mottys Psychologe. Sanft korrigiert er ihn, wenn er das Gefühl hat, dass die Tonhöhe oder was auch immer nicht ganz stimmt, und wenn er meint, dass sie stimmt, bemüht er sich, Motty davon zu überzeugen, dass sie stimmt, auch wenn Motty glaubt, dass sie definitiv nicht stimmt.

Ruvi und Naomi stehen und sitzen, wie es die Situation erfordert, und sorgen dafür, dass alles reibungslos läuft, dass alle sich wohl fühlen und gute Laune haben.

Solche Leute braucht man im Leben.

Im Aufnahmeraum singt Motty Verse aus dem Sabbat-Gebetbuch, seine Augen sind geschlossen, sein Mund berührt fast das Mikrofon: »*Er wird durch sein Erbarmen uns zum zweiten Mal [vor den Augen der Lebendigen] verkünden ...*« Er bewegt seine Hände, als wolle er jemanden oder etwas in die Arme schließen und ihn oder es dann liebkosen. David »schokelt« wie ein Charedi beim Gebet, und Naomi, die sich um jedes Detail kümmert, tut es auch. Und wenn Motty die Worte Gottes, Des Namens, an Seine auserwählten Kinder, die Juden rezitiert – »*Ich habe dich endlich erlöst, wie am Anfang, um für dich ein Gott zu sein*« –, dann hat man das Gefühl, eine andere Gegenwart, die Des Namens, habe in dem Raum Einzug gehalten. Auch Motty schokelt ein wenig, legt die Finger auf seine Zizit und singt weiter.

»Vorher war ich trocken«, sagt er zu mir, als er für einen Augenblick unterbricht. »Du bringst mich in die richtige Stimmung, du bringst die gute Muse mit.«

Er singt wieder, aber dieses Mal fühle ich mich von seinem Gesang nicht so ergriffen.

Mit diesem Gefühl bin ich nicht allein. Ihm geht es genauso, und er unterbricht die Aufnahme, obwohl David behauptet, alles sei perfekt gewesen, wirklich perfekt, perfekter denn je. »Es kam aus meiner Kehle, aber nicht aus meinem Herzen«, entgegnet Motty.

Es ist schön mitzuerleben, wie dieser junge Mann, dessen Stimme Höhen erreicht, die man normalerweise mit einer weiblichen Gesangsstimme assoziieren würde, und der über die Gabe verfügt, in andere Sphären, andere Welten vorzudringen und in neue Dimensionen einzutauchen, all dies mit der Stimme seines Herzens verbindet. Daher seine Fähigkeit, andere Welten zu erreichen, seine Hörer, inklusive meiner Wenigkeit, in Bann zu schlagen, selbst in einem Tonstudio, und uns mit etwas anderem zu verbinden, einem Wesen und Ort tief in uns und doch außerhalb dieses Studios, dieser Stadt und dieser Erde. Etwas Himmlischem, könnte man sagen. Er kann an das tiefere Selbst seiner Hörer rühren, mich eingeschlossen. Nur wenige Künstler vermögen dies, zumal seine Lieder keine Liebeslieder sind, die ein Mann an eine Frau richtet oder umgekehrt, um durch die Anregung unserer romantischen Gefühle oder unserer Sexualität ein Hochgefühl in uns auszulösen. Nein, das ist Mottys Sache nicht. Er singt keine romantischen Lieder über große Schönheiten auf fabelhaften Pferden, sondern Lieder über Den Namen, die Thora und das Gebet. Seine Schönheiten, wenn man welche braucht, sind er selbst. Motty, von leicht femininem Aussehen, ist attraktiv, und seine Manieren sind ausgezeichnet.

Er verlässt den Aufnahmeraum und holt sich in der Küche eine Tasse heißes Wasser, die er nahe an seinen Mund führt, um den heißen Dampf einzuatmen. Du bist großartig, sage ich ihm über seinen Gesang, aber er wendet sich ab, ein wenig schüchtern.

Die Session geht weiter. Zurück im Aufnahmeraum, hüpft er auf der Stelle, um sich auf seine Energien einzustimmen, und singt weiter, jetzt auf Jiddisch: »*Nuch a mul un nuch a mul …*« Und noch einmal, und noch einmal, und noch einmal … Dann bereitet er sich auf ein anderes Stück vor: »*Er beschirmt die Patriarchen in Seinem Wort …*« Als er 14 Jahre alt war, hörte er, wie der Rebbe von Lelev dieses Lied sang. Dabei, erinnert sich Motty, »flog ein Engel plötzlich rückwärts und wurde weiß und rot. Die Bilder, die man da sehen konnte, waren etwas, etwas. Wenn du dieses Lied hörst, wirst du es verstehen.«

Er singt wieder und wieder sehr schön. Er ist in Verbindung mit seinen Gefühlen, mit den Worten, mit seiner Seele und dabei glücklich wie ein Sechsjähriger mit einem neuen Spielzeug. Ich persönlich sehe keine weißen und roten Engel, aber ich bin auch nicht nach Bnei Brak gekommen, um Engel zu sehen. Niemand kommt nach Bnei Brak, um Engel zu sehen.

Wie sieht ein Engel überhaupt aus? Ich habe keine Ahnung. Muss ich irgendwann überprüfen, aber nicht jetzt. Jetzt spielt die Musik: »*Er beschirmt die Patriarchen in Seinem Wort. Er weckt die Toten wieder auf ...*«

Die Auferweckung der Toten. Das ist ein Teil des Glaubens eines religiösen Juden, ein großer Teil.

Motty legt eine kleine Pause ein, und als er mit der Aufnahme fortfährt, singt er: »*Wie der Hirsch schreit nach frischem Wasser, so schreit meine Seele, Gott, zu dir / Wie eine Hirschkuh nach Wasserquellen lechzt, so lechzt meine Seele nach dir, o Gott!*«, immer und immer wieder, aber etwas in ihm ist abgeschnitten. Dieser mysteriöse Akt der Verbindung mit der Seele, die das Stimmband mit einem Wesen vereint, das irgendwo durch den Raum oder die eigenen Eingeweide fliegt, funktioniert nicht. »Nein, nein, ich bin nicht da, ich bin nicht da. Ich muss mich mit dem Gefühl verbinden, um zu fühlen«, sagt er, aber es klappt nicht. Wir müssen von vorne anfangen, sagt er in der Hoffnung, sich irgendwie mit dem Geist zu verbinden. Aber es ist schwierig. Vielleicht hat die kleine Pause, die er sich zuvor gönnte, seine Verbindung mit dem Geist, dem Geist Gottes oder dem Geist der Musik, abgeschnitten, und es fällt ihm schwer, sie wieder herzustellen, die Seele mit dem Mund zu vereinigen, um mit Dem Namen und nur Ihm verbunden zu sein. Er versucht verschiedene Tricks, schaltet beispielsweise die Lichter im Aufnahmeraum aus und beginnt wieder zu singen, Gott aber, so scheint es, hat den Raum für heute verlassen. Motty kann jedes beliebige Licht ausschalten und den Raum mit Schwaden von Dämpfen füllen, aber es hilft nichts. Der Name, sorry, hat den Raum verlassen.

Motty gibt es auf, verlässt den Aufnahmeraum, und wir brechen auf, um uns anderswo in der Stadt zu unterhalten. Er hat einen Freund, teilt er mir mit, der ihm die Schlüssel zu seiner Wohnung gegeben hat, und dort könnten wir uns zusammensetzen.

Wir gehen raus auf die Straße, wo Motty sein Auto geparkt hat, einen neuen, glänzend weißen Chevrolet Traverse, auf dessen Fahrersitz er sich setzt. Schnell versammelt sich ein Haufen Groupies um das Auto, um einen näheren Blick auf diesen charedischen Star zu werfen.

Als wir uns dem Haus nähern, in dem unser Gespräch stattfinden soll, einem Wohnkomplex, stellt sich die Frage, wo man hier parken kann. Jeder Parkplatz in der Straße scheint besetzt. Nur eine einzige Lücke, fällt uns plötzlich auf, ein einziger Parkplatz, ist frei, direkt vor dem Eingang des Gebäudes. »Siehst du, siehst du, wie der Schöpfer uns liebt!«, sagt Motty und offenbart darin seine innere Stärke, die Kraft des Glaubens. Der Schöpfer, Der Name, ist ein Wesen, mit dem dieser Künstler in Verbindung steht. Wer sonst könnte wohl dafür sorgen, dass dieser eine Parkplatz frei bleibt, der einzige weit und breit und direkt vor dem Eingang? Der Name, der einzig wahre, Mottys geliebter Gefährte. Er, Der Name, ist es, falls Ihnen das noch nicht klargeworden ist, der Motty zu seinem neuen amerikanischen SUV verholfen hat, dem glänzenden Wagen, der ein halbes Vermögen kostet.

In der Wohnung bestellen Motty, Ruvi und Naomi erst einmal Essen, drei verschiedene koschere Hamburger mal zwei sowie weitere Leckerbissen. Keinen Kugel, keinen Gefilte Fisch, keinen Yapchik. Burger. Willkommen in Amerika, Chevy & Burger.

Wir essen und plaudern, Worte passen gut zu einem Burger.

Was empfindest du, wenn du singst, was siehst du?, frage ich ihn. Hast du den Schöpfer unmittelbar vor Augen?

»Wenn ich die Worte von ›Meine Seele dürstet nach Gott, nach Dem Lebendigen Gott‹ singe, dann sehe ich mich selbst und meinen eigenen Durst nach dem Herrn des Universums und nach dem Weg, den ich geistig zu erreichen versuche.«

Was bedeutet das, Meine Seele dürstet? Welche Art Durst ist das?

»Es ist der Durst nach dem Heiligen, Gesegnet Sei Er. Ich will besser beten, seine Thora intensiver studieren, weißt du, all diese Dinge.«

Worte, die für mich mächtiger klingen als Macht, jetzt, wo ich einen amerikanischen Burger im Magen habe.

Was bedeutet Der Heilige, Der Name für dich?, frage ich ihn.

»Für mich ist Der Heilige ein Vater und alles. Alles, was mir widerfährt, was es auch sei, kommt vom Heiligen. Ich selbst bin ein Teil des Göttlichen Oben; Er ist der, der mich geschaffen hat, alle Teile von mir, die guten und die nicht so guten, alles, was ich bin. Er ist der, der mich hierher gebracht hat. Ich bin ein Wesen, das durch Gottes Hände zum Sein geformt wurde.«

Eine Art Vater?

»Stärker als ein Vater. Er kennt mich wirklich von innen, da Er mich geschaffen hat.«

Er blickt zur Decke hoch, vielleicht Richtung Himmel.

Wenn du mit dem Heiligen sprichst, siehst du dann nach oben?

»Er ist überall. Seine Gegenwart ist überall. Ihn zu sehen, ist eine Frage der Konzentration, zu wissen, wen du vor dir hast. Seine Ehre erfüllt die Ganze Welt. Ich fühle mich allein auf der Welt, wenn ich Dem Heiligen, Gesegnet Sei Er, gegenüberstehe.«

Wann hast du das erste Mal eine Verbindung mit Dem Heiligen, Gesegnet Sei Er, verspürt?

»Oh, das ist eine schwierige Frage. Man wächst ja in einem religiösen Umfeld auf, in dem man so sein will wie alle anderen. Man tut, was man tut, weil alle um einen herum es auch tun.«

Motty spricht nicht nur mit seinem Mund, er spricht mit seinem Körper. Er schokelt beim Sprechen; seine Hände sind überall; seine Augen funkeln, und seine langen schwarzen Schläfenlocken fliegen in alle Richtungen. Wir unterhalten uns auf Hebräisch, Jiddisch und Englisch, drei Sprachen, die er beherrscht. Seine Körpersprache aber ist so komplex wie jede beliebige gesprochene Sprache; sie ist seine vierte Sprache und von allen die interessanteste. Es ist, als ob sich jedes Organ in seinem Körper ausdrücken wollte, hier und jetzt.

Er redet weiter: »Mein Vater ist ein Diener Des Namens. Ich bin in einem chassidischen Hof aufgewachsen, der von Ehrfurcht vor dem Himmel erfüllt ist, dem chassidischen Hof von Vizhnitz, einem Hof der erstaunlichen Gefühle. Deine Frage, oh, ich habe mich das nie gefragt: Wann war mein erstes Mal? Darauf muss ich mich konzentrieren.«

Er schließt die Augen, bedeckt sein Gesicht mit beiden Händen und versucht, sich zu konzentrieren.

»Ich möchte darüber nachdenken. Ich möchte es wirklich herausfinden. Ich muss zurückgehen, zurückgehen, um zu wissen, wo ich war. Oh, das ist sehr schwierig.« Er nimmt sich wirklich die Zeit zum Nachdenken, um sich etwas ins Gedächtnis zu rufen, um sich zu sammeln, und sagt dann: »Ich glaube, dass ich erst in den vergangenen Jahren eine echte Verbindung aufgebaut habe.« Er schokelt wieder, hebt seine Hände hoch, bewegt sie mit enormer Energie und sagt dann mit erregter Stimme zu mir, dass das wirklich eine sehr, sehr schwierige Frage sei. Nicht nur für ihn, sondern für jeden Charedi. »Ich bin in einer religiösen Umgebung aufgewachsen, der ich mit ganzem Herzen verschrieben bin, und da platzt deine Frage herein, eine sehr grundlegende Frage: In all den Jahren, die ich in diesem System [des Thorastudiums und Betens] bin, habe ich jemals wirklich Dem Heiligen, Gesegnet Sei Er, gegenübergestanden?«

Man muss ein wahrer Gläubiger sein, hätte mein Vater gesagt, um seine inneren Zweifel zuzugeben. Und hier, an diesem Punkt wie an seiner Bemerkung über den Parkplatz, finde ich die Stärke dieses Mannes, eines Mannes, der ein bisschen wie ein Kind aussieht und ein bisschen wie eine Frau klingt, eines Mannes, der mit seinem gefühlvollen, sensiblen Gesang unzählige Menschen berührt. Das Geheimnis seines gewaltigen Erfolgs ist aber vielleicht sein tiefer Glaube. Statt sich auf den Burger zu konzentrieren, den ich übrigens mit großem Genuss verspachtele, konzentriert sich dieser Künstler darauf, wann er Dem Heiligen, Gesegnet Sei Er, wirklich gegenüberstand. Es ist nicht nur seine Stimme und sein Aussehen, sondern dieser sein Glaube, den er nicht nur Charedim und nicht nur Juden, sondern sogar absoluten Gojim zu vermitteln vermag. Sein Lied *Tseno Ureno* hat zum Zeitpunkt, da ich dies schreibe, mehr als zwölf Millionen Aufrufe auf YouTube.

Nein, er weiß es wirklich nicht, hat keine Ahnung, wann er zum ersten Mal wirklich, aber wirklich mit Dem Namen verbunden war, demselben Namen, in dessen Namen er Millionen von Augen an seinen Mund fesselt. Er ist Dem Namen absolut verschrieben, Ihm völlig verbunden, kann sich aber beim besten Willen nicht erinnern, wann dieses tiefe Verhältnis begann.

Das ist völlig in Ordnung, auch wenn er selbst sich dessen nicht bewusst ist. Der jüdische Glaube ist ein hochabstrakter Glaube, dem es an Symbolik fehlt, und es ist schwer, sich daran zu erinnern, wann man »begann«, eine Verbindung zu spüren. *Ich bin, der ich bin*, sagte Der Name, als er von Moses, dem Gesetzgeber, nach Seinem Namen gefragt wurde, und Motty hält an dem Wesen dessen fest und befolgt es auf den Punkt.

Soweit ich die charedische Welt verstehe, wird er noch lange, lange nachdem ich ihn heute Abend verlassen habe, an dieses Gespräch denken. Die Charedim reden über Rabbis, über Gebote, über das, was erlaubt und was verboten ist, aber selten über Gott. Und hier komme ich und frage ihn über sein intimes Verhältnis zu Gott aus. Das ist ein harter Brocken, was ich verstehe.

Erst in den letzten paar Jahren, als er abgesehen von seinem kometenhaften Erfolg auch einige schwere Zeiten durchmachte, erzählt er mir, »lebe ich, lebe Den Heiligen, Gesegnet Sei Er«.

Wie verbindest du dich mit Dem Heiligen, Gesegnet Sei Er, abgesehen vom religiös gebotenen Gebet?

Wieder nimmt er sich die Zeit, um nachzudenken, als hätte ich ihm die brisanteste Frage überhaupt gestellt und als hinge sein Leben von der Antwort ab. Dann sagt er: »Ich spreche mit Ihm, und ich denke über Ihn nach. Viel davon ist Denken. Und wenn etwas schwierig wird, spreche ich zu Ihm. Ich sage: ›Papale‹.«

Ich bitte Motty, ein paar Lieder für mich zu singen, während wir in der blitzsauberen Wohnung seines Freundes sitzen und das klimatisierte Zimmer an diesem heißen Tag genießen. Prompt willigt er ein und schließt im Sitzen seine Augen, bewegt seine Hände in verschiedene Richtungen und gerät langsam in Trance. Von meinem Platz aus scheint es eine Ablösung von der Realität zu sein, die es ihm über das Schließen der Augen ermöglicht, höchstwahrscheinlich zum Siebten Himmel zu fliegen.

Ich hoffe, Motty wird weniger als 500 mal sieben Jahre brauchen, um zu uns zurückzukehren. Auch ich schließe meine Augen und stelle mir die Hunderte von Seelen vor, die gleichzeitig vom Siebten Himmel heruntergefallen und in Toldos Aharon gelandet sind, alle in den Leibern dieser süßen Kinder, denen ich in ihrer Heider begegnet bin.

Ich kehre nach Jerusalem zurück. Nach einem solchen Gespräch mit einem Vizhnitzer Chassid muss ich zu einem Tisch gehen und einen Rebbe beobachten, irgendeinen Rebbe.

WENN EIN REBBE EINEN GEFILTE FISCH LECKT

Soll ich mich Freitagnacht unter dem Bett des Rebbes verstecken?

Reb Mordche Gutfarb, der Mann von der Kaschrut-Behörde, den ich bereits interviewt habe, ist von einer Auslandsreise zurückgekehrt. Ihn besuche ich an diesem Freitagabend zum Sabbatmahl.

Und was für ein Essen das wieder ist! Jeder Happen Fisch schmeckt noch besser als der davor. Auch das Challa (Zopfbrot) ist absolut köstlich. Zwar kann ich hier nirgendwo Eiersalat entdecken, dafür aber so viele andere Köstlichkeiten, dass ich mir wie ein König vorkomme. Sie verstehen sich aufs Essen, diese Charedim. Die gute Nachricht ist: Glatt koschere Speisen können ein einziger Genuss sein.

Nachdem ich mir den Bauch vollgeschlagen habe, bis er sich heilig und wohlig anfühlt, breche ich zu Toldos Aharon auf. Der Rebbe, Dem Namen sei Dank, ist aus dem Urlaub zurück und hat heute einen Tisch, an dem ich für die nächsten ein, zwei Stunden teilnehmen werde.

Um Mitternacht strömen Scharen von Chassidim zu Toldos Aharon. Sie gehen sehr schnell, schneller als ein Space Shuttle, und ich lasse mich von ihnen mitreißen.

Die Goldenen Jungs sind total aufgeregt und können es kaum erwarten, ihren Rebbe in einen Gefilte Fisch, eine Banane, einen kleinen roten Apfel oder sonst was beißen zu sehen. Sie singen, dann singen sie weiter und anschließend noch weiter, während sie geduldig darauf warten, dass die Banane oder der Gefilte Fisch die Lippen des Rebbes berührt.

Sie singen gut, diese Chassidim. Vielleicht nicht mit solcher Präzision wie die Slonimer, deren Musik die Zuhörerschaft in Trance versetzt, dafür aber emotionaler, eher im Stile Mottys.

Vor einigen Jahren war ich schon einmal bei einem Tisch hier. Der Rebbe sprach, wie ich mich entsinne, mit heiserer Stimme. Ich verstand kein Wort und ging daher bald wieder. Heute bleibe ich fast die ganze Zeit dabei, komme auf den Dreh und genieße es – und die Stimme des Rebbes ist viel klarer. Was sagt er? Segenssprüche.

Schaut euch diese Chassidim an, die Goldenen Jungs der Menschheit, wie sie sich als eine einzige 24-karätige goldene Menschenmasse bewegen und wie ein gigantischer, mehrere Stockwerke hoher Diamant glänzen, mächtig, energiegeladen und sexy. Wenn wir von verlockenden Menschen sprechen, so sind sie genau hier, und sie sind verlockender als die Sonne.

Zu gegebener Zeit breche ich spät in der Nacht auf – und bin erstaunt über den Anblick, der sich mir bietet: Mea Schearims Straßen sind so brechend voll wie sonst nur Manhattan mittags bei einer Parade zum Unabhängigkeitstag. Woher nehmen diese gutaussehenden Leute nur ihre Energie? Was für ein Gebräu haben diese Schönen wohl getrunken?

Ja, ich weiß: Ohne ihre Aufmachung und ihren Glauben sind sie auch nicht anders als du und ich: menschliche Tiere in einem Zoo und nicht einmal die spannendsten und schönsten. Aber diese Leutchen haben etwas Außergewöhnliches: Den Namen, Jiddisch, züchtige Kleidung, ein Gemeindeleben, Musik, Essen – Zutaten, die sie in dieser Kombination von allen anderen abheben.

Und sie haben noch etwas: den Rebbe.

Wie ich gerade in Toldos Aharon sah, klammern sie sich an ihn. Sie lieben ihn, als wäre er ihr Papale, ihr Tatale; sie bewundern ihn, als wäre er ihr türkischer Sultan; sie vertrauen auf ihn, als wäre er Gott.

Ich würde diesen Rebbe, diesen Toldos-Aharon-Rebbe, gerne persönlich kennenlernen. Ich möchte mit eigenen Augen sehen, woraus ein Papale, Sultan und Gott gemacht ist. Ich bitte David, den Philanthropen, der Toldos Aharon finanziell unterstützt, ein Treffen für mich zu arrangieren, falls er es noch nicht getan hat.

Auf dem Weg zurück in mein Hotel scheinen in den Häusern, an denen ich vorbeikomme, viele noch nicht zu schlafen.

Wie wir alle wissen, ist Freitagnacht die beste Zeit für einen Ehemann und seine Frau, sich in einem dunklen Schlafzimmer zu vereinigen. Vergnügen sich all diejenigen, die nicht auf der Straße stolzieren, just in diesem Moment im Dunkeln?

Sollte ich es überprüfen? Im Talmud findet sich im Traktat Berachot die Geschichte eines Mannes, der sich ins Schlafzimmer seines Rabbis schlich und unter dem Bett versteckte, während dieser seinem Bett »diente«. Als er erwischt wurde, sagte er: Zu sehen, wie der Rabbi dem Bett dient, ist Thora, und ich muss es lernen. Sollte ich dem Weg dieses Weisen folgen und unter die Betten von ein paar Rebbes in Mea Schearim schlüpfen? Ich glaube nicht, dass ich den Mumm dazu hätte, aber mit dem Gedanken spiele ich gerne.

Ja, zum Thema Dienen gibt es so viel zu lernen. Nach Maimonides beispielsweise ist eine Frau ihrem Mann zugesprochen, und er kann mit ihr machen, was er will und wie er es will: jeden Teil von ihr küssen und Sex mit ihr auf jede erdenkliche Weise haben, solange er seinen Samen nicht außerhalb ihres Leibes vergießt. Wie hingegen der verstorbene Vater von Rabbi Chaim Kaniewski, der als der »Steipler« bekannt war, schrieb, kann ein Mann keinen Sex mit seiner Frau in jeder von ihm gewünschten

Weise haben, solange sie nicht einwilligt. Er fügte hinzu, dass jemand, der seine Frau nicht liebevoll behandelt, ein Sünder ist. Die Frage ist nun: Wer von beiden hat rein rechtlich gesehen recht?

Aus einem der Häuser höre ich einen Mann ein Lied singen, das üblicherweise freitagabends vor dem ersten Sabbatmahl gesungen wird. *Friede mit Euch, dienende Engel, Engel des Höchsten, des Königs aller Könige, des Heiligen, gesegnet sei Er. Segnet mich mit Frieden, Engel des Friedens ...*

Ich liebe dieses Lied, habe es aber nie recht verstanden. Was sind das für Engel? Kommen sie wirklich freitagabends in die Wohnung jedes Juden? Wie sehen sie aus, die Engel? Dienen Engel freitagnachts auch ihren Betten? Haben Engel Kinder, Papas und Mamas?

Wäre doch nicht uninteressant, das herauszufinden.

OB MAN SCHWARZE ODER WEISSE ENGEL ERSCHAFFT, HÄNGT GANZ VON EINEM SELBST AB

Die günstigste Krankenversicherung der Welt: Rebbes

Reb Chaim, ein Anhänger des Hofes der Toldos Avrohom Yitzchok, gibt mir in meinem Hotel die Ehre. In wenigen Wochen findet das jüdische Neujahrsfest statt, an dem über das Schicksal eines jeden Menschen entschieden wird. Reb Chaim wird deshalb zu seinem Rebbe gehen, der zufälligerweise der Bruder des Toldos-Aharon-Rebbes ist, und ihm einen Kvitel überreichen, ein kleines Stück Papier, auf dem ein Chassid seinen Rebbe um ein gutes kommendes Jahr bittet. Er hat es in der Vergangenheit getan, er tut es jedes Jahr, und es funktioniert. Das letzte Mal war ungefähr um diese Zeit vor einem Jahr. Was haben Sie auf den Kvitel geschrieben?, frage ich ihn. »Meinen Namen, den Namen meiner Mutter, den Namen meiner Frau und den Namen ihrer Mutter sowie die Namen meiner Kinder, und ich habe um ein gutes kommendes Jahr gebeten, dass ich ins Buch des Lebens geschrieben würde und um Erfolg in spirituellen und finanziellen Angelegenheiten.«

Ja, so traurig es ist, bestimmte Menschen werden auch in das andere Buch geschrieben, jenes Buch, das den Tag und die Ursache ihres Todes verzeichnet, und Reb Chaim möchte lieber in dem ersten Buch stehen. Nicht nur vor den hohen Feiertagen geht Reb Chaim mit einem Kvitel zum Rebbe. Manchmal, zum Beispiel wenn Angehörige krank sind, schreibt Reb Chaim einen Kvitel, um für ihre Genesung und Wiederherstellung zu bitten, und übergibt ihn dem Rebbe.

»Ich glaube an den Rebbe«, sagt er mir. »Ich glaube an einen Mann, dessen Geist jeden Tag rund um die Uhr beim Schöpfer weilt. Er steht viel höher als ich und kann sehen, was ich nicht sehen kann. Wenn ich am Vorabend des Neujahrstags oder am Vorabend der hohen Feiertage zu ihm komme, frage ich ihn: ›Können Sie mir sagen, was ich mir fürs nächste Jahr vornehmen soll, was ich an mir verbessern soll, was ich wiedergutmachen soll?‹«

Was haben Sie den Rebbe letztes Jahr gefragt?

Er zögert und überlegt, ob er mir etwas so Persönliches anvertrauen soll. Ich dränge ihn ein wenig, ermutige ihn, bis er schließlich spricht: Chassidim, erzählt er mir, gehen vor dem Morgengebet zur Mikwe, und auch er hat das in der Vergangenheit so gehalten, aber im Jahr vor dem Neujahrstag schleifen lassen. Er war faul geworden, auf gut Deutsch. »Der Rebbe schaute in den Kvitel und sagte zu mir: ›Ich sehe auf dem Kvitel, dass du nicht jeden Tag vor dem Morgengebet zur Mikwe gehst.‹« Reb Chaim war geschockt, und der Rebbe fuhrt fort und schlug vor, dass Reb Chaim diesen Fehler korrigiert und es sich zur Pflicht macht, jeden Tag vor dem Morgengebet zur Mikwe zu gehen. Woher wusste der Rebbe, dass er die Mikwe nicht zur vorgeschriebenen Zeit aufsuchte? Er sah es am Kvitel. Nachdem er den Namen Reb Chaims und seiner Mutter gelesen hatte, konnte er sich mit Reb Chaims Seele in Verbindung setzen, und als er das tat, sah er, dass der Körper, der Reb Chaims Seele trug, vor dem Morgengebet nicht zur Mikwe ging, erklärt mir Reb Chaim. »Er kann es sehen, wenn er den Namen liest«, sagt er mir.

Und Punkt.

Wenn ich es recht verstehe, kann die Seele ohne das Wasser der Mikwe am Morgen unmittelbar vor dem Morgengebet nicht repariert oder geheilt werden. Tatsache! »Ich bin froh, sagen zu können«, vertraut mir Reb Chaim an, »dass ich es in diesem Jahr kein einziges Mal versäumt habe, vor dem Morgengebet zur Mikwe zu gehen, nicht einen Tag!«

Ich sollte das auch tun, sage ich zu ihm. Ich sollte mit einem Kvitel zum Rebbe gehen und schauen, was er mir sagt.

Da ist nur eine kleine Hürde, wie ich schnell merke. Die Kvitel-Methode ist nicht umsonst. »Um sich mit dem Zaddik, dem Gerechten, dem Rebbe, zu verbinden, muss man ihm etwas geben, und wenn man ihm damit eine Freude bereitet, knüpft genau dieser Akt eine Verbindung, durch die er einen über seine Heiligkeit beeinflussen kann«, erklärt mir Reb Chaim. Wie viel kostet ein Kvitel? Nun, jeder zahlt, wie viel er kann. Reb Chaim zum Beispiel entrichtet an den Rebbe 100 Dollar und an den Gabbai, den persönlichen Assistenten des Rebbes, 50 Schekel (ca. €12).

Glauben Sie wirklich, frage ich Reb Chaim, dass der Herr des Universums, Der Name, nicht auf Sie reagieren wird, wenn Sie sich direkt an Ihn wenden und zu Ihm um Hilfe beten, und dass er Ihnen nur antworten wird, wenn Sie zum Rebbe gehen?

Natürlich kann man sich direkt an den Schöpfer wenden, antwortet Reb Chaim, aber mitunter betet man zum Namen, doch dann wird das Gebet blockiert und erreicht Den Namen nicht.

Wie bitte?

Der Himmel, erklärt er mir, ist manchmal blockiert.

Von dieser Möglichkeit habe ich noch nie gehört, aber das Leben ist voller Überraschungen.

Ich versuche, das Konzept eines blockierten Himmels zu verstehen, und male vor Reb Chaim eine Situation aus, zu der ich seine Meinung hören möchte: Ich bin im Krankenhaus, unmittelbar vor einer Operation, die über Leben oder Tod entscheiden wird, und möchte, dass Der Name für einen erfolgreichen Eingriff sorgt. Habe ich eine bessere Chance, dass Er mir helfen wird, wenn ich direkt zu Ihm bete oder wenn der Rebbe von Toldos Avrohom Yitzchok für mich zu Ihm betet?

Nun, sagt Reb Chaim, meine Chancen, dass Der Name für einen Erfolg der Operation sorgen wird, sind weitaus besser, wenn der Rebbe in meinem Namen zu Dem Namen betet. Zweifellos. Warum ist das so? Wegen der Blockade. Was ist das? Wer blockiert? Warum wird blockiert?

An dieser Stelle kommen wir zu der Sache mit den Engeln.

Bereit?

Dann mal los: Wenn ein Jude eine Awejre, Sünde, begeht, erschafft er einen Engel, einen bösen Engel oder genauer: einen schwarzen Engel. Befolgt ein Jude hingegen eine Mizwa, bringt er auch einen Engel hervor, aber einen guten oder genauer: einen weißen Engel. Wenn nun jemand in schlechter Verfassung oder in einer schwierigen Situation ist wie etwa auf dem Operationstisch im Angesicht des Todes, stürmen alle schwarzen Engel, die der Jude bis zu diesem Moment erschaffen hat, zum Namen im Himmel und fordern ihn auf, diesen Juden zu töten. In genau diesem Augenblick stürmen auch die weißen Engel, die bislang durch die guten Taten des Juden in die Welt gekommen sind, zum Namen und fordern ihn auf, den Juden zu heilen.

Diese Engelssache ist anscheinend komplizierter, als ich dachte. Hier ist Geduld gefragt.

Was ist eine gute Tat?, frage ich.

Das ist ja wohl hoffentlich klar. Die Gebote zu befolgen ist eine, den Armen und Schwachen zu helfen ist eine andere und dann natürlich das Studium der Thora. Wenn man die Thora studiert, bringt jedes Wort, das man äußert, einen weißen Engel hervor, wie ja allgemein bekannt.

Aber in Wirklichkeit ist alles noch komplizierter.

»Nehmen wir an«, erläutert Reb Chaim, »dass Sie Gott segnen, aber nicht an die Worte denken, die Sie sagen, oder sie sehr schnell sagen, dann ist der Engel, den Sie erzeugen, wie es in den heiligen Büchern geschrieben steht, ein kleiner oder schwacher Engel.«

Was heißt ein schwacher Engel?

»Ein Engel ohne Hand und Fuß.«

Das ist ja interessant! Wie sieht ein Engel aus, ganz allgemein?

»Wie es im Buch Daniel heißt.«

Was wird dort gesagt?

»Ein Engel hat sechs Flügel: zwei auf jeder Seite, einen unten und einen oben, und jeder Flügel bedeckt einen anderen Teil seines Körpers. Er fliegt aber nur mit zwei seiner Flügel. So in etwa.«

Wenn ich ein Pornoheft anschaue, erzeugte ich mit jeder nackten Frau, die ich betrachte, einen schwarzen Engel?

»Hundertprozentig!«

Die Pornoengel sind natürlich eine schreckliche Nachricht. Alle schwarz. Nicht gut.

Das ist völlig neu für mich, aber ich bin lernwillig. Und ich lerne heute viel.

Indem er das alles auf die Praxis, auf Situationen des realen Lebens anwendet, hilft Reb Chaim mir, es ein bisschen besser zu verstehen: Während ich auf dem OP-Tisch auf den Eingriff warte, fliegen die verschiedenen Engel zu Dem Namen in der Kommenden Welt und bitten entweder um meinen Tod oder mein Überleben. Wenn es, was Der Name verhüte, mehr schwarze als weiße Engel gibt und sie beim Namen gegen mich plädieren, wird sich die Waage, auf der die Engel sozusagen stehen, in die für mich ungünstigste Richtung neigen. Genau hier, an diesem entscheidenden Punkt, hat der Rebbe seinen Auftritt. Wenn sich der Rebbe den weißen Engeln anschließt, die um meine rasche Genesung flehen, neigt sich die Waage zu meinen Gunsten, und ich komme gesund wie ein Stier aus dem Krankenhaus.

Ein Rebbe ist, anders gesagt, wie eine Krankenversicherung, nur wesentlich günstiger.

All das sind wichtige Neuigkeiten für mich.

In meiner Jugend schrieb niemand aus meiner Bekanntschaft je einen einzigen Kvitel, und niemand bat einen Rabbi um seinen Segen. Aber die Zeiten scheinen sich geändert zu haben, und diese alte Tradition, die in Europas Schtetln (Kleinstädten oder Dörfern) gepflegt wurde, ist wieder zum Leben erwacht. Wie es dazu kam, das weiß ich nicht.

Auch New York, meine Wahlheimat, hat sich sehr verändert. Als ich das erste Mal nach New York kam, gab es keine Progressiven, und heute ist die Stadt voll von ihnen. Anders als die Charedim nimmt aber kein progressiver Führer Kvitels entgegen, und wenn du krank bist, hast du eben Pech gehabt.

Die Idee, dass ein Rebbe sich zu unseren Gunsten den weißen Engeln im Himmel anschließt, könnte ja vielleicht erklären, warum sich die Chassidim von Gräbern angezogen fühlen. Es erscheint mir höchst sinnvoll, einen toten Rebbe zu bitten, sich an der Seite der weißen Engel zu unseren Gunsten einzusetzen, weil die Toten und die Engel himmlische Nachbarn sind. Wie so eine Art FedEx.

Man lernt nie aus.

Auf den Straßen von Mea Schearim verkündet, wie so oft hier, ein Auto mit Lautsprechern die Beisetzung eines soeben verstorbenen Gemeindeglieds. Dieser Mann, falls es Sie interessiert, wird im Har HaMenuchot beerdigt, einem weiteren Friedhof in Jerusalem.

Dieser Tote, wird mir jetzt zum ersten Mal klar, starb nicht an Krebs, Alter, Corona oder irgendeinem anderen Leiden oder Unfall. Nein, er starb, weil zu viele schwarze Engel Den Namen um seinen Tod baten und kein Rebbe den weißen Engeln auf der Waagschale beisprang.

Man lernt eben nie aus.

Die Geschichte der schwarzen und weißen Engel mag ja erhellend sein, aber ich weiß immer noch nicht, wie genau die Engel aussehen, abgesehen davon, dass sie Flügel haben. Ich werde versuchen, es herauszufinden, aber zuvor möchte ich mich mit einem Litwak zusammensetzen, einem Teil jener selbsternannten weisen Juden, die nicht mit Kvitels herumlaufen, sondern ihren scharfen Verstand gebrauchen.

EIN LITWAK ERKLÄRT DAS UNERKLÄRLICHE
Aber wer hat mehr Spiritualität, eine Kischke oder ein Litwak?

Wie ich höre, lebt irgendwo da draußen ein sehr gebildeter Litwak, der als eine Art Rabbi in einer gutdotierten Stiftung arbeitet, dem Tikvah Fund in der Nähe des Busbahnhofs von Jerusalem. Er ist, meine Liebe, der Leiter der charedischen Israel-Abteilung des Tikvah Funds, und sein Name lautet Rabbi Yehoshua Pfeffer.

Ich mag den Namen Pfeffer, Sie nicht auch?

Treffen wir uns mit dem Pfeffer!

Der Tikvah Fund hat seinen Sitz in einem Bürohaus, das keinem der Gebäude gleicht, an die ich mich in Mea Schearim gewöhnt habe. Dieses Haus ist nämlich ziemlich neu, hat einen Aufzug und großzügige Balkons. Ich nehme den Aufzug zum Tikvah-Büro, das sich ebenfalls deutlich von allem unterscheidet, was man sonst so in Mea Schearim sieht. Seine Einrichtung ähnelt der eines amerikanischen Büros, wenn Sie wissen, was ich meine. Sie strahlt eine triste Atmosphäre aus, die einem das Gefühl vermittelt, im Krankenhaus zu sein. In der Mitte des Büros stehen Schreibtische mit Computern, an denen diverse Angestellte arbeiten, und um sie herum befinden sich die Einzelzimmer der Führungskräfte und Manager. Der modernen Mentalität gemäß sind die Wände und Türen der Büros aus durchsichtigem Glas, was den Eindruck oder die Illusion von Transparenz erweckt.

Rabbi Yehoshua Pfeffer, der in seinem verglasten Büro sitzt, ist ein seriöser Akademiker der nichtchassidischen Variante, ein Mann, dessen stärkste Eigenschaft nicht der Humor, sondern etwas anderes ist, was immer es auch sei.

Also setze ich von Anfang an einen ernsten Gesichtsausdruck auf und komme gleich zur Sache. Wann, frage ich mein seriöses

Gegenüber, ist das Wort »Charedi« zum ersten Mal aufgetaucht, und wer hat es erfunden? Der Mann, ein Gelehrter, gibt mir eine Antwort, gegen die ich nichts einwenden kann: »Ich weiß es nicht.«

Vielleicht sollte ich ihn zu Reb Israel Meir Hirsch schicken.

Weiter geht's. Wir sind schließlich nicht zum Scherzen hier. Ich frage: In der jüdischen religiösen Welt sagt man »Der Name«, ein No-Name. Die Christen haben einen Namen, sogar drei, Jesus, der Vater und der Heilige Geist; die Muslime haben einen Namen, Allah; aber die Juden, die Eltern der monotheistischen Welt, wie wir sie kennen, nennen ihren Gott bei keinem Namen, Dem Namen. Warum?

Im Unterschied zu anderen Religionen, hebt der Rabbi an, ist das Judentum eine Beziehung zu Gott, ein Leben auf dem »Weg Gottes«.

Man muss schon ein Litwak sein, um so zu reden, das kann ich Ihnen sagen.

Was ist der Weg Gottes?, frage ich den Litwak.

Es ist der Weg der Güte, doch »ist diese Güte heute nicht offenbart«.

Dieser Litwak spricht mit der falschen Person, sage ich zu mir. Mein eigener Name, Tuvia, bedeutet auf Hebräisch »Güte Gottes«.

Nun, vielleicht muss ich ja noch offenbart werden. Aber das sage ich ihm nicht, weil man so nicht mit einem Litwak sprechen kann.

Jedenfalls bin ich mir nicht sicher, ob ich verstehe, was er meint. Angesichts meiner Ratlosigkeit versucht er sich zu erklären: »Warum gebrauchen wir nicht den Namen Hawaja (Sein)? Weil seine Güte nicht offenbart ist.« Der Name Gottes, sagt mir der Leiter der charedischen Abteilung von Tikvah, »steht für die Güte Gottes, und weil wir heute in einer Welt leben, in der diese Güte nicht offenbart ist, nicht völlig offenbart ist«, können wir den eigentlichen Namen nicht aussprechen und sagen stattdessen »Der Name«.

Damit insistiert er natürlich darauf, dass der jüdische Gott, Der Name, sehr wohl einen Namen hat und wir ihn auch kennen, aber nicht aussprechen können. Wie lautet dieser Name? »Jod, Kaph, Waw, Kaph«, was J, K, W, K ergibt, oder genauer: J, H, W, H. Im Hebräischen, in dem fast alle Wörter Bedeutungen und Wurzeln haben, bedeutet J, H, W, H »sein« oder etwas damit Zusammenhängendes.

Manche Kommentatoren sagen übrigens, dass sich Hawaja vom arabischen Wort Hawa herleitet, das Wind bedeutet. Hebräisch und Arabisch seien beides semitische Sprachen, argumentieren sie, und hätten mehr gemeinsam, als es auf den ersten Blick scheint. Aber was es auch sei – Sein, zu sein, Wind –, ein richtiger Name ist es nicht. In manchen chassidischen und sephardischen Gebetsbüchern wird Hawaja auf eine spezielle Weise geschrieben, indem das Wort Adonai, aus der Wurzel von Herr, mit J, H, W, H zu einem Wort kombiniert wird, was dem Betrachter oder Leser den Eindruck vermittelt, den Geheimen Namen Gottes mit eigenen Augen zu sehen. Der Rabbi, der mir gegenübersitzt, sieht die Sache anders. Der Gaon von Wilna, Elijah Ben Salomon Salman, sage, »dass J, H, W, H bedeutet, Gott ist gegenwärtig. Hawaja, seiend. Das ist Sein Name«, erklärt der Tikvah-Rabbi und ergänzt: »Wir wissen nicht, wie man ihn ausspricht.« Dieser Teil, die Aussprache des J, H, W, H, ist nicht offenbart worden, meint er und blickt mich an, als wäre das, was er sagt, so verdammt einfach und ich eigentlich nur zu dämlich, um es zu verstehen.

Ich bitte Rabbi Pfeffer, darzulegen, mir den Grund zu nennen, warum die Aussprache von J, H, W, H nicht offenbart worden ist. Idioten wie ich, was soll ich machen, brauchen manchmal eine ausführlichere Erklärung.

»Die Welt ist nicht in einem hinreichenden Zustand der Vollkommenheit, um Den Namen zu offenbaren. Gott will uns seine volle Güte erweisen, und wir müssen uns ihrer würdig erweisen, doch haben wir noch reichlich Arbeit vor uns, um die Welt vollkommen zu machen, zu einem besseren Ort zu machen.«

Das ist der Grund.

Er sagt nicht J, H, W, H, sondern J, K, W, K, ersetzt also das H durch ein K, weil er glaubt, dass J, H, W, H zu sagen, diese vier Buchstaben in dieser Reihenfolge, religiös nicht erlaubt ist.

Ich hoffe, dass ihm der Tikvah Fund ein üppiges Gehalt zahlt. Ich selbst könnte im Leben nicht mit einer solchen Reihe von Sätzen aufwarten wie er gerade, selbst wenn man mir eine Pistole an den Kopf hielte.

Aber ich lasse nicht locker. Was wäre der Schaden, frage ich ihn, wenn wir die richtige Punktierung von J, H, W, H wüssten, die es uns ermöglichen würde, den vollen Namen Des Namens auszusprechen?

»Der Schaden besteht darin, dass es die Darstellung einer Vollkommenheit wäre, die der Welt noch fehlt. Und wir wollen uns ständig daran erinnern, dass die Vollkommenheit noch nicht bei uns ist.«

An diesem Punkt bin ich irgendwie völlig aus dem Konzept. Warum, frage ich den gelehrten Mann, glauben Sie, dass keine andere Religion diese Art von Knejtsch (»Wendung«) hat?

Antwort: »Das ist eine gute Frage.«

Meine größte Frage des Tages ist: Warum erlaubt Der Name es dem Tikvah Fund, sich zu offenbaren? Haben wir nicht so schon genügend Probleme auf der Welt?

Ansonsten ist Rabbi Pfeffer ein netter Typ; er ist halt ein Litwak.

Als ich aus dem Bürohaus trete, wird mir klar, dass ein Besuch im Hadar Geula geistig erhebender ist als ein Besuch des Tikvah Fund. Ich muss aber zugeben, dass ich viel weniger Kalorien zulege, wenn ich den Fonds besuche.

Wie man sich denken kann, haben Leute, die wesentlich klüger sind als wir alle, den echten Namen Gottes rausgekriegt, oder genauer gesagt, die 72 Namen Gottes beziehungsweise die 72 Buchstaben Des Namens, ich bin mir nicht sicher, was von beidem. Ein Juwelier in Jaffa, um nur ein Beispiel zu nennen, verkauft Ihnen gerne einen Anhänger für Ihr Armband, in den die 72 Namen Gottes eingraviert sind, für nur 990 Schekel (€ 246), versandkostenfrei.

Es soll andere Leute in dieser heiligsten aller Städte geben, die theologische Dinge besser erklären können als jeder Litwak. Sie tun es jeden Donnerstagabend in der Nähe des Busbahnhofs, einen Katzensprung von den Tikvah-Gelehrten entfernt.

Und sie sind nicht schwer zu finden.

Wenn Sie an einem späten Donnerstagabend die Straße von Jerusalems Busbahnhof entlanglaufen, dringt auf einmal Musik, religiöse Musik, nach draußen, und ein starker Geruch nach Tscholent verbreitet sich. Was verbirgt sich hier? Hier ist der Ort, wo Sie die Grundlagen des Judaismus im Jerusalemer Stil lernen können, und im Kopf wie im Grunde Ihres Herzens wissen Sie, dass Sie, wenn Sie die Quelle des Klangs und des Geruchs gefunden haben, unverzüglich ein frommer Jude werden, selbst wenn Sie gebürtig ein reiner Goj sind.

So habe ich es jedenfalls gehört, und ich vertraue meinen Quellen.

Ich folge dem Klang der Musik, und meine Füße führen mich zu einer umfunktionierten Küche, in der zwei Charedim neben riesigen Töpfen Tscholent stehen. Der größere der beiden fragt mich: Wie viel Tscholent willst du, ein Kilo, ein halbes Kilo, ein Viertelkilo?

Gib mir bitte ein halbes Kilo mit viel Kischke, sage ich ihm.

Was ist Kischke? Ich weiß nicht recht, wie ich diese Frage beantworten soll, da die Kischke eine gewisse Ähnlichkeit mit dem »J, H, W, H«-Wort hat, einem Wort, das sich nicht ganz erklären lässt, sodass man eigentlich nur sagen kann, dass sie eine Nachahmung des Essens ist, welches die rechtschaffensten toten Juden im Himmel zu sich nehmen, während weiße Engel um sie herumschwirren. Punkt.

Der Tscholent-Mann reicht mir mein Essen. Oh, was für ein Tscholent! O Himmel, was für eine Kischke! Die beste überhaupt. Ich trinke eine Cola light, um das Essen auf dem Weg in meinen Bauch zu begleiten, und wie der Cola-Slogan in Israel lautet – *The Taste of Life* –, so verhält es sich auch.

In nicht allzu vielen Läden in Jerusalem kriegt man überhaupt Cola light. In Israel findet man vor allem Cola Zero oder Pepsi Max. Manche Charedim schwören auf Pepsi Max, während andere Cola Zero bevorzugen. Warum das so ist? Zu komplex, um es zu erklären.

Eine Gruppe junger Männer, die ihren Tscholent mit Kischke verspeisen, Cola trinken und Schischa rauchen, »machen einen Sitz«, was in diesem Fall heißt, sie singen zusammen religiöse Lieder. »*Mich dürstet nach dir, Dem Namen*«, singen sie, wenn sie nicht gerade ihre Colas schlürfen.

Welch ein Anblick!

Hier handelt es sich um ein Ritual, höre ich, das jeden Donnerstagabend vielerorts in Jerusalem begangen wird. Zu meiner Zeit gab es das noch nicht, jetzt aber schon. Eine neue Tradition, eine neue Gewohnheit.

Wessen Judaismus ist besser, frage ich Sie, der des Tikvah oder der der Kischke?

Nichts reicht an einen ausgezeichneten Tscholent oder eine köstliche Kischke heran, das können Sie mir glauben.

Und noch etwas: Wenn Sie dieses Essen am Sabbat schmausen, erzeugen Sie, wie ich mit Bestimmtheit weiß, tausend weiße Engel, die bis in alle Ewigkeit jede Minute eines jeden Tages für Sie kämpfen werden. Es gibt keine bessere Art, den Sabbat zu ehren, als am jüdischen Weihnachtsfest gut zu essen. Deshalb werde ich morgen, am Freitagabend, eine reizende Familie zum Sabbatessen besuchen.

DIE ATEMBERAUBENDE SCHÖNHEIT, DIE NICHT SPRECHEN WILL
Und die Mutter, die ihre Tochter verbrannte

An dem Abend, an dem Der Name ruhte, Freitagabend, laufe ich wieder durch die Straßen von Mea Schearim und betrachte all die Synagogen, Jeschiwas, Schtiebels (kleine Schuls) und Schuls und lese ihre Namen, wie ich es Gott weiß wie viele Male schon getan habe. Es sind die Namen von Dörfern, Kleinstädten und Städten in Europa, der Ukraine, Belarus und Russland, in denen einst Juden lebten, bis die Nazis und ihre Helfershelfer sowie die Kommunisten und ihre Helfershelfer sie beseitigten. Die wenigen Überlebenden, insbesondere Rebbes, bauten die alten chassidischen Höfe im Heiligen Land wieder auf, Höfe, die heute vor Leben, Pepsi Max und Cola Zero nur so sprühen.

Die Geschichte der Juden in der Diaspora ist mit Blut getränkt, jüdischem Blut, ob in York oder Rom, Warschau oder Berlin, Bukarest oder Kiew. Dort wurden die Juden abgeschlachtet und vergewaltigt, und trotzdem feiern sie genau diese Länder, Städte, Kleinstädte und Dörfer, als ob sie das Paradies auf Erden wären, als ob Satmar und Belz heilige Namen wären. Ich versuche, mir die ersten Tage der zionistischen Bewegung in Erinnerung zu rufen, als die Juden aufgerufen waren, frei in ihrem eigenen Land zu leben, und ich kann mir die Alpträume vorstellen, die die bloße Idee der Freiheit für manche von ihnen und ihre unerträgliche Angst vor dem Verlust von Ger und Auschwitz, Lodz und Lwiw (Lemberg) bedeutete. Ja, ihr Hass auf die Zionisten muss ihnen in den Knochen gebrannt und sie in die Krematorien getrieben haben.

Warum ich jetzt auf der Straße bin? Weil Reb Noson, der Mann von Toldos Aharon, mich zum Sabbatmahl dieses Abends zu sich eingeladen hat.

Reb Noson lebt an einem jener Orte, von deren Existenz die

meisten Jerusalemer nichts wissen, in einem Haus, das sich in einem kleinen Hinterhof versteckt und zwar Dem Namen wohlvertraut ist, das zu finden mich aber, einen gewöhnlichen Sterblichen, erhebliche Zeit kostet. Und was für ein Fund ist es, als es mir endlich gelingt! Diverse Leute sind im Haus, Jungs und Mädels, schüchterne und weniger schüchterne sowie eine umwerfende Lady mit einem atemberaubend schönen Gesicht, was mehr oder weniger alles an Haut ist, das man von ihr sehen kann. Eines möchte ich klar sagen: Nur weiße Engel plädieren für sie im Himmel. Kein einziger schwarzer, ich schwöre.

Im Wissen, wie »verführerisch« sie ist, wechselt sie kein Wort mit mir. Nicht eines. Aber ich finde bald heraus, dass diese atemberaubende Schönheit Reb Nosons Schwiegertochter ist und dass ihr Mann, der auch nicht sehr gesprächig ist, gerade lernt, Bibelverse auf Pergament zu schreiben, etwas, das ich nie zuwege bringen werde. Was ich zuwege bringen kann, wenn Sie es unbedingt wissen wollen, ist Diät-Cola trinken. Und tatsächlich stehen reichlich Cola Zeros und Energydrinks auf dem Tisch. Moischi, ein kleines, vielleicht zweijähriges Kleinkind, nuckelt Cola Zero aus seiner Babyflasche. Das habe ich noch nie gesehen, ein Kleinkind, das koffeinhaltige Diätgetränke trinkt, und jetzt kommt mir in den Sinn, dass ich vielleicht in seinem zarten Alter dasselbe getan habe und deshalb jeden Tag literweise Diät-Cola in mich hineinschütte.

Reb Nosons Frau, die eine ausgezeichnete Köchin ist, tischt uns allen auf, und nachdem das Essen beendet ist und alle nur möglichen weißen Engel erzeugt worden sind, ziehen sich die Erwachsenen am Tisch in die Schul zurück, für den Tisch mit ihrem Rebbe. Um zwei oder drei Uhr morgens werden sie heimkehren, in das dunkle Schlafzimmer gehen, ein wenig spielen und einschlafen. Manche werden sogar schnarchen, aber das ist in Ordnung.

Am nächsten Morgen werden sie wieder zur Schul gehen, zum Namen beten und mit dem Rebbe singen. Nach dem Gebetsdienst werden sie den Lokschen-Kugel in der Schul essen,

Diät-Colas trinken und nachhause gehen, um eine komplette Mahlzeit mit ihren Familien einzunehmen, inklusive ausgebrüteter Engel, Tscholent und Kischke. Nach dem Essen werden sie noch ein wenig lernen, einige weitere weiße Engel erzeugen und dann wieder in die Schul zurückkehren, wo sie noch ein wenig beten und studieren werden.

So auch ich. Auch ich bin gebildet und ein Bücherwurm, falls Sie sich das fragen.

Ich öffne das Shomer-Emunim-Buch von Rabbi Aharon Rote und lese:

»Und ich möchte eine Geschichte erzählen, die mir eine vertrauenswürdige Person erzählt hat, ein Mann, der dafür bekannt ist, die Wahrheit zu sagen. Er war bei seinem Vater oder Onkel, der irgendwo lebte und mit einigen Leuten auf einer Geschäftsreise in einer Pferdekutsche ritt, und sie kamen gerade durch ein bestimmtes Feld. Auf einmal vernahmen sie einen bitteren Klagelaut und laute Schreie, Frauen, die kreischten: ›Juden, Juden, kommt, habt Erbarmen mit uns, rettet uns!‹ Sie blickten sich um und sahen ein Haus mitten im Feld, aus dem die Stimmen drangen. Sie dachten, dass vielleicht ein Dieb die Menschen dort angriff, stiegen aus ihrer Kutsche und liefen zu dem Haus. Es war aber kein Dieb im Haus, nur eine alte und eine junge Frau, und die junge Frau lag auf einer Bank, und vor ihnen brannte ein großes Feuer. Über dem Feuer war ein großer Topf, in dem Kleider kochten. Die alte Frau sprach kein Wort. Alles, was sie tat, war, ihre Hände in den kochenden Topf zu stecken, die kochenden Kleider herauszunehmen und der jungen Frau auf den Leib zu legen, bis der Leib der jungen Frau verbrannt war. Die junge Frau schrie sehr, sehr laut. Danach wiederholte sich der ganze Vorgang, wieder und wieder, jede Minute dasselbe: Die Alte nimmt die kochenden Kleider heraus, legt sie auf den Leib der Jungen und verbrennt dabei ihr Fleisch. Da verstanden die Männer, dass sich das, was sie sahen, nicht in einer menschlichen Welt abspielte. Sie verstanden auch, dass die Frauen keine lebendigen Frauen waren, sondern verbannte Seelen in der Welt des Chaos, in der die Seelen für Taten bestraft werden, die sie begangen haben, als sie in menschlichen Körpern steckten. Als die Männer erkannten, dass das, was sie sahen, in einer anderen Welt stattfand, überkam sie eine gewaltige Angst, und sie rannten weg, den ganzen Weg bis zum nächsten Dorf, Pferde und Kutsche zurücklassend. Sobald sie das Dorf erreicht hatten, stürzten sie zu Boden, auf Wochen hinaus körperlich geschwächt. Erst jetzt fiel ihnen wieder ein, dass auf jenem Feld gar kein wirkliches Haus stand und nie eines gestanden hatte. Wie es scheint, war die junge Frau die Tochter der alten Frau, und die alte Frau hat ihre Tochter nicht zur Züchtigkeit erzogen, und deshalb bestand die Strafe für die Mutter und die Tochter darin, dass die Mutter ihre Tochter verbrannte.«

Diese Geschichte erinnert mich an das Gespräch, dass ich mit dem litwakischen Rabbi hatte, der so liebenswürdig ist, seine Frau anzustarren, während sie Hühnergerichte oder sonst etwas zubereitet, und der mir erzählt hat, wie Der Name die Sündigen bestraft: »Es heißt, dass das Leiden in der Hölle so schwer ist, dass kein Schmerz in Dieser Welt ihm vergleichbar wäre.«

Vielleicht haben der Chassid und der Litwak an diesem Punkt eine Gemeinsamkeit im Glauben.

Für mich aber ist es jetzt höchste Zeit, endlich herauszufinden, wie Engel aussehen.

TATSACHE IST: MOSES DER GESETZGEBER TRUG EINEN SCHTREIMEL

Feuerengel veranstalten theatralische Feuerwerke
am Heiligen Sitz des Herrn im Himmel

Es ist früh am Morgen, und ich gehe in einen nahegelegenen Bagel-Laden, um ein Omelett zu essen. Beim Eintreten sehe ich ein Gemälde an der Wand, ein bunt bewegtes Bild, das die biblische Geschichte vom Auszug der Israeliten aus Ägypten in das Land Israel vor Tausenden von Jahren darstellt. Auf diesem Gemälde tragen die Israeliten interessanterweise Schtreimel und andere chassidische Kleidungsstücke und sind alle männlichen Geschlechts. Und ja: Auch Moses der Gesetzgeber trägt hier einen Schtreimel.

Wer, der noch bei Verstand ist, glaubt, dass die Israeliten, die später Juden hießen, in Schtreimel aus Ägypten auszogen? Gute Frage. Eine andere gute Frage ist: Wer, der noch bei Verstand ist, glaubt, in Mea Schearim gebe es »nicht ein Kind, das nicht [sexuell] missbraucht wurde«?

Fazit: Man muss kein Charedi sein, um ein Idiot zu sein. Man kann hochgebildet und säkular sein und trotzdem an Bobe-Majße, Ammenmärchen, glauben.

Was mich betrifft, so gehe ich nach meinem Omelett zu Reb Betzalel, einem Mann, dem nachgesagt wird, dass er die ganze mystische Welt und all ihre Engel kennt. Reb Betzalel wurde in den Vereinigten Staaten ausgebildet und lebt jetzt mit seiner Frau und seinen Kindern in Jerusalem, wo er den Großteil seiner Zeit dem Thorastudium widmet.

Seine Wohnung im dritten Stock eines Wohnhauses ist spärlich mit Tischen, Stühlen und einem Bücherregal eingerichtet. Auf dem Wohnzimmertisch stehen speziell für meine Wenigkeit Muffins, Erdnusskekse und Getränke bereit. Seine kleinen Kinder spielen mit ihren Spielsachen, und seine Frau backt in der Küche Challot.

Wie jeder weiß, löst der Duft von Challot, die in einer jüdischen Wohnung gebacken werden, in Menschen das Bedürfnis aus, über Gott zu diskutieren, und genau das tun wir auch.

Das Erste, was man über Den Namen wissen muss, erklärt mir Reb Betzalel, ist der Atsmuth Des Namens, sein Wesen. Darüber hinaus offenbart sich Der Name selbst auf verschiedene Weisen. Es beginnt mit dem Or En Sof, dem Licht des Unendlichen, das die erste Offenbarung Gottes ist. Sie und ich existieren, unterrichtet er mich, Gott hingegen existiert nicht. Gott, erläutert er, ist das Wahre Sein; Er ist das Wesen, die wahre Existenz.

Das ergibt für mich nicht viel Sinn, aber genau so sagt er es, und für ihn ergibt es jede Menge Sinn.

Die Welt, in der wir leben, sagt er, wenn ich ihn richtig verstehe, ist Olam Asija, die Welt des Herstellens. Über ihr steht Olam Jezira, die Welt der Formung, in der die Engel leben. Darüber befindet sich Olam Beria, die Welt der Schöpfung, wo die Seelen sind. Und darüber ist Olam Aziluth, die Welt der Emanation, mit dem Heiligen Sitz des Herrn. Zusammengenommen: vier Welten.

Mich interessiert Jezira, wo die Engel leben. Wer sind die Engel?, frage ich. Chayot und Ophanim Hakodesch, antwortet er. Diese Wörter lassen sich unterschiedlich übersetzen, etwa in Tiere und Heilige Räder, Lebendige und Heilige Zyklen und so weiter, aber wie auch immer die Übersetzung lautet, viel schlauer werde ich nicht aus ihr.

Ein Engel, führt er weiter aus, ist etwas vom Namen Geschaffenes, eine Offenbarung Seiner selbst. Aziluth ist die Weise, wie Er Sich offenbart. Ein Engel ist etwas, das eine Erkenntnis der Wahrheit Gottes hat, und sein ganzes Wesen besteht darin, dass er mit Gott eins werden will, er will aufhören zu existieren. Wie sieht ein Engel aus?, frage ich den Mann.

Wie es in der Bibel heißt, antwortet er mir, haben Engel Flügel und Augen.

Wo steht das in der Bibel?

Nun, da ist er sich nicht sicher.

Was haben Engel noch außer Flügeln und Augen?

Weiß er nicht.

Hat ein Engel einen Bris? Benutzt ein Engel iPhones? Trägt ein Engel einen Schtreimel? Kann man einen Engel anschauen, oder wird man dann in Versuchung geführt, wie wenn ein Mann eine schöne Lady ansieht? Leiden alle charedischen Engel da oben unter sexuellem Missbrauch? Mögen Engel Gefilte Fisch? Trinken Engel lieber Cola Zero oder Pepsi Max? Gibt es einen Tisch im Himmel, an dem ein Rebbeengel und 1000 Goldene Engel, die ihn betrachten, Lokschen-Kugel lecken? Heiraten Engel untereinander? Haben Engel Heiratsvermittler? Trägt ein Engel weiße Socken oder schwarze Socken? Dienen Engel ihren Betten? Tun sie es im Dunkeln? Kann ich mich in ihre Schlafzimmer schleichen, um zu sehen, wie sie es tun? Ist ein durchschnittlicher Engel ein Chassid oder ein Litwak?

Das sind nur einige der Fragen, die mir durch den Kopf gehen. Wird irgendjemand mir helfen, sie zu beantworten?

Reb Betzalel versucht es. Er zieht ein Buch nach dem anderen aus dem Regal, um die Antworten zu finden, aber von ihnen ist weit und breit keine Spur. Frustriert lassen wir uns von Google helfen, der Frucht der Erkenntnis unserer Tage. Dort lesen wir die magischen Wörter: Buch Hesekiel.

Reb Betzalel reicht mir das Buch Hesekiel, und dort steht:

Und mitten darin war etwas wie vier Wesen; die waren anzusehen wie Menschen.

Und jedes von ihnen hatte vier Angesichter und vier Flügel.

Und ihre Beine standen gerade, und ihre Füße waren wie Hufe von Stieren und glänzten wie blinkende, glatte Bronze.

Und sie hatten Menschenhände unter ihren Flügeln an ihren vier Seiten; die vier hatten Angesichter und Flügel.

Ihre Flügel berührten einer den andern. Und wenn sie gingen, brauchten sie sich nicht umzuwenden; immer gingen sie in der Richtung eines ihrer Angesichter.

Ihre Angesichter waren vorn gleich einem Menschen und zur rechten Seite gleich einem Löwen bei allen vieren und zur linken Seite gleich einem Stier bei allen vieren und hinten gleich einem Adler bei allen vieren.

Und ihre Flügel waren nach oben hin ausgespannt; je zwei Flügel berührten einander, und mit zwei Flügeln bedeckten sie ihren Leib.

Immer gingen sie in der Richtung eines ihrer Angesichter; wohin der Geist sie trieb, dahin gingen sie; sie brauchten sich im Gehen nicht umzuwenden.

Und in der Mitte zwischen den Wesen sah es aus, wie wenn feurige Kohlen brennen, und wie Fackeln, die zwischen den Wesen hin und her fuhren. Das Feuer leuchtete, und aus dem Feuer kamen Blitze.

Und die Wesen liefen hin und her, dass es aussah wie Blitze.

Als ich die Wesen sah, siehe, da stand je ein Rad auf der Erde bei den vier Wesen, bei ihren vier Angesichtern.

Die Räder waren anzuschauen wie ein Türkis und waren alle vier gleich, und sie waren so gemacht, dass ein Rad im andern war.

Alles in allem: ziemlich schaurige Geschöpfe. Keine Schtreimel, keine Socken welcher Art auch immer, keine Spur von Gefilte Fisch und kein Duft nach Challot. Und kein Heiratsvermittler in Mea Schearim, Gott ist mein Zeuge, wird in einer Million Jahren versuchen, einen passenden Partner für irgendjemanden zu finden, der aussieht, »wie wenn feurige Kohlen brennen«. Vergiss es einfach.

Wie kann es sein, fragen Sie sich vielleicht, dass ein gelehrter Mann wie Reb Betzalel, der in mystischen und kabbalistischen

Texten bewandert ist, nichts vom Buch Hesekiel weiß, der Grundlage der jüdischen Mystik schlechthin?

Weil das Buch Hesekiel ein Teil der Bibel ist, eines verbotenen Textes.

Ich weiß es aus eigener Erfahrung. Ich habe an einer Jeschiwa studiert, und an der Jeschiwa haben wir den Großteil der Bibel nie gelesen, geschweige denn studiert. Das Buch Hesekiel haben wir, wie die meisten anderen Bücher der Bibel, nicht einmal aufgeschlagen. Genauso wenig wussten wir, dass Hesekiel den rabbinischen Weisen zufolge ein Abkömmling der biblischen Prostituierten Rahab war. Rahab war denselben Weisen zufolge eine der vier schönsten Frauen der Welt. Sie war so sexy, sagt der Talmud, dass ein Mann sofort ejakulierte, wenn er nur »Rahab, Rahab« sagte.

Einzuräumen, dass die Weisen solche Dinge schrieben, wo doch die charedischen Religionsführer vor langer Zeit vorschrieben, dass die Wörter »Prostituierte« und »ejakulieren« verboten seien und niemals ausgesprochen werden dürften, ist für die charedische Denkungsart die Grundlage aller Blasphemie. Als ich studierte, war die Lektüre eines Buches wie Hesekiel verboten. Ja, wir verwendeten Wörter wie Chayot und Ophanim Hakodesch im Gebet, weil sie im jüdischen Gebetbuch stehen, ohne dass wir eine Ahnung gehabt hätten, was sie bedeuteten. Für uns hätten Chayot auch so etwas wie wilde sephardische Mädchen und Ophanim Hakodesch ein Mercedes mit einer Mesusa sein können.

Das Fazit lautet also, so seltsam es klingen mag: Dieselben Leute, die geschworen haben, ihr Leben der Thora zu widmen, ob sie Litwakim sind oder Chassidim, haben keine Ahnung, was in der Thora steht.

Als wir seinerzeit den Talmud studierten und den Traktat Kidduschin durcharbeiteten, lasen wir, dass ein Mann eine Frau durch den Akt des Biah heiraten kann. Biah meint hier Beischlaf, allgemein aber bedeutet das Wort an sich Kommen. Da niemand es mir anders erklärt hatte und ich damals noch nichts über Patricia wusste, war Biah in meiner Vorstellung der Akt, an die Tür einer Frau zu klopfen. Ich konnte es mir bildlich vorstellen. Ich sah mich an eine Tür klopfen, hinter der ein Mädchen lebte, und neun Monate später würde ich ein Baby haben. Und so achtete ich darauf, an keine einzige Tür zu klopfen, um nicht mit 13 verheiratet zu sein und mit 14 Vater zu werden.

Wenn ich heute daran denke, muss ich darüber lachen, was für ein naiver Junge ich war.

In diesem Moment kommt Reb Betzalels Sohn mit einem winzigen Challa aus der Küche, das vielleicht so viel wiegt wie eine normale Scheibe Brot, und ich frage ihn, ob ich es ihm abkaufen kann. Für 100 Schekel (ca. 25 Euro), entgegnet er, wäre er bereit, sich von seinem Challa zu trennen. Ich zücke den Geldbeutel, er überreicht mir das Challa, das teuerste Challa, das ich je besessen habe.

Vielleicht ist er so naiv, wie ich es in der Frage des Anklopfens war, aber er ist zweifellos auf dem Weg, ein sehr erfolgreicher Geschäftsmann zu werden.

Werden charedische Rabbis es ihren Schülern je erlauben, das Buch Hesekiel zu studieren? Höchstwahrscheinlich nicht. Die Charedim malen im Rahmen ihrer Lehre ein Bild des Himmels, in dem die Rechtschaffenen, oft sehr alte Rabbis, im Garten Eden, also im Himmel neben Dem Namen sitzen, die Thora studieren und Psalmen zu Seiner Ehre rezitieren. Das entspricht

nicht der Darstellung im Buch Hesekiel. Das Gericht Des Namens im Himmel, wie es dort beschrieben wird, ist geprägt von Gewalt, Macht und Feuer, ein Ort, der einen eher an einen Luftwaffenstützpunkt oder ein U-Boot-Geschwader denken lässt als an eine Jeschiwa oder Schul, während die meisten charedischen Rabbis ihre Studenten anweisen, sich dem Dienst in der israelischen Armee unter allen Umständen zu entziehen. Der Name, sagen sie ihnen, liebt Buchseiten, keine Feuershows, nur dass die Bibel ganz andere Vorstellungen hat.

Nun ist es nicht an mir, diesen Leuten zu sagen, was sie glauben und wie sie ihr Leben führen sollen. Sie sagen, dass Gott Seiten liebt, also werde ich mich ihnen anschließen und mit ihnen Buchseiten studieren.

DER BELZER REBBE IST IN MEINEM MAGEN
Wenn sich Engel und tote Rebbes zum letzten Sabbatmahl vereinen

Waren Sie je bei Belz, einem der größten chassidischen Höfe in Israel?

In Jerusalem, höre ich, haben sie ein großes Zentrum.

Ich liebe es groß und gehe folglich zu den Belzern.

Was für ein Zentrum! Ein Palast geradezu! Der jordanische König würde sich die Finger nach einem solchen Palast lecken.

Der Palast von Belz steht neben der Privatresidenz des Rebbes, die ihrerseits ein königlicher Palast ist, ein Haus, das jedem nur erdenklichen Sultan gut zu Gesicht stünde.

Das gigantische Hauptheiligtum ist leider geschlossen, verschiedene Studien- und Gebetssäle sind aber geöffnet. Ich betrete den Studiensaal, der mir der größte zu sein scheint, und sehe Leute auf Bänken mit offenen Büchern vor sich auf den Tischen.

Manche lernen, manche unterhalten sich, einige gähnen und andere überfliegen Texte, ohne anscheinend zu verstehen, was sie lesen, und das alles zu dem Zweck, weitere weiße Engel mit jeweils vier oder sechs Flügeln zu erzeugen.

Ich setze mich und bin bereit, eine oder zwei Seiten zu studieren.

Ich schlage das 5. Buch Mose auf, das zufällig auf meinem Tisch liegt.

Los geht's:

Wenn zwei Männer gegeneinander handgreiflich werden und des einen Frau läuft hinzu, um ihren Mann zu erretten von der Hand dessen, der ihn schlägt, und sie streckt ihre Hand aus und ergreift ihn bei seiner Scham, so sollst du ihr die Hand abhauen, und dein Auge soll sie nicht schonen.

»Bei seiner Scham«, also an den Eiern.

Und dafür wird sie massiv bestraft. Hat das einen Sinn? Ich meine, der Frau die Hand abzuhauen, weil sie ihren Mann retten wollte, klingt ein bisschen bizarr, oder? Raschi, der führende Kommentator der Bibel und des Talmuds, erläutert, dass mit dem Abschneiden der Hand in diesem Fall eine Geldstrafe gemeint ist, wenn sich ein finanzieller Schaden nachweisen lässt. Woher wissen wir, dass dieses »ihr die Hand abhauen« Geld bedeutet und nicht tatsächlich der Frau die Hand abzuhauen? Raschi zufolge wissen wir das aufgrund der biblischen Formulierung »soll sie nicht schonen«. Diese wurde schon in einem früheren Text gebraucht, erläutert Raschi, und dort heißt es, dass es um finanzielle Fragen geht. Da das frühere »soll sie nicht schonen« finanziell bedeutet, bedeutet es hier auch finanziell.

Diese Art talmudischer Logik versetzt mich in meine Jeschiwazeit zurück, in der ich durchschnittlich zehn Stunden am Tag damit verbrachte, den Talmud zu studieren.

Ich plaudere mit einigen Belzern, von denen einer mir sagt, dass ich am Sabbat vorbeikommen solle, zum Hauptheiligtum, um am Dritten Mahl beim Tisch des Rabbis teilzunehmen, unmittelbar vor Sonnenuntergang. Es ist unglaublich, sagt er.

Unglaublich gefällt mir, und als der Sabbatnachmittag anbricht, mache ich mich wieder auf den Weg zu den Belzern, um das letzte Sabbatmahl mit ihnen zu feiern, das der Melawe Malka vorausgeht und das ich bislang ausgelassen habe.

Und so marschiere ich zum Belzer Palast und komme unterwegs am Palast des chassidischen Hofs der Gerrer vorbei, der sogar noch größer ist. Kann man sich das vorstellen?

Auch dort muss ich eines Tages hin, aber nicht heute. Heute ist Belz dran.

Auf dem Weg zum Belzer Palast hält mich ein Chassid an. »Suchen Sie nach Rabbi Schauls Schul?«, fragt er mich. Warum stellt er mir diese Frage? Ich habe keinen Schimmer.

Wer ist Rabbi Schaul?, frage ich ihn.

»Das wissen Sie nicht? Er ist der Anführer einer Splittergruppe von Ger. Wie, das wissen Sie wirklich nicht?«

Nein, weiß ich nicht.

»Ger hat sich vor einer Weile gespalten, und Rabbi Schaul und seine Anhänger dawenen [beten] da drüben«, sagt er und zeigt auf eine Mädchenschule.

Irgendwann gehe ich dahin, sage ich ihm.

»Sie sollten sich mit dieser ganzen Sache befassen«, sagt er zu mir.

Ich weiß nicht, wovon er spricht, werde es aber schon noch herausfinden. Nur nicht heute.

Heute ist Belz. Kein Rabbi Schaul, keine Takunes und kein Ger.

Ich betrete das Hauptheiligtum des Belzer Palasts und gehe die Treppe herunter. Vor mir erstreckt sich ein riesiger Saal mit Tausenden von Chassidim, von denen einer dem anderen im Nacken sitzt. Es ist ein Wunder für das Auge, ein Meer an Menschlichkeit.

Ich erfahre, dass das Dritte Sabbatmahl im Tisch-Format gefeiert wird, was immer das bedeutet. Etwa 2500 Chassidim machen beim Tisch mit, eine Zahl, die mir einer der Chassidim nennt, und alle sind bereit, mit dem Rebbe zu singen und zu essen. Die Tausende tragen schwarze Bekische und Schtreimel und haben alle ihre Augen auf einen alten Mann gerichtet, den Rebbe. Aus irgendeinem Grund sieht es für mich wie eine perfekte Kulisse für einen Multimillionen-Disney-Film aus.

Das Mahl beginnt.
Das ist kein Film. Das ist echt.

Der Rebbe, der am Kopf eines wirklich riesigen, mit weißen Decken bedeckten Tisches sitzt und von den Unmengen von Männern umgeben ist, überwiegend auf Tribünen, die sich bis zur
Decke hochziehen, murmelt etwas über die Challot, die Sabbatbrote, von denen jedes etwa einen Meter lang ist, aber ich kann
kaum etwas hören. Auf wundersame Weise wissen die Chassidim jedoch genau, was er gerade gemurmelt hat, und antworten
im Gleichklang mit Amen. Ein Fest fürs Auge.

Der Rebbe schneidet ein Challa mit einem beeindruckend langen
Messer, vielleicht einem Schwert, und diverse Chassidim ohne
Schuhe steigen auf den Tisch, nehmen große Scheiben Challa und verteilen sie an ihre Glaubensbrüder. Es ist eine gewaltige Operation, aber sie kriegen es gut hin. Immer mehr Challot
werden zum Tisch gebracht und immer mehr Scheiben verteilt.
Dann wird ein großer Teller mit Kompott hereingetragen, von
dem der Rebbe einen oder zwei Löffel isst. Der Rest, Schirajim
genannt, wird an die neben ihm Sitzenden verteilt. Es folgen riesige Platten von einer Größe, wie ich sie noch nie gesehen habe,
mit unzähligen Scheiben Gefilte Fisch. Der Rebbe nimmt einen

Bissen von einer Scheibe, und der Rest des Gefilte Fisch wird zu Schirajim. So viele Chassidim wie möglich schnappen sich kleine Happen von den Scheiben, und wenn die kleinen Bissen in ihren Mündern verschwinden, sehen sie extrem glücklich aus.

Schirajim bedeutet Überbleibsel, aber hier bedeutet es noch viel mehr. Der Rebbe ist ein heiliger Mann, und wenn er von dem Teller isst, wird das Essen auf dem Teller heilig. Das heißt, wenn ich davon auch nur einen kleinen Bissen zu mir nehme, geht die Heiligkeit vom Körper des Rebbes auf meinen Körper über. Bingo.

So hat man es mir erklärt.

Ich schlucke einen Happen Gefilte Fisch. Großartig! Von diesem Augenblick an, wie wunderbar, bin ich ein heiliger Mann. Die Chassidim, die nunmehr auch heilige Menschen sind, und ich verbinden uns unmittelbar durch die Nabelschnur unserer Seelen. Zusammen singen wir Sabbatlieder, während sich Tausende weißer Engel oben und Hunderte toter Rebbes unter der Erde unserem Gesang anschließen. Kein Disney vermag eine solche Szene zu erschaffen. Kannst du echt vergessen.

Das Sabbatmahl geht immer weiter, mit Liedern und Melodien in Hülle und Fülle, die Toten und die Engel tanzen ohne Unterlass, und als es zu Ende und der Sabbat vorbei ist, kehre ich in mein Hotel zurück, zünde mir eine Zigarette an, schlürfe einen heißen türkischen Kaffee, und mir dämmert, was gerade geschehen ist. Von diesem Tage an, so wird mir plötzlich klar, während ich meinen Rauchringen hinterherschaue, ist der Belzer Rebbe, ich schwöre, mittels eines Gefilte Fischs in meinem Bauch.

Kann man noch mehr verlangen?

Die Frage aber ist: Was geschieht, wenn der Rebbe, Gott behüte, stirbt?

GOTT IST QUICKLEBENDIG IN EINEM UKRAINISCHEN GRAB

Weiße Engel streifen durch die Straßen von Jerusalem

Rosch Haschana steht bevor, und die Einwohner von Mea Schearim sind laut Gebetbuch für die hohen Feiertage nun bereit, alle Sünden zu bekennen – diejenigen, die sie begangen haben, und diejenigen, von denen sie nicht einmal wüssten, wie man sie begeht – und Den Namen um Vergebung zu bitten für diese Gemeinschaft der Diebe und Ehebrecher, Lügner und Betrüger. Sie kennen die Melodie, oder?

Wie sich die Sepharden in Or Hachaim an diesem interessanten Slichotabend zu Sündern erklärten, so tut es jeder in Mea Schearim, vor allem an den kommenden hohen Feiertagen.

Wer hat behauptet, dass es leicht ist, ein Jude zu sein? Ich nicht.

Nicht jeder ist meiner Meinung, zugegeben. Heute, am Vorabend von Rosch Haschana, sagte mir ein sephardischer Jude, ich solle im 5. Buch Mose die Verse 1 bis 11 von Kapitel 26 lesen. Warum? Wenn ich es tue, ermunterte er mich, wird »Der Heilige, Gesegnet Sei Er, im Himmel ankündigen: ›Ich habe alle Schuld von diesem Mann getilgt und vergebe ihm all seine Verfehlungen.‹«

Das ist der sicherste und schnellste Weg, um ein großartiges Jahr mit all den Prinzessinnen und Prinzen von Mea Schearim sicherzustellen. Was will man mehr?

Eigentlich nichts, aber ich bekomme noch etwas. Nämlich eine Nachricht von David, dem Philanthropen, der zufolge er mit den Leuten von Toldos Aharon gesprochen hat und der Rebbe sich nach den Feiertagen mit mir treffen wird.

Ausgezeichnet!

Kurz vor Sonnenuntergang ertönt eine Sirene in ganz Mea Schearim zum Zeichen, dass Rosch Haschana sehr, sehr bald beginnt.

Allmählich kommt der Verkehr zum Erliegen, und Menschen statt Autos füllen die Straßen.

Man erkennt an der Bekleidung, dass dies ein besonderer Tag ist, denn viele Männer tragen einen Kittel, ein weißes Gewand. Bei den Chassidim, die weiße Socken tragen, führt das zu einem faszinierenden weißen Spiegeleffekt, der an die weißen Engel am Firmament erinnert.

Sind sie, o Gott, die wahren weißen Engel?

Ein Mann im weißen Kittel kommt an mir vorbei. Warum tragen Sie einen Kittel?, frage ich ihn.

»Da bin ich mir nicht sicher«, antwortet er.

Haben Sie eine Vermutung?

Er kann sich eine Antwort ausdenken, sagt er.

Na klar, nur zu, ermuntere ich ihn.

»An Rosch Haschana wollen wir aussehen wie Engel, heilige Wesen.«

Nicht schlecht, nicht schlecht.

Ein anderer Chassid erzählt mir: »Wir wollen uns daran erinnern, worum es an diesen hohen Feiertagen geht. Der Kittel ähnelt den Leichentüchern, in denen die Toten begraben werden, und wir beten darum, am Leben zu bleiben.«

Was für unterschiedliche Lebenseinstellungen!

Während ich über das Fest in Weiß staune, drückt mir ein Brazlawer Chassid eine Broschüre in die Hand, »Die allumfassende Seelenkorrektur«, die Rabbi Nachman von Brazlaw zugeschrieben wird. Das Heftchen enthält zehn Psalmen sowie spezielle Gebete für Männer, die fatalerweise letzte Nacht ihren Samen vergossen haben. Der Samenverguss, steht dort zu lesen, führt zu erschreckenden Schäden in allen Welten. Oder, wie es im Gebetstext heißt: »Ich bin lebensmüde, weil ich, o Herr, letzte Nacht meinen Samen vergossen habe.«

Falls Sie Ihren Samen gestern Nacht nicht vergossen haben, hilft die allumfassende Seelenkorrektur auch dabei, Ihren Körper und Ihre Seele von anderen Sünden zu reinigen. Ibuprofen für die Seele, sozusagen.

Die Broschüre erhält jeder Sünder, der sie haben möchte, umsonst, falls es Sie interessiert. Zum Glück hat Brazlaw ein Konto für vergossenen Samen bei Dem Namen, der sämtliche Kosten übernimmt.

Der Brazlawer Chassid, der mir das Heftchen in die Hand gedrückt hat, ist hier, in Israel, doch Tausende Brazlawer Chassidim, Anhänger Rabbi Nachmans, des vor über zwei Jahrhunderten verschiedenen Rebbes, sind gegenwärtig in Uman in der Ukraine, wie ich höre. Dort beten, tanzen, singen und weinen sie am Grab des Rebbes. Und da kommt mir ein Gedanke: Es ist nicht das Ende der Welt, wenn ein Rebbe stirbt, weil tote Rebbes auch in ihren Gräbern aktiv sind. Das aber bedeutet, dass ich, was auch geschieht, über den Gefilte Fisch in meinem Bauch immer und ewig mit dem Belzer Rebbe verbunden sein werde.

Halleluja!

Warum ist mir das noch nicht früher eingefallen? Ich bin manchmal ein solcher Idiot.

Wie dem auch sei, mir kommt noch ein Gedanke: In der großen Schul der Brazlawer in Mea Schearim wird es genügend Plätze für das Abendgebet geben, was wahrscheinlich bei den meisten Schuls in der Gegend nicht der Fall sein dürfte. Sollte ich dahin gehen? Na klar!

Das Wetter ist schön, eine kühle Brise weht mir ins Gesicht, und ich fühle mich himmlisch. Das Wetter ändert sich anscheinend um diese Jahreszeit, wie herrlich. Was für ein Unterschied zu noch vor wenigen Tagen, als die Erde unter meinen Füßen brannte und die Sonne mir vom Himmel herab den Schädel versengte.

Schaut euch an und lauscht auf das, was hier passiert, meine Lieben: Männer in Kitteln und Frauen in neuen Kleidern, massenweise kleine Kinder und eine Fülle von älteren Menschen vermischen sich zu einer Einheit, grüßen und segnen einander, und manche bleiben stehen, um die neuesten Neuigkeiten auszutauschen: Wer hat geheiratet? Wer ist gestorben? Wer hat gerade ein

Mädchen bekommen, und wer hat als Nächster eine Brit Mila (Beschneidung)?

Am Sabbat und an den religiösen Feiertagen verwandeln sich die Straßen von Mea Schearim ins Wohnzimmer der hiesigen Einwohner, und das zu beobachten ist herzergreifend.

Ich laufe, laufe, laufe, und am Ende von Mea Schearim, wo die Brazlawer Synagoge steht, sehe ich aus der Entfernung Hunderte von Frauen, die die Straße säumen. Was ist hier los? Heiratet ein Chassid am hohen Feiertag auf offener Straße? Wurde der Rebbe auferweckt und beehrt Jerusalem?

Als ich schließlich an Ort und Stelle eintreffe, sehe ich nirgends einen Bräutigam und keinen einzigen auferweckten Toten. Das ist weder eine Hochzeit noch eine Auferstehung. Was also dann? Die Frauenabteilung ist voll, heißt es, und deshalb stehen diese Frauen hier draußen.

Ich gehe zur Männerabteilung. Das Bild hier ist nicht viel besser. Das Haupttheiligtum ist brechend voll, und nicht nur das. Die Synagogenverwaltung hat ein Metallgerüst über den Köpfen der Gottesdienstbesucher im Saal aufschlagen lassen, das ebenfalls bis auf den letzten Platz besetzt ist. Dasselbe gilt für die angrenzenden Abteilungen und die Treppe. Ich quetsche mich, so gut es geht, bis zum Eingang des Haupttheiligtums. O Gott! Wohin das Auge blickt, starrt ein Chassid zurück. Sollen die nicht alle in Uman sein? Nun, Zehntausende sind nach Uman geflogen, erfahre ich, und die Menge hier gehört zum Rest, zu denen, die nicht geflogen sind.

Ich schließe mich dem Gebet an.

In diesem Gebetsdienst wird Gott nicht als Der Name bezeichnet, sondern als Adoinoi (Adonai), was für Herr steht oder Mein Herr. In etwa, um genau zu sein. Herr ist Adon, Mein Herr ist Adoni, aber die Idee ist praktisch dieselbe. Meistens jedoch wird das Wort Adoinoi nicht Adoinoi buchstabiert, sondern J, H, W, H und als das Wort Adoinoi punktiert.

Adoinoi oder irgendeine Variation davon ist der Name Des Namens.

Ich meine, nicht wirklich. Aber wer weiß das schon? Niemand.

Wenn sie beten, preisen charedische Juden Gott unter dem Namen Adoinoi, wie in »Gepriesen seist Du, Adoinoi«, doch wenn man sie fragt, ob Adoinoi der Name Gottes ist, dann ist ihre übliche Antwort so etwas wie: »Der Name Des Namens ist sehr, sehr, sehr – «

Ja, das ist ein Teil des Spiels, könnte man sagen. Das sind die Grundlagen des Judentums, und wenn Sie die nicht begreifen, dann werden Sie besser ein Goj; das ist leichter verständlich.

Unter dem Strich, wenn Sie darauf bestehen, jüdisch zu sein: Beten Sie zu Dem Namen, zu Dem Herrn, zu Meinem Herrn, zu J, H, W, H oder was immer Sie wollen, es ist alles dasselbe. Sie können mich auch Tuvia, Buia, J, U, H, U nennen oder wie immer Sie wollen, und solange wir uns nie persönlich begegnen, spielt es keine Rolle.

Die Juden, einschließlich meiner Wenigkeit, beten weiter.

Worum bete ich? Nun, ich schwimme mit dem Strom, und was sie sprechen, das spreche ich auch.

Etwas detaillierter: Nachdem sie Den Namen dafür gepriesen haben, dass er die Toten erweckt, wenn die Zeit gekommen ist, versteht sich, bitten sie Gott, Seinem Volk Ehre zu geben, Seinem Land Glück und Seiner Stadt Freude. Übersetzt: Das Volk sind die Juden, das Land ist Israel und die Stadt Jerusalem. Und das ist das Hauptthema des Gebets, eine Dreifaltigkeit: Juden, Israel, Jerusalem.

Über dieser Dreifaltigkeit steht eine andere Dreifaltigkeit, die das Wesen des religiösen Judentums ausmacht: Volk Israel, Thora Israel und Land Israel. In drei Wörtern: Volk, Wissen, Land.

Doch was immer ihre Lippen beim Gebet murmeln, dient ihr eigener Name, Brazlaw, wie bei den meisten anderen chassidischen Höfen auch der Feier eines Ortes, der nicht im Heiligen Land liegt, sondern in der Diaspora: Brazlaw, Ukraine.

Für die Tausenden von Chassidim, die heute in Uman am Grab ihres Rebbes beten, lautet die Trinität etwas anders. Sie setzt sich aus Nachman, Ukraine und Uman zusammen, und deshalb haben sie Israel verlassen und sind in die Ukraine geflogen, weil Adoinoi nicht mehr im Heiligen Land ist, sondern in einem ukrainischen Grab.

Ich verlasse die Schul und stelle mich zu den Frauen, die draußen beten. In meinen jungen Jahren, erinnere ich mich, galten die Brazlawer als ein Haufen Verrückter. Sie pflegten in den frühen Morgenstunden herumzurennen und »Katsti B'Hayei« zu rufen, ich bin lebensmüde.

Ich erinnere mich, wie ich in dunklen Nächten ihre Schreie auf Jerusalemer Hügeln gehört und mich gefragt habe, ob ich Angst vor ihnen haben oder über sie lachen sollte. Wenn ich sie mir aber heute anschaue, die Männer drinnen und die Frauen draußen, dann scheinen sie kein bisschen lebensmüde zu sein.

Während ich diesen Gedanken nachhänge, entsteht plötzlich eine große Bewegung im Innern des Gebäudes. Zahllose Frauen strömen heraus, ein Anblick, der an den Exodus der Juden aus Ägypten erinnert; ein endloser Strom von Brazlawer Frauen in meine Richtung. O meine Lieben, lasst mich eines sagen: Ich bin absolut nicht lebensmüde!

Ich fühle mich, möchte ich hinzufügen, wie König Salomon.

Aber der Feiertag hat gerade erst begonnen; schauen wir mal, was er noch bringt.

WASSERHAHN AUF, UND IHRE SÜNDEN WERDEN WEGGESPÜLT!

Aber was ist, wenn Sie Ihren Samen in Ihrer letzten Inkarnation vergossen haben?

Und erbringt noch so einiges. Spät am folgenden Tag nehme ich an einem Festmahl bei einer benachbarten Gruppe teil, etwa eine halbe Stunde zu Fuß von Mea Schearim. Ich setze mich an einen Tisch und merke schnell, dass einige der anderen um mich herum Aussteiger aus der charedischen Welt sind. Zu meiner Linken sitzt ein junger Mann, der einmal zum Hof der Belzer Chassidim gehörte, während der neben ihm ein Gefolgsmann des Satmarer Hofes war. Beide haben ihre Schläfenlocken behalten, die allerdings kleiner und dünner ausfallen als die normaler Chassidim. Ich vermute, dass sie zwar beide ihre Gemeinden verlassen haben, es jedoch nicht schaffen, sich einer neuen anzuschließen. Ich versuche, mich mit ihnen zu unterhalten, aber sie sind nicht gesprächig, und bei näherer Betrachtung sehe ich einen Schleier der Traurigkeit über ihren Gesichtern. Sie essen auch nicht viel und trinken fast nur Wasser. Ein anderer Aussteiger an einem Nebentisch vertraut seinen Tischgenossen seine Hoffnung an, dass er im neuen Jahr eine Partnerin finden wird, eine Frau mit Geld.

Träum weiter.

Da mich diese Aussteiger traurig stimmen und ich sie nicht aufmuntern kann, kehre ich nach Mea Schearim zurück, wo an jeder Straßenecke der Klang des Schofar ertönt. Nach jüdischer Tradition wird der Schofar, der aus dem Horn eines Widders gefertigt ist, an jedem Rosch-Haschana-Tag Dutzende Male in den Synagogen geblasen. Dank der vielen Synagogen in Mea Schearim sind die Schofarstöße ständig auf der Straße zu hören. Was sollen diese Stöße bedeuten? Warum lässt man sie erklingen? Sie sollen uns daran erinnern, dass wir Buße tun, erklärt mir ein

Charedi. Wie das? Der Schofar, so sagt er, ist die Stimme Des Namens, und wenn er geblasen wird, soll das an diesem Tag der Ehrfurcht »Satan verwirren«.

Wenn das stimmt, muss Satan ein Vollidiot sein.

An diesem Tag, erzählt der Chassid weiter, wird wohl oder übel über das Schicksal eines jeden Juden entschieden und das Himmlische Gericht einberufen, um die Taten einer jeden Person zu gewichten. Und wie in jedem anderen Gericht gibt es Richter, Ankläger und Verteidiger, weiße Engel, die von unseren Stammvätern Abraham, Isaak und Jakob angeführt werden, sowie schwarze Engel, die von Satan angeführt werden, der ebenfalls ein Engel ist. Es sei daran erinnert, dass Satan auch als Engel des Todes bekannt ist.

Satan ist, wie jedes Kind weiß, der Typ, der charedische Männer mit der Schönheit charedischer Frauen in Versuchung führt, und wenn sich ein Mann in Satans Netz verstrickt und dieser Versuchung nachgibt, schnappt sich Satan in seiner Eigenschaft als Engel des Todes den Versuchten und raubt ihm die Seele.

Glücklicherweise gibt es eine Möglichkeit, sich von den eigenen Sünden zu befreien und Satans Schwert zu entgehen.

Die da wäre?

Taschlich. Was ist Taschlich? Taschlich ist ein Verfahren, durch das Juden ihre Sünden wegwerfen, vorzugsweise an einem Meer, Fluss oder sonstigen Gewässer. Jerusalem hat kein Meer, noch nicht, aber kein fehlendes Meer wird einen Juden aufhalten.

Ich gehe zu Duschinsky, einer weiteren chassidischen Schul in meiner Nähe, um zu sehen, wie sie Taschlich machen. Es ist interessant. Unzählige Chassidim strömen aus allen Richtungen herbei. Einige von ihnen rennen so schnell, als wollten sie den letzten Flug nach Mississippi erreichen. Aber sie gehen gar nicht in die Schul, sondern versammeln sich neben dem Eingang. Warum stehen sie da?, frage ich einen Chassid. Tja, sagt er, weil hier ein Wasserhahn ist. Wenn einem ein Meer fehlt, reicht auch ein

Wasserhahn, erklärt er mir. Brillant. Und hier, neben dem Wasserhahn, rezitieren sie Verse aus dem Buch Micha:

Wo ist solch ein Gott, wie du bist, der die Sünde vergibt und erlässt die Schuld denen, die geblieben sind als Rest seines Erbteils; der an seinem Zorn nicht ewig festhält, denn er hat Gefallen an Gnade! Er wird sich unser wieder erbarmen, unsere Schuld unter die Füße treten und alle unsere Sünden in die Tiefen des Meeres werfen.

Dafür sind sie gerannt? Haben sie etwa keine Wasserhähne zuhause?

Wie die Antwort auch lauten mag, die Hauptsache ist: Jetzt, wo das Taschlichgebet absolviert ist, sind die Juden ihre Sünden los, und ihre Seelen sind weiß wie Schnee. Trotz alledem geht Rosch Haschana aber weiter. Rosch Haschana dauert nämlich zwei Tage. Nur warum? Warum braucht Gott noch einen zusätzlichen Tag, wo doch jetzt all seine Kinder mit dem Wasserhahn reingewaschen sind?

Um herauszufinden, was sich am zweiten Tag von Rosch Haschana tut, gehe ich zur Schul von Lelev (oder Lelov), einem weiteren von vielen chassidischen Höfen in meiner Nähe.

Dort kommen einige Kinder mit ernsten Gesichtern auf mich zu, den Blick auf meine linke Hand gerichtet. Was haben sie vor? Wollen sie mich rauswerfen? Wird es einen Aufruhr geben, wie man mich gewarnt hat, bevor ich überhaupt nach Mea Schearim kam?

Ich schaue auf meine linke Hand und versuche zu verstehen, was das Problem mit dieser Hand ist.

O gütiger Herr: Es ist meine Apple Watch! Warum habe ich daran nur nicht gedacht? Eine Apple Watch ist wie jede Informatikausrüstung am Sabbat und religiösen Feiertagen verboten.

Was nun?

Glücklicherweise bietet mir ein erwachsenes Mitglied der Gemeinde einen Sitzplatz an, bevor sich die Situation zuspitzt, und reicht mir einen Machsor, das Gebetbuch für den Feiertag.

Als sie das sehen, schenken mir die taffen Kids ein Lächeln und ziehen ab.

Ich schlage das Buch auf.

Was sehe ich? Ein Gebet namens Tikkun Qeri, in dem es um die Reparatur oder Bereinigung der Seele nach dem durch vergossenen Samen verursachten Schaden geht.

Eine Menge Männer in dieser Gegend scheinen Überstunden zu machen, um ihren Samen zu vergießen. Mea Schearim, ist mein Eindruck, platzt vor Hengsten.

Ich lese das Gebet, in dem es heißt, dass ich Gott um Vergebung dafür bitten kann, »meinen Samen umsonst vergossen zu haben«, sei es durch Masturbation oder unbeabsichtigt. Diese Bitte um Vergebung, lese ich weiter, ist für mein jüngstes Samenvergießen sowie jedes Samenvergießen, das ich mir im vergangenen Jahr habe zuschulden kommen lassen, und auch für all die Samenvergüsse, die ich in früheren Inkarnationen begangen habe, nebst sämtlichen Samenvergüssen der restlichen Juden im vergangenen Jahr.

Wow!

Wie komme ich aus der Nummer raus? Ich hoffe, ich muss das nicht laut rezitieren.

Zu meinem Glück sind die Chassidim um mich herum keine deutschen Konvertiten wie Reb Dovid und beten nicht alles, was im Gebetbuch steht. Dieses Gebet überspringen sie einfach und bitten stattdessen Gott, nach Zion zurückzukehren, seinen Tempel wieder aufzubauen und ganz Israel ins Buch des Lebens einzutragen, damit Er wieder über die ganze Welt herrschen kann.

Gut.

Alle paar Gebetszeilen heben die Lelev-Chassidim zu singen an, oj, oj, oj, manche beginnen sogar zu tanzen, dann halten sie inne, verstummen, und der Schofarbläser bläst den Schofar, laut und deutlich.

Sie beten: »*Und so lass, Ewiger unser Gott, Furcht vor dir über alle deine Werke kommen ...*«, und dann stimmen sie ein Lied an, oj, oj, oh oh, oh, ta, ta, ta. Wie reizend! Anschließend wird noch mehr gebetet, gesungen, getanzt und geblasen, es geht endlos weiter. Um mithalten zu können, holt der Mann neben mir eine kleine Dose Schmek-Tabek, Schnupftabak, heraus und bietet sie mir an. Ich nehme ein wenig, führe ihn in die Nase ein, atme ein, und genieße den ordentlichen Schuss Nikotin. Was für ein Fest!

Ich liebe es. Tausendmal besser als das Tikkun Qeri.

Allerdings habe ich immer noch keine Ahnung, warum Gott noch einen Tag braucht, an dem ihn Seine Auserwählten Kinder um Vergebung bitten, wenn er ihnen am Vortag schon am Wasserhahn vergeben hat.

Als sich der Gottesdienst dem Ende zuneigt, kommt ein Mann mit langem schwarzem Bart, goldenem Kaftan und großem Bauch auf mich zu, der auf den Namen Reb Jankew Chaim hört. Er wirkt leicht bedrohlich, ein bisschen wie ein Extremist. Aber er spricht mich wie folgt an: »Wissen Sie schon, wo Sie das Festmahl zu sich nehmen?« Wenn ich möchte, sei ich herzlich zu ihm nachhause eingeladen. Ich, selbst ein großer Bauch, kann zu einer Essenseinladung im Leben nicht Nein sagen und nehme seine sofort an.

Er lebt, sagt er mir, im dritten Stock, weder Aufzug noch Rolltreppe führen nach oben. Aber ich sollte mir keine Sorgen machen, sagt Reb Jankew, denn sobald die beiden Dickbäuche, er und ich, den dritten Stock erklommen haben, werden sie mit dem Essen seiner Frau großzügig entschädigt.

Nichts wie hin!

Trotz der drei Etagen erreichen wir wohlbehalten seine Wohnung, in der uns seine Frau, die aus Australien stammt und wie ein Model aussieht, mit breitem Lächeln begrüßt.

Vor noch nicht allzu langer Zeit, sagt die Australierin, lebten sie unten, sie aber wollte in den dritten Stock ziehen, damit ihr dickbäuchiger Mann ein wenig trainieren würde: treppauf, treppab.

Ein großer Tisch in der Mitte des hell erleuchteten Wohnzimmers mit schneeweißer Tischdecke ist reich mit Tellern, Tassen, Getränken jeglicher Art, Honig und Heringen und allem dazwischen eingedeckt.

Reb Jankews Geschäft, mit dem er das Geld für das Essen auf dem Tisch verdient, ist ein Zeltverleih; große Zelte, riesige Zelte, Zelte für besondere Veranstaltungen, für Tausende von Besuchern. Soweit ich das von der großzügigen Auswahl an Speisen auf dem Tisch beurteilen kann, ist es ein einträgliches Geschäft.

Sie müssen ziemlich viel arbeiten, sage ich zu ihm, aber er sieht es nicht so. »Wir arbeiten nicht für unseren Lebensunterhalt«, setzt er mir auseinander, wobei er die Menschheit im Allgemeinen meint. »Das Geld, das wir verdienen, kommt von Gott, nicht von unserer Arbeit; mit der Arbeit zahlen wir nur für unsere Sünden.«

Prof. Dan Schueftan sollte hier sein, um das zu hören.

Reb Jankew liebt den Lelever Rebbe aus der Zefanja-Straße (es gibt mehr als einen Lelever Rebbe, wie ich mir sagen lasse), und er liebt es, ein Loblied auf diesen Rebbe anzustimmen: »Wenn jemand Neues in die Schul kommt, fragt der Rebbe nicht, ob die Person gebetet oder studiert hat. Nein, nein, nein. Der Rebbe fragt etwas anderes: Hat die Person schon gegessen? Sollte die Person zum Essen eingeladen werden? Hat diese neue Person einen guten Platz zum Schlafen?«

Das australische Model, das schmecke ich, hat das Essen mit Liebe zubereitet. Jeder Bissen von allem, was hier geboten wird, ist ein Genuss: Fisch, Fleisch, Challot, Süßigkeiten, was das Herz begehrt. Reb Jankew, der meine Seele kennt, sorgt dafür, dass ich permanent mit eiskalter Cola Zero versorgt werde, und weist seine Kinder an, immer eine neue Flasche in den Kühlschrank zu stellen, bevor ich die davor ausgetrunken habe. Coca Cola Inc. und ich wissen diese Bemühungen sehr zu schätzen und sind außerordentlich dankbar dafür.

Nachdem mein Magen gefüllt und mein Herz beglückt wurde, verstehe ich endlich, warum Der Name einen weiteren Rosch-Haschana-Feiertag wollte: um sicherzustellen, dass wir gut essen.

Das Leben ist gut.

Leider nicht für alle. Manche Menschen sind arm und können sich so tolles Essen, wie ich es gerade hatte, kaum leisten.

Aber sie sollten sich keine Sorgen machen.

Reb Jankew Chaim, finde ich ein paar Tage später heraus, wird sich um sie kümmern.

Als ich an der Schul von Lelev vorbeilaufe, sehe ich Reb Jankew Chaim. Er hat gerade, berichtet er mir, 90 000 Schekel ausgegeben, also fast 22 400 Euro, um Fisch, Fleisch, Huhn, Süßigkeiten, Kekse und was immer ihm sonst in den Sinn kam, zu kaufen und an 80 Familien mit geringem Einkommen zu verteilen, seine

Gabe an die Bedürftigen seiner Gemeinde. Reihenweise Kartons stehen überall auf dem Boden, und kleine Jungs mit Plastiktüten laufen zwischen ihnen herum, um die Tüten mit einem Artikel aus jedem Karton zu füllen. Dann gehen die Tüten an verschiedene Boten, die sie unter den 80 Familien verteilen. Um die Namen der Familien zu schützen, wird diese Aktion diskret durchgeführt, und nur die Boten wissen, wo sie die Tüten abgeben müssen. Es ist eine erstaunliche Aktion, von einem Zartgefühl, das einem die Tränen in die Augen treiben kann, Freudentränen darüber, dass Leute wie dieser Reb Jankew Chaim unter uns sind. Wenn man mich fragt, sollte er ein Rebbe sein. Leider wird er das mit aller Wahrscheinlichkeit nicht werden. Wie viele Königreiche der Gojim ist auch die Ernennung zum Rebbe erblich. Solange ein Rebbe Kinder hat, kann niemand außerhalb der Familie den Thron erben. Und der hiesige Rebbe hat welche. Tatsächlich wird der Sohn des Rebbes kommende Woche 13 Jahre alt und damit Bar-Mizwa, das heißt ein vollwertiger »Mann«, der verpflichtet ist, alle Mizwot der Thora einzuhalten. Der Rebbe wird nächste Woche eine Bar-Mizwa-Feier für seinen Sohn veranstalten und am Sabbat vor der Bar-Mizwa einen speziellen Kiddusch zu diesem Zweck sprechen; zu beiden Feiern bin ich eingeladen.

Kann ich da Nein sagen? Auf keinen Fall!

GOTT SPRICHT JIDDISCH

Und ein Rebbe ist zu einem Interview bereit

Es ist Freitagabend, und ich stehe auf dem Kikar Haschabat, dem Sabbat-Platz. Aus allen Richtungen kommen Autos, bis der Verkehr allmählich nachlässt und am Ende nur noch ein paar Taxen mit arabischen Fahrern übrigbleiben. Welche Juden fahren diese Araber? Die Aufschiebejuden, die immer alles bis zur letzten Minute aufschieben.

Wenig später nimmt auch die Zahl der Taxen ab, und die verbliebenen fahren schnell, weil sie nicht ausgerechnet am Sabbatbeginn in einem charedischen Viertel steckenbleiben wollen, wo sie weder vor noch zurück können. Dann taucht auf der Mea-Schearim-Straße ein hochgewachsener Chassid mit drei Kartons auf, die er auf die Straße schmeißt. Anschließend schiebt er die am Rand platzierten Absperrgitter auf die Straße, sodass sie den Autoverkehr blockieren. Er geht zurück zu seinen Kartons, pflanzt sich dort auf, als gehöre die Straße ihm, und ruft »Schabbes!«, als zwei leere Taxis auf einer angrenzenden Straße vorbeifahren. Noch einige Minuten vergehen, und die Ampeln werden abgeschaltet. Die Königin Sabbat hat Einzug gehalten.

Und am Sabbatmorgen gehe ich zur Lelev-Schul, wo ich just zur wöchentlichen Thoralesung eintreffe. Hier höre ich von den furchtbaren Konsequenzen, mit denen Gott den Juden droht, wenn sie sich nicht an seine Gebote halten. Mit uns wird Schluss gemacht, kurz gesagt. Ich frage mich: Ist Gott, Der Name, wirklich so rachsüchtig, dass Er uns alle töten wird, wenn wir Ihm nicht andauernd gehorchen?

Soweit ich sehe, bin ich der Einzige, der sich diese Frage stellt. Die Leute um mich herum kümmert das alles überhaupt nicht. Sie hören denselben Text, aber ihr Verhältnis zu Dem Namen ist ein ganz anderes als meines. Ihr Gott ist ein Gott, der Jiddisch spricht und mit dem sie sich durch ihren Rebbe verbinden. Und der Rebbe, so viel habe ich bereits verstanden, achtet mehr darauf, wie viel sie zu essen haben, als auf irgendetwas sonst.

Nach der Thoralesung beten die Lelever zu Dem Namen, und ich höre zu. Es ist dasselbe Gebet, das die Chassidim von Shomer Emunim angestimmt haben, als ich bei ihnen war, und wie sie haben die Chassidim hier eine tolle Zeit mit denselben Zeilen.

Scharen von Engeln oben,
Mit Deinem Volk Israel unten,
werden Dich krönen, Herr unser Gott,
Dich dreimal gemeinsam heiligen,
Wie von Deinen Propheten verkündet:
Und sie rufen zueinander und sagen: Heilig, heilig, heilig ...

Sie rezitieren diese Worte laut, freudig, und versetzen sich in eine Trance. *Heilig, heilig, heilig* rufen sie und freuen sich wie die Schneekönige. Warum nur machen diese Wörter sie so glücklich? Ich weiß es wirklich nicht.

Sie fragen nicht danach, wie ein Engel aussieht. Nichts könnte ihnen gleichgültiger sein. Soll sich Hesekiel einen Kopf darum machen, nicht sie in dieser Schul. Was sie betrifft, wenn ich sie recht verstehe, haben Engel Schtreimel und können fliegen.

Muss irgendjemand mehr wissen?

Sie haben andere Dinge im Kopf: Der Sohn des Rebbes wird am Sonntag Bar-Mizwa feiern, und der Rebbe gibt heute gleich nach dem Gebet einen Kiddusch: Hering und Kugels, Köstlichkeiten, wie kein Engel sie da oben hat.

Ich betrachte den Sohn des Rebbes, den neuen Mann, der sich wie ein König gebärdet. Aufrechten Hauptes blickt er auf die anderen Anwesenden, als stünden sie unter ihm. Er lacht nicht und spricht mit niemandem, sondern stolziert herum wie der neue Schlossherr.

Nach dem Kiddusch sitze ich ein paar Minuten mit dem Rebbe zusammen, schwatze mit ihm über dies und das und frage ihn schließlich, ob er zu einem Interview mit mir bereit wäre. »Ja«, sagt er und schlägt vor, dass wir uns nach Jom Kippur treffen.

Das freut mich. Ich möchte mich gerne alleine mit diesem Rebbe treffen und mir von ihm erklären lassen, was es heißt, ein Rebbe zu sein.

Zum Abschied sage ich ihm: Ihre Chassidim lieben Sie sehr. »Ich liebe sie auch«, entgegnet er.

Am Ende des Sabbats fällt der erste Regen dieser Jahreszeit nach den regenlosen Sommermonaten in Israel. Es ist nur ein Nieseln, ja, aber immerhin Regen. Mea Schearim, die Hundert Tore, wird nass, doch wie üblich versammeln sich die Menschen draußen, um zu tratschen, zu schmueßn (plaudern), zu diskutieren. Als ich das letzte Mal nachsehe, sind sie um drei Uhr morgens noch draußen. Das Licht im Wohnzimmer der Straße ist noch an.

Ich schlafe ein. Am nächsten Abend gehe ich zur Bar-Mizwa des Sohnes des Lelever Rebbes. Die Chassidim, für die die Bar-Mizwa-Feier ein Feiertag ist, tragen aus diesem ehrwürdigen Anlass ihre Sabbat- und Feiertagskleidung mit Schtreimel und Kaftan. Die Schul, die Heimstätte der Chassidim, ist brechend voll. In einem Bereich stehen die kleinen Kinder, in einem anderen die Junggesellen und in noch einem anderen die verheirateten Männer mit den Schtreimel. Der Rebbe und sein Sohn sitzen mit den Ältesten der Gemeinde auf einer erhöhten Plattform und präsidieren über uns alle, während hinter ihnen ein Sänger darauf wartet, uns alle für die Dauer des Abends zum Singen zu animieren.

Die Chassidim kommen hierher, um zu essen, zu trinken, zu singen und mit dem Rebbe und seinem Sohn, dem Prinzen von Lelev, zu feiern. Es gibt Gefilte Fisch und alle möglichen anderen Sorten Fisch sowie Huhn und Lokschen-Kugel, weil Essen nun mal der Motor des Lebens ist und dieser Rebbe möchte, dass seine Chassidim satt werden.

Die Chassidim, die so fröhlich sind, als sei dieser Abend ihre eigene Hochzeitsfeier, bewegen ihre Körper nach rechts und nach links, springen gleichzeitig auf der Stelle und geraten außer Rand und Band. An einem bestimmten Punkt dieses Abends habe ich, der ich mit ihnen singe und swinge, das Gefühl, als sei ich in jemandes Schlafzimmer getreten und betrachte seine intimste Privatsphäre. Was sich, nebenbei bemerkt, gut anfühlt.

Im Laufe des Abends machen verschiedene Rebbes, etwa von den Duschinskys und den Karlinern, ihre Aufwartung. Sie setzen sich kurz neben den Rebbe und seinen Sohn, um ihre Solidarität mit ihm und seinen Chassidim zu bekunden, dann machen sie Platz für weitere Rebbes.

Die verschiedenen chassidischen Höfe von Mea Schearim, wird mir klar, heiraten vielleicht nicht immer untereinander, aber da die meisten von ihnen Jiddisch sprechen, sich ähnlich kleiden und von demselben Satan heimgesucht werden, bilden sie einen Oberstamm, eine Welt für sich, eine Welt der Schtreimel und »arabischen« Kaftane, der Tichel und Kvitel und Kittel, von Cola Zero und Pepsi Max, von Lautsprechern, die Beerdigungen ankündigen, und eine Welt, in der weiße und schwarze Engel schneller erzeugt werden als mit Lichtgeschwindigkeit.

Auch ich hatte einmal eine Bar-Mizwa. Sie fand in Bnei Brak statt, im Hotel Wagschal. Viele Rabbis kamen, darunter einige der damals wichtigsten im ganzen Land, und mein Rabbi prophezeite mir, dass ich später einmal der größte Rabbi Israels werden würde. Diese Weissagung ist bislang noch nicht in Erfüllung gegangen. Aber noch ist ja nicht aller Tage Abend.

Später in der Woche flüstert mir ein Vögelchen ins Ohr, dass die verschiedenen chassidischen Gruppen von Mea Schearim gemeinsam neue Bewohner des Viertels begrüßen werden: Hühner.

Ja, Sie haben richtig gehört. Die Hühner kommen!

WAS IST MÄCHTIGER, EIN HAHN IN MEA SCHEARIM ODER EINE IRANISCHE ATOMBOMBE?

Nichts ist besser als ein Glas Wein, während man das Foto eines alten Litwak anstarrt

Wenn man an eine Organisation namens Vaad Harabonim, Rabbinerrat, spendet, steht einem ein gutes Jahr bevor, lese ich auf einem großen Plakat in der Nähe des Sabbat-Platzes mit der Unterschrift von Rabbi Chaim Kaniewski. Bislang war mein Eindruck, dass Gott über Fragen von Leben und Tod entscheidet, aber vielleicht lag ich falsch. Diesem Plakat zufolge bestimmt Chaim Kaniewski über sie und nicht Gott. Außer natürlich, der wahre Name Gottes lautet Chaim Kaniewski.

Lustigerweise schenkt mir jemand eine Flasche Wein namens Heilswein, auf der das Foto Rabbi Chaim Kaniewskis abgebildet ist. Wer von diesem Wein trinkt, wird, wie Sie sich sicher schon gedacht haben, sein Heil finden.

Rabbi Chaim Kaniewski ist kein Chassid, sondern ein Litwak, und ich frage mich, warum die Menschen hier, die überwiegend Chassidim sind, an ihn glauben.

Moment mal.

Nur wenige Schritte vor mir sehe ich einen Lkw, der mit Abertausenden Hühnern beladen ist und langsam auf mich zusteuert. Der Verkehr kommt schlagartig zum Erliegen, als sich der Laster in eine Parklücke zu zwängen versucht, und manche Fahrer hupen, als wollten sie den Himmel in Stücke reißen. Soweit ich sehe, haben die Hühner keinen Schimmer, warum sie alle an einen Ort gebracht werden, wo ein Männchen ein Weibchen nicht mal angucken darf, während ihre Männchen liebend gerne nackt auf dem Laster paradieren und sich auch das Gucken nicht nehmen lassen wollen. Was haben diese Hühner vorher gemacht, dass sie in so großer Zahl auf diesem Lastwagen hierher verfrachtet worden sind?

Wir sind in der Mea-Schearim-Welt, und in dieser Welt kommt kein Lkw ohne Grund zu Besuch.

Was also machen die Hühner hier?

Diese Hühner, siehe da, werden die Bewohner dieses Viertels vor der Auslöschung bewahren. Diese Hühner haben mehr Macht als eine Atombombe.

Jeder in diesem Land hat Jahr um Jahr aus dem Munde zahlreicher führender israelischer Politiker von der Möglichkeit gehört, dass der Iran dieses kleine Land eines Tages mit Atomwaffen angreifen und die in ihm lebenden Juden binnen Minuten ausradieren könnte.

Aber das wird nicht geschehen.

Warum nicht?

Na, wegen der Hühner.

Die Perser können abertausend Nuklearraketen auf Israel abfeuern, aber keine wird in dieser jiddischsprachigen Gemeinschaft einschlagen, weil die langsam watschelnden Hühner auf diesem Lastwagen noch die schnellsten, größten und mächtigsten Raketen am Eindringen in die Gemeinschaft hindern werden.

Wie das?

Hier kommen die Kapparot (Sühnungen) ins Spiel. Was sind Kapparot? Nun, Menschen sterben, weil sie Sünden begangen haben, und bringen dadurch zu viele schwarze Engel hervor. Wenn sie aber mit einer Formel aufwarten können, mit der man die schwarzen Engel wieder los wird, dann bleiben sie am Leben. Eine Möglichkeit, besagte Engel wieder loszuwerden, besteht, wie schon erwähnt, darin, Taschlich an den Wasserhähnen der Duschinskys zu machen. Nicht jeder aber weiß, wo diese Wasserhähne sind, und damit wären wir bei den Hühnern. Wie die Tradition besagt, kann man seine Sünden auf ein Huhn übertragen, das Huhn töten und dadurch sein eigenes, vom Himmel erlassenes Todesurteil auf das Huhn übertragen. Einfach gesagt: Wenn Sie Ihren Samen vergossen haben, halten Sie sich ans Huhn.

Deshalb sind die Hühner zwischen Rosch Haschana und Jom Kippur hier, wenn jedermanns Schicksal beschlossen und besiegelt wird. Man muss lediglich für 45 Schekel (€11,20) ein Huhn kaufen, es in die Hand nehmen, über seinem Kopf schwingen und dabei dreimal den folgenden Text aufsagen: »*Das ist mein Stellvertreter. Das ist mein Auslöser. Das ist meine Sühne. Dieses Huhn geht dem Tode entgegen, ich aber gehe einem guten Leben und Frieden entgegen.*«

Genau das machen die Leute hier, und ich schaue ihnen zu, halb ungläubig, halb ehrfürchtig.

Die Männer machen Kapparot mit einem Hahn, die Frauen mit einer Henne. Bitte entschuldigen Sie, dass ich nicht weiß, was Transgender-Personen wählen sollen, Hahn oder Henne, aber vielleicht finden sie ja irgendwo ein Transgender-Huhn, in Kalifornien womöglich?

Nachdem das Kapparot absolviert ist, gehen die Leute mit ihrem Huhn nachhause, bringen es später zum Metzger, und wenn es koch- oder grillfertig ist, geben sie es den Armen oder essen es selbst.

Einige lassen es sich lieber an Ort und Stelle schlachten, ein

Wunsch, der für 35 Schekel (€ 8,70) zusätzlich problemlos erfüllt werden kann.

Ein Nicht-Charedi kommt vorbei und zeigt sich schockiert über die unmenschliche Behandlung, wie er sagt, der Hühner durch die Charedim. Er kann nicht fassen, dass all diese Hühner geschlachtet werden sollen. Ist er ein Vegetarier oder Veganer? Nein. Er isst Huhn, meint er, aber wie kann ein menschliches Wesen auch nur davon träumen, ein so freundliches Geschöpf zu schlachten?

Tja.

Viele gläubige Juden machen ihren Kapparot mit Geld statt mit Hühnern und sagen nicht »Dieses Huhn geht dem Tode entgegen«, sondern »Dieses Geld geht zu den Armen«.

In Mea Schearim ziehen viele Familien das Huhn vor, weil die Kinder es lieben.

Ich beobachte Dutzende dieser Kinder, während sie die Hühner beobachten. Sie betrachten sie aus diesem Winkel und aus jenem, von oben und von unten. Sie wollen wissen, wie Hühner beschaffen und ob sie jüdisch oder arabisch sind.

Wenn Sie natürlich ein Erwachsener sind, der kein Huhn mag, oder wenn Sie allergisch gegen Hühnerfleisch sind und den

Taschlich versäumt haben, dann gibt es immer noch eine Möglichkeit: Trinken Sie Heilswein. Und wenn Sie keine Flasche auftreiben können, haben Sie immer noch eine letzte Chance: Beten Sie gut an Jom Kippur. Jom Kippur naht, meine Freunde. Macht euch bereit!

VORSICHT: KEINE SCHNAPPSCHÜSSE VON DEN TALIBAN-LADYS
Coronavirus eingefangen? Auf zur Schul!

Eine Nachricht auf meinem iPhone: In Mea Schearim brechen Krawalle aus, als die Polizei versucht, eine Abrissverfügung gegen eine große, illegal errichtete Sukka durchzusetzen. Es kommt zu Zusammenstößen zwischen Polizisten und randalierenden Chassidim, lese ich.

Ich eile zum angegebenen Schauplatz. Endlich kann ich mal Zeuge eines Krawalls werden!

Dort eingetroffen sehe ich nicht den Schatten eines Polizisten, nur einen Haufen junger Schaulustiger, die einem kostenlosen Spektakel beiwohnen wollen; sie müssen dieselbe Nachricht gelesen haben wie ich. Die Polizei war hier, erzählt mir ein junger Chassid; nachdem man ihr aber Dokumente gezeigt hatte, die die erforderlichen Sicherheitsstandards beim Bau der großen Sukka nachwiesen, zog sie wieder ab.

Ich bleibe in der Gegend und schweife ein wenig umher.

Etwas sieht hier ungewöhnlich aus, fällt mir plötzlich auf. Die Graffiti, die verkündeten, dass Zionisten keine Juden sind, die

palästinensischen Flaggen und das »Wir fordern: Tod den Zionisten« sind mit weißer Farbe übermalt worden.

Fast alle Graffiti, die ich vor kurzem gesehen habe, waren auf weißem Grund, und ich habe mich gefragt, was sich unter der weißen Farbe verbarg. Jetzt verstehe ich: Es muss eine Gruppe oder eine Person geben, die Hassbotschaften überallhin sprüht, und eine andere Gruppe oder Person, die sie übermalt.

Ich gehe weiter und sehe immer mehr weiße Farbe über Hassgraffiti, Straße um Straße.

Ich bitte Leute, mir das zu erklären, und erhalte unterschiedliche Auskünfte. Einige sagen, dass es sich um zwei Gruppen 15-Jähriger handelt, die nichts Besseres zu tun hätten, als die Mauern des Viertels zu verunstalten. Andere sagen, dass »verrückte Neturei-Karta-Männer« mit finanzieller Unterstützung von Satmarer Chassidim aus New York die Hassbotschaften sprayen und die Stadtverwaltung sie überstreicht. Wer hat recht? Ich weiß es nicht. Aber beiden Lagern zufolge währt dieses Katz-und-Maus-Spiel schon seit Jahren und achtet niemand auf die Graffiti und die Farbe. Es wäre schön, sage ich mir, wenn jemand Hühner auf die Mauern malte.

Beim Weiterschlendern merke ich allmählich, dass mir die Gesichter der Leute auf der Straße bekannt vorkommen, so wie ihnen das meine. »Ein gutes Jahr!«, sagen manche, denen ich begegne. »Gut, dich zu sehen, Tuvia«, sagen andere. Und noch einmal andere fragen: »Wann kommst du wieder in unsere Schul?«

Sie nehmen mich freundlich, so mein Gefühl, in ihrem großen Wohnzimmer auf: den Straßen.

Morgen Abend ist Jom Kippur, wenn die Menschen aus dieser Gemeinschaft in die Schuls strömen und ihren Vater im Himmel, Den Namen, darum bitten werden, dass er sie ins Buch des Lebens einträgt, dass sie im kommenden Jahr immer genügend Essen auf dem Tisch haben, dass die Alleinstehenden verheiratet, die unfruchtbaren Frauen schwanger und die Kranken gesund werden, dass der Messias kommt, der Tempel wieder aufgebaut wird, alle Juden auf der Welt nach Israel ziehen und dass sie zu guter Letzt ihre Großeltern wiedersehen können, wenn diese von den Toten auferstehen.

Jetzt aber, am Vorabend von Jom Kippur, haben die Geschäfte in Mea Schearim geöffnet, und die Menschen kaufen zu Tausenden ein. Sie kaufen alles Mögliche: Essen, Plastikteller, Dekorationen für die Sukka, Bücher, Schnupftabak (kaufe ich mir auch!) und neue Kleidung. Hier, in einem Laden mit verhängten Fenstern, in den ich gerade einen Blick werfe, kaufen charedische Frauen Festroben und einige von ihnen, die Taliban-Ladys, neue Burkas. Was denken sie sich, diese Taliban?, frage ich mich. Warum sollte irgendjemand eine neue Burka brauchen? Kann man einen Unterschied zwischen einer Burka und einer anderen erkennen? Versuchen sie, verführerischer auf Männer zu wirken? Ich gehe weiter. Eine Gruppe Burka-und-Hidschab-Ladys überholt mich, und ich mache einen Schnappschuss von ihnen. »Löschen Sie das Bild!«, schreit mich eine Lady an. Sie befürchtet, vermute ich mal, dass ich ihr Bild, eine schwarze Hügelkette, auf eine Pornowebsite hochlade.

Und jetzt passiert etwas Schönes. Aus einem der Läden dringt ein bezauberndes Lied auf Jiddisch, *Der Rebbe is do*, das auf Deutsch so geht: »Der Rebbe ist da, der Rebbe ist da, der Rebbe ist da. Bei jeder Versammlung von Chassidim ist der Rebbe da. Bei jeder Versammlung von Chassidim ist der Rebbe da. Bei jeder Versammlung von Chassidim ist der Rebbe da. Wenn der Schüler sagt, dass der Rebbe da ist, dann ist der Rebbe da. Wenn der Schüler sagt, dass der Rebbe da ist, dann ist der Rebbe da. Wenn der Schüler sagt, dass der Rebbe da ist, dann ist der Rebbe da. Der Rebbe ist da, der Rebbe ist da, der Rebbe ist da.«

Das ist mal ein brillanter Liedtext!

Morgen Mittag, höre ich, wird der Slonimer Rebbe einen Tisch halten. Ich war schon bei den Slonimern und war von ihren Melodien beeindruckt, sodass ich beschließe, morgen da zu sein.

Ich versuche einen Slonimer Chassid davon zu überzeugen, dass er mir zur Seite steht, falls ich irgendwelche Erklärungen brauchen sollte. Es ist ein älterer Mann, freundlich und herzlich, und er erklärt mir: »Ich habe kein Problem damit, mit Ihnen zuhause oder in Ihrem Hotel zusammenzusitzen und mich so lange mit Ihnen zu unterhalten, wie Sie möchten. Aber wenn Sie zu Slonim kommen und mich ansprechen, werde ich Sie ignorieren. Wir mögen in Slonim keine Fremden haben.«

Am Mittag des nächsten Tages breche ich auf. Meine beiden Füße und Augen sind mir Gesellschaft genug.

O Slonim! Das letzte Mal, als ich in Slonim war, hatten sie einen Tisch im Untergeschoss, heute halten sie ihren Tisch im Obergeschoss, einem viel größeren Saal, weil diesmal viel mehr

Chassidim anwesend sind, von denen viele im hinteren Bereich stehen. Zweitausend, dreitausend, weiß Der Name wie viele. Man stelle sich die Carnegie Hall voller Sardinen vor. Und diese Masse an Menschenfleisch ist bereit, Gebete abzuschießen, die schneller sind als iranische Raketen.

Jetzt singen sie gerade nicht, weil der Rebbe spricht. Was sagt er? Weiß Allah. Er spricht leise, aus den Lautsprechern kommt nichts, und die Tausenden »hören ihm zu«. Was passiert jetzt? Ein Chassid tritt auf mich zu und sagt mir, dass er mir einen Sitzplatz besorgen kann. Wenn ein Gast bei uns sein möchte, sagt er, sollten wir ihn ehren.

Sind Sie sicher, dass Sie ein Slonimer Chassid sind?, frage ich ihn und wundere mich, dass er mich überhaupt angesprochen hat. »Wäre ich ein Slonimer«, sagt er mit breitem Lächeln, »würde ich Sie nicht willkommen heißen. Slonimer Chassidim sind Elitäre, sie glauben, dass alle anderen unter ihnen stehen. Ich war einmal ein Slonimer Chassid, bin es aber nicht mehr.«

Wie das Leben so spielt.

Der Rebbe redet.

Er redet, redet, redet, redet, redet, aber ich kann kein Wort verstehen. Elitäre reden gerne, vermute ich, auch wenn keiner sie hören kann. Die Chassidim scheinen sich nicht daran zu stören. Vielleicht hat der Wind, der dem Mund des sprechenden Rabbis entströmt, denselben Effekt wie die Schirajim des Belzer oder irgendeines anderen Rebbes, und die Heiligkeit geht aus seinem Munde auf sie über.

Einige Leute in der Menge tragen Gesichtsmasken. Warum tragen sie Masken?, frage ich den Ex-Slonimer. »Sie haben das Coronavirus«, antwortet er mir. Sie sollten eigentlich nicht hier sein, wie die Chassidim und ich wissen, da das Coronavirus hochansteckend ist, aber wer bin ich, das zu sagen? Sie sind Slonimer, ich bin es nicht.

Nach geraumer Zeit findet ein Chassid es angemessen, einen Lautsprecher einzuschalten, sodass die Stimme des Rebbes endlich zu vernehmen ist. Nun ja, fast. Der Ton ist sehr leise, aber zumindest der Himmel kann jetzt verstehen, was er sagt, und neue weiße Engel werden durch ihn erzeugt, die ihn an Jom Kippur beschützen.

Nach einer weiteren Weile hört der Rebbe, dank Dem Heiligen, Gesegnet Sei Er, zu reden auf, und die Gesänge beginnen. Diesmal singen sie Liedtexte, Worte, nicht nur oj, oj. oj. Was singen sie? Na, Folgendes: »... *denn unsere Missetat ist über unser Haupt gewachsen, und unsere Schuld ist groß bis an den Himmel*.«

Wie Sie wahrscheinlich selbst schon erraten haben, weinen sie nicht, wenn sie diesen Text singen, Der Name behüte; sie singen einfach glücklich vor sich hin, als ob sie sich selbst dafür rühmten, wie großartig und wunderbar sie sind.

Einige der Lieder sind auf Jiddisch. Beispielsweise (übersetzt):

Eine Jidene [Jüdin] kam zum Tate [Vater] seligen Angedenkens, und sie weinte sehr. Der Vater seligen Angedenkens fragte die Frau: Warum weinst du? Sie antwortete: Weil ich Kopfweh habe. Der Vater seligen Angedenkens sagte zu ihr: Wenn man weint, werden die Kopfschmerzen schlimmer. Worauf sie sagte: Wie kann ich nicht weinen, wenn mein einziges Kind morgen eine Gerichtsverhandlung hat, und wer weiß, ob es seinen Fall gewinnen wird?

Das bezieht sich auf Jom Kippur, das morgen beginnt, will heißen heute Abend, wenn ich den Text richtig verstanden habe.

Nachdem ich mit den Slonimern fertig bin, gehe ich zum Tisch des Rebbes von Toldos Avrohom Yitzchok.

Ich mag diese Leute.

Als ich eintrete, sehe ich, wie der Rebbe Gefilte Fisch isst. Bon appétit.

Ich wäre so gern ein Rebbe! Ich stelle mir vor, wie ich Gefilte Fisch esse und Tausende von Menschen es kaum erwarten können, bis sie am selben Fisch lecken dürfen, den meine Zunge berührt hat.

Draußen, auf der Mea-Schearim-Straße, lerne ich einen Taxifahrer kennen, der mich fragt, ob ich gerne den »extremsten

Antizionisten« treffen würde, den Rabbi von Tora VeYira. »Ich bin sein Fahrer«, erzählt er mir, »und kenne ihn. Er ist ein echter Fanatiker, aber süßer als Honig.«

Der Fahrer ist ein säkularer Jude und Zionist. Aber was tut das hier zur Sache?

Die Uhr, meine Liebe, tickt. Jom Kippur fängt gleich an. Bist du bereit?

WENN LILITH AUF PALÄSTINA TRIFFT

Werde ich mein eigenes Mea-Schearim-Baby haben?

Bei Anbruch von Jom Kippur, dem heiligsten Feiertag im jüdischen Kalender, gehe ich für den ersten Jom-Kippur-Gottesdienst, das Abendgebet »Kol Nidre«, zur Schul von Lelev. Ein kleiner Junge, der sieht, wie ich angezogen bin, ohne Schtreimel auf dem Kopf und ohne Kittel, spricht mich an. »Warum sind Sie hier?«, fragt er mich. Was machst du an Jom Kippur?, frage ich ihn auf Jiddisch. »Beten.« Das werde ich auch tun, sage ich zu ihm. Er lächelt und begrüßt mich herzlich. Ein anderer Junge, der mich von meinem vorigen Besuch in Erinnerung hat, kommt auf mich zu und beginnt neben mir zu singen, dann fordert er mich zum Tanz auf.

Diese Jungen von Mea Schearim, die manchmal wie harte Jungs aussehen, sind einfach entzückend.

Was bedeutet Lelev? Was ist der Ursprung dieses Namens?, frage ich einen Chassid, der mit einem offenen Buch neben mir steht. »Das ist ein Ort in Polen, Lelów«, erklärt er mir. Wie groß ist dieser Ort? »Es ist ein kleines Dorf. Es hat drei Hauptstraßen und fünf normale Straßen. Das ist alles.«

Wie sie von diesem kleinen Weiler zu mehreren Lelever Rebbes kommen, sei dahingestellt.

Ich finde einen Sitzplatz und warte auf den Beginn des Gottesdiensts. Dabei sprechen mich mehrere Leute an und wünschen mir ein gutes und gedeihliches neues Jahr. Was für ein Unterschied zwischen ihnen und den Slonimern!

Der Lelever Rebbe, der auf einem schönen Stuhl sitzt, sagt nichts, zumindest jetzt nicht; er sitzt nur, steht gelegentlich auf und setzt sich wieder, und er betet. Seine Anwesenheit ist überall zu spüren, weil die Chassidim ihn fest im Blick behalten.

Der Gottesdienst, sagt man mir, fängt erst an, wenn der Rebbe es sagt. Im Moment sitzen sie einfach nur, ohne etwas Besonderes zu tun. Manche lesen Bücher, andere unterhalten sich, einige gehen sogar raus, um die kühle Luft Jerusalems zu genießen und so das Ende der heißen Tage zu feiern.

Ein paar Lelever murmeln in diesem Zustand der Untätigkeit Zeilen aus dem Sohar, jenem mystischen Buch, von dem sie glauben, es sei vor 2000 Jahren von einem heiligen Weisen geschrieben worden, obwohl es höchstwahrscheinlich vor rund 700 Jahren von einem spanisch-jüdischen Querdenker verfasst wurde, wie oben bereits kurz erwähnt. Damit würde aber, soweit ich weiß, niemand hier übereinstimmen. Wie sollte schließlich ein sephardischer Jude ein so brillantes Buch schreiben?

Ich schaue mir an, was sie lesen. Der Text des Sohar spricht von der Schechina, was angeblich die weibliche Seite Gottes ist, sowie von Lilith, die die Sexualpartnerin des Todesengels sein soll. Ich bin mir nicht sicher, was das alles bedeutet: Bedeutet es, dass Der Name eine Frau hat oder dass er, Gott behüte, sogar transgender ist? Bedeutet es, dass der Todesengel, Satan, seine Zeit mit Liebesspielchen verbringt, während er Menschen tötet? Den Leuten hier ist das alles völlig egal. Es ist ein Text, der angeblich heilig ist, und das reicht ihnen. Es zählt einzig und allein das: Der Name, beten sie, möge dafür sorgen, dass der Todesengel im Laufe des Jahres nicht an ihre Tür klopft. Lilith, Schmilith, wen juckt's? Wenn es nötig ist, ein paar sinnlose Sätze zu äußern, um Satan von ihrem Leben fernzuhalten, dann bitte. Verstehen Klimaaktivisten die spezifischen Details des Klimas, irgendeines Klimas? Wissen all die Menschenrechtsaktivisten des säkularen Westens überhaupt, wo ihr geliebtes Palästina liegt?

Klima Schlima, Lilith Schmilith, Palästina Schmalästina. Alles dasselbe.

Die Zeit verstreicht, und als Lilith im Himmel einschläft, bedeutet der Rebbe seinen Chassidim, dass sie mit dem Gebetsdienst anfangen können, was sie sich nicht zweimal sagen lassen.

Nach dem traditionellen Aufhebungsritual für persönliche Gelübde ist das darauf folgende Gebet schwerer Tobak. In ihm beschreiben sich die Gläubigen, so wie viele andere charedische Juden, die ich schon erlebt habe, vor Dem Namen in den schlimmsten Ausdrücken und bezichtigen sich der schlimmsten Verbrechen, unter anderem Prostitution und Inzest – Verbrechen, die sie, seitdem sie ein Gebetbuch halten konnten, Jahr für Jahr gebeichtet haben. Sie, einschließlich der kleinen Kinder, rezitieren diesen Text, weil geschrieben steht, dass sie ihn rezitieren müssen, und da sie Chassidim sind, verleihen sie ihm eine kleine Melodie, während sie ihn rezitieren. Das hört sich lustig an. Die Litwakim, erinnere ich mich aus meinen jungen Jahren, gehen ganz anders an diesen Text heran. Sie sprechen die Worte laut, in völligem Ernst, und wenn man hört, wie sie sich selbst zu Prostituierten erklären, glaubt man ihnen und fragt sich nur noch: Wer würde für solche schreienden Prostituierten bezahlen?

Reb Jankew Chaim beobachtet alles aus dem Hintergrund, mich eingeschlossen, und ist glücklich. Glücklich, dass der Rebbe gesund ist, glücklich, dass es diese Gemeinde gibt, dass es mit der Familie gut läuft, und glücklich, dass ich bete.

Mögen wir alle in das Buch des Guten Lebens eingeschrieben werden, sage ich zu Reb Jankew Chaim und vielen anderen Chassidim, als ich nach dem Gottesdienst die Schul verlasse, und sie wünschen mir dasselbe. »Man weiß nie, was die Zukunft für einen bereit hält«, sagt mir eine Lelever Dame vor der Schul. »Es liegt alles in Gottes Händen, und ich segne Sie, dass Sie nächstes Jahr um diese Zeit selbst ein kleines Baby haben, dass Sie im nächsten Jahr mit einem Kinderwagen auf diesen Straßen unterwegs sind.«

Wenn ich so darüber nachdenke, hätte ich nichts dagegen, ein kleines Mea-Schearim-Kind, ein taffes und süßes, zum Sohn zu haben.

Auf den Straßen ist es ruhig, nur wenige Menschen sind unterwegs. Dies ist ein Tag des Gebets, der inneren Einkehr, ein Tag, an dem alle vor dem König stehen, Dem Namen, und beichten, dass sie alle Missetäter sind, Betrüger, Sünder, Diebe und ziemlich hirnlos. Es ist nicht der Tag, an dem man in seiner kostbarsten Kleidung auf der Straße paradiert und allen zeigt, wie schön, attraktiv und sexy man ist. Nein, dafür ist das nicht der Tag. Wartet ein, zwei Tage, dann könnt ihr wieder paradieren. Heute nicht. Heute isst auch niemand. Heute gibt es keinen Gefilte Fisch, kein Kugel und keine Cola egal welcher Sorte. Heute ist ein Fastentag, ein Gebetstag und ein »Ich bin so schlecht«-sage-Tag.

Jom-Kippur-Gebete enden mit dem Gebet Neila, Abschluss, in dem gläubige Juden Gott bitten, den Tod vom Antlitz der Erde auszulöschen. Neila, das viele für das wichtigste Gebet überhaupt halten, ist das Gebet vor dem Abschluss, bevor sich die Tore des Himmels schließen, bevor sich der Himmlische Hof zurückzieht; die letzte Möglichkeit, sicherzustellen, dass wir am Leben und gesund bleiben in diesem Jahr.

Und für diesen Gebetsgottesdienst gehe ich zum Zentrum der Gerrer in Jerusalem und schließe mich den Gerrer Chassidim im Gebet an.

DER PALAST VON GER AM TIEFSTEN GRUND DER HÖLLE

Zieht euch an, löscht das Licht, vergnügt euch im Bett

Der chassidische Hof von Ger, der vor mehr als einem Jahrhundert in der polnischen Stadt Góra Kalwaria gegründet wurde, ist als einer der strengen Observanz bekannt und soll der größte chassidische Hof in Israel sein. Das Zentrum der Gerrer in Jerusalem in der Jeremia-Straße wird von Rebbe Jaakov Arje Alter geleitet, dem seltsamen Nachbarn aus meiner Kindheit, und kann Abertausende von Chassidim unter seinem Dach aufnehmen. Architektonisch sieht das Zentrum zumindest von außen wie ein gewaltiger Palast aus, ein Zeichen für die bedeutenden finanziellen Mittel dieses chassidischen Hofes. Angeblich, so hatte es mir ja auch der Philanthrop David in seinem Buch über die Takunes gezeigt, dürfen Ger-Paare nicht mehr als einmal im Monat miteinander schlafen und Männer ihre Frauen nicht namentlich anreden, sie müssen angezogen sein, wenn sie Sex haben, sie können dies nicht tun und das nicht tun, beten aber dürfen sie, und beten gehe ich jetzt mit ihnen.

Ich kann unmöglich auch nur schätzen, wie viele Menschen in diesem Ger-Palast sind, doch hat mir auf der Straße jemand gesagt, 12 000 Männer würden den Gottesdienst in der Schul besuchen. Und wie viele Frauen? Ich weiß es nicht. Alles, was ich sehe, sind Männer.

Der Gebetssaal setzt sich aus zwei Sälen zusammen, einem alten und einem neuen. Beide sind zum Teil durch eine Wand getrennt, sodass ich nicht alle Gottesdienstbesucher sehen kann, aber das, was sich meinem Blick darbietet, scheint wirklich nur die Hälfte der Andächtigen zu sein. Erstaunlich!

Wie ich so in der Schul stehe und die gewaltige Menschenmenge überschaue, kommt ein Chassid mittleren Alters, der etwas rabaukenhaft wirkt, auf mich zu und fragt mich laut auf Englisch: »Was suchen Sie hier?« Das ist die unangenehmste Begrüßung, die ich bislang in einer Schul oder Gemeinde erlebt habe. Die Chassidim um ihn herum hören ihn, sagen aber kein Wort; sie blicken nur mich an, den Fremden in ihrem Revier.

Ich muss reagieren, bevor dieser Rabauke mich des Saales verweist. Also antworte ich ihm auf Jiddisch: Sie sind ein Jude, ich bin ein Jude, und zusammen werden wir beten.

Als er mich Jiddisch sprechen hört, das er wie viele Gerrer nicht spricht, obwohl er es vielleicht versteht, besänftigt sich seine Rabaukennatur, und er fragt mich: »Brauchen Sie irgendetwas?« Nein, sage ich. Von Ihnen brauche ich gar nichts.

Geschlagen zieht er ab.

Der Gottesdienst geht weiter.

Die Gottesdienstbesucher beten und singen. Wie an den anderen Orten, die ich schon besucht habe, besteht kein Zusammenhang zwischen den schrecklichen Worten der Selbstbezichtigung und den gesungenen Melodien. Trotzdem kümmert niemanden außer mich diese Diskrepanz.

Nach der Selbstanklage und den Liedern rezitieren sie Folgendes:

Ich erinnerte mich, Gott, und ich seufze
Wenn ich sehe, wie jede Stadt sich stolz erhebt

Und die Stadt Gottes am tiefsten Grund des Scheol [Totenreichs].
Meinen die das ernst? Haben sie den Prachtbau nicht gesehen, in dem sie sich gerade befinden, diesen Ger-Palast, sind sie etwa blind?

Und nur zum besseren Verständnis: Sieht die Hauptstadt Pakistans etwa besser aus als Jerusalem? Oder, wenn wir schon dabei sind, sieht Washington, D. C., besser aus als Jerusalem?

Zu ihrer Verteidigung muss man natürlich sagen, dass sie ihre Takunes einhalten müssen und ihnen insofern die fleischlichen Genüsse mit ihren Gattinnen nur selten erlaubt sind und unfreiwillige oder nicht zielgerichtete Samenergüsse nie, sodass sie sich vielleicht wirklich wie am tiefsten Grund des Scheol fühlen.

Davon abgesehen ist der Gesang grandios. Und da der Kantor kaum zu hören ist, weil an Jom Kippur keine Lautsprecher erlaubt sind, singen verschiedene Teile des Publikums zu leicht unterschiedlichen Zeiten, sodass der Klang von einem Teil im anderen widerhallt und umgekehrt, was zu zauberhaften Soundeffekten führt.

Aber alles Gute hat bekanntlich ein Ende, und als der Gottesdienst vorbei ist, ist auch Jom Kippur vorbei. Ende. Aus. Abgehakt.

Als es so weit ist, singen alle »Nächstes Jahr in Jerusalem«, als wären wir gerade in Singapur.

Wir sind aber in Jerusalem, und dieses kleine Lied wurde offensichtlich geschrieben, als die Juden so fern von hier lebten wie nur möglich. Ja, dies ist eine Tradition, und niemand bekämpft eine Tradition. Es ist eine Tradition, die besagt, dass der Mann keine Frauen anschauen darf; es ist eine Tradition, die besagt, dass Konvertiten und ihre Kinder nur Kranke und Behinderte heiraten dürfen; es ist eine Tradition, die besagt, dass der Gefilte Fisch, der von der Zunge des Rebbes berührt wurde, heiliger ist als Mekka; es ist eine Tradition, die besagt, dass die Toten auferstehen werden; es ist eine Tradition, die besagt, dass ein prähistorischer Esel immer noch quicklebendig ist; und es ist eine

Tradition, die besagt, dass Jerusalem in Ruinen liegt, von Asche bedeckt.

Ja, ich weiß. Charedische Juden, deren Hirne durch den Talmud geschärft sind, werden einwenden, dass »Nächstes Jahr in Jerusalem« das »wiederaufgebaute« Jerusalem meint, das »wahre« Jerusalem, jenes Jerusalem, das erst errichtet werden wird, nachdem zehn Millionen Adler mit sämtlichen Diaspora-Juden im Gepäck im Heiligen Land gelandet sind und der weiße Esel durch die Stadttore getrabt ist. Und genau zu dieser Zeit, wie allgemein bekannt, wird das Klima perfekt sein, wird es nur noch E-Autos geben, wird die Hälfte der Menschheit auf dem Mond leben, wird es weder auf dem Mond noch auf der Erde Grenzen zwischen den Nationen geben, außer in Palästina, und werden die meisten Menschen transhuman sein, nicht mehr nur transgender, und sich dafür entscheiden, als Katzen zu leben.

Hoffentlich, so möchte ich hinzufügen, haben alle charedischen Juden jetzt, da Jom Kippur vorbei ist, ein ausgezeichnetes Jahr vor sich.

Auch wenn es nicht unbedingt danach aussieht.

Nur wenige Stunden nach dem Ende von Jom Kippur fährt ein lautsprecherbewehrtes Auto durch Mea Schearim, verkündet den Tod eines rechtschaffenen Chassid und fordert die Leute dazu auf, zu seiner Beerdigung an diesem Abend zu kommen, jetzt.

Bald, am nächsten Sabbat, werden die Chassidim von Mea Schearim in ihre Schuls gehen, um Moses' letzte Worte zu hören, bevor auch er stirbt; das ist die wöchentliche Thoralesung für den kommenden Sabbat.

Zu ihrem Glück beschäftigt sich kein Chassid in Mea Schearim damit, soweit ich sehe, über diese Dinge nachzudenken. Das, was meine Nachbarn antreibt, ist Glück, Musik, Rebbes und Kugels. Und wenn so gutes Essen auf dem Tisch steht wie bei ihnen, bleibt da noch Zeit, um traurigen Gedanken nachzuhängen? Definitiv nicht. Feiern und singen wir lieber! Der biblische Feiertag Sukkot, das Laubhüttenfest, steht bald vor der Tür, in vier Tagen. Die Lust zu feiern liegt in der Luft, es ist eine Zeit, um glücklich zu sein. Schon wieder. An Sukkot, höre ich gerüchteweise, dürfen Gerrer Chassidim Sex haben. Also zieht euch an, löscht das Licht und vergnügt euch.

Haben jene Chassidim, die sich von Ger abgespalten haben, auch vor, sich zu vergnügen?

Das muss ich herausfinden.

DIE FALSCHE WAHRE GESCHICHTE VON DEM BORDELL IN DER ZEFANJA-STRASSE

Auf Jiddisch kann Ja auch Nein heißen

Da die Geschäfte lange geschlossen waren – einen ganzen Tag an Jom Kippur und einen halben am Vorabend des Feiertags –, sind die Menschen hungrig. Zumindest sehen sie so aus. Am Tag nach Jom Kippur einzukaufen, erfordert Geduld, Geduld und nochmals Geduld. Die Läden sind so voll, als hätte es zwölf Jahre lang nichts zu essen gegeben, und die Leute mit riesigen Tüten bepackt, wenn sie sie mit einem seligen Lächeln verlassen und sich auf die Suche nach einem Laster oder wenigstens Taxi machen, um ihre Beute nachhause zu transportieren.

Statt einkaufen zu gehen, würde ich mich lieber mit einem Rebbe unterhalten. Ich rufe Reb Jankew Chaim an und frage ihn, wie sich das Interview mit dem Lelever Rebbe einfädeln ließe. Ich erinnere ihn daran, dass der Rebbe sich zu einem Gespräch mit mir nach Jom Kippur bereit erklärt hat. »Ich glaube nicht«, erklärt mir Reb Jankew Chaim, »dass er mit dem Kopf bei der Sache war, als er das zu Ihnen gesagt hat.« Das ist neu für mich. Könnten Sie ihn fragen, ob er mir ein Interview geben will, schlage ich Reb Jankew Chaim vor, und ihn selbst entscheiden lassen? »Ich werde ihn fragen und Ihnen Bescheid geben«, antwortet er auf Jiddisch, was heißt, dass er es nicht tun wird. Im Jiddischen sind Ja und Nein sehr eng benachbart, sodass ein Segen auch ein Fluch sein kann, und natürlich umgekehrt. Wie in Jimach Schemo. Jimach Schemo bedeutet Möge sein (oder ihr) Name ausgelöscht sein, kann aber auch bedeuten: Welch brillanter Mann! Wie in »ich liebe diesen Jimach Schemonik«!

Davon abgesehen rast die Zeit, und schon wieder ist bald Sabbat, viel früher, als ich dachte.

Was soll ich tun, wo soll ich hingehen?

Ich war beim Tisch von Toldos Aharon, habe aber noch nicht an ihrem Gebet teilgenommen, jedenfalls nicht einen ganzen Gottesdienst lang. Wäre es nicht mal Zeit? Auch will ich den Rebbe von Toldos Aharon treffen, und wenn David, der Philanthrop, recht hat, sollte das nach den Feiertagen möglich sein. Außerdem kann es nicht schaden, wenn ich sehe, wie er einen Gottesdienst leitet, vielleicht lerne ich ja etwas über ihn.

Gelänge es mir, den Rebbe von Toldos Aharon zu sprechen, was alles andere als sicher ist, dann wäre das eine echte Meisterleistung. Er ist wirklich der oberste Rebbe auf meiner Liste. Wer träfe nicht gerne den Anführer der Goldenen Jungs?

Ich gehe zu Toldos Aharon.

Ihre Synagoge ist noch voller als beim letzten Mal. Jeder Quadratzentimeter des Gebäudes ist mit Chassidim gefüllt. Sie stehen hier und stehen da, und dazwischen stehen sie auch noch, als quöllen sie aus den Mauern. Nur an der Decke könnte man theoretisch noch weitere Chassidim anbringen.

Ich zwänge mich hinein und gelange wie durch ein Wunder mitsamt meinem Körper ins Innere.

Fast alle um mich herum sind »Araber«, somit ist Gold hier die beherrschende Farbe. Meine Wenigkeit hat keine goldenen Sachen an, sodass sich wieder einmal ein paar Jungen um mich versammeln, um diese interessante Kreatur in Augenschein zu nehmen. Für sie sehe ich, wenig überraschend, wie ein Tier aus dem Zoo aus. Ich frage einen der Jungs: *Woß macht a Jid?* Das ist Jiddisch für *Wie geht's dir?*

Dass mir Jiddisch über die Lippen kommt, bringt sie aus dem Konzept, und sie schließen schnell, dass ich ein Jude sein muss wie sie, nur halt ein nackter.

Sie ziehen weiter, mit ihren Gebetbüchern in den Händen, und verlieren sich in der Menge, wozu sie alle Welt beiseitedrängen.

Der Gottesdienst kommt in Schwung.

»Und treu bist du, die Toten wieder zu beleben«, sagen die Andächtigen zu Gott. Wann genau hat Er ihnen diese Treue ge-

lobt? Ich frage einige der Umstehenden, aber keiner kann mir eine Quelle für ein solches Versprechen nennen. Sie sind natürlich nicht die Einzigen, die die Quelle für die Grundlagen ihres Glaubens nicht benennen können. Fragen Sie mal einen durchschnittlichen Christen, wo Jesus Christus im Alten Testament erwähnt wird, was Teil seines Glaubens ist, und er wird Sie nur ungläubig anschauen.

Wenn ich mich recht erinnere, ist die Quelle dieses »Versprechens« dem Talmud-Traktat Sanhedrin zufolge ein Vers im 2. Buch Mose, »*Auch habe ich meinen Bund mit ihnen aufgerichtet, dass ich ihnen geben will das Land Kanaan.*« Warum heißt es »ihnen« und nicht »euch«, fragt der Weise Rabbi Simai. Dies ist das Versprechen, so seine Antwort, das Gott jenen gibt, die auferweckt werden. Und das ist der Beweis, dass die Auferweckung in den fünf Büchern Mose erwähnt wird. Maimonides für seinen Teil widerspricht. Andere Quellen, wie einige Verse in Jesaja, Daniel und Hesekiel, erlitten ein ähnliches Schicksal, als einige Rabbis sagten, dass die Propheten sie in keiner Weise wörtlich gemeint hatten.

Versprechen hin oder her, der Gottesdienst an diesem Abend, der in jeder normalen Synagoge rund 40 Minuten dauern würde, geht hier über zwei Stunden. Die Chassidim von Toldos Aharon beten langsam, artikulieren jedes Wort klar und deutlich und lassen ihren Geist hoch über den Wolken fliegen, klares Bewusstsein und kühne Fantasie so verbindend, dass sie mit dem Himmel oben eins werden, während sie liebevoll von ihrem Piloten, dem Rebbe, geleitet werden. Höher und höher fliegen sie hinauf, geschützt in ihrem heiligen Fluggerät, in dem kein Platz für Fragen ist. Rebbe Aharon Rote zufolge würde es die Menschen in einen bodenlosen Abgrund führen, wenn sie untersuchen wollten, was in Glaubensdingen wahr und falsch ist. Ein bemerkenswertes Beispiel für diese Vorstellung findet sich in seinem Buch *Shomer Emunim*, in dem er sich auch mit ausgedachten, erfundenen Geschichten über diverse Rebbes auseinandersetzt, Geschichten, die von Wundern handeln, die dieser oder jener Rebbe gewirkt haben soll. Wie Reb Aharon schreibt, ist es die Wurzel aller Häresie, an der Wahrhaftigkeit solcher Geschichten zu zweifeln, auch wenn sie wirklich falsch sind.

Als der Gottesdienst schließlich zu Ende ist, steht der Rebbe auf einer erhöhten Plattform neben dem Thoraschrein vor seinen Chassidim und sagt wie ein väterlicher König auf Jiddisch zu ihnen: Habt einen guten Sabbat.

Sie schauen empor zu ihm wie Kinder zu ihrem Papa und sind dankbar, dass er für sie da ist.

Als alles vorbei zu sein scheint, beginnt plötzlich eine Gruppe Männer in Gold, die Tische wegzuräumen und Tribünen hereinzubringen, viele davon. Was ist jetzt los? Der Rebbe, zeigt sich, will seinen Tisch jetzt abhalten statt um Mitternacht, wie es üblich ist. Dieser Umbau des Saals von einer Schul zu einem Tischsaal mit Chassidim auf Tribünen dauert nur ein paar Minuten, und als er fertig ist, geht es sofort los mit dem Tisch. Das heißt mit Liedern, mehr Liedern und noch mehr Liedern.

Irgendwann, ich will nicht mal wissen, wie spät es ist, geht der Tisch zu Ende.

Ich stapfe in mein Hotel zurück und lese ein wenig.

Der heutige Leitartikel auf der *Haaretz*-Webseite behandelt den geistigen, physischen und sexuellen Missbrauch in einer charedischen Jeschiwa, die nur wenige Minuten von meinem Hotel entfernt liegt. Ich weiß nichts über sie, aber die charedischen Kinder und Jugendlichen, die ich heute sah, lächelten, sangen glücklich und waren insgesamt bester Stimmung, in der strahlendsten und saubersten Kleidung, sehr gut umsorgt und reichlich versorgt. Wenn ein Journalist oder Autor nach Schmutz sucht, wird er ihn in jeder menschlichen Gemeinschaft finden. Warum werden diese Menschen, die Menschen von Mea Schearim, als die schlimmsten von allen herausgehoben?

Haaretz ist mit seiner Besessenheit von Mea Schearims Charedim nicht allein. Eine reizende Frau, die ich zufällig neulich Abend kennenlernte, sagte mir, »die Charedim von Mea Schearim« würden ständig Prostituierte aufsuchen, Tag und Nacht.

Woher wusste sie das? Ihre Mutter, erzählte sie mir, lebte einmal in derselben Straße, in der mein Hotel liegt, und im Stockwerk über ihr residierten zwei Damen, eine Ukrainerin und eine Russin, beides Edel-Prostituierte. Tag und Nacht, sagte sie mir, war ein einziges Kommen und Gehen im Treppenhaus, weil Charedim das kleine Bordell der Ukrainerin und der Russin aufsuchten. Ich weiß nicht, ob ihre Geschichte stimmt, aber selbst wenn: Bedeutet das dann, dass »die Charedim von Mea Schearim« ständig Prostituierte aufsuchen? Sind alle Charedim, einschließlich der Rebbes in diesem Viertel, die Treppen zu dem ukrainisch-russischen Garten der Lüste rauf- und runtergelaufen?

Man kann natürlich argumentieren, und ich räume es auch sofort ein, dass die Geschichte dieser Frau und ihre Schlussfolgerung, selbst wenn sie falsch sein sollten, nach Reb Aharons Grundsätzen trotzdem stimmen.

A giten Schabbes.

Wenn keine ukrainische oder russische Prostituierte meine Aufmerksamkeit ablenkt, werde ich morgen die anderen Gerrer aufsuchen, die, die sich vom Palast abgespalten haben.

DER REBBE TRÄGT EINE PISTOLE, UM SICH VOR DEN GERRER CHASSIDIM ZU SCHÜTZEN

Schon mal vom Immobilien-Rebbe gehört?

Am Sabbatnachmittag gehe ich mangels Ukrainerin und Russin zu der Ger-Splittergruppe, die nur wenige Minuten entfernt in derselben Straße ansässig ist wie der Palast von Ger.

Wer sind die Angehörigen der Ger-Splittergruppe? Viel weiß ich nicht über sie, außer dass sie einmal einem Rebbe folgten, einem mächtigen Rebbe, aber eines Tages beschlossen, ihm nicht mehr zu folgen und gewissermaßen einen eigenen chassidischen Hof zu gründen und eine andere Person zu ihrem Rebbe zu ernennen, wenngleich sich der neue Rebbe lieber als »Rabbi« oder »Rosch-Jeschiwa« statt als »Rebbe« bezeichnet, was er natürlich ist, soweit ich das verstehe. Sein Name ist Rabbi Shaul Alter, und wenn ich mich nicht irre, ist er der Cousin des Gerrer Rebbes, Jaakov Arje Alter.

Es müsste doch interessant sein, sich diese Gruppe anzuschauen.

Unter Leitung von Rabbi Shaul Alter wurde die Gruppe vor zwei Jahren ins Leben gerufen, wie ich höre. Shaul, der als großer Denker bekannt ist, war ein bewunderter Rabbi und Leiter der Jeschiwa von Ger, bis der Palast-Rebbe sie irgendwann dichtmachte. Der Palast-Rebbe änderte auch das Curriculum in den Gerrer Institutionen von Ijun, was für ein vertieftes Talmud-Studium steht, zu Bekius, einem Studium ohne Tiefe, womit er Rabbi Shaul delegitimierte.

Die Angehörigen der Splittergruppe treffen sich an Samstagen und jüdischen Feiertagen in einer Mädchenschule, Beth Jaakow, wenn diese geschlossen ist. Sie sind, kurz gesagt, obdachlos.

Ich möchte sie sehen.

Ich gehe in die Mädchenschule und sehe vielleicht 200 Chassidim, die an billigen Tischen sitzen und Hering essen. Der Raum ist so ärmlich eingerichtet, dass ich mich frage, wie sich diese Leute heute wohl fühlen müssen, nachdem sie einen reichen Rebbe verlassen und sich unter die Fittiche eines armen begeben haben.

Kein Grund zur Sorge, sagt man mir, Rabbi Shaul Alter hat schon Millionen Dollar aufgetrieben, bald wird ihnen ein neues Gebäude zur Verfügung stehen.

Klingt gut, zumindest für sie.

Die beiden Ger-Gemeinden, die Palast-Jungs und die Splittergruppe, kommen zusammen auf 13 500 Familien, sagt mir ein Chassid, also auf deutlich über 100 000 Personen, da die durchschnittliche Familiengröße ziemlich enorm ist.

Wie verteilen sich die Familien zwischen Ihnen und denen?

»Sie haben 13 000, wir 500.«

Aus irgendeinem Grund blitzt das Wort Takunes vor meinem Auge auf.

Verraten Sie mir etwas, bitte ich den Mann, stimmt es, dass die Gerrer Chassidim Takunes in Bezug auf das Verhältnis von Mann und Frau haben?

»Wollten Sie fragen, ob wir Takunes in Bezug auf das Verhältnis von Mann und Gott haben?«

Nein, von Mann und Frau.

Ein weiterer Chassid lauscht unserem Gespräch, mischt sich ein und sagt über meinen Gesprächspartner: »Sie sollten mit ihm nicht darüber reden. Er ist unverheiratet und weiß nichts.«

Nun, sage ich zu diesem neuen Mann, können Sie die Frage beantworten?

»Ja, kann ich«, antwortet er, verfällt aber unvermittelt in Schweigen.

Können Sie meine Frage beantworten?

»Ich weiß nicht, was ich sagen soll.«

Sagen Sie mir, was Sie wissen, wenn es Ihnen nichts ausmacht.

»Warum wollen Sie das wissen?«

Ich bin ein neugieriger Mensch.

»Ich weiß nicht, was ich sagen soll.«

Warum fällt es Ihnen und Ihrem Freund so schwer, eine so einfache Frage zu beantworten?

»Weil wir polnische Leute sind, und polnische Leute beantworten keine Fragen.«

Ich habe Neuigkeiten für Sie. Ich bin auch polnisch, ein reiner Pole, und was Sie gerade über polnische Leute gesagt haben, beleidigt mich als Polen und Sie auch, wenn Sie wirklich ein Pole sind.

An diesem Punkt kommt ein weiterer Chassid hinzu, ein älterer Chassid. Er möchte wissen, worüber wir diskutieren. Hält Ihre Gruppe, frage ich ihn, die Takunes ein?

»Die Kinder von Jaakov Arje Alter tun es sicherlich nicht. Was den Rest angeht, weiß ich es nicht. Niemand kann Buch darüber führen, was die Leute in der Privatsphäre ihrer Wohnungen machen.«

Heißt das, dass es diese Takunes wirklich gibt?

»Ja.«

Sex nur ein- oder zweimal im Monat, die eigene Frau nicht beim Namen nennen, nicht mit ihr zusammen auf der Straße gehen und so weiter?

»Ja. Aber das heißt nicht, dass sich die Menschen an diese Takunes halten.«

Was heißt es dann?

»Die Takunes sind für Leute, die unbedingt Takunes wollen. Ich befolge sie nicht.«

Beide chassidischen Gruppen, die im Palast von Ger und Sie in der Mädchenschule, sind Gerrer Chassidim. Was ist der Unterschied zwischen beiden?

»Sie sind Nadlan [Immobilien]-Gerrer, und wir sind Thora-Gerrer.«

Immobilien-Gerrer? Was ist das denn?

»Ger-Nadlan wird von einem unerbittlichen Dieb geleitet, der sich Rebbe nennt, einem korrupten Menschen, der von Geld und

Macht besessen ist. Er ist kein Rebbe, sondern ein Geschäftsmann. Er kann nicht mal lesen und ist schon gar kein Gelehrter. Warum, glauben Sie, hat er Rabbi Shauls Jeschiwa dichtgemacht? Weil Rabbi Shaul für den Geschmack des Rebbes zu sehr bewundert wurde, er hatte Angst, dass die Chassidim Rabbi Shaul folgen würden statt ihm. Auch änderte er die Unterrichtsmethode in allen Ger-Institutionen, weil er keine Tiefe hat. Die Chassidim sind ihm gleichgültig; er will, dass sie dumm sind. Er ist ein Geldmensch, kein heiliger Mensch. Er ist ein Multimillionär mit millionenschweren Immobilienobjekten, sammelt aber trotzdem jährlich Millionen an Spenden von seinen Chassidim, angeblich für edle Zwecke, aber in Wirklichkeit fließt alles in seine privaten Taschen. Seit geraumer Zeit hat er alles dafür getan, um uns zu quälen, um unsere Kinder und unsere Familien zu quälen, und wir sind glücklich, dass er nicht mehr unser Rebbe ist. Auf seine Anweisung wurden die Kinder jener Familien, die mit Rabbi Shaul gingen, aus den Gerrer Schulen, Heiders und Jeschiwas rausgeschmissen. Die neue Gerrer Gruppe, in der wir jetzt sind, heißt Ger-Thora, weil uns die Thora wichtig ist und nicht Immobilienbesitz.«

Wenn das alles stimmt, dann habe ich die Formel gefunden, wie ich Tausende von Bewunderern für mich gewinnen kann: Ich befehle den Leuten, Sex zu vermeiden, und lasse sie ihre Taschen für mich leeren. Anders gesagt: Unterdrücke die natürlichsten Bedürfnisse der Menschen und kanalisiere die Macht, die hinter diesen Bedürfnissen steckt, in bedingungslose Liebe zu dir um.

Genial.

Als der Sabbat vorbei ist, versammeln sich diese Chassidim um Rabbi Shaul, ihren neuen Rebbe, und hängen an ihm wie kleine Babys an ihrer Mama. Es wirkt berührend und traurig zugleich. Ohne ihren neuen Rebbe wären sie verloren, und niemand würde sie akzeptieren.

Ich spreche Rabbi Shaul an und frage ihn, ob er mir ein Interview geben würde. »Das möchte ich lieber nicht«, sagt er, »aber

Sie können mit den Chassidim sprechen, und sie werden Ihnen Rede und Antwort stehen.«

Draußen im Vorhof macht ein Chassid genau das, was Rabbi Shaul angekündigt hat. Er erzählt mir, wie rachsüchtig sein alter Rebbe, Jaakov Arje Alter, der Nadlan-Rebbe, nach der Abspaltung wurde. Die Anhänger des Rebbes versammelten sich vor den Wohnungen der Abtrünnigen, demonstrierten gegen sie, beschimpften sie als Mörder und verlangten, dass sie ausziehen. Es war schrecklich, erinnert er sich. Er ist dankbar, sagt er mir, dass Rabbi Shaul genau das getan hat, was der Radzyńer Rebbe vor weit über 150 Jahren getan hat, und sich von Ger abgespalten hat.

Wow. Der Radzyńer Rebbe? Spricht er von meinem Urgroßvater? Ja, das tut er.

Es dauert eine Weile, bis der Groschen bei mir fällt: Ich tauche hier in meine eigene Familiengeschichte ein. Wer hätte das gedacht!

Ja, vor mehr als anderthalb Jahrhunderten und bevor er ein Rebbe wurde, war der Gründer des Hofs von Ger, Rabbi Jitzchak Meir Alter, ein Anhänger Rabbi Menachem Mendels von Kozk, bekannt als der Kozker Rebbe. Nachdem er zum Nachfolger von Menachem Mendel nach dessen Tod bestimmt worden war, zog Jitzchak Meir nach Góra Kalwaria in Polen, und so wurde Kozk zu Ger. Mein Urgroßvater (genauer gesagt, Ururgroßvater), der Radzyńer Rebbe, trennte sich von Menachem Mendel und verließ den chassidischen Hof der Kozker-Gerrer am jüdischen Feiertag Simchat Tora, um seine eigene chassidische Dynastie zu gründen, die Dynastie von Izbica, wohin er umsiedelte, um sich der Feindseligkeiten seitens der Anhänger von Menachem Mendel zu entziehen. Sein Sohn, der seinem Vater als zweiter Rebbe folgte, zog nach Radzyń um, sodass aus dem chassidischen Hof Izbica bald der Radzyńer Hof wurde. Über dessen Sohn, den dritten in der Reihe der Izbica-Radzyńer Rebbes, wird gesagt, er habe jedes Mal eine Pistole dabeigehabt, wenn er auf Reisen ging. Auf die Frage, wofür er die Pistole brauche, habe er angeblich geantwortet: »Ich brauche sie zum Schutz gegen die Chassidim von Ger.«

Der einstige Radzyńer Rebbe und heute Rabbi Shaul haben sich von Ger losgesagt und beide unter den Angriffen gelitten, die die Gerrer gegen sie starteten.

Der Witz dabei ist: Die Leiter chassidischer Höfe werden üblicherweise durch Erbfolge bestimmt: Wenn Sie von einem Rebbe, dem Kind oder Enkel eines Rebbes abstammen, werden sie zum Rebbe. Das bedeutet, so merkwürdig es klingt, dass auch ich ein Rebbe werden könnte, zumindest theoretisch. Was für eine Art Rebbe wäre ich wohl, einer mit Pistole oder einer ohne? Nun, vielleicht einer mit Maschinenpistole. Ich muss schließlich den früheren Rebbe übertreffen. Aber eines weiß ich nun: Ich muss tiefer in die Ger-Geschichte eintauchen. Jetzt aber erst mal zurück nach Mea Schearim.

KÖNNTEN SIE BITTE EINE GRABSTELLE SPENDEN?

Wie man eine 5-Schekel-Frucht für 2000 Schekel verkauft

Langsam hält die Nacht Einzug in Mea Schearim, und als der Sabbat zu Ende ist, sind alle Geschäfte wieder geöffnet. Hier ist ein Juwelierladen, brechend voll, und hier einer für Damenmode, ebenfalls völlig überlaufen. Und wenn der Kleidungskauf erledigt ist, geht es an den Aufbau der Sukka – für die, die es noch nicht getan haben.

Hunderte von Sukkas werden dieser Tage im Viertel aufgebaut, eine für jede Familie sowie große Sukkas für verschiedene Rebbes, Synagogen und chassidische Höfe. Eine Sukka ist ein temporärer Unterschlupf für die sieben Tage des Sukkot- oder Laubhüttenfestes, und jeder, der eine Sukka errichtet, will sie individuell dekorieren. Deshalb werden überall Sukka-Dekorationen in den unterschiedlichsten Ausführungen verkauft. Bälle, Fotos, Gemälde und alle möglichen anderen Tchotchkes (Nippes), von denen ich keine Ahnung habe, was sie sind und wie man sie nennt.

»Meiner Meinung nach«, hatte Prof. Dan Schueftan mir gesagt, »sind die Charedim die größte Bedrohung für das jüdische Volk.« Auch hatte er sie »Schmarotzer« genannt. Sind diese Leute wirklich Schmarotzer? Bedrohen diese schönen Ladys mit ihren attraktiven goldenen Ehemännern das jüdische Volk?

Nicht dass alle hier einkaufen oder aufbauen. Es gibt auch diejenigen, die Dan-Schueftan-Charedim, die bloß schnorren. Hier sind immer Schnorrer unterwegs, so wie überall in Manhattan, nur dass am Vorabend des kommenden Feiertags noch mehr von ihnen auf der Straße zu sein scheinen. Shoppen und schnorren gehen überall Hand in Hand, nur dass die Schnorrer hier etwas einfallsreicher sind als die in New York. Hier haben sie mehr Chuzpe. »Ich sammle Geld für eine Braut, die nächste Woche heiratet und der das Geld für die Hochzeit fehlt. Können

Sie helfen? Ihre Spende wird die Ankunft des Messias beschleunigen« ist ein Beispiel. »Geben Sie mir ein paar Schekel, und Der Name wird Sie vorm Tode bewahren« ist ein anderes. Sie dürfen nicht überrascht sein, wenn Sie hier jemand anspricht und bittet, ihm dabei zu helfen, eine Grabstelle auf dem Ölberg zu kaufen.

In den frühen Morgenstunden, als die Einkäufer und Aufbauer endlich schlafen, kommt die Polizei nach Mea Schearim. Wie man sich denken kann, ist sie hier, um eine große Sukka aus Sicherheitsgründen abzubauen. Und zwar genau da, wo es vor ein paar Tagen angeblich zu Ausschreitungen gekommen war. Ja, die Aufbauer hatten von Ingenieuren unterschriebene Dokumente, die die Sicherheit der Sukka bescheinigten, doch wie sich nun zeigt, waren diese Ingenieure gar nicht befugt, irgendetwas zu bescheinigen. Außer einigen jungen Männern, die immerzu darauf bedacht sein müssen, niemals ihren Samen zu vergießen, und stets auf der Suche nach Aktivitäten sind, die ihren Kopf von Frauen und kleinen Körperteilen ablenken, protestiert niemand gegen diesen Abbruch.

Und als die Sonne über einem neuen Tag erstrahlt, kehren auch die Kauflustigen zurück.

Und sie kaufen mehr, mehr, mehr.

Etwas, das die Menschen um diese Jahreszeit scharenweise kaufen, sind die Arba Minim, die Vier Arten: Esrog/Etrog (Citrus medica), Lulav (Dattelpalmzweig), Hadas (Myrtenzweig) und Arawa (Weidenzweig). An Sukkot nimmt jeder Charedim diese vier Pflanzen zusammen in die Hand, schüttelt und schwenkt sie hin und her, während er einen besonderen Segensspruch aufsagt, ein Brauch, der angeblich zuerst im Heiligen Tempel praktiziert und an dem seitdem festgehalten wurde. In diesen Tagen sieht man an jeder Ecke von Mea Schearim Menschen, die diese oder jene Art kaufen und dafür zwischen 50 und Tausende von Schekel bezahlen. Motta Brim, mein Nachbar, zeigt mir den Etrog, den er gekauft hat, einen großen Etrog. Was hast du für ihn bezahlt?, frage ich ihn. »Ich hab einen Nachlass bekommen«, verkündet er stolz. Und was hat er nach dem Nachlass gekostet? »1800 Schekel [€ 448]. Der Originalpreis ist 2000 Schekel [€ 498].« Der Originalpreis von Etrogs liegt in etwa bei dem von Zitronen, sagen wir zehn Schekel das Kilo. Aber so läuft das nicht, wenn es um Etrogs geht. Wie viel ein Etrog kostet, hängt von der Gewieftheit der Verkäufer ab.

Wenn Sie wissen wollen, wer der nächste Millionär in Israel sein wird, sollten Sie hierher kommen und die Etrogverkäufer beobachten. Der künftige Magnat verkauft seine Etrogs so: Er nimmt wahllos eine Frucht aus einer Kiste, legt sie zur Seite, und wenn ein fein gekleideter Herr hereinspaziert und den schönsten Etrog sucht, sagt er ihm, dass alle Etrogs in seinem Laden gut, ja ausgezeichnet sind. Wenn der gut betuchte Kunde ihn dann fragt, wie er das normalerweise tut, ob der Verkäufer ihm nicht zufällig noch etwas Besseres zeigen könne, antwortet der Verkäufer: »Nun, ich habe da einen, den ich mir für mich selbst ausgesucht habe, und es ist der beste Etrog, den man weit und breit finden kann. Ich kann ihn Ihnen zeigen, aber ich verkaufe ihn nicht.« Daran schließt sich ein langes Gefeilsche an, und am Ende wechselt der Etrog für Tausende von Schekel den Besitzer.

Wenn der gut betuchte Herr dann geht, himmelhoch erfreut über seinen Erwerb, nimmt der Verkäufer wahllos einen anderen Etrog aus der Kiste, ohne ihm auch nur einen Blick zu gönnen, und wartet auf den nächsten fein gekleideten Kunden.

Ich gehe weiter und sinniere über die Pfiffigkeit dieser künftigen Magnaten, als ich einen Anruf von einem Gerrer Chassid bekomme, der mich fragt, ob ich ihn diesen Abend im Haus eines wohlhabenden Mannes treffen, gut essen und mich mit ihm unterhalten möchte. Ich sage Ja. Zu einem guten Essen werde ich nie Nein sagen.

»Ich hole Sie ab«, sagt er.

DER REBBE HAT MEINE HODEN IN DER HAND UND QUETSCHT SIE MANCHMAL

Alle verheirateten Frauen haben denselben Namen:
»Pss, pss, pss«

Im Haus des wohlhabenden Mannes, dessen Identität ich vorher nicht kannte, wartet eine Überraschung auf mich, denn dieser Mann ist ein sehr berühmter Jerusalemer. Und beim Eintritt ins Wohnzimmer wird mir gesagt: Sein Name und die Namen der anderen Gäste dürfen nicht publik gemacht werden.

Was hat es mit alldem auf sich, und warum bin ich eingeladen?

Ich weiß es nicht, noch nicht.

Auf dem Tisch stehen edle Käsekuchen und Gebäck, kunstvoll aussehende Torten sowie Kaffee, Tee und Cola Zero. Drei Männer sitzen am Tisch, von denen ich einen schon kenne.

Es wird vereinbart, dass ich weder eine Beschreibung des Hauses noch irgendeine andere identifizierende Information veröffentliche.

Das ist der Preis für Käsekuchen der Spitzenklasse, vermute ich.

Was möchten Sie gerne essen?, fragt mich der Gastgeber.

Ein Omelett, sage ich.

Ich weiß nicht, wie mir dieses Wort über die Lippen geschlüpft ist, aber es hat's getan.

Binnen Minuten landet ein Wunderomelett, wie es das menschliche Auge noch nicht erblickt hat, in meinem Mund. Dieses Wunderomelett, ich schwöre, ist das beste Omelett, das seit den sechs Schöpfungstagen jemals in einem menschlichen Mund gelandet ist.

Ein Wunder! Und nach diesem Wunder, das sage ich Ihnen, wäre ich überhaupt nicht überrascht, wenn Abrahams weißer

Esel in genau dieses Zimmer geritten käme, Messias auf dem Rücken, und die königlichen Käsekuchen nebst den fürstlichen Keksen fressen würde, Stück für Stück für Stück.

Mein lieber weißer Esel: Es ist eine Lust, dir dabei zuzusehen, wie du den weißen Käsekuchen und die weißen Schokoladenkekse hinunterschlingst. Eine schöne Schau in Weiß.

Oh, welch ein Omelett!

Ich weiß nicht, was in diesem Land mit mir los ist, aber fast überall, wo ich eingeladen bin, erlebe ich wahre Gaumengenüsse. In New York, wo einige der reichsten Menschen der Welt leben, ist das Essen fast immer fad.

Nach dem Omelett beginnt das Gespräch.

Alle drei sind Ger-Chassidim, sagen sie mir, und waren von klein auf Anhänger des Palast-Rebbes, des Nadlan-Rebbes, im Herzen aber gehören sie zur anderen Gruppe, der Splittergruppe. Einer oder zwei von ihnen haben sich der anderen Gruppe vielleicht auch offiziell angeschlossen, aber da bin ich mir nicht sicher. Diese drei hier sind schließlich sehr verschwiegene Leute.

Allerdings machen sie mich mit ihrem Vokabular vertraut. Der Palast-Rebbe ist »das alte Ger« und die Splittergruppe »das neue Ger«. »Das neue Ger«, muss ich sagen, klingt viel besser als »Splittergruppe« mit seinem negativen Beigeschmack.

»Ich liebe das neue Ger, kann mich ihm aber nicht anschließen«, sagt der Jüngere der drei.

Warum nicht?

»Ich werde versuchen, es Ihnen zu erklären.«

Ich bitte darum.

»Mein Herz ist im neuen Ger, aber meine Hoden sind im alten Ger.«

Ihre Hoden?

»Ja. Sehen Sie, im alten Ger wird Ihnen ein Berater zugeteilt, wenn Sie heiraten, und dieser Berater ist für Sie verantwortlich.«

Was macht der Berater mit Ihnen?

»Er berät mich in den intimsten Dingen.«

Erklären Sie das bitte, wenn es Ihnen nichts ausmacht.

»Vor meiner Hochzeit hatte der Berater ein langes Gespräch mit mir. Er erklärte mir, dass ich nach meiner Hochzeit mit meiner Braut, meiner Frau, schlafen müsse und dass ich, während ich Sex mit ihr hätte, meine Kleidung anbehalten müsse, auch meine Zizit, und dass ich den Intimverkehr sehr schnell machen solle, um sicherzustellen, dass ich ihn nicht genösse. Er sagte, dass es zu den unschönen Aspekten des Lebens gehöre, Intimbeziehungen zu haben, die Natur aber nicht perfekt sei, und man nur so Kinder kriegen könne. Ich könne maximal zweimal im Monat mit meiner Frau schlafen, sagte er, und solle sie nie mit Namen ansprechen.«

Wie nennen Sie sie, wenn Sie sie rufen müssen?

»Pss, pss, pss.«

Nachdem Sie verheiratet waren, hat dieser Mensch da überprüft, ob Sie sich an seine Vorgaben halten?

»Ja. Wir trafen uns nach meiner ersten Nacht mit meiner Frau und dann weitere vier Jahre lang, um mein Sexualleben anzuleiten.«

Haben Sie sich auf die Treffen mit ihm gefreut?

»Nein.«

Wie haben Sie sich nach diesen Sitzungen mit ihm gefühlt?

»Schrecklich.«

Wie hat sich Ihre Frau gefühlt?

»Schrecklich.«

Dürfen sie zu bestimmten Zeiten Ihre Frau mit Namen ansprechen?

»Nein. Aber nach dem ersten Kind konnte ich sie Ima nennen, Mama.«

Als Sie sagten, dass Ihre Hoden im alten Ger sind, wie haben Sie das gemeint?

»Der Rebbe hat meine Hoden in der Hand. Und er quetscht sie, wann immer er möchte.«

Wie denn das?

»Der Rebbe des alten Ger, Rebbe Jaakov Arje Alter, ist ein grausamer, gnadenloser Rebbe. Der Name bedeutet ihm gar nichts.

Wie er es sieht, besitzt er alle Immobilien von Ger, und niemand außer ihm darf an das Geld des Gerrer Hofs. Er besitzt alles, weil er alles *ist*. Ja, es gibt einen Gott, und er ist es, nicht Der Name, nicht der Gott der Bibel. Jaakov Arje Alter interessiert sich nicht für Juden, Religion oder Judaismus. Er interessiert sich für sich selbst und die chassidische Dynastie, die wiederum er ist. Und wenn Sie widersprechen, dann weiß er, was er quetschen muss.«

Was heißt, dass er alles besitzt? Der Palast beispielsweise gehört der Gemeinde, oder?

Der Älteste der drei schaltet sich ein. »Wie Jaakov Arje Alter es sieht, spielt es keine Rolle, ob diese oder jene Immobilie auf den Namen der Gemeinde eingetragen ist, weil das sowieso nur bedeutet, dass alles ihm gehört. Auch die Chassidim, die Menschen, gehören ihm. Im alten historischen Ger in Polen, in Góra Kalwaria, herrschte ein Feudalsystem, in dem die Menschen, alle Menschen, dem polnischen Herrscher gehörten. Und weil sie ihm gehörten, gehörte ihm auch ihr gesamter Besitz. Bei Jaakov Arje Alter ist es dasselbe. Er hat es sich von den einstigen polnischen Gojim abgeschaut.«

Wollen Sie damit sagen, dass Gott, der Gott der Bibel, in seinem System gar nicht vorkommt?

»Nirgends«, sagt der Jüngere, und die beiden anderen stimmen zu.

»Einige von uns«, sagt der dritte Chassid, »haben Angst, das alte Ger zu verlassen. Wenn die Kinder aus den Institutionen rausgeworfen werden, in denen sie lernen und wo ihre Freunde sind, kann das sehr traumatisch für sie sein.«

Der jüngere Chassid sagt: »In seiner Weltsicht ist er der Rebbe, der Führer, und wenn man ihm nicht gehorcht, dann rächt er sich. Gnadenlos.«

Wollen Sie mir sagen, dass es ihn gar nicht interessiert, ob er die Zukunft der kleinen Kinder gefährdet, die sich vielleicht vom Erlebnis ihres Rauswurfs nie erholen?

»Er wird sein Königreich und seinen feudalen Besitzstand um jeden Preis behalten«, sagt der ältere Chassid.

Sie drei zeichnen das Bild eines Mannes ohne Werte, ohne Prinzipien, ohne Herz und ohne Judaismus. Eines grausamen Mannes. Meinen Sie das wirklich so?

Alle Anwesenden bejahen.

Kann ich noch ein Omelett haben, ein weiteres Omelett? Ich brauche dringend noch ein Omelett.

Ja, kann ich und kriege ich auch binnen weniger Minuten. Und dieses jetzt, o Wunder aller Wunder, ist sogar noch besser als das davor.

Sie sprechen weiter über den schrecklichen Rebbe und sein Bataillon von Vollstreckern, die sie als Kosaken bezeichnen.

Es ist ein seltsames Erlebnis, so viele Lustgefühle aus einem köstlichen Omelett in seinem Mund zu beziehen, während man gleichzeitig fürchterliche Geschichten anhört.

Nachdem das zweite Omelett sicher in meinem Magen verwahrt ist, erzähle ich ihnen von meinen Eindrücken beim Besuch des neuen Ger: Die Menschen dort machten auf mich den Eindruck von Leuten, die traumatisiert worden sind.

Der Jüngere erklärt:

»Sie *sind* traumatisiert, immer noch, und nur Der Name weiß, ob sie sich je davon erholen. Die Chassidim im alten Ger sind anders; sie haben Macht und einen Gott. Am Sabbat beispielsweise tragen die Chassidim in der großen Synagoge des alten Ger beim Gebet ihre Spodiks nicht [eine Art Schtreimel]. Wissen Sie, warum?«

Nein.

»Weil die Spodiks hoch sind, und da so viele Menschen in der Schul sind, könnten die Spodiks die Chassidim in den hinteren Reihen daran hindern, ihren Gott zu sehen, Jaakov Arje Alter –«

Sie beten also ihn an?

»Wen sonst sollten sie anbeten?«

Bis jetzt dachte ich, dass charedische Juden die glücklichsten Menschen der Welt sind. Aber Ihren Worten zufolge scheinen die Gerrer, die größte chassidische Gruppe in Israel, Menschen zu sein, die entweder von einem grausamen Herrn als Sklaven gehalten werden oder geistig beeinträchtigt sind, je nachdem, welchem Ger sie angehören. Habe ich das richtig verstanden?

Sie blicken mich an, dann sich, dann wieder mich, und der Gastgeber fragt: »Kaffee?«

Ja, ich nehme gerne einen Kaffee.

»Hätten Sie vielleicht auch gerne was vom Grill? Wir können Ihnen ein ausgezeichnetes Steak braten!«

Nein, danke. Kaffee genügt im Moment.

»Sie müssen verstehen«, sagt einer der drei, »dass die meisten von uns die Takunes nicht einhalten. In Wirklichkeit feiern viele von uns ihr Sexualleben wie niemand sonst.«

Nach den Bildern von Horror und Schrecken, die Sie mir eben gezeichnet haben, wie ist da irgendeinem von Ihnen zum Feiern zumute?

»Wir stecken es irgendwie weg. Was auch immer passiert, wir behalten unseren Sinn für Humor.«

Sinn für Humor mit solchen Takunes und Kindern, die von der Schule fliegen?

»Natürlich. Wir sind Juden. Wir haben den besten Sinn für Humor! Wir haben den Humor erfunden.«

Sie lachen.

»Humor kommt vom Leiden, und je mehr wir leiden, desto mehr lachen wir.«

Ich schenke mir eine Cola Zero ein, und sie fragen mich, ob ich ein paar Flaschen mitnehmen möchte. Wir haben genügend, sagt der Gastgeber.

Ich trinke die Zero und schenke mir noch eine ein.

Eines Tages werden die Hoden des Chassid hoffentlich zu ihm zurückkehren. Darauf trinke ich.

Seltsamerweise kommt mir das Lied *Der Rebbe is do* in den Sinn. Ich habe es in den Ohren, nur dass es sich jetzt ganz anders anhört und eine entgegengesetzte Bedeutung angenommen hat: Der Rebbe ist hier, und er hält deine Hoden – und er quetscht sie, wenn ihm danach ist.

Der »Rebbe«, lerne ich somit, kann auch etwas Schreckliches bedeuten.

Als ich aufstehe, um mich zu verabschieden, bietet mir der Jüngere an, mich zurückzufahren.

»Wir bleiben in Kontakt«, sagt er. »Das nächste Mal, wenn wir uns treffen, haben wir etwas für Sie. Tonaufzeichnungen und Videos.«

Ich bin gespannt.

DER MESSIAS WIRD IN EINEM SAUDI-ARABISCHEN FLIEGER KOMMEN

Eine himmlische Verbindung: Chaim Kaniewski und Greta Thunberg

Shop till you drop, lautet ein amerikanischer Slogan, und die Mea Schearimer praktizieren das bei Tage mit großem Eifer: Kleider, Kugels, Armbänder, Milch, Uhren, Butter, Strümpfe, Kuchen, Tichels, Olivenöl und Sukka-Deko.

Die Sukka muss sehr schön geschmückt sein, weil an jedem Tag des Sukkotfestes, das über sieben Tage geht, sehr, sehr wichtige Gäste die Sukka eines jeden Juden beehren werden. Jeder wichtige Gast, dies nur zur Erinnerung, wird 24 Stunden lang in der Sukka bleiben. Ja. Und wer sind diese Gäste? Patriarch Abraham, Patriarch Isaak, Patriarch Jakob, Josef, der Traumdeuter des Pharaos, Moses der Gesetzgeber, Aharon der Priester und König David.

In Zukunft, so hoffen gewisse Charedim, wird das Fest um einen Tag verlängert, damit ein weiterer Sukkagast Einzug halten kann, Jaakov Arje Alter, der Gott der Kosaken.

Auch ich habe eine Sukka, der Hotelbesitzer hat sie für mich gebaut.

Ist sie nicht schön?

Ich schenke mir eine Tasse vietnamesischen Kaffee ein, eine meiner Lieblingssorten, und denke über die seltsamen Nachbarn aus meiner Kindheit nach, zwei Männer, von denen ich damals dachte, sie bräuchten dringend einen Psychiater: Chaimke Kaniewski und Jaakov Arje Alter, zwei groteske Gestalten. Wie kam es dazu, dass ausgerechnet diese beiden die höchsten Ränge der charedischen Welt erklommen haben? Der eine steht an der Spitze der litwakischen Welt, der Fürst der Thora, der andere an der Spitze der chassidischen Welt, Leiter des größten chassidischen Hofes, Gott der Kosaken. Wie konnte das bloß geschehen?

Tausende Meilen von Mea Schearim entfernt, jenseits der Meere, wo die fortschrittlichsten Gesellschaften der ersten Welt leben, folgen Hunderttausende vermeintlich vernünftiger Menschen einem Teenager namens Greta Tintin Eleonora Ernman Thunberg, bekannt als Greta Thunberg oder schlicht als Greta.

Medienberichten zufolge hat man an Greta das Asperger-Syndrom und eine Zwangsstörung diagnostiziert, sie hat keinen akademischen Abschluss irgendeiner Art und ist auch keineswegs eine Klimaexpertin. Trotzdem ist sie, ähnlich den Rabbis Chaim Kaniewski und Jaakov Arje Alter, eine Prinzessin der Wissenschaft und die Göttin der Atheisten. Chaim und Greta, dünkt mich, ergäben das perfekte Paar.

Gibt es in der menschlichen Psyche ein Bedürfnis danach, ausgerechnet von unseren seltsamsten Vertretern geführt zu werden?

Etwa einen 20-minütigen Spaziergang von hier die Straße hinauf befindet sich die Bojan-Synagoge. Ich erinnere mich, da war etwas mit Bojan, aber was? O ja, die beiden reizenden Mädchen, die ich neulich in Uris Pizza sah und von denen eine auf Gottes Hilfe wartete, um zu ihrer Hochzeit die Haare abrasiert zu bekommen. Es wäre nett, sie noch einmal zu sehen, denke ich. Sie sieht viel besser aus als Chaim, Jaakov und Greta zusammen.

Ich gehe die Straße hoch.

Das Sukkotfest steht vor der Tür, allmählich schließen die Läden und parken die Autos. Die Chassidim, die wie am Sabbat gekleidet sind, beginnen, ihre verführerischen Körper auf den Straßen zur Schau zu tragen, damit wir alle sie begehren können.

Ich aber, sage ich mir, möchte mit den Bojanern beten.

Das Hauptgebäude der Bojaner ist groß und beeindruckend und wird von einer reizenden Kuppel geziert.

Den riesigen Gebetssaal erreicht man über eine Metalltreppe. Hunderte von Chassidim beten hier gerade in Schtreimel und schwarzen Bekischen, um das Laubhüttenfest willkommen zu heißen. Im Unterschied zu einigen anderen Synagogen ähnlicher Größe, die ich hier besucht habe, kann man den Mann, der den Gottesdienst leitet, auch hören – und er ist ziemlich gut.

Der Gottesdienst ist relativ kurz, und als er zu Ende ist, gehen die Chassidim zu ihrem Rebbe, um ihm »A giten Jom Tov« zu wünschen, glückliche Feiertage, während er wie eine Statue neben dem Thoraschrein steht und kein Glied rührt. Anschließend gehen sie raus auf die Straße und warten dort darauf, dass er auf seinem Heimweg an ihnen vorbeikommt. Sie wollen ihn noch einmal sehen. Sie lieben es, ihm nahe zu sein, ihrem Papa, ihrem Anführer, dem Häuptling ihres Stammes, des Stammes der Bojaner.

Was ist besonders an den Bojanern, und was unterscheidet sie von anderen Chassidim?, frage ich einen Chassid. »Von allen chassidischen Höfen sind wir der vornehmste, weil unser Rebbe es ist.«

Können Sie mir ein Beispiel dafür nennen, was vornehm zu sein bedeutet?

»Schauen Sie sich den Rebbe an, und Sie werden einen vornehmen Mann sehen. Haben Sie ihn gesehen?«

Ja, habe ich.

»Haben Sie nicht gesehen, wie vornehm er ist?«

Nicht wirklich, sorry.

»Gut, ich gebe Ihnen ein Beispiel: Wenn der Rebbe Suppe isst, beugt er seinen Körper nie über den Teller. Er isst die Suppe mit geradem Rücken. Das sollten Sie sehen!«

Haben Sie noch ein anderes Beispiel? Das, das Sie angeführt haben, ist ein bisschen schwach.

»Oh, es gibt so viele Beispiele, dass mir gerade keines in den Sinn kommt.«

Nur ein Beispiel, wenn Ihnen eins einfällt.

»Nein, es gibt einfach so viele davon!«

Wie stark beeinflusst er Ihr Leben? Wenn er Ihnen zum Beispiel sagt, Sie sollen etwas tun, würden Sie es dann tun?

»Gewiss!«

Haben Sie ein Beispiel dafür?

»Mein Sohn wollte eine Orgel. Ich ging zum Rebbe, um ihn zu fragen, ob ich ihm eine kaufen soll. Der Rebbe sagte, ich sollte es tun, und das habe ich auch getan: Ich habe die Orgel gekauft.«

Eine Orgel? Das ist ein großes Instrument, nicht wahr?

»Nein, nicht so eine Orgel! Ich würde ihm keine Kirche kaufen! Es ist eine kleine Orgel, eine elektronische.«

Es ist Zeit, meine ich, über wichtigere Dinge zu sprechen als über Orgeln. Esel zum Beispiel.

Sagen Sie, frage ich ihn, glauben Sie an die Auferstehung der Toten?

»Natürlich!«

Wenn der Messias kommt, auf dem Esel des Patriarchen Abraham –

»Nein. Der Messias kommt nicht auf einem Esel.«

So habe ich es aber gehört!

»Nein, nein. Auf dem Esel von Patriarch Abraham kommt der Prophet Elias, der mit dem Esel drei Tage vor der Ankunft des Messias Einzug halten wird, um den Menschen zu verkünden, dass der Messias auf dem Weg ist und alle sich vorbereiten sollen.«

Ups. Wenn er recht hat, dann habe ich die ganze Zeit falsch gelegen und seit Monaten den Messias mit dem biblischen Propheten Elias verwechselt!

Und wie wird der Messias nach Jerusalem kommen?, frage ich meinen neuen Lehrer.

»Was weiß ich? Wahrscheinlich im Flugzeug.«

Von wo aus startend?

»Das weiß ich nicht.«

Elias wird also auf einem Esel kommen, gefolgt vom Messias in einem Flugzeug.

»Ja.«

In einer saudi-arabischen Maschine, mit Saudia vielleicht?

»Womöglich.«

Verraten Sie mir etwas, wo beten die Frauen heute Abend?

»Der Frauenbereich der Synagoge ist heute Abend geschlossen.«

Das war's mit Uris Pizzagirl und ihrem kahlgeschorenen Kopf.

»Bojan«, erklärt mir der Chassid, »ist ein Königreich.« Das Besondere an den Bojanern, erläutert er, ist, dass sie ihren Hof als Königreich betrachten. Bojan, das mit der chassidischen Dynastie von Ruzyn verwandt ist, ist ein Königreich, so wie sich auch die Ruzyner Dynastie selbst schon als ein Königreich verstand. Dieses Königreich ist übrigens kein Königreich wie etwa die britische Monarchie, sondern etwas viel Größeres. Und wie kann Bojan, ein Dorf in der Ukraine, über die englische Hauptstadt London hinauswachsen? »Königreich ist auch ein kabbalistisches Konzept«, sagt er, und das sei nur in einem kleinen Schtetl möglich.

Ich habe keinen Schimmer, wovon er redet, lasse es aber gut sein. Sie wollen es Königreich nennen? Sollen sie doch, solange ich ihnen keine Steuern zahlen muss.

Verfügt das Königreich über spezielle Traditionen?

»Zur Gebetszeit, wenn wir uns alle zum Beten in der Schul versammeln, betet der Rebbe normalerweise alleine, in einem Raum neben dem Thoraschrein.«

Warum betet er alleine?

»Weil man es in einem Königreich so macht. Haben Sie nicht den Schtreimel des Rebbes gesehen? Er zeigt nach oben wie eine Kuppel. Das ist ein Zeichen für ein Königreich.«

Haben die Bojaner auch Takunes wie die Gerrer?

»Wir hatten auch in Bojan Takunes, aber der Rebbe hat sie aufgehoben. Aber eines kann ich Ihnen sagen: Im Hinblick auf das Verhältnis von Männern und Frauen ist Toldos Aharon der beste chassidische Hof. Sie sind am offensten. Schauen Sie sich an, wie ihre Paare auf der Straße flanieren, und Sie werden sehen, wie glücklich sie miteinander sind. Sie sind romantisch, süß!«

Ich kann es kaum erwarten, den Rebbe von Toldos Aharon zu sehen, falls ich ihn überhaupt zu sehen bekomme.

Ich begleite den Bojaner Rebbe auf seinem Heimweg und schaue mir an, wie die Männer und Frauen auf der Straße einen Blick auf ihn erhaschen – wie es die Leute in Großbritannien tun würden, wenn sie wüssten, dass ein König oder eine Königin auf den Straßen von London unterwegs ist.

Der Rebbe läuft schnell, und es gibt keinen Austausch zwischen ihm und den Chassidim. Trotzdem sind die Chassidim begeistert.

Ich höre, wie einige von ihnen über die Großartigkeit des Bajaner Rebbes sprechen, und frage einen Chassid: Wie ist die richtige Aussprache Ihres chassidischen Hofes? Bajan oder Bojan?

»Es sollte Bojan sein, aber die Leute sagen Bajan.«

Interessant. Das Mädchen in Uris Pizza kannte den Ursprung des Bojaner Hofes nicht, und hier habe ich es mit Chassidim zu tun, die Bojan nicht aussprechen können. Ich bin neugierig, ob sie mehr über Ger wissen als über Bojan. Ich frage den Chassid: Was wissen Sie, falls Sie etwas wissen, über den Gerrer Rebbe, Jaakov Arje Alter?

»Er reißt Familien auseinander. Wenn beispielsweise Ihr Sohn mit Rabbi Shaul betet, dann wird er aus der Gemeinde ausgeschlossen, und Sie müssen ein für alle Mal alle Verbindungen mit ihm abbrechen. Sie müssen Ihren eigenen Sohn verleugnen. Jaakov Arje Alter ist ein Idiot. Er ist nicht wie unser Rebbe.«

Nachdem Gebet und Rebbeschau absolviert sind, gehe ich mit einem der Chassidim, Motta Brim, dem Mann mit dem teuren Etrog, zum Haus seiner Mutter, das gegenüber meinem Hotel liegt, um das Feiertagsmahl in ihrer Sukka einzunehmen, mit ihm, seiner Mutter und seiner erweiterten Familie: seinen Brüdern mitsamt Frauen und Kindern.

Was für eine Familie! Die Kinder, seine Nichten und Neffen, sehen aus wie herrliche Blumen, jedes mit einem Lächeln und Manieren, wie sie Prinzen und Prinzessinnen gut zu Gesicht stünden. Und wenn Sie sich sagen, dass ich in meiner Beobachtung dieser Kinder verallgemeinere, ähnlich wie der Journalist von *Haaretz* mit umgekehrtem Vorzeichen, dann hören Sie sich das an: Ein 13-jähriges Mädchen, das mir gegenübersitzt, hat den Tag lesend verbracht. Sie hat zwei Bücher von vorne bis hinten durchgelesen, insgesamt 900 Seiten an einem Tag. Ja. Mottas Mutter, Hendel Esther, ist die Matriarchin der Familie und regiert das Haus. Sie ist die Königin, ihr Königreich ihre Familie. Und wenn die Männer Feiertagslieder singen, singt sie mit. Normalerweise singen charedische Frauen nicht in Gegenwart von Männern, die keine Familienangehörigen sind, aber ihr ist es egal. Sie ist eine Charedi, wie sie im Buche steht, aber niemand sagt ihr, was sie in ihrem eigenen Haus zu tun und zu lassen hat. Es ist wunderbar, das mitzuerleben. Von Zeit zu Zeit rezitiert sie Bibelverse, kommentiert sie und unterweist ihre Kinder und Enkelkinder in den Wegen des Herrn. Hier, in dieser Sukka, in ihrem Haus, ist sie der Rebbe, und was sie sagt, gilt. Und alle bewundern sie. Sie ist eine Frau von biblischen Proportionen, nur dass sie keinen Schtreimel trägt.

Das Essen, versteht sich, ist ausgezeichnet.

Sie können über Mea Schearim sagen, was Sie wollen, aber Ihre Geschmacksknospen werden die herausragende kulinarische Magie seiner Einwohner nicht leugnen können.

Und je länger ich bei den Leuten hier bin, desto mehr frage ich mich eines immer wieder: Was haben diese herzlichen chassidischen Menschen den Christen der Welt nur angetan, dass sie sie jahrhundertelang abgeschlachtet und vergewaltigt haben?

Es ist mir ein Rätsel.

SIE HABEN EIN PROBLEM?
DIE CHASSIDIM HABEN EINEN KRAN
Es ist egal, ob Gott existiert oder nicht. Glauben Sie einfach!

Am nächsten Tag feiern die Bojaner Chassidim Simchat Beit Hashoeva als Teil des mehrtägigen Sukkot. Die Bojaner Chassidim tun dies in einer gigantischen Sukka, die für das Laubhüttenfest neben ihrer Schul errichtet worden ist. Zwei Tage wird die Feier dauern, an der heute und morgen jeweils 2000 Personen teilnehmen werden. Angesichts der vielen Chassidim muss Bojan die Gemeinde aufteilen.

Ich gehe hin.

Das Lied »*Du sollst fröhlich sein an deinem Fest*« hört man schon aus einigen Straßen Entfernung laut und deutlich, und die Chassidim strömen zu Hunderten herbei, um sich einen Platz in der Sukka zu sichern, die brechend voll zu werden verspricht.

Als ich eintreffe, sehe ich den Rebbe auf einer Seite der gigantischen Sukka, umgeben von Tausenden von Chassidim auf Tribünen ringsum. Sie alle sind durch das sogenannte Schach (Dach der Sukka, oft aus Zweigen, losem Holz und Bambusstäben) hoch oben über ihren Köpfen vor den Elementen geschützt.

Der Rebbe sitzt an einem erhöhten Tisch. Vier Gabbais stehen ihm zur Seite, um diesem heiligen Mann mit allem aufzuwarten, was er braucht. In der Mitte der Sukka befindet sich ein Tisch, an dem wichtige Personen sitzen, und es gibt zusätzliche Stühle in der Nähe des Tisches für nicht ganz so wichtige Personen.

Ein Orchester spielt, die Chassidim singen und tanzen auf den Tribünen, und auch ich lande zum ersten Mal auf einer Tribüne.

Ich fühle mich wie ein echter Chassid in seinen Zwanzigern oder so.

Alle Augen, 2000 Augenpaare, sind auf den Rebbe gerichtet.

Der Ältere der Gabbais reicht dem Rebbe einen Kuchen, während eigens beauftragte Chassidim mit Kartons voller Kuchenscheiben umhereilen, um sie zu verteilen. Auch die Chassidim ganz oben auf den Tribünen, die das Dach küssen können, sollen etwas abbekommen. Der Rebbe spricht einen Segen und isst von dem Kuchen, und alle tun es ihm nach. Wenn der Rebbe isst, essen auch die Chassidim.

Jetzt schenkt derselbe Gabbai dem Rebbe Wein ein, der ebenfalls gleichzeitig an die Gemeinde verteilt wird. Der Rebbe spricht einen Segen und trinkt einen Schluck Wein, und seine Chassidim tun es ihm nach. Wenn der Rebbe trinkt, trinken auch die Chassidim.

Der Rebbe, der den königlichen Schtreimel auf dem Kopf trägt, den, der nach oben weist, sitzt zumeist regungslos. Dann aber gestikuliert er mit der rechten Hand zur rechten Seite, dem Meer von Schtreimel auf den Tribünen rechts, und sie gestikulieren mit ihren rechten Händen zurück, so wie er. Wenn der Rebbe grüßt, oder was auch immer diese Geste bedeuten soll, grüßen auch die Chassidim. Dann bewegt er seine Hand in Richtung der ihm Gegenübersitzenden, und sie grüßen ihn mit ihren rechten Händen. Dann grüßt er die auf der linken Seite, und dieses Meer an Schtreimel grüßt ihn auf die gleiche Weise.

Es ist faszinierend, das zu sehen.

Der Rebbe is do.

Ich werde Zeuge dieser Beziehung zwischen Rebbe und Chassidim, staune über ihre interessante Optik und versuche, das Wesen dieser Beziehung zu verstehen.

Die Gebetszeilen »*Du hast uns unter allen Nationen auserwählt ...*« werden von den 2000 feierlich wie mit einer Stimme gesungen. Dieselben Zeilen wiederholen sich, jetzt mit einer etwas fröhlicheren Melodie, und die 2000 schwingen auf ihren Tribünen von rechts nach links, ein bisschen fröhlicher. Dann werden dieselben Zeilen noch einmal wiederholt, jetzt zu einer ausgesprochen fröhlichen Melodie, und die 2000 kommen richtig in Stimmung, springen auf den erzitternden Tribünen auf und ab, und die Musik brüllt wie ein Zoo voller Löwen.

Irgendwann klingt die Musik ab und hört dann ganz auf, und der Rebbe hält eine Predigt. Er spricht monoton; diesen Mann regt im Leben nichts so leicht auf, denke ich mir. Seine Predigt hat praktisch keinen Inhalt. Er hat anscheinend nicht viel zu sagen, was den Chassidim nicht entgeht, von denen etwa die Hälfte zu gähnen beginnt. Schließlich beendet der Rebbe, dem Himmel sei Dank, seine Predigt, und die Musik fängt wieder an zu spielen. Die Chassidim drehen durch, springen auf ihren Tribünen herum, als gäbe es kein Morgen, und starren dabei permanent den Rebbe an. Sie lieben ihn, bewundern ihn, brauchen ihn, verehren ihn. Für sie kann der Rebbe anscheinend nichts falsch machen, selbst wenn er sterbenslangweilig ist. Vielleicht projizieren sie ein Bild auf ihn, soweit ich das beurteilen kann, und machen ihn zum Objekt ihrer Träume, Sehnsucht, Wünsche und Liebe: ihrem Guten Herrn.

Der Rebbe is do.

Diese Menschen sind geeint durch Musik, Kleidung, Tradition und Rebbe. Für sie ist der Rebbe, wenn ich es richtig interpretiere, kein Mensch, keine Person, sondern schlicht Heiligkeit. Der Rebbe ist in gewisser Weise eine Verlängerung Des Namens. Vielleicht ist sogar Der Name eine Verlängerung des Rebbes. Wie ein Bojaner mir sagt: »Ich weiß nicht, ob Der Name existiert, und es spielt auch keine Rolle, ob er existiert oder nicht; ich glaube, dass Er existiert, und das genügt.« Zumindest der Rebbe existiert vor seinen Augen, und er liebt es.

Der Rebbe is do.

Plötzlich löst sich ein Teil des Schachdachs und hängt nur noch an einem seidenen Faden. Ein paar Chassidim versuchen, es zu reparieren, damit den Leuten das Schach nicht auf den Kopf fällt. Von irgendwoher holen sie einige lange Vierkanthölzer und versuchen, das Schach hochzudrücken, aber es lässt sich partout nicht bewegen. Dann fährt, Wunder aller Wunder, ein Kranwagen herein, weiß Gott, wo die Chassidim ihn herhaben, von einem Chassid gesteuert, und ein paar Chassidim steigen auf den Kran und haben das Problem, Gott weiß wie, in wenigen Minuten gelöst. Das sind die Chassidim. Nichts steht ihnen im Weg. Gibt's ein Problem da oben? Sie haben einen Kran. Wenn Sie aus irgendeinem Grund ein U-Boot bräuchten, können Sie sicher sein, dass diese Chassidim eins für Sie fänden und es auch steuern könnten. Jetzt wurde ein Kran gebraucht, und sie haben ihn besorgt. Und sie wissen, wie man ihn bedient. Denn wenn irgendeiner weiß, wie man einen Kran oder ein U-Boot steuert, dann die Bojaner.

Erstaunlich.

Die ganze Zeit über spielt die Musik. Musik ist die Luft der Chassidim, und wenn sie singen, können sie Wunder bewirken.

Wie machen sie das? Fragen Sie nicht.

Nach einer Weile verabschiedet sich der Rebbe, und ich verabschiede mich auch.

Bojan ist nicht der einzige chassidische Hof in Mea Schearim, der Simchat Beit Hashoeva feiert; auch viele andere tun das. Einschließlich glücklicherweise Toldos Aharon.

Morgen Abend gehe ich noch einmal feiern.

SIE KÖNNEN MIR IHR SMARTPHONE GEBEN, ICH MACHE ES FÜR SIE KAPUTT

Begrüßen Sie den Łódźer Rebbe – mich

Mea Schearim platzt aus allen Nähten, die Autos kommen nur schrittweise voran. So viele Menschen laufen überall herum, dass man kaum sagen kann, wo der Bürgersteig endet und die Straße anfängt. Wohin gehen all diese Leute? Zu Toldos Aharons Simchat Beit Hashoeva. Ihre Feier ist, wie jeder in Jerusalem weiß, die beste in ganz Israel.

Da wäre allerdings ein kleines Problem: Toldos Aharon hat sehr viele Anhänger, und ihre Zahl wächst so schnell, dass der Platz für die Mengen an Außenstehenden nicht reicht, die bei ihnen mitfeiern wollen. Tatsächlich haben die Verwalter von Toldos Aharon Bekanntmachungen in den charedischen Medien veröffentlicht, in denen sie von einem Besuch der Veranstaltung abraten. Die Leute kommen aber trotzdem. Wie können sie sich ein solches Ereignis entgehen lassen? Doch an Ort und Stelle werden sie am Eintritt gehindert. Es gibt keinen Platz. Zu meinem Glück hat mir ein hohes Tier namens Reb Schmuel, den ich irgendwann zufällig kennengelernt habe, eine Eintrittskarte beschafft.

Ich bin drin.

Anders als bei den Bojanern finden sich hier nur wenige Tribünen, die vor allem Kindern vorbehalten sind, stattdessen tanzen die Chassidim auf dem Boden. Wie viele sind es? Unzählige. Welche sind es? Es sind die goldenen, und sie wissen, wie sie sich auf dem Boden bewegen müssen. Oh, sie bewegen sich! Sie sind glücklich, sehr glücklich, sie singen, laut, sie springen, hoch, und sie rennen, schnell; und sie hören nicht auf, sind immer in Bewegung. Das ist ein Anblick, den man nicht missen möchte: endloses Gold in permanenter Bewegung, wie ein strömender Fluss aus Gold, ein brausendes Meer aus Gold, ein brüllender Ozean aus 24-karätigem Gold.

Das ist, verrate ich Ihnen, die beste Tanzparty im ganzen Nahen Osten.

»Wissen Sie«, fragt ein Mann neben mir, »was der Schtreimel des Rebbes kostet?«

Keine Ahnung.

»26 000 US-Dollar.«

Falls ich jemals ein Rebbe werde, entweder ein Radzyńer Rebbe, oder ich suche mir vielleicht eine andere polnische Stadt, in der Juden umgebracht wurden, womöglich Lodz (Łódź), dann besorge ich mir auch so einen Schtreimel.

»Möchten Sie etwas essen?«, fragt einer der Chassidim diesen Lodzer Rebbe.

Ja, natürlich.

Er führt mich nach draußen in einen Hof, der voller Menschen ist, die essen, statt zu tanzen. Ich bekomme einen großen Teller mit Nudeln, der chassidischen Sorte, und fühle mich wie im Himmel, zusammen mit dem Propheten Elias. Alles, was jetzt noch fehlt, ist ein Esel oder ein saudischer Flieger.

Nach einer Weile trete ich wieder auf die Straße und versuche meinerseits, mich zu bewegen. Was nicht leicht ist, wie ich fest-

stelle. So viele Menschen sind unterwegs und strömen in Richtung Toldos Aharon.

Beim Anblick dieser Menschenmengen fällt mir der Taxifahrer ein, der so herzig über den Rabbi von Tora VeYira gesprochen hatte. Warum besuche ich jetzt nicht Tora VeYira?, frage ich mich.

Gute Idee.

Ich gehe durch die inneren Straßen von Mea Schearim, diese sehr engen Straßen, und steuere Tora VeYira an, eine Gruppe von Leuten, die gerüchteweise die größten Störenfriede von Mea Schearim sind, Leute, die gerne alles kaputtmachen, was ihrem religiösen Programm nicht entspricht.

Stimmt das? Ich weiß es nicht.

Auf dem Weg dorthin spricht mich ein kleiner chassidischer Junge an und fragt mich, ob er mein Handy benutzen kann, um seinen Vater anzurufen, den er im Gedränge verloren hat. Natürlich, sage ich zu ihm, und gebe ihm mein iPhone.

Das ist nicht das, was er erwartet hat. Als er mein iPhone sieht, rennt der Junge weg wie vor einem Feuer.

In der Gemeinde dieses Jungen benutzen sie keine Smartphones, zumindest nicht öffentlich. Wie in vielen anderen charedischen Gruppen verwenden sie koschere Mobiltelefone. Mit denen kann man jemanden anrufen und angerufen werden, aber sie haben kein Internet, Der Name behüte, in dem man, möge der Himmel uns beschützen, Frauen sehen kann. Oj wej!

Ich bin bei den Tora VeYira und gehe hinein.

Ein kleiner Versammlungsraum. Die Tora VeYira mögen bekannt sein, vielleicht gar berühmt, aber es ist eine kleine Gruppe. Alles in allem sind hier um die 200 Personen anwesend, kein Vergleich mit Toldos Aharon. Das aber muss man ihnen lassen, sie haben mehr Energie als so mancher Kran. Und ihre Kinder haben mehr Energie als die schnellsten Araberpferde. Als sie mich sehen, diese Kinder, kommen über 20 von ihnen auf mich zu und bilden einen Kreis um mich. Wer sind Sie?, fragen sie. Wie heißen Sie? Warum haben Sie einen Ring am linken Finger? Wissen Sie nicht, dass Ringe nur für Frauen sind, nicht für Männer? Würden Sie bitte Ihren Ring abnehmen? Was haben Sie da in Ihrer Hemdtasche? Ist das ein Smartphone?

Ja, ist es, sage ich Ihnen auf Jiddisch.

»Warum schaffen Sie Ihr Smartphone nicht weg?«

Ich kann es mir in die Hosentasche stecken, wenn es euch stört.

»Sie können uns Ihr Smartphone geben, wir machen es für Sie kaputt!«

Ich brauche mein Smartphone für meine Arbeit.

»Was ist Ihre Arbeit?«

Ich bin Autor.

Ein Erwachsener, der all dies beobachtet, erklärt den Kindern: »Er braucht das Smartphone, um seinen Lebensunterhalt zu verdienen, deshalb ist es erlaubt.«

Sie akzeptieren die Entscheidung.

Jetzt wende ich mich an die Kinder und frage sie, was sie heute gelernt haben. Auf ihre Antwort hin bitte ich sie, für mich den Text auswendig zu rezitieren, den sie in den letzten Tagen gelernt haben. Die Kinder beginnen in ihrem Jiddisch, Texte aufzusagen.

Es ist erstaunlich, zu sehen, zu hören und zu begreifen, wie gebildet diese Kinder sind. Mit ihren vielleicht acht bis zwölf Jahren wiederholen sie auswendig ganze Seiten komplexer Talmudtexte Wort für Wort. Wie machen sie das nur? Nicht nur machen sie es, sondern sie tun es mit einem Lächeln auf den Lippen, mit einem Glänzen in ihren Augen und Stolz in ihren Herzen.

O Gott, können menschliche Wesen goldiger, süßer, lebhafter, gebildeter sein als diese Kinder? Selbst Der Name, weiß ich, ist heute stolz auf sie.

Sie sind natürlich alle hier, um Simchat Beit Hashoeva zu feiern.

Was ist Simchat Beit Hashoeva? Das Fest steht in Zusammenhang mit dem Tempel, dem heiligen Ort, der einst war, aber nicht mehr ist. Als er noch stand, wurde einmal im Jahr Wasser aus dem Bauch der Erde hochgepumpt und über den Altar geschüttet. Das war das erste Simchat Beit Hashoeva. Um daran zu erinnern, begehen charedische Juden Simchat Beit Hashoeva, die Feier des Hochpumpens von Wasser, in der Hoffnung, dass der Dritte Tempel bald vom Himmel herabsteigt.

Die Tatsache, dass der Standort des einstigen Tempels gerade einmal fünf Minuten von hier entfernt ist, verleiht dieser Feier eine besondere Bedeutung.

In den Tagen des Tempels gab es noch einen anderen Brauch beim Laubhüttenfest: Die Priester umringten den Altar mit dem Lulav (Dattelpalmzweig). Dieser Tage umrunden religiöse Juden die Bima mit ihren Vier Arten, während sie beten: *O Herr, hilf! O Herr, lass wohlgelingen!*

Dieser Brauch heißt Hoschanot, und ich wäre bei Toldos Aharon willkommen, erfahre ich in den frühen Morgenstunden durch eine Textnachricht auf meinem iPhone, und zwar um genau zwölf Uhr mittags. Die Person, die mir diese Nachricht geschickt hat, besitzt auch ein iPhone oder sonst ein Smartphone, was beides in dieser Gemeinde verboten ist.

Aber diese Chassidim sind keine Deutschen. Mag das Smartphone auch verboten sein, so heißt das nicht, dass sie keines haben können. Ein Verbot bedeutet zumal auf Jiddisch manchmal alles andere als ein Verbot. Was bedeutet es dann? Nun, das weiß keiner so genau, aber alle hoffen, dass der Messias, wenn er kommt, erklären wird, was das Wort »Verbot« eigentlich meint.

Wie dem auch sei, ich antworte. Ich komme.

DIESE JUDEN HALTEN SICH FÜR JORDANIER

Tod den Zionisten!

Punkt zwölf Uhr mittags bin ich bei Toldos Aharon.

Die Schul ist, wenig überraschend, gerammelt voll. In goldener Kleidung hält jeder Mann stolz seine Vier Arten in die Höhe, sodass der Raum in einer prachtvollen Farbmischung schwimmt: gold und grün.

Auch die Anordnung der Gemeindeglieder für den Gottesdienst ist visuell großartig gemacht. In der Mitte sitzen die Kinder auf dem Boden; um sie herum stehen Tische, an die sich die Älteren gelegentlich setzen können; der Rest, rund 90 Prozent der Anwesenden, steht auf Tribünen, getrennt nach Verheirateten und Unverheirateten. Und da jede Gruppe anders gekleidet ist, entsteht ein erstaunlicher visueller Effekt.

Ich nehme meinen Platz zwischen den Kindern und den Älteren ein und schaue mir die heutige Kindermode an. Fast alle tragen Dreiviertelhosen und schwarze Strümpfe. Ein paar haben weiße Strümpfe an, was bedeutet, dass sie entweder von anderen chassidischen Höfen oder aus der Familie des Rebbes stammen, wie mir jemand hier erklärt, und dafür herausgeputzt werden, dass sie eines zukünftigen Tages ein Rebbe werden. Als künftiger Rebbe muss man anscheinend darin geübt werden, weiße Strümpfe zu tragen.

Alle Leute um mich herum tragen schwarze Lederschuhe, während ich Sportschuhe anhabe. Auch habe ich eine Apple Watch, die die Kinder intensiv mustern. Sie glauben, dass sich vielleicht Satan in ihr verbirgt. Ich lasse sie glauben, was sie wollen.

Der Rebbe leitet das Gebet an, ein Gebet, das langsamer voranschreitet als der dickste Elefant; er schüttelt mit beiden Händen sein Grünzeug, bewegt es hoch und runter, nach rechts und

nach links, vorne und hinten, als wolle er jemanden verscheu-
chen, Satan vielleicht oder ein inneres Bild von einem schönen
chassidischen Mädchen. Obwohl er sehr langsam betet, schüttelt er sehr energisch, kraftvoll, heftiger als ein Presslufthammer.
Mitunter scheint es, als würde er versuchen, mit seinem Lulav
eine dicke Betonmauer zu durchbohren und immer mehr, mehr,
mehr Druck auf sie auszuüben.

Er betet: *O Herr, hilf! O Herr, lass wohlgelingen!* Als der Rebbe
mit dem Schwenken des Lulav und der Vier Arten fertig ist, sind
die Chassidim damit an der Reihe.

Nach ungefähr einer Stunde setzen sich die Tausenden von
Chassidim in Bewegung. Sie müssen die Bima umkreisen, einer
nach dem anderen, wie es die Tradition verlangt.

Die Uhr an der Wand geht um eine Stunde nach. »Das ist
die jordanische Zeit«, erklärt mir ein Chassid, denn »wir verwenden keine zionistische Zeit«. Diese Juden, wer hätte das gedacht,
sind Jordanier. Ich schaue auf meinem iPhone nach, wie viel Uhr
es jetzt in Amman ist, und es ist dieselbe Zeit wie in Jerusalem.
Aber wen juckt's? Es klingt gut, kreativ und ein bisschen antizionistisch.

Ganz gleich, wie spät es ist, die Zeit kriecht dahin.

Warum schwenken sie den Lulav und die anderen drei Arten
mit ihm? Manche sagen, um böse Geister zu vertreiben, andere
sagen, um Den Namen daran zu erinnern, dass seine Kinder, die
Juden, so, wie diese Vier Arten Wasser zum Wachsen brauchen,
viel Regen brauchen, um zu überleben. Der Name muss ein wenig taub oder begriffsstutzig sein, deshalb schwenken sie ihre
Arten so wild.

Nach dem Ende des Gebets gehe ich raus.

Draußen regnet es, zum zweiten Mal in diesem Jahr. Der
Name, könnte man meinen, hat die Botschaft verstanden.

Ich kaufe einige Lebensmittel ein, bringe sie ins Hotel und
gehe zu Lelev. Ich habe eine Weile nichts mehr von ihnen gehört und frage mich, ob es ihnen lieber wäre, wenn ich sie nicht
mehr besuche. Aber wie sich herausstellt, ist alles in Ordnung.

Reb Moische, ein netter Lelever Chassid, lädt mich zum Sabbatmahl bei sich zuhause nach dem Abendgebet ein.

Wer ist noch in der Schul? Reb Jankew Chaim. Hat der Rebbe Ihnen mitgeteilt, wann ich mich mit ihm zu einem Gespräch zusammensetzen kann?, frage ich ihn. »Noch nicht«, entgegnet er, aber sobald er die Antwort des Rebbes hat, wird er sie mir zukommen lassen.

Ja, ja.

Der Gebetsgottesdienst ist schnell vorbei an diesem Abend, viel schneller als jedes Gebet bei den Reb Arelach, und Reb Moische und ich gehen zusammen zu ihm zum Sabbatessen.

Er war Studienkollege des Rebbes, bevor der Rebbe Rebbe wurde, erzählt er mir, jetzt aber ist der frühere Freund ein heiliger Mann, sein Anführer, und er wird dem Rebbe immer und überallhin folgen.

Wie wird man von einem Freund zu einem Anhänger?, frage ich ihn.

Er versteht meine Frage nicht. »Er ist der Rebbe«, sagt er mir, und damit hat es sich.

Was macht einen Rebbe aus?, frage ich ihn.

Das, sagt er, ist etwas, das ich wahrscheinlich nicht verstehen werde, weil ich keinen Rebbe habe. Könnte er versuchen, es mir zu erklären? Nun, was gibt es da zu erklären? Ein Rebbe ist ein Rebbe, Punkt.

Bald sind wir bei Reb Moische angekommen, und ich werde neben seinen kleinen Enkelkindern platziert.

O Boy, diese kleinen Kinder haben es in sich! Neugierig, intelligent und süß, alles in einem.

Sie wollen alles über mich wissen, den Fremden am Tisch. Ich erzähle ihnen, dass ich ein Journalist bin, was ihre Fantasie sofort beflügelt. Eines der Kinder fragt: Wie wird man Journalist? Ein anderes möchte wissen, ob es auch ein Journalist werden kann. Je weiter der Abend voranschreitet, desto mehr Fragen haben sie natürlich: Habe ich den Ministerpräsidenten interviewt? Kann ich den Ministerpräsidenten interviewen? Wie schafft man es, den Ministerpräsidenten zu interviewen, muss man ihm einen Presseausweis zeigen? Wenn man einen Presseausweis hat, kann man treffen, wen man will? Kann ich auch einen Presseausweis bekommen? Und so weiter, und so weiter.

Ich schaue sie mir an, höre ihnen zu und frage mich: Werden diese wissbegierigen Kinder je fragen: Was macht einen Rebbe aus?

Auf den Straßen draußen kann man neue Graffiti lesen: »Tod den Zionisten« sowie »Zionismus = Holocaust«.

Hab's verstanden.

Das Laubhüttenfest geht weiter.

WARUM KÖNNEN REFORMJUDEN KEIN GUTES ESSEN MACHEN?
Um nicht krank zu werden, ziehen Sie sich aus und stellen Sie sich nackt in den Mondschein

Tags darauf bin ich zum Mittagessen in Baka, ein ganzes Stück außerhalb Mea Schearims, wo ich eine progressive amerikanische Rabbinerin und ihre Familie besuche, um eine etwas distanziertere Sicht auf Mea Schearim zu bekommen.

Die Frauen in Mea Schearim nehmen nur selten zusammen mit den Männern an öffentlichen sozialen Aktivitäten teil, auch nicht an religiösen wie dem Gebet in der Synagoge. Wenn charedische Frauen beten wollen, dann tun sie das entweder zuhause oder, falls sie lieber in eine Schul gehen, in den Ezras Nashim, dem für Frauen reservierten Teil der Schul, der sich in der Regel über dem der Männer befindet – weshalb ich persönlich nur begrenzten Zugang zu den Frauen der Gemeinschaft habe. Als Rabbinerin aber dient keine Frau in der charedischen Welt. Es gibt die Rebbetzinnen, die Gattinnen von Rabbis, von denen manche die weiblichen Gemeindeglieder geistlich oder psychologisch beraten. Einige Rebbetzinnen verwalten auch die Finanzen der Gemeinde, was ihnen zu enormer Macht verhilft. Im Reformjudentum dagegen gibt es mehr Rabbinerinnen als weibliche Gemeindeglieder.

Die Frau, die ich heute besuche, ist eine solche Rabbinerin. Eine Reformrabbinerin oder ein Reformrabbiner haben fast nichts mit einem Rebbe gemeinsam. Rebbe ist ein erblicher Titel; wenn Sie also der Sohn eines Rebbes sind, werden Sie höchstwahrscheinlich selbst einmal einer. Die Kinder von Reformrabbiner/innen hingegen sind oft nicht einmal religiös. Tatsächlich glauben manche Reformrabbiner/innen, die ich kennengelernt habe, nicht einmal an Gott. Viele Reformrabbiner/innen unterscheiden übrigens nicht zwischen Juden und Nichtjuden oder zwischen Gläubigen und Ungläubigen und setzen sich regelmäßig für irgendwelche palästinensischen Anliegen ein.

Ich sitze in der Sukka der Rabbinerin, in diesem Fall leider ein deprimierender Ort, vor einer Mahlzeit, die eher für Fliegen und Nagetiere geeignet ist. Sie schmeckt nach nichts, ist aber gesund. Es gibt keine Cola Zero, Diät-Cola oder Pepsi Max hier. Es gibt, um genau zu sein, nichts Kohlensäurehaltiges hier zu trinken. Aber natürlich Leitungswasser, direkt aus dem Hahn. Mögen Sie Tscholent? Dann sollten Sie für diesmal lieber verzichten. Möchten Sie Gefilte Fisch? Der hier ist in kleine Happen geschnitten und schmeckt wie reformierter Gefilte Fisch; nichts, was ein Jude aus Mea Schearim auch nur als solchen erkennen würde. Es gibt Salate hier, Gemüsesalate, gegrillte Paprika ohne irgendetwas und alle möglichen Arten umweltfreundlicher Speisen, das heißt nichts mit Fleisch oder Huhn.

Etwas Großes fehlt hier, das über Essen und Umwelt hinausgeht und »Seele« genannt wird. Was ist eine Seele? Die Chassidim haben eine, man spürt es jede Minute, die man mit ihnen zusammen ist. Es ist etwas, das einen mit den Himmeln, den Engeln und Dem Namen verbindet, selbst wenn Der Name gar nicht existiert. Diese Seele, was auch immer sie ist, verbindet mich zum Beispiel mit den Reb Arelach. Es ist etwas, das uns vorausgeht, ihnen wie mir, lange bevor einer von uns geboren wurde. Es ist dieses »Jüdische«, das sie und ich teilen, eine Geschichte und ein Schicksal, die den Kern dessen ausmachen, was wir sind, ein Verhältnis – das manchmal ein bisschen bizarr ausfällt, gewiss – zu Dem Namen. Die Reformrabbinerin und ihr Mann haben das nicht, nicht einen Hauch davon. Sie haben nicht einmal, Entschuldigung, wenn ich aufs Essen zurückkomme, einen Kartoffelkugel hier.

Sie sind, kurz gesagt, reine Zeitverschwendung.

Ich kehre zurück nach Mea Schearim.

Mein Nachbar Motta, der mich auf der Hotelterrasse sieht, fragt mich: Wo warst du heute?

Ich war zum Essen bei einer Reformrabbinerin eingeladen, antworte ich.

»Wie war das Essen? Ziemlich dröge, was?«

Ja.

»Sie haben keinen Geschmack.«

Der Mann hat recht.

Motta lädt mich auf einen Imbiss in seine Sukka ein.

Wenn man eine chassidische Familie besucht, die man bereits kennt, gelten andere Regeln. So sitzen dann oft die Frauen mit am Tisch und beteiligen sich an den Diskussionen mit den Männern, da wir jetzt eine »Familie« sind. Auch in Mottas Sukka bei seiner Mutter sind Frauen zugegen und sprechen mit mir, einem Mann. Mir gegenüber sitzt eine Dame von 50 Jahren, die bereits Großmutter ist, eine sehr glückliche Großmutter, und keinen Tag älter aussieht als 40. Eines ihrer Kinder stellt acht verschiedene Kuchen und Gebäcke auf den Tisch, die sie alle selbst gebacken hat. Ich beiße hinein und weiß sofort, dass sie nie eine reformierte Rabbinerin sein wird. Ihre Tochter, eine Schönheit, ist mit einem attraktiven Mann verheiratet, und mir wird detailliert auseinandergesetzt, wie dieses Paar zusammengefunden hat: »Wir haben drei Tage lang gebetet, 24 Stunden am Tag, und in der letzten Minute diesen Mann gefunden, meinen Schwiegersohn.«

Gott allein weiß, wie viele Stunden der Mann gebetet hat.

Morgen ist übrigens Hoschana Rabba, der letzte Tag des Sukkotfestes, der seine eigenen Rituale hat. So nimmt man etwa einige Weidenzweige und schlägt sie auf den Boden oder eine andere harte Fläche. Warum? Nun, wie die Dinge liegen, ist das Schicksal eines jeden Geschöpfs für den Rest des Jahres zwar an Jom Kippur besiegelt worden, doch wurde das unterschriebene Urteil noch nicht der zuständigen Stelle im Himmel übermittelt. Es besteht also für diejenigen, denen ein lausiges Jahr beschieden worden ist, noch die Chance, ihr schreckliches Schicksal zu wenden, das Urteil zu revidieren, sodass ein neues Urteil, ein gutes diesmal, dort hinterlegt werden wird, wo alle Urteile im Himmel aufbewahrt werden. Deshalb ist es an Hoschana Rabba üblich, sich mit dem Segenswunsch »A giten Kvitel!« zu grüßen, also

Hab einen guten Zettel. Was hat das mit den Weidenzweigen zu tun, fragen Sie sich vielleicht. Nun, wenn man unbarmherzig mit den Zweigen schlägt, hat man ein ausgezeichnetes Jahr vor sich.

Versuchen Sie es.

Von einem anderen Brauch lese ich in einer charedischen Publikation: Minhag Hazel, dem Brauch des Schattens. Das ist ein faszinierender Brauch, wenngleich ich nicht weiß, wie viele Menschen ihn wirklich ausüben. Er geht so: Am Abend von Hoschana Rabba tritt man ins Freie, irgendwohin, wo der Mond zu sehen ist, und zieht seine Kleidung aus, komplett, und betrachtet dann den Schatten des eigenen Körpers im Mondschein. Wenn der Schatten deutlich zu sehen ist, steht einem ein fantastisches Jahr bevor. Ist er jedoch verschwommen, dann muss man sich schnell wieder ankleiden und sehr intensiv beten, Den Namen anflehen, dass er das schlechte Schicksal abwenden möge. Ist nur der Schatten einer Gliedmaße undeutlich, sagen wir der rechten Hand, dann heißt das, dass man sich im Laufe des Jahres an dieser Hand verletzen, sie vielleicht auch ganz verlieren wird. Lösung: Beten.

Wenn Sie also Ihren Nachbarn des Nachts nackt auf der Straße sehen, wissen Sie jetzt, was er tut.

Glauben Charedim im Allgemeinen daran? Auf meiner Straße zumindest steht niemand nackt herum.

An Hoschana Rabba treffe ich passenderweise auch einen deutschen Bekannten, der in Israel lebt, und unterhalte mich mit ihm über Themen, die ihm sehr am Herzen liegen: die Charedim. Was ist mit den Charedim? Er hasst sie. Wer gab diesen Leuten, diesen chassidischen Juden, möchte er wissen, das Recht, am Sabbat autofreie Straßen zu haben? Ich möchte im Gegenzug wissen, warum er nicht nach Deutschland zurückgeht, um sich der Autos dort zu erfreuen, wenn ihn die Charedim hier so stören. Das verstimmt ihn, wie man sich denken kann. Er ist auch sehr, sehr verstimmt darüber, dass charedische Frauen ihr Haar bedecken. Ich verweise ihn im Gegenzug auf Prenzlauer Berg, wo er seine Frauen nach seinem Geschmack ausstatten kann.

Das verstimmt ihn noch mehr. Er will nicht die Deutschen korrigieren; er will die Juden reparieren. Punkt!

Er ist aufgeregt, er ist wütend. Und jetzt will er wissen, warum charedische Frauen in der Synagoge nicht neben ihren Männern sitzen können.

Es ist komisch zuzuschauen, wie sich ein Deutscher, der kein Jude und obendrein Atheist ist, so über die Sitzordnung charedischer Juden in der Synagoge erregt.

Ich kann es ihm nicht einmal verübeln, um ehrlich zu sein. Sein Freundeskreis, der aus israelischen säkularen Juden besteht, spricht genauso über die Charedim, er hat es von ihnen.

Auf den Straßen draußen sind »Tod den Zionisten« und »Zionismus = Holocaust« übermalt worden. Sie sind nicht mehr, zumindest für den Moment.

Morgen ist Simchat Thora, der Tag, an dem in den Synagogen die letzten Kapitel der fünf Bücher Mose vorgelesen werden. Der Name zeigt Moses das Land Israel, ein Land, das er nicht betreten wird, und Moses stirbt. Er wird beerdigt, sagt die Bibel. »*Und niemand hat sein Grab erfahren bis auf den heutigen Tag.*« Kein Jude oder Deutscher wird an seinem Grab beten können. Gott, so viel ist klar, blickt nicht positiv auf Leute, die an Gräbern beten. Trotzdem tun viele Charedim genau das. Warum? Darum.

Grab oder nicht, machen Sie sich bereit für den nächsten Feiertag!

WIE MAN DIE LEICHNAME
TOTER JUDEN REINIGT
Geben Rebbes Interviews?

Am Feiertag Simchat Thora, Freude der Thora, einer Feier des Umstands, dass sie bis dahin die ganze Thora gelesen haben, huldigen gläubige Juden der Thora mehr als an jedem anderen Tag. In den Synagogen werden die Thorarollen mit den fünf Büchern Mose aus dem Thoraschrein herausgeholt, woraufhin ihre Träger mit ihnen die Bima in Umkreisungen (Hakafot) umtanzen. Alle Versammelten schließen sich dieser Prozession an, tanzen, singen, essen, trinken und freuen sich wie selten im Leben.

Ich bin in der Schul der Chassidim von Karlin-Stolin, nur wenige Schritte von meinem Hotel entfernt, und schaue ihnen dabei zu, wie sie mit den Thorarollen in den Händen tanzen. Die Rollen, die ein ordentliches Gewicht haben, sind mit schönen silbernen Kronen verziert, um den Respekt dieser Leute vor den Schriften ihrer Vorväter zu unterstreichen.

Bald schon spricht mich ein Chassid an und fragt mich, ob ich auch mit einer der Rollen tanzen möchte. Na klar! Ich probiere gerne alles aus. Prompt legt ein anderer Chassid seinen Tallit ab und gibt ihn mir, da man die Heilige Schrift traditionell nur tragen darf, wenn man einen Tallit anhat. Ich lege ihn an, nehme die Rolle und tanze mit den Chassidim, umkreise mit ihnen die Bima im heiligen Tanz. Eine Reihe kleiner Kinder steht bei der Bima, und jedes Mal, wenn ich an ihnen vorbeikomme, verneigen sie sich und küssen die Rolle inbrünstig. Ein Kuss um den anderen, als wäre die Thorarolle ein besonders köstlicher Keks.

Es geht mir auf, dass es die Grundlage des Judentums ist, die ich in meinen Händen halte. Über Zeitalter hinweg haben Juden ihr Leben aufs Spiel gesetzt, um die Thorarollen zu schützen. Wenn beispielsweise ein Feuer in einer Synagoge ausbrach, dann eilten die Juden in das brennende Gebäude, um die Rollen zu retten, genau solche Rollen, wie ich jetzt eine halte. Den Weisen zufolge wurden die fünf Bücher Mose vom Namen diktiert und von Moses niedergeschrieben, sodass der eigentliche Autor der fünf Bücher, die ich gerade in Händen halte, den Weisen nach Der Name ist. Und, nur zur Erinnerung, ohne diese fünf Bücher Mose gäbe es kein Judentum, kein Christentum und keinen Islam. Kein Wunder, dass diese Kinder die Rolle so voller Inbrunst küssen.

Nach dem Ende der Zeremonie streife ich ziellos durch die Straßen und werde mehrfach angesprochen. »Warum kommen Sie nicht zu uns für die Hakafot? Kommen Sie morgen. Es wird Ihnen gefallen!«, sagt einer. Und ein anderer: »Warum kommen Sie nicht zu uns im großen Ger? Kommen Sie morgen; es wird toll!«

Ein paar Schritte weiter ziehen mich zwei Gerrer Chassidim, Anhänger des Palasts von Ger, ins Gespräch. »Wie kann es Rabbi Shaul nur wagen«, sagt einer mit erhobener Stimme zu mir, »den chassidischen Hof von Ger noch zu Lebzeiten des Rabbis zu spalten? Das ist ein unerhörtes Verbrechen! Wer Rabbi Shaul folgt, beteiligt sich an einem Mord, der Ermordung eines lebendigen, dynamischen, erfolgreichen chassidischen Hofes!«

Beide sind tadellos gekleidet, als ob sie auf dem Weg zu einem Fotoshooting wären, in maßgeschneiderten chassidischen Gewändern, die wahrscheinlich so viel kosten wie ein neuer Mercedes.

Es amüsiert mich, dass sich reiche Leute so aufregen, wenn sich nicht alles im Leben nach ihren Wünschen richtet.

Also gehe ich am nächsten Morgen zu einer Schul, in der die Anhänger von Rabbi Shaul dawenen (beten), um die morgendlichen Hakafot (zeremonielle Umkreisungen) mit ihnen zu feiern.

Dies ist keine Ger-Schul, weder die Nadlan- noch die Thoravariante, erklären mir einige, als ich ein Gespräch auf Hebräisch oder Englisch mit ihnen anknüpfe. Wenn ich aber ins Jiddische wechsle, schlagen sie einen anderen Ton an. Ja, die meisten

Menschen in dieser Schul, sagen sie jetzt, sind Chassidim, die sich vom Palastrebbe losgesagt haben. »Wir sind ein chassidischer Hof im Aufbau«, lässt mich einer von ihnen wissen. Ein anderer ergänzt: »Was wir dieser Tage machen, wird sich nicht nur auf den Hof von Ger auswirken, sondern auch auf das übrige Judentum. Dies ist etwas Großes!«

Schulem, ein Mann von vielleicht 50 Jahren, der in einem jüdischen Bestattungsverein arbeitet, vertraut mir seine Lebensgeschichte an. »Gleich nach meinen Schewa Brachot«, womit er seine einwöchige Hochzeitsfeier meint, »habe ich zu meiner Frau gesagt: Ich möchte in den Bestattungsverein eintreten.« Die Frau war zunächst schockiert, schließlich aber »wurde sie auch Mitglied im Bestattungsverein«. Wie lange nach den Schewa Brachot (sieben Segnungen) ist sie dem Bestattungsverein beigetreten? »30 Jahre später.« Der Mann hat Humor.

Was macht dieser Schulem als Mitglied des Beerdigungsvereins? Vieles, sagt er, einschließlich der Tahara, Reinigung. Was heißt Reinigung? »Ich bekomme einen männlichen Leichnam, meine Frau macht dasselbe mit den weiblichen, und ziehe ihm seine Kleidung aus oder was er sonst am Körper trägt, und wasche ihn mit Seife. Mit einem Schlauch entleere ich dann seinen Darm, sodass er vollkommen sauber ist. Dann lege ich ihn mit Hilfe anderer auf eine spezielle Matte, die wir hochziehen und runterlassen können, und tauche ihn in die Mikwe. Wir ziehen ihn wieder hoch, hüllen ihn in Leichentücher und streuen Sand aus dem Heiligen Land über den Leichnam.«

Manchmal, erzählt er mir, kennt er die Menschen persönlich, deren Leichname er reinigt, dann fällt es ihm schwer. Am schlimmsten sei es, die sterblichen Überreste von Kindern zu reinigen. Das ist eine emotionale Prüfung. Alles in allem ist er aber glücklich mit seinem Tun. Er versucht sogar, einen Witz darüber zu reißen. »Bei dieser Tätigkeit kommt der Kunde nie mit einer Reklamation zurück.«

Denken Sie an den Tag, an dem Sie selbst gereinigt werden? Ich meine, haben Sie schon eine Grabstelle für sich ausgesucht?

»Ja, ich habe eine Parzelle gekauft.«

Wo?

»Ölberg.«

Wie viel hat sie gekostet?

»Ich habe 18 000 US-Dollar bezahlt.«

Mehr nicht?

»Ich weiß nicht, was sie heute kosten würde. Ich habe meine Grabstätte vor 20 Jahren gekauft.«

Ich bin hierhergekommen, um etwas über die neuen Gerrer und ihren Rebbe zu erfahren, verbringe aber meine Zeit damit, über die Toten zu sprechen. Glücklicherweise werden endlich die Heringe serviert, der Tscholent, die Kugels, die Brandys, Süßigkeiten aller Art, Cola Zero und Pepsi Max.

»Wenn Sie über uns schreiben«, äußert ein Chassid mittleren Alters einen Wunsch, »dann werden Sie nette Dinge schreiben. Richtig?«

Ich werde schreiben, was Sie mir sagen.

»Danke.«

Woher wissen diese Leute, dass ich über sie schreibe? Sie müssen es vom Namen gehört haben, soweit ich das beurteilen kann.

Nicht alle in dieser Schul sind Gefolgsleute von Rabbi Schaul, wie ich feststelle, als ich wieder draußen bin.

Fünf Gehminuten von der Schul entfernt spricht mich ein Gerrer Chassid an, der mit mir in der Schul war. »Jetzt«, sagt er, »müssen Sie in die große Schul kommen, mit den echten Gerrer Chassidim sprechen und beten. Sie können sich kein Urteil bilden, wenn Sie nur Mitglieder von Rabbi Schauls Gruppe anhören.«

Ich danke ihm für seinen Rat, und wir verabschieden uns.

Ich laufe weiter.

Wohin? Weiß Gott.

Ich verbringe meine Tage in dieser Feiertagsperiode damit, von einer Schul zur anderen, von einem Gottesdienst zum anderen zu gehen.

Wovon ist in den Schuls und den Gebeten die Rede? Vor allem vom Tempel. Nachdem der Tempel, das Zentrum der jüdischen Gottesverehrung, zerstört worden war, lief das Judentum Gefahr, vom Antlitz der Erde ausgelöscht zu werden. Daher die Schuls, eine brillante Erfindung der Rabbis. Eine Schul, schrieben sie vor, wird als Ersatz für den Tempel dienen – bis er wiederaufgebaut ist. Und die Gebete werden einstweilen die Tieropfer im Tempel ersetzen.

So wurde das Judentum gerettet.

Eine Frage habe ich aber: Wenn das Gebet die Opfer ersetzt und die Schul den Tempel, ersetzt dann der Rebbe Gott?

Ich glaube, ich sollte mich persönlich mit einem Rebbe unterhalten. Ich möchte gerne einem Rebbe gegenüberstehen, ihm in die Augen blicken und mir von ihm erklären lassen, was ein Rebbe ist.

»Machen Sie sich keine allzu großen Hoffnungen«, sagt mir ein charedischer Journalist, der für charedische Medien arbeitet. »Rebbes geben keine Interviews. Vergessen Sie's! Wir haben es viele Male versucht und nie geschafft. Es wird nicht dazu kommen. Ändern Sie Ihre Pläne.«

Vielleicht hat er recht, aber ich hoffe immer noch, dass ich den Rebbe von Toldos Aharon treffen kann.

Und wenn der Philanthrop David recht hat, dann wird es auch nicht mehr lange dauern.

GOTTES NAME OFFENBART:
JAAKOV ARJE ALTER
*Geben Sie mir Geld, und ich werde Ihre toten
Angehörigen auferwecken*

Obwohl der Feiertag vorbei ist, haben die Mea Schearimer es nicht eilig, sich von ihm zu verabschieden. Am folgenden Abend begehen viele von ihnen Hakafot Schnijot, die zweiten Hakafot. Fragen Sie nicht, in welchem Buch Mose sie diesen zusätzlichen Feiertag gefunden haben. Doch warum sollte man sich nicht einen weiteren Abend lang vergnügen?

Chassidim aller Couleur füllen die örtlichen Synagogen und manche auch die Straßen, wo sie wild mit den Thorarollen tanzen. Einige, wie die Brazlawer, fahren in großen Lieferwagen herum und tanzen zu dröhnender Musik auf der Ladefläche: »*Aus dem Mund des Herrn, aus dem Mund des Herrn möge ganz Israel gesegnet werden.*« Und sie verteilen Broschüren für Männer, die ihren Samen vergossen haben und es bereuen.

Einige werden ihren Samen leider so schnell nicht mehr vergießen.

Just in diesem Moment fährt ein Wagen durch die Straßen von Mea Schearim und kündigt das Begräbnis eines weiteren Charedi an, der seine Seele dem Himmel zurückgegeben hat und nun auf dem Ölberg beigesetzt werden soll. Es wird, wie wir bereits wissen, 3500 Jahre dauern, bis die Seele an ihren Herkunftsort zurückgekehrt ist, in den Siebten Himmel.

Unterdessen sind auch die zweiten Hakafot bald vorbei. Die Bestattungen aber gehen weiter, und auch die Geschichte von Ger findet ihre Fortsetzung.

Einer der drei Gerrer Chassidim, mit denen ich mich bei jenem köstlichen Omelett unterhalten habe, lädt mich zu sich nachhause ein. Er spielt mir unter anderem eine Tonaufnahme seines Gesprächs mit dem Sohn des Palastrebbes vor. Das Gespräch dreht sich um den Feiertag Simchat Thora vor zwei Jahren, und man hört in der Aufnahme, wie der Sohn des Rebbes damit droht, was jedem Gerrer Chassid blüht, der es wagt, den Feiertag mit Rabbi Shaul zu begehen und zusammen mit ihm mit den Thorarollen zu tanzen. Der Sohn des Rebbes sagt: »Wer immer Simchat Thora mit Shaul Alter feiert, bricht mit Ger und wird aus der Gemeinde ausgestoßen, aus allen ihren Moisdois [Institutionen wie Jeschiwas und Heiders] und Schtiebels. Das wird heute Abend in allen Schtiebels verkündet.«

Für jeden, der auch nur einen Abend in Rabbi Shauls Schul geht, ist das eine brutale Drohung: Er wird aus der Gemeinde ausgestoßen, seine Kinder fliegen von ihren Schulen. Allein schon in der Gegenwart Rabbi Shauls zu sein, der in der Vergangenheit als einer der prominentesten Gelehrten von Ger galt, rechtfertigt eine Scheidung mit all ihren hässlichen Konsequenzen.

Noch eine Geschichte erzählt mir mein Gastgeber. An einem Freitagabend vor zwei Jahren, unmittelbar vor dem Bruch zwischen dem Palastrebbe und Rabbi Shaul, ging Letzterer in Begleitung einer weiteren Person in den Palast, um zu beten. Bei dem Teil des Gebets, in dem die Chassidim traditionell dem Rebbe ins Gesicht schauen, behauptete einer der anwesenden Chassidim, habe Rabbi Shauls Begleiter Rabbi Shaul angesehen und nicht den Rebbe, was ein schweres Verbrechen gegen Den Namen ist, und sofort wurde diese Person herausgeführt und gnadenlos zusammengeschlagen.

Am Abend von Simchat Thora, erzählt mir der Mann weiter, beschloss Rabbi Shaul, das Fest mit seinen Anhängern außerhalb Gers zu feiern, und trennte sich damit von Ger. Seinen Anhängern zufolge wählte Rabbi Shaul Simchat Thora für den Bruch, um es meinem Urgroßvater gleichzutun, dem Gründer der Radzyner Dynastie, der sich ebenfalls an Simchat Thora von Kozk-Ger abspaltete, um seinen eigenen Hof zu gründen.

Ich denke gerade daran, dass es, wie mir neulich gesagt wurde, wenn ich chassidisches Jiddisch mit den Leuten hier spreche, »nicht du und ich es sind, die miteinander sprechen, sondern es spricht dein Großvater mit meinem Großvater«. Genauso fühlt es sich gerade an. Rabbi Shauls Großvater und mein Großvater vereinen sich, trennen sich von Ger und treffen auf offene Feindseligkeit.

Mein Gastgeber hat mir allerdings auch ein paar gute Neuigkeiten in eigener Sache mitzuteilen. Rabbi Shaul und seine Leute müssen nicht mehr in der Mädchenschule beten, sie haben jetzt ihre eigene Schul.

Nichtsdestoweniger spielt er mir die Videoaufzeichnung einer Rede von einem der Stellvertreter des Rebbes vor. Über den Rebbe, Jaakov Arje Alter, sagt Letzterer: »Ein Wort der Thora: Der Rebbe, das ist Gott.«

Sollte ich mich je gefragt haben, was ein Rebbe ist, hier ist die Antwort: Der Rebbe, zumindest der von Ger, ist Gott. Ende der Durchsage.

Vielleicht sollte ich noch einmal zum Tikvah Fund gehen und Rabbi Jehoshua Pfeffer sagen: Ich kenne den Namen Gottes. Ich habe ihn herausgefunden. Sein Name ist Jaakov Arje Alter.

Schöner Name für einen Gott, nebenbei bemerkt. Sehr kreativ.

Doch so überraschend es auch sein mag, ist der Gerrer nicht der Einzige mit einem solchen Anspruch. Rabbi Eliezer Berland, eine umstrittene Figur mit Tausenden von Anhängern, soll angeblich dasselbe von sich behauptet haben. Der Zeitung *Haaretz* zufolge hat Rabbi Berland gesagt: »Der Zaddik [der Gerechte, eine weitere Bezeichnung für einen Rebbe] ist überhaupt keine Person. Er ist der Heilige, Gesegnet Sei Er [Gott] Selbst, der in der Form eines Menschen herabsteigt.«

Und der Zaddik ist natürlich er.

Rabbi Berland, dem sexuelle Straftaten gegen seine Anhänger vorgeworfen werden, darunter Vergewaltigungen, und der sie darüber hinaus unter falschen Versprechungen der Heilung Unheilbarer und der Auferweckung Toter um gewaltige Geldsummen betrogen haben soll, ist nicht die beste Gesellschaft. Aber vielleicht finden diese beiden geistigen Führer, Jaakov Arje und Eliezer, ja aneinander Gefallen.

Uns bloßen Sterblichen steht nun der Sabbat bevor. Und mit ihm, meine Lieben, der Gefilte Fisch, die Kugels, der Tscholent, die Kischke, das Gallah, die gehakte Leber, der Strudel und der Brandy.

Und ein wenig Thoralektüre.

Moses der Gesetzgeber ist gestorben, wie in den Schuls verlesen wurde, und damit beginnt ein neuer Zyklus der wöchentlichen Lektüre von Thoraabschnitten ganz am Anfang, dem 1. Buch Mose. Dort erzählt die Bibel die Geschichte von Adam und Eva, wie sie nackt im Garten Eden wandelten, bis sie die erste menschliche Sünde begingen, eine Sünde, die ihnen bewusst machte, dass sie nackt waren. Aus Scham über ihre Nacktheit bedeckten sie ihre Geschlechtsteile. Mit bedeckten Geschlechtsteilen erwachte die Versuchung, und Adam schlief mit Eva.

Und wenn ich irgendetwas in Mea Schearim gelernt habe, begann Adam an genau diesem Punkt einen Schtreimel und Eva ein Tichel zu tragen.

Schön.

Aber erwarte keinen Tisch an diesem Sabbat, meine Liebe, zumindest nicht in Toldos Aharon oder Bojan. Der Bojaner Rebbe, so höre ich, ist aus Jerusalem abgereist, um sich irgendwo im Land zu erholen. Der Rebbe von Toldos Aharon, informiert mich sein Gabbai, hat Jerusalem ebenfalls für einige Zeit verlassen, um sich irgendwo zu erholen. Andere Rebbes vielleicht auch, ich erkundige mich nicht einmal.

Und was ist mit den Charedim, dem Fußvolk? Erholen sie sich auch?

Nicht wirklich.

KOMM ZU VIZHNITZ UND STELL DICH MITTEN UNTER DIE JESCHIWAJUNGS

Wie man dafür sorgt, dass seine Seele nicht bis in alle Ewigkeit in kochenden Exkrementen schmort

Morgen, am Sonntag, sollen Zehntausende Charedim in einer großen Arena in Elad, das sich selbst stolz als Stadt der Jeschiwas bezeichnet, zu V'Shinantom zusammenkommen. Was ist das nun wieder für eine Veranstaltung? Wie ich mir habe sagen lassen, ist V'Shinantom eine Organisation, die Auszeichnungen an Männer aus allen möglichen Gruppen der charedischen Welt vergibt, wenn sie umfassende Kenntnisse in vielen Traktaten unter Beweis stellen können. So ähnlich wie das, was ich vor einer Weile in der Shomrei-Hachomos-Gemeinde miterleben durfte, nur in viel größerem Maßstab.

Dazu werden auch Sänger auftreten, unter anderem Motty Steinmetz. Sein Manager Ruvi ist Kopf der Musikgruppe, die die Sänger begleiten wird.

Ich fahre nach Elad.

In der Arena, die außerhalb der Wohngebiete liegt, sitzen Tausende vor allem junger Menschen auf Plastikstühlen vor einer Großbühne, von der blendendes Licht strahlt. Bald werden sich charedische Gemeindevorsteher und Musiker die Bühne teilen.

Es gibt keine feste Sitzordnung für das Publikum, sodass jeder Platz nimmt, wo er will. Und was will das Publikum? Litwakim sitzen neben Litwakim, Chassidim neben Chassidim und Sepharden neben Sepharden.

Die Veranstaltung beginnt damit, dass ein Rabbi den Kandidaten, die an einem großen Tisch gegenüber der Bühne sitzen, einfache Fragen stellt, die sie allerdings nicht beantworten können. Sie können vielleicht seitenweise auswendig zitieren, viel mehr aber nicht. Wenn der Gerrer Rebbe, Jaakov Arje Alter, hier wäre, müsste er sich schämen, denn sein System des Talmudstudiums wirkt auf dieser Bühne völlig unzureichend.

Zum Glück wissen einige der Männer nach langen, quälenden Momenten einige Antworten, wenn auch nicht immer die richtigen.

Ein Redner betritt das Podium. »Sie wollen die Thora zerstören«, ruft er, ohne ins Detail darüber zu gehen, wer »sie« sind, aber einen Feind zu haben, ist bekanntlich immer gut, vermute ich, und niemand stellt hier irgendwelche Fragen.

Dann hat der Star des Abends, Motty Steinmetz, seinen Auftritt.

Er beginnt mit fröhlichen Liedern, die nicht schlecht sind, aber ich weiß, dass er mehr kann.

Erst als er das fröhliche Register gegen das gefühlvolle tauscht, vor allem in dem Stück *Ich will in meinem Herzen ein Heiligtum bauen zum Ruhme Seiner Ehre*, ergreift er mein Herz. Bilder des Heiligen Tempels in Jerusalem, wie er in den Köpfen charedischer Juden einmal aussah, werden auf einen Großbildschirm projiziert, und Motty tut das, was er am besten kann: Er zieht uns in seine Welt hinein.

Anschließend erfolgt eine Prozession des Who is Who der charedischen Welt, bei der jeder Führer nur wenige Minuten auf der Bühne ist. Es sind so viele chassidische, litwakische und sephardische Gemeindevorsteher, dass selbst ich beeindruckt bin.

Und dann betritt Rabbi David Batzri in Begleitung seines Sohns die Bühne, wo er als ein heiliger Mann vorgestellt wird.

David Batzri bin ich schon mehr als einmal über den Weg gelaufen. Ich weiß daher, dass er ein Gauner ist, der den Ärmsten der Armen Tausende von Schekel abpresst, indem er ihnen verspricht, »ihre Seelen zu reparieren«, Seelen, die durch den Samenverguss verderbt worden sind. Er erzählt ihnen, dass sie bis in alle Ewigkeit in kochenden Exkrementen in der Hölle schmoren werden, wenn sie ihm und seinem Sohn nicht üppige Geldsummen zahlen. Wenn dieser Batzri als heiliger Mann tituliert wird und niemand auf der Bühne protestiert, dann sind sie wahrscheinlich alle so heilig wie er.

Die Veranstaltung, die Lieder mit Reden verbindet, dauert über vier Stunden und ist ein bisschen chaotisch. Jede charedische Gruppe im Publikum will ihre eigenen Lieder hören, zwischen ihnen herrscht wenig Einigkeit. Als der Gesang und die Reden zu Ende sind, strömen die Tausenden nach draußen zu den wartenden Bussen, die sie nachhause bringen werden. Das ganze Ereignis war für sie, zu ihren Ehren, aber sie werden in die Dunkelheit gedrängt, als gäbe es dort koschere eheliche Beziehungen.

Von mir aus.

Ich selbst setze mich im Backstagebereich der Arena mit Motty Steinmetz zusammen.

»Nach unserem letzten Gespräch«, beginnt Motty, »habe ich lange über deine Fragen nachgedacht, und es wurmt mich, weil ich dir Dinge gesagt habe, die ich im Nachhinein nicht richtig finde.«

Ich habe das erwartet und bin gespannt, was er mir erzählen wird.

»Ich habe das Gefühl, dass meine Verbindung zum Herrn des Universums seit einigen Jahren stärker geworden ist. Aber zu sagen, dass ich bis dahin nicht mit Ihm verbunden war, stimmt nicht. Was ich dir sagen will, ist Folgendes: Ich war immer mit Dem Namen verbunden. Wie jeder Jude durchlebe ich verschiedene Phasen im Leben, manche Hochphasen und andere, die mich runterziehen. Es gab in meinem Leben schwierige Zeiten, vor allem, als ich die Scheidung von meiner ersten Frau durchmachte und erst mal verdauen musste, was mir gerade widerfahren war, aber ich war immer mit Dem Namen verbunden. Ja, ja, seit einigen Jahren hat sich meine Verbindung mit Dem Namen gefestigt. Aber ich hatte sie immer. Ich erinnere mich, wie ich als junger Mann die Sabbat-Morgengebete in Vizhnitz betete. Was für eine Verbindung zu Dem Namen! Die Sabbat-Morgengebete gingen über vier Stunden! Oh, du musst kommen und das erleben! Hör dir das Gebet an. Stell dich mitten unter die Jeschiwajungs. Mitten rein.«

Bei den Shomer Emunim in Jerusalem dauert das Sabbat-Morgengebet fünf Stunden!

»Fünf Stunden? Nun, es ist kein Wettbewerb.«

Er fährt fort: ›Ich glaube, dass Der Name allgegenwärtig in uns ist und uns jede Sekunde unseres Lebens erhält. Wenn ich zum Beispiel einen Auftritt habe und merke, dass ich stimmlich nicht auf der Höhe bin, sage ich: ›Herr des Universums, Du hast die Kontrolle über alles, und ich habe volles Vertrauen, dass Du meine Stimme erneuern kannst, sie so gut machen kannst wie möglich.‹ Und weißt du, es funktioniert!«

Er ist süß. Ich habe nie an seinem Glauben gezweifelt, dachte vielmehr, dass es ein Zeichen echten Glaubens ist, wenn jemand spirituelle Höhen und Tiefen einräumt; er aber verspürt die Notwendigkeit, seine Gedanken klarzustellen. »Ruvi sagte zu mir«, so Motty, »triff ihn [mich] nach der Veranstaltung und erzähl ihm alles, was du auf dem Herzen hast, und genau das hab ich getan.«

Er und Ruvi. Und Naomi. Wie immer. Ruvi und Naomi sind Papa und Mama, und Motty ist das Kind, und die drei hatten gerade einen prima Abend zusammen. Das Kind war auf der Bühne, während Papa und Mama dafür sorgten, dass es glücklich ist, schön spielt und eine tolle Zeit hat. Später kaufen sie vielleicht noch eine große Pizza für das Kind und essen zusammen.

»Was hältst du von der Veranstaltung insgesamt?«, fragt mich Motty, bevor ich mich verabschiede. Elad, sage ich zu ihm, ist nicht Mea Schearim.

Der Veranstaltung in Elad fehlte es, zumindest für meinen Geschmack, an Spiritualität. Man muss ein Litwak sein, um sie als geistig erhebend zu empfinden, doch wenn man je die Beglückung durch einen Gefilte Fisch erlebt hat, dann weiß man, dass Elad Mea Schearim nie das Wasser wird reichen können.

Aber sein Vizhnitz interessiert mich immer mehr, und ich beschließe, es im Rahmen meiner Reise zu besuchen.

Jetzt aber kehre ich erst einmal nach Jerusalem, nach Mea Schearim zurück.

Was gibt's hier Neues? Es ist ruhiger als während der Feiertage, aber immer noch äußerst lebendig. Es finden weiterhin Beerdigungen statt, die Schulem und Co. auf Trab halten; die Wandmaler von Mea Schearim befehden sich gegenseitig mit schwarzer Schrift und weißer Farbe, und auch die beiden Höfe von Ger fechten ihren Kampf aus.

Ich erhalte von einem der Anhänger Rabbi Shauls einen Dokumentenentwurf, der unter der Aufsicht von Verantwortlichen des Gerrer Palasts entstanden zu sein scheint. Darin räumt der Verfasser ein, dass gegen die Gefolgsleute von Rabbi Shaul physische Gewalt angewandt worden ist.

Das ist gut für die Geschichtsschreibung, sagt er mir, für den Fall, dass die Nadlan-Gerrer es irgendwann einmal abstreiten werden.

Ich für meinen Teil setze mich jetzt mit meinem Nachbarn Motta zusammen und lasse mir von ihm alles über seinen Rebbe erzählen.

IHRE TOCHTER IST SCHWANGER!
Und ein Gefilte Fisch kann Sie Gott näherbringen

Motta trinkt eine Tasse schwarzen Kaffee im Haus seiner Mutter, und ich tue es auch.

Wir nippen beide an der bitteren Brühe und unterhalten uns über das drängendste Thema unserer Zeit: Rebbes.

Was ist ein Rebbe?, frage ich ihn.

Einen mir völlig unbekannten Rebbe zitierend, sagt Motta: »Es gibt den Rabbi eines Landes, einer Stadt oder einer Synagoge, und dann gibt es den ›Wunderrabbi‹, den Rebbe. Aus Sicht des jüdischen Glaubens hat der Landesrabbiner die Kontrolle über ein Land, der Stadtrabbiner über eine Stadt und der Synagogenrabbiner über eine Synagoge. Ein Rebbe hingegen hat die Kontrolle über sich selbst, und deshalb folgen die Leute ihm.«

Was ist ein Rebbe für dich?

»Für mich? Alles.«

Was heißt das?

Über seinen Rebbe, den Bojaner Rebbe, sagt Motta: »Ich träume von ihm, und ich lebe ihn. Ich denke an ihn, und ich bete für ihn. So wie er für mich betet. Die Energie, die ich habe, die Kraft, die ich habe, kommen von ihm. Ich lebe die ganze Zeit mit ihm in meinem Innern. Und nicht nur ich. Mein Vater seligen Angedenkens, der älter war als der Rebbe, empfand genauso für ihn; er spürte ihn jede Minute. Meine Mutter auch. Sie fühlt ihn, seine Stärke, die ganze Zeit, das gibt ihr die Kraft, weiterzumachen. Sie war monatelang im Krankenhaus, und vor zwei Monaten verschlechterte sich ihr Gesundheitszustand; sie hing zwischen Himmel und Erde, und wir dachten, sie würde nicht überleben. Wir gingen zum Rebbe, und er sagte: ›Sie wird nachhause kommen und auf ihren Füßen stehen.‹ Selbst ich mit all meinem Glauben glaubte es nicht. Einen Tag später aber verbesserte sich ihr Zustand schlagartig, und sie wurde aus dem Krankenhaus entlassen.«

Hendel Esther ist aus dem Krankenhaus entlassen worden, das stimmt, aber auf ihren Füßen stehen kann sie noch nicht. Nachdem sie sich vor ein paar Monaten mit dem Coronavirus angesteckt hatte, wurde sie krank und hat sich noch nicht wieder erholt. Sie braucht einen Rollstuhl und hat rund um die Uhr eine Sauerstoffflasche bei sich.

Woher, glaubst du, wusste der Rebbe, dass deine Mutter aus dem Krankenhaus herauskäme?

»Ich weiß es nicht. Entweder weil er gebetet oder weil er es gespürt hat.«

Was ist ein Rebbe?

»Eine Verbindung zu Gott.«

Mit anderen Worten, wenn du dich mit einem Rebbe verbindest, verbindest du dich mit Gott?

»Genau.« Jeder Mensch hat etwas Göttliches in sich, nur dass der Rebbe mehr davon hat, erklärt Motta mir. Er liebt den Rebbe, sagt er, und ist ganz allgemein »von rechtschaffenen Menschen angezogen«.

Wenn du ihn anschaust, siehst du dann etwas Göttliches?

»Genau, genau. Aber das bedeutet nicht, dass er Gott ist; es bedeutet Folgendes: Seine göttliche Seele ist so rein, dass der himmlische Lichtstrahl stärker und heller auf ihn scheint, und deshalb können wir es sehen.«

Wenn du sagst, dass du den Rebbe liebst, heißt das, dass du ihn küssen wollen würdest?

»Nein. Ich liebe Den Namen. Kann ich Den Namen küssen? Nein.«

Was möchtest du tun, wenn du den Rebbe siehst?

»Ich will mit ihm verbunden sein.«

Isst du Schirajim?

»Ja.«

Warum?

»Wir glauben, dass das, was der Rebbe isst, einem Tempelopfer gleicht. Wenn ein reiner Mann wie er isst, dann sind seine Essensreste, die Schirajim, wie die Schirajim eines Tempelopfers. Wie zur Zeit des Tempels, als die Juden die Schirajim aßen, die Reste der Opfergabe vom Altar.«

Was empfindest du, wenn du die Schirajim isst?

»Es gibt mir Leben.«

In dem Sinne, dass du Gott näher bist, wenn du den Gefilte Fisch von dem Teller isst, von dem der Rebbe gegessen hat?

»Ja.«

Der Bojaner Rebbe, erzählt Motta mir, wurde im Alter von 25 Jahren Rebbe. Motta kannte ihn aber schon, seitdem der zukünftige Rebbe 13 war, und war sehr beeindruckt von ihm. Als der Rebbe in spe 16 wurde, begann Motta sich persönlich um ihn zu kümmern, auch um seine tägliche Ernährung, bis der angehende Rebbe mit 21 heiratete.

Motta ist ein bildender Künstler, und er zeigt mir einige seiner überwiegend modernen und abstrakten Bilder. Er ist ausgesprochen talentiert und handwerklich gut, soweit ich das beurteilen kann, und hat nächsten Monat irgendwo in der Stadt eine Ausstellung.

Ich weiß noch nicht, ob ich sie mir ansehen werde, freue mich aber darüber, dass seine Mitmenschen seine Kunst zu schätzen wissen.

Von Zeit zu Zeit, erzählt Motta mir, geht er mit einem Kvitel und einer Pidjon (Auslösung) zum Rebbe. Was ist eine Pidjon? Die Idee ist ein wenig komplex, lässt sich aber in einem Wort zusammenfassen: Geld. Wie viel Geld ist eine Pidjon? »Hängt von jedem selbst ab und wie viel er geben kann.«

Was hast du das letzte Mal gegeben?

»100 Schekel [€ 25].«

Hast du ihm das Geld in die Hand gedrückt?

»Nein. Den Kvitel habe ich ihm in die Hand gedrückt und das Geld auf den Tisch gelegt.«

Warum sollte man ihm Geld geben?

»Ich weiß nicht, wie ich es erklären soll.«

Kannst du es versuchen?

»Wenn man einem Rebbe Geld schenkt, verleiht ihm das die Macht, einem zu helfen.«

Wie das?

»Wie? Das weiß ich nicht.«

Was Motta weiß, ist Folgendes: »Wann immer ich zu Dem Namen bete, denke ich an den Rebbe, meinen verstorbenen Vater und meine Großeltern; ich sehe sie vor mir, dann verbinde ich mich mit dem Rebbe, und ich weiß, dass mein Gebet eine viel größere Chance hat, erhört zu werden.«

So ist es, wenn er außerhalb der Bojaner Schul betet oder wenn der Rebbe abwesend ist. Ist er aber bei Mottas Gebet anwesend, erklärt er mir, dann betet er zu Dem Namen, sagt: Gesegnet seist Du, Herr unser Gott, während seine Augen auf den Rebbe gerichtet sind, weil er die Leitung ist, durch die das Gebet zum Namen geht.

Ich frage Motta: Angenommen, ich sehe eine Frau von göttlicher Schönheit, würdest du mich verstehen, wenn ich zu Gott bete, während ich sie betrachte? Es wäre schließlich dasselbe, was du machst, wenn du den Rebbe anschaust, während du zu Gott betest, wenn ich eine umwerfende Frau anschaue und mich ihrer Schönheit, ihrer göttlichen Schönheit, als Leitung zum Herrn bediene. Verstehst du mich?, frage ich ihn. »Ja«, antwortet er, er versteht es, wenn ich das tue, zieht es selber aber vor, beim Beten den Rebbe anzuschauen.

Motta ist nicht nur witzig und ein Künstler, sondern auch ein attraktiver Mann. Ich frage ihn: Sollte ein Mann darauf achten, dass es dunkel im Zimmer ist, bevor er sexuelle Beziehungen mit seiner Frau hat? »Wenn die Frau hässlich ist, dann ja«, antwortet der Witzbold.

Mottas Bruder, Bentzi, lebt ganz in der Nähe. Er ist kein Maler, ein Künstler ist er aber auch. Worin besteht seine Kunst? In Schtreimel. Ja, Bentzi ist ein Schtreimelmacher.

In seiner Wohnung, in der sich auch sein Büro und seine

»Werkstatt« befinden, führt er mich zu meinem Platz im Wohnzimmer und geht dann in die Küche, um Gebäck und Getränke zu holen, wie ich annehme. Bentzi serviert aber keineswegs Cola und Kekse, sondern eine volle Mahlzeit, richtiges Essen. Kartoffelpüree, Gemüse und Schnitzel. Sein Schnitzel, wenn ich das sagen darf, ist das beste, das ich je gegessen habe. Wirklich. Das Püree kommt direkt aus dem Garten Eden, in dem Adam und Eva sich so prächtig amüsiert haben. Er bietet mir auch einen Wein an, einen selbstgekelterten Wein. Diesen Wein, erzählt er mir, macht er für den Rebbe, aber er behält immer etwas für sich. Und auch ich Glückspilz kann davon trinken.

Während er besser kochen und Wein keltern kann als die meisten, hat er keine Ahnung, wie man einen Computer bedient, und verfolgt auch keine Nachrichten.

»Warum soll ich die Nachrichten lesen und erfahren, dass in Amerika 50 Menschen bei einem Unfall ums Leben gekommen sind, dass Leute krank geworden sind und andere Probleme dieser Art? Wofür brauche ich das? Wozu soll ich den ganzen Tumult der Welt in meinem Kopf haben? Wenn man morgens aufwacht und von den ganzen Problemen auf der Welt hört, dann beginnt dir das Herz zu bluten, und du gerätst in schlechte Stimmung. Wofür soll man das brauchen? Leb dein Leben, steh morgens auf und sage Guten Morgen und das Mode Ani, erfreu dich deines Zuhauses, deiner Familie, und du wirst dich gut fühlen. So halten es die Menschen hier.«

Die Menschen von außerhalb sagen, dass die Frauen hier ein ziemlich schlechtes Leben haben. Die Männer beherrschen sie, sagen sie, und diese Frauen können nicht tun, was sie wollen.

»Schau dir die Paare von Toldos Aharon an, den Extremisten von Mea Schearim. Guck dir die Paare auf der Straße an, und sag mir, was du siehst. Du wirst sehen, wie glücklich sie miteinander sind!«

Ich habe diese Argumentation schon gehört, und sie stimmt, zumindest von dem her, was ich wahrgenommen habe. Ich erinnere mich auch, dass ich in meinen ersten Tagen hier recht beeindruckt von Rebbetzin Leah von Toldos Aharon war. Und bislang habe ich bei meinem mehrmonatigen Aufenthalt hier keinen Beweis dafür gesehen, dass die Frauen in Mea Schearim weniger zufrieden mit ihrem Leben sind als etwa die Frauen in Berlin. Der Hauptunterschied zwischen diesen beiden Ladys ist: Die Mea Schearimer Ladys haben Rebbes, die Berliner Ladys haben Greta.

Sag mir, Bentzi, was bedeutet dir der Rebbe?

»Das Leben.«

Was heißt das?

»Ich bewege mich keinen Meter ohne den Rebbe. Bei allem, was ich im Leben tue, frage ich zuerst ihn.«

Gib mir ein Beispiel.

»Alles. Ob ich einen Auftrag annehmen soll, alles, was mit medizinischen Fragen zu tun hat, welche Leute ich treffe – «

Hast du den Rebbe gefragt, ob du mich treffen kannst?

»Ich habe daran gedacht, ich dachte, ich frage den Rebbe, ob ich mich mit dir unterhalten soll, aber als meine Mutter das hörte, sagte sie: ›Ich sage dir: Du sprichst mit ihm!‹«

Die Mutter instruiert, der Sohn pariert. Sie steht, wie ich sehe, über dem Rebbe.

Für ihn, sagt Bentzi mir, »ist der Rebbe der beste Vermittler zwischen mir und dem Herrn des Universums. Man geht nicht ohne Anwalt vor Gericht, man kann kein Geschäft ohne Anwalt abschließen, und ich mache dasselbe. So wurde ich aufgezogen.«

Ich begreife das Rebbe-Konzept immer noch nicht ganz, sage ich Bentzi als Wink, mir weiterzuhelfen.

Er gibt sich noch einmal aufrichtig Mühe. Was einen Rebbe ausmacht, sagt Bentzi, sind die Anhänger. Sie sind es, die dem Träger des Titels »Rebbe« die Macht und die Fähigkeit verleihen, ein Rebbe zu sein und sich mit Dem Namen zu verbinden.

Das erinnert mich an eine alte chassidische Fabel, die jeder chassidische Jude kennt und die so geht: Ein chassidischer Jude weckte einmal mitten in der Nacht seine Frau auf, Hannah Dwosche. »Hannah«, sagte er zu ihr, »ich hatte gerade einen Traum, einen wundervollen Traum, du wirst es nicht glauben. Ich bin so glücklich, Hannah!« »Was für einen Traum?«, fragte Hannah Dwosche. »Ich habe geträumt«, antwortete er, »dass ich ein Rebbe bin, ein großer Rebbe mit 1000 Chassidim!« Sie schaute ihn an, ihren nichtsnutzigen Ehemann, und sagte: »Weck mich nicht mitten im Schlaf, wenn du träumst, dass du ein Rebbe bist. Wenn 1000 Chassidim träumen, dass du ihr Rebbe bist, dann weck mich auf!« Daraufhin schlief sie gleich wieder ein, während ihr Mann in der Zimmerecke stand und weinte wie ein kleines Kind.

Bentzi fährt fort. Wenn er den Rebbe über einen möglichen Partner für eines seiner Kinder befragt, etwa einen Mann für seine Tochter, dann »kann der Rebbe mir sagen, wie der Mann aussieht, welchen Charakter er hat und alles Mögliche über ihn, ohne ihn je zuvor gesehen zu haben. Der Rebbe weiß alles über den Mann nur auf der Grundlage seines Namens und des Namens seiner Mutter.«

Ich frage mich, wie das funktionieren soll, wie die Informationen von Gott an den Rebbe übermittelt werden, wo doch alles, was der Chassid dem Rebbe mitteilt, sein Name und der seiner Mutter ist.

»Es ist etwas in der Größenordnung von Prophetie, von Ruach Hakodesch [Heiliger Geist].«

Die talmudischen Weisen sagen, dass die Macht der Prophezeiung nach der Zerstörung des Tempels auf die Idioten überging. Willst du sagen, dass der Rebbe ein Idiot ist?

»Nein, nein, es ist keine Prophezeiung.«

Sein Sohn, der unserem Gespräch lauscht, bietet seine Erklärung an: »Es ist eine Hilfe vom Himmel.«

Was auch immer das bedeuten mag.

»Ich ging neulich zum Rebbe und gab ihm einen Kvitel«, berichtet Bentzi. »Darauf standen die Namen der Mitglieder meiner Familie und ihrer Mutter. Das war alles. Der Rebbe blickte auf den Kvitel und fragte nach meiner Tochter. ›Im wievielten Monat ist sie?‹ Er lächelte und fragte mich dann: ›Hat sie Ihnen das nicht erzählt?‹ Ich war sehr überrascht, weil ich von rein gar nichts wusste. Ich ging nach Hause, rief meine Tochter und sagte zu ihr: ›Ist das nett von dir?‹ Sie fragte: ›Was ist los?‹ Ich sagte: ›Du hast Neuigkeiten, erzählst mir aber nichts davon?‹ Sie war überrascht; sie wusste von nichts. Nach unserem Gespräch ging sie zum Arzt, machte einen Test, und das Ergebnis war positiv; sie war schwanger!«

Warum machen wir nicht Folgendes: Ich gehe mit einem Kvitel zum Rebbe, auf dem mein Name und der Name meiner Mutter steht, und schaue, was der Rebbe sagt. Kann ich das tun?

Bentzis Sohn ist sofort dagegen. Das kann ich nicht tun, sagt er. Es ist nicht richtig. Es ist überhaupt nicht richtig!

Ich sage zu ihm: Wenn du Angst hast, dass ich etwas herausfinde, was ich deiner Meinung nach nicht herausfinden sollte, dann, scheint mir, zweifelst du mehr am Rebbe als ich.

Bentzi stimmt mir zu. Der Rebbe ist klug genug, um mit mir zurechtzukommen, sagt er, und heilig genug, um nicht in eine Falle zu tappen.

Allerdings meint Bentzi, dass ich erst einen Termin ausmachen muss. Kann er das für mich erledigen?, frage ich ihn. Nun, er gibt mir den Namen und die Telefonnummer vom Gabbai des Rebbes. Ihn soll ich anrufen, sagt er, und ihm mitteilen, dass ich an Simchat Beit Hashoeva in Bojan war und dem Rebbe einen Kvitel geben möchte. Ich könne ihm sagen, dass ich seine Nummer von der Familie von Motta und Bentzi habe, und alles wird in Ordnung sein. Was, wenn es nicht funktioniert?, frage ich. Dann soll ich Motta anrufen, sagt Bentzi, und er wird sich darum kümmern.

Abgemacht. Ich kann es kaum erwarten.

Nachdem wir jetzt mit alldem durch sind, lass uns über Schtreimel sprechen, sage ich zu Bentzi. Wann hat das mit dem Schtreimel angefangen?

»Oh, was für eine Frage. Nun, der Schtreimel hat nie ›angefangen‹. Der Schtreimel war. Wie ich recherchiert habe, war der Schtreimel der Hut, den jeder trug, nicht nur die Juden. Historisch lebten die meisten aschkenasischen Juden in Ländern, in denen es kalt war, und jeder, nicht nur die Juden, trug einen Schtreimel, um sich warm zu halten. Bestimmten Geschichten zufolge, bezüglich deren Authentizität ich mir nicht sicher bin, wurde irgendwann ein Dekret erlassen, welches den Juden verbot, Schtreimel zu tragen; in der Folge machten manche Juden, wie die Gerrer Chassidim, ihre Schtreimel größer als den normalen Schtreimel und andere die ihren kleiner – sodass sie nicht aussahen wie die Heiden –, aber jeder hatte Schtreimel, Juden wie Nichtjuden. Ob die Geschichte mit dem Dekret stimmt, weiß ich nicht.«

Ich mag diesen Mann: geradeheraus; keine Bobe-Majße. Reb Yoilish Krauss könnte etwas von ihm lernen.

Und jetzt einige technische Angaben:

Ein Schtreimel, erläutert Bentzi, erfordert 100 bis 140 Zobel und wird aus ihren Schwänzen gemacht. Er kann auch aus dem Fell anderer Tiere gefertigt werden, in der Regel aber sind es Zobel. Was bedeutet das Wort »Schtreimel«, und woher kommt es? Das weiß Bentzi nicht. Er ist auch nicht der Einzige, der es nicht weiß. Ich habe vielen Chassidim dieselbe Frage gestellt, und bis jetzt wusste keiner eine Antwort. Du hast dich nie gefragt, was »Schtreimel« heißt?, frage ich ihn. »Es gibt viele Fragen, die ich mir nie gestellt habe«, antwortet Bentzi.

Jeder Schtreimel, der etwas taugt, ist eine Maßanfertigung. Er muss genau auf den Kopf seines Trägers passen, da er schwerer ist als normale Hüte. Manche Chassidim, erzählt er mir, wollen einen schweren Schtreimel, während andere ihn so leicht wie möglich wollen; manche wünschen diese Weite, andere eine andere; einige wollen eine Krone auf ihrem Schtreimel (ein dünnes Teil an der Spitze), andere nicht.

Jemand hat behauptet, dass der Rebbe von Toldos Aharon einen Schtreimel für 26 000 Dollar trägt. Was für eine Art Schtreimel ist das wohl?

Einen 26 000-Dollar-Schtreimel, erwidert Bentzi, gibt es überhaupt nicht. Wer immer diese Zahl genannt hat, hat keine Ahnung von Schtreimel. Manche Schtreimel sind teuer, nämlich die aus Baummardern, aber nicht annähernd in dieser Größenordnung.

Wie viel hat der Schtreimel des Toldos-Aharon-Rebbes gekostet? Weißt du es?

»Das ist ein schöner Schtreimel. Er ist aus Baummarderschweifen gemacht und kostet um die 10 000 Dollar.«

Einen Schtreimel anzufertigen verlangt eine Menge Arbeit, wie ich feststelle, als Bentzi mich in ein anderes Zimmer führt, seine »Werkstatt«. Er zeigt mir verschiedene Arten von Schwänzen: kanadische, russische und was weiß ich noch für welche. Zobel und Marder in verschiedenen Stadien des Prozesses: Die Schwänze müssen eingeweicht, gedehnt, gefärbt und geklebt werden, bevor sie zu einem Schtreimel werden.

Faszinierend.

Wenn ich ein Rebbe werde, der Lodzer Rebbe, werde ich dafür sorgen, dass mir meine Chassidim denselben Schtreimel kaufen, den der Toldos-Aharon-Rebbe trägt. Jawoll!

Was mich daran erinnert: Die Feiertage sind vorbei, und ich sollte inzwischen wissen, ob ich den Rebbe von Toldos Aharon treffen kann oder nicht. Ich melde mich bei dem Philanthropen David, der mir die Nummern von einigen Mitarbeitern des Rebbes nennt. Ich schicke einem von ihnen eine Nachricht, und er antwortet, dass er mir bald Bescheid sagen wird.

Ich warte.

ENTSCHULDIGEN SIE, STEHEN SIE IN VERBINDUNG MIT DEM HEILIGEN GEIST?

Achten Sie darauf, dass Ihre Kinder diese Thorarolle auf keinen Fall zu Gesicht bekommen

Zurück in meinem Hotel, lese ich ein Dokument, das mir ein Anhänger von Rabbi Shaul hat zukommen lassen. Es handelt sich um einen Brief mit einer Reihe von Fragen, den jemand an Rabbi Shaul geschickt und auf dem dieser seine Antworten handschriftlich notiert hat.

Der Mann schreibt über eine Geschichte, die ihm zu Ohren gekommen ist, und fragt den Rabbi, ob sie wahr ist. Es geht um ein junges Mädchen, das von einer Krankheit genesen ist und dessen Heilung sich Rabbi Shauls Eingreifen verdanken könnte. Stimmt das, fragt der Briefschreiber. Rabbi Shaul antwortet ihm, dass Gott das Mädchen geheilt hat, nicht er. Eine andere Frage: Sollte ich, so der Briefschreiber, immer den Rebbe fragen, was zu tun ist? Nein, antwortet Rabbi Shaul. Der Mann fährt fort: Steht Rabbi Shaul in Verbindung mit dem Heiligen Geist (Ruach Hakodesch)? Nein, antwortet Rabbi Shaul, tut mir leid.

Der Bojaner Rebbe, habe ich vor kurzem gelernt, steht in Verbindung mit dem Heiligen Geist, Rabbi Shaul nicht.

Gut zu wissen.

Die Geschichte von Ger, Jaakov Arje gegen Shaul, ist noch lange nicht zu Ende. Sie verheißt schon seit mehreren Jahren nichts Gutes, und wer weiß, was die Zukunft bringen wird. Es ist eine Geschichte über den Rebbe des größten chassidischen Hofes unserer Zeit in Israel und das, was passiert, wenn manche Chassidim ihm nicht mehr folgen wollen. Diese Geschichte rührt unmittelbar ans Eingemachte der chassidischen Bewegung, ans Herz der chassidischen Ausprägung des Judentums und an den

Lebensnerv des Glaubens. Und sie rückt den Begriff des »Rebbes« in den Vordergrund, dessen Wesen sie gleichsam unter ein Vergrößerungsglas stellt. Für mich wirft das die Frage auf: Werden die Chassidim oder wenigstens einige Chassidim einen Blick darauf riskieren, was dieses Vergrößerungsglas zeigt?

Eine weitere Frage ist: Kann sich ein Mann, der sagt, dass der Heilige Geist nicht aus seinem Mund spricht, gegen einen Mann durchsetzen, der sich selbst für einen Gott hält?

Die Saga von Ger geht weiter.

An diesem Mittwoch wird am späten Nachmittag in der Stadt Aschdod eine Thorarolle eingeweiht – eine neue Thorarolle, die einer Schul des neuen Ger, der Gemeinde von Rabbi Shaul, gestiftet wurde. Zu einer solchen Einweihungszeremonie gehört oft eine Prozession mit Liedern und Tänzen vom Haus des Stifters zur Schul, um die Thora und den Spender zu ehren. Die Anhänger des Rebbes, Jaakov Arje, wollen dafür sorgen, dass kein Gerrer Chassid und kein Kind aus ihrem Lager, Gott bewahre, der Prozession beiwohnt und sich gar, der Himmel behüte uns, an ihr erfreut. Deshalb haben sie genau zum angekündigten Zeitpunkt der Prozession Zusatzstunden für die Schüler angeordnet, um sicherzustellen, dass kein Kind einen tanzenden oder singenden Anhänger von Rabbi Shaul erblickt. Sollte das Kind nicht an den Zusatzstunden teilnehmen können, müssen seine Eltern dafür sorgen, dass es auf jeden Fall zuhause bleibt; sie müssen eine Art Attest unterschreiben, das den Lehrern am nächsten Tag vorzulegen ist und bestätigt, dass ihr Kind während der Prozession auch wirklich daheim war.

Sie sind besessen.

Das Leben besteht natürlich aus mehr als Ger. Ich rufe den Gabbai des Bojaner Rebbes an und beziehe mich auf Bentzi. Ich hinterlasse ihm eine Nachricht, nämlich dass ich auf den Rat der Familie Brim, also der Familie von Motta und Bentzi, gerne mit einem Kvitel zum Rebbe käme.

Hoffentlich antwortet er mir. Wird er mich empfangen? Das

hängt wahrscheinlich davon ab, wie viel Vertrauen der persönliche Assistent in seinen eigenen Rebbe hat.

In der Zwischenzeit werde ich zu den Schewa Brachot von Itzik eingeladen, jenem Mann, der mich vor Monaten mit Reb Yehezkel David Lefkovits bekannt gemacht hat. Itzik hat gerade eine bezaubernde Frau geheiratet, und ich freue mich darauf, ihn an seinem Glückstag wiederzusehen.

Außer Itzik kenne ich hier keinen der Anwesenden, aber das Essen ist gut, die Pepsi Max ist auch gut, sogar das Gebäck ist gut. Was gibt es sonst Neues? Diese Leute verstehen etwas von gutem Essen.

Einer von ihnen ist Rabbi Nota Schiller, der Leiter (oder Rosch-Jeschiwa) von Ohr Somajach, einer Jeschiwa speziell für Baalei Teschuwa. Soweit ich weiß, hat dieser Mann Ohr Somajach zusammen mit Berel Schwartzman gegründet, meinem inzwischen verstorbenen Rabbi aus meinen Studientagen in Mea Schearim.

Diesen Mann würde ich gerne privat treffen.

Wird er sich mit mir verabreden?

Ich frage ihn, und er sagt, dass er sich gerne später mit mir zusammensetzen wird.

Rabbi Notas Spezialität sind Baalei Teschuwa, reuige Juden, Rückkehrer zum Judentum. Wenn ich es richtig verstehe, sind die Baalei Teschuwa, mit denen er zu tun hat, gebildete Menschen, Studenten oder Leute, die schon über akademische Abschlüsse verfügen. Baalei Teschuwa dieser Art sind himmelweit von den Baalei Teschuwa in Brazlaw entfernt, und keiner erwartet von ihnen, dass sie eine Taliban heiraten.

Rabbi Nota wäre der perfekte Gesprächspartner, sage ich mir, für meine alten Fragen über Messias ben David, Abrahams weißen Esel und die Auferstehung. Er müsste sich eigentlich am besten mit diesen Themen auskennen.

»Später« kommt schnell, und ich besteige ein weißes Taxi, keinen weißen Esel, und bin rechtzeitig an meinem Ziel, der Jeschiwa Ohr Somajach.

AUF DER TOILETTE NICHT AN FRAUEN DENKEN

Ein arabischer Taxifahrer träumt davon, dass ihn
chassidische Frauen um Sex bitten

Die Jeschiwa ist ein architektonisch moderner Großkomplex, mit einem eindrucksvollen Bücherregal im Studiensaal, an dessen obere Reihen nur ein Riese herankäme, sodass sich dort Leuchtkörper statt Büchern befinden. Große Fenster ziehen sich um den Saal, hinter denen Mauern aus Jerusalemer Stein das Auge erfreuen; insgesamt strahlt der Ort Ruhe und Frieden aus.

Rabbi Nota und ich sind in seinem kleinen, aber gemütlichen Büro verabredet, in dem er mir Trauben, Schokoladen-Rugelach (Kipferl) und eine Tasse Taster's Choice-Kaffee anbietet. Nein, türkischen Kaffee hat er nicht, denn er ist kein Israeli; und er trägt auch keinen Schtreimel, denn er ist kein Chassid.

Ich spreche einen Segen auf den Kaffee, und los geht's.

Ich frage Rabbi Nota: Ein charedischer Jude betet dreimal am Tag für die Auferstehung der Toten. Können Sie mir im Detail sagen, was vor der Auferstehung geschieht? Der Esel, der Messias, Prophet Elias ... Ist es übrigens der Prophet Elias, der auf Patriarch Abrahams weißem Esel angeritten kommen wird, oder der Messias?

»Darüber sind wir nicht völlig im Bilde. In der Überlieferung der Weisen und bei späteren Kommentatoren finden sich unterschiedliche Positionen zu den verschiedenen Phasen des Geschehens vor dem Eintreffen des Messias. Ich würde nicht versuchen, ein anschauliches Bild von etwas zu entwerfen, über das ich keine Klarheit habe.«

Ich habe zwei Versionen gehört. Die eine besagt, dass Messias ben David auf Patriarch Abrahams weißem Esel zum Ölberg kommen, neben den Gräbern stehen und sagen wird: ›Du, Sohn von der und der, wach auf!‹ Und sie werden auferstehen. Einer anderen Variante zufolge wird Prophet Elias drei Tage vor der Ankunft des Messias auf Patriarch Abrahams Esel nach Jerusalem geritten kommen, um die Ankunft des Messias rechtzeitig zu verkünden und die Menschen dazu aufzurufen, Buße zu tun. Kennen Sie diese Varianten? Ist eine von ihnen richtig?

»Ich behaupte nicht, dass ich sie sehr gut verstehe.«

Aber was steht im Grundtext, noch bevor es um die Auslegung geht –

»Unser Ansatz ist, dass der Grundtext am Anfang allen Verstehens ist und man den Urtext entschlüsseln muss.«

Bestimmte Schriften der Weisen, setzt er mir auseinander, seien in einer speziellen Weise geschrieben, »um Ideen und Begriffe zu vermitteln, die von Generation zu Generation überliefert werden müssen, sie sind aber in eine Aura des Geheimnisvollen zu kleiden, damit nur Menschen von tiefer, tiefer Gelehrsamkeit, die ein bestimmtes Niveau erreicht haben, Zugang zu ihnen finden. Also werden ungewöhnliche Dinge beschrieben –«

Es ist offensichtlich, dass Rabbi Nota kein Chassid ist, sondern ein Litwak. Er spricht in gemäßigtem Ton, erregt sich nicht und bedient sich auch eines anderen Vokabulars.

Ich bitte Rabbi Nota, mir die Quellen der Geschichten zu nennen, da ich wenigstens gerne die richtige Version hätte, worin auch immer die tiefere Bedeutung des Textes besteht. Ich möchte den Text, den Originaltext, und frage ihn, ob er weiß, wo er steht.

Darauf verspricht mir Rabbi Nota, dass er mir eine Liste der Quellen zusammenstellen und schicken wird.

Schön.

Das Leben meint es gut mit mir. In den nächsten Tagen werde ich hoffentlich die Residenz des Bojaner Rebbes mit einem Kvitel betreten können, ich werde mich mit dem Lelever Rebbe auf ein Gespräch zusammensetzen können und das Quellenverzeichnis von Rabbi Nota bekommen. Ganz zu schweigen vom Toldos-Aharon-Rebbe, der für mich der wichtigste ist, weil ich die Goldenen Jungs und die Verführerischen Mädels von Toldos Aharon so mag.

Jetzt aber frage ich Rabbi Nota, ob er sich inzwischen erinnert, wer Abrahams Esel reiten wird, Messias ben David oder Prophet Elias?

»Ich weiß es nicht«, sagt er und setzt hinzu: »Ich glaube nicht, dass man es einfach nur wörtlich nehmen soll. Es gibt einen wörtlichen Sinn, der von Bedeutung ist, aber auch einen symbolischen Sinn, und man kann beides nicht voneinander trennen.«

Ist die Wiederauferstehung auch symbolisch?

»Nein. Die Wiederauferstehung der Toten ist etwas, das geschehen wird.«

Warum würden Sie sagen, dass die Geschichte über den Prozess bis zur Auferstehung, wenn ich Sie recht verstehe, allegorisch ist, während die Geschichte der Auferstehung selbst real ist?

Nein, er ist nicht einverstanden mit meiner Interpretation seiner Worte. »Allegorisch«, sagt er, »bedeutet üblicherweise, dass der einfache buchstäbliche Text nicht an und für sich wahr ist.«

So hatte ich Sie verstanden –

»Nein. Wenn wir das sagen [dass der Text nicht wörtlich zu verstehen ist], dann meinen wir beides. In welchem Verhältnis stehen das Allegorische und das Buchstäbliche? Das weiß ich nicht.«

O Gott, dieser Mann ist so ein Litwak!

Die Auferstehung ist also nicht allegorisch, und wenn der Messias kommt, wird dieser Prozess auf dem Ölberg beginnen?, frage ich den Litwak.

»Ja, das ist Teil der 13 Glaubenssätze.«

Wenn der Messias die Toten erweckt, wie werden sie hochkommen?

»Bitte?«

Wie werden die Toten auferstehen, wenn sie erweckt werden? Sagen wir, hier wurde ein Achtjähriger beerdigt und hier eine 88-Jährige, was passiert, wenn sie auferstehen? Werden der Achtjährige und die 88-Jährige wieder ihr jeweiliges Alter haben?

»Keine Ahnung.«

Eines allerdings weiß er, wie er mir anvertraut: Die Rechtschaffenen werden die Ersten sein, die auferweckt werden.

Er ergänzt, dass er ein weiteres Detail kennt, das mit der physischen Seite zu tun hat. Wenn ein Mensch beerdigt wird, verwest sein Körper, aber ein Teil des Körpers, der Teil eines Knochens namens »Luz«, verwest nie. Dieser Teil, der Luz, wird dem Toten die Auferstehung ermöglichen.

Klingt seltsam? Vielleicht, und Rabbi Nota versucht, es noch ein bisschen besser zu erklären. »Wenn wir es mit mystischen Kategorien zu tun haben«, belehrt er mich, »ist es kontraproduktiv, so zu tun, als würden wir sie vollkommen verstehen. Ich möchte Ihnen eine Grundvoraussetzung nennen: Ich glaube, dass es eine Mizwa [ein Gebot] ist, zu versuchen, das Maximum zu verstehen, das man rational verstehen kann; auf der anderen Seite glaube ich, dass nichts rationaler ist, als die Grenzen unserer Vernunft zu verstehen.«

Ich möchte Sie fragen: Wenn wir in diese Richtung gehen und sagen, dass das, was der religiöse Text über die Auferstehung sagt, irgendwo zwischen dem Allegorischen und der Realität angesiedelt ist, können wir dann auch sagen, dass das, was der religiöse Text über die Vergangenheit sagt, wie etwa die Geschichte von der Teilung des Roten Meers (durch Gott, der es den Israeliten laut Bibel auf diese Weise ermöglichte, ihren ägyptischen Verfolgern zu entkommen) oder die Gabe der Thora am Berg Sinai, auch irgendwo zwischen dem Allegorischen und der Realität angesiedelt ist?

Das ist zwar ein logisches Argument, aber keine gläubige Person würde mit dem Gedanken spielen, es zu akzeptieren; täte sie es, könnte sie sich gleich von ihrem Glauben verabschieden. Verständlicherweise ist es deshalb ein bisschen viel verlangt, dass Rabbi Nota akzeptieren könnte, was ich gerade gesagt habe. Wie kommt er da wieder heraus? Mit seinem diskursiven Geschick findet er sofort einen Ausweg.

»Ich halte Ihre Terminologie für problematisch. Wir sagen nicht, dass es in Wirklichkeit irgendwo zwischen Allegorie und Realität ist. Wir sagen, meine Fähigkeit, es zu verstehen und mich dazu in Beziehung zu setzen, ist irgendwo zwischen –«

Können wir dasselbe über die Vergangenheit sagen?

»Nein.«

Warum nicht?

Nun, wir drehen es Gott weiß wie lange hin und her, ohne uns einig zu werden, mögen diese Übung aber beide sehr. Für die Uneingeweihten: Diese Übung ist das Studium der Thora nach Litwaker Art. Es ist diese Art des Hin-und-Her-Debattierens und -Analysierens, der vergnüglichste Teil meiner Zeit in der Welt der Jeschiwa, die Jaakov Arje Alter als bedrohlich für sein Königreich empfindet und am liebsten komplett verbieten würde.

Jetzt, da ich die letzten Tropfen Taster's Choice nippe, erinnere ich mich an meine Jugend. Wir sprachen in meinen Jeschiwatagen nicht über Den Namen, Gott behüte, obwohl wir alle anderen Texte und Themen zu Tode analysierten. Als ich versuchte, über Gott zu reden und zu lernen, sei es durch die Lektüre der Bibel oder beispielsweise durch die von Maimonides' philosophischem Werk *Führer der Unschlüssigen*, wurde mir gesagt, dass das verboten sei. Damals wie heute gibt sich das charedische Judentum anscheinend alle Mühe, nicht zu verstehen, was sein Glaube ist. Trotzdem wäre ich natürlich sehr beeindruckt, wenn mich der

Bojaner Rebbe empfängt und allein aufgrund meines Namens herausfindet, dass ich schwanger bin oder eine Überraschung ähnlichen Kalibers.

Davon abgesehen und zur Verteidigung der Charedim sei gesagt, dass auch die klügsten Philosophien nicht narrensicher sind. Oft genug bedienen sich Leute philosophischer Argumente, um die lächerlichsten Schlussfolgerungen daraus zu ziehen.

Wie dem auch sei, Rabbi Nota jedenfalls, mein lieber Litwak, ist ein ausgezeichneter Diskussionspartner, und ich genieße jede Sekunde mit ihm.

Bevor ich mich verabschiede, frage ich Rabbi Nota, dessen Hauptaufgabe die Arbeit mit den Baalei Teschuwa ist, nach dem verbreitetsten Motiv, das Menschen in die Arme der Religion treibt. »Es gibt definitiv mehr Psychologie im Leben als Philosophie. Die Philosophie jedes Menschen ist abhängig von seiner Psychologie«, lautet seine Antwort.

Brillant, der Mann.

Wir verabschieden uns, und als ich zurück in Mea Schearim bin, höre ich zufällig, wie ein vielleicht dreijähriges Kind auf dem Balkon seines Hauses zum Namen betet: »*Du verleihest gnädig dem Menschen die Erkenntnis und lehrst den Sterblichen Einsicht. Verleihe Du uns von Dir aus Erkenntnis, Einsicht und Verständnis. Gelobt seist Du, Ewiger, der verleiht die Erkenntnis.*«. Versteht dieses Kind, was es sagt? Höchstwahrscheinlich nicht, aber das scheint es nicht zu stören. Und vielleicht, nur vielleicht würde es dieses Kind ja, wenn es älter wird, auch nicht groß kümmern, wer den weißen Esel reitet.

Ich fühle mich ein bisschen erschöpft von einer Überdosis Religion. Deshalb verlasse ich Mea Schearim am Freitagabend und bin Minuten später an der Kreuzung Jaffa- und King-George-Straße. Hier lerne ich Ayman kennen, einen muslimischen Taxifahrer, der am Sabbat arbeitet. An diesem Tag kommt nicht viel Kundschaft, sodass Ayman es langsam angeht und gerne etwas plaudert. Ja, sagt er, die chassidischen Juden dürfen am Sabbat nicht fahren, aber einige tun es trotzdem. »Sehen Sie die Taxis hier?«, fragt er und zeigt auf eine Reihe von Taxen, die auf Passagiere warten, »die sind für die chassidischen Juden«.

Sie nehmen Taxis am Sabbat?

»Einige von ihnen. Sie kommen hierher, nehmen ihre Schädelkappen ab, steigen ins Taxi und setzen sich.«

Wohin fahren sie?

»Nirgendwohin. Sie fordern mich auf, sie herumzufahren, ohne Ziel, nur zu fahren, und ihnen alle möglichen Dinge zu erklären.«

Was für Dinge?

»Die jüngeren unter ihnen, die wissen nicht, was sie mit ihren Frauen anstellen sollen, wo sie ihren Penis in die Frauen einführen sollen, und sie wollen, dass ich es ihnen erkläre. Einige sind Schwule; die wollen, dass ich sie masturbiere. Manchmal kommen die Ladys, weil sie wollen, dass ein Mann, ein Mann wie ich, mit ihnen schläft.«

Und schlafen Sie mit ihnen?

»Nein. Ich bin Muslim, und sie sind Jüdinnen, und ich will ihre Familien nicht kaputtmachen. Sind Sie Deutscher? Sie schreiben für den *Spiegel*, richtig?«

Warum meinen Sie, dass ich für den *Spiegel* schreibe?

»Sie sehen so aus wie ein *Spiegel*-Typ.«

Soweit ich es feststellen kann, hält weit und breit keine chassidische Frau nach einem arabischen Taxifahrer Ausschau.

Als ich einem jungen Juden von meiner Begegnung mit Ayman berichte, lacht er. »Palästinensische Männer haben mehr Sex mit Schafen als mit Frauen. Was wissen die schon?«

Es wäre interessant, diesen Mann und den muslimischen Fahrer ins selbe Zimmer oder Taxi zu verfrachten und ihr Gespräch zu belauschen. Das dürfte urkomisch werden, da bin ich mir sicher.

Auf der Jaffa-Straße besuche ich noch eine kleine sephardische Synagoge. Ringsum befinden sich an den Wänden Illustrationen mit der Buchstabenfolge J, H, W, H in unterschiedlichen Farben, jede in anderem Design oder anderer Schriftart. Ein Sabbat-Bulletin mit verschiedenen Rubriken liegt auf dem Tisch. Ich werfe einen Blick in die Pinat Halacha, die jüdische »Rechtsecke«. Hier lese ich, dass ein Mann beim Toilettengang nicht an die Thora denken soll. Es sei denn, so heißt es, sein Geist bringt ihn dazu, an Frauen zu denken, und er kann dies nur unterbinden, indem er an die Thora denkt, dann darf er sogar auf der Toilette an die Thora denken.

Ein wichtiger Hinweis.

Und jetzt, wo ich einen Taxifahrer kennengelernt habe, ist es Zeit, einen Politiker kennenzulernen.

Worin besteht da der Zusammenhang? Keine Ahnung, kam mir so in den Sinn. Fragen Sie lieber nicht.

EHEMÄNNER IN SPE VON TALIBAN-LADYS VERSUCHEN, LEUTE ANZUZÜNDEN
Ein heißer Kaffee und ein heißer Kuss in der extremsten Synagoge

Ich bin mit dem Knesset-Abgeordneten (MK) Uri Maklev verabredet, einem Mann, der in Bnei Brak in derselben Heider zur Schule ging wie ich und heute eines der fleißigsten Mitglieder der Knesset ist. Er vertritt den nichtchassidischen Flügel der charedischen Partei Vereinigtes Thora-Judentum.

Als ich an den Toren des israelischen Parlaments ankomme, fliegen gerade vier Militärflugzeuge über der Knesset vorbei, darunter eine F-35 der israelischen und ein Eurofighter der deutschen Luftwaffe. Die Präzision, mit der die Staffel über meinem Kopf dahinzieht, darunter zwei von israelischen und deutschen Luftwaffenpiloten gesteuerte Maschinen, ist wirklich beeindruckend.

Die Knesset selbst, die ich in der Vergangenheit schon öfter besucht habe, wirkt heute eigentümlich verwaist. Ich sehe kaum eine Menschenseele hier, außer Uri; der Mann arbeitet rund um die Uhr.

Sein Büro in der Knesset gleicht dem eines Mitglieds des Bundestags in Berlin, ist also nicht prunkvoll, aber funktional, und er begrüßt mich mit Schokowaffeln, Cola Zero und Crackern. Er hat eine Glatze, einen Stoppelbart und eine große schwarze Jarmulke auf dem Kopf und trägt ein weißes Hemd, eine graue Krawatte und eine Chronographenuhr. Hinter ihm sehe ich ein Bücherregal mit überwiegend religiösen Werken, ein Fenster und ein Regal für die Auszeichnungen, die er anscheinend im Lauf der Jahre erhalten hat.

Das Wort Charedim, erzählt er mir, wurde ursprünglich wahrscheinlich von einer deutschjüdischen Gemeinde vor dem Zweiten Weltkrieg geprägt.

Wäre Reb Israel Meir Hirsch jetzt hier, würde er explodieren. Wie Rabbi Jehoshua Pfeffer reagieren würde, entzieht sich meiner Vorstellungskraft.

Ich lebe nun schon seit einigen Monaten in Mea Schearim, erzähle ich dem MK, und empfinde die Menschen hier als sehr offen. Für den durchschnittlichen Israeli sind die Charedim das Allerletzte, Wesen, die es kaum verdienen, als menschlich bezeichnet zu werden. Wer ist hier im Irrtum, sie oder ich?

»Außenstehende«, antwortet Uri, »sprechen von ›Charedim‹, wissen aber kaum, was es bedeutet. Ich habe eine 40-jährige Journalistin aus Tel Aviv kennengelernt, die mir sagte, dass ich der erste Charedi bin, dem sie je persönlich begegnet ist. Für sie war ein Charedi jemand, der hinter Bergen von Dunkelheit lebt.«

Trotzdem, warum geben die Charedim ein so schlechtes Bild ab?

Für Uri besteht der Grund dafür in einer kleinen Gruppe von Charedim, die allen anderen das Spiel vermiesen. Er sagt: »Die Welt der Charedim umfasst viele Gruppen und Untergruppen. Und eine winzig kleine Gruppe, die keinen Führer hat und aggressiv, gewalttätig und gefährlich ist, befindet sich in Ohel Sarah [in Mea Schearim].«

Ich mache mir im Kopf eine Notiz: Ohel Sarah aufsuchen.

Abgesehen von Ohel Sarah, so MK Uri, sind die Charedim wunderbare Menschen. Die meisten Stiftungen, die den Bedürftigen und Kranken in Israel helfen, erzählt er mir, wurden von Charedim gegründet, und diese Stiftungen helfen allen Bedürftigen, ob charedisch oder säkular. Die charedische Welt habe mehr für soziale Belange getan als irgendeine andere Gruppe in Israel.

Würde er, frage ich ihn, den Sabbat entweihen, um das Leben eines säkularen Juden zu retten?

Er ist perplex, dass ich ihm eine solche Frage überhaupt stelle. »Natürlich«, sagt er, »ohne jede Frage.«

Es wäre interessant, Reb Yehezkel Lefkovits hier zu haben und seine Reaktion auf diesen MK mitzuerleben.

Nicht nur würden die Charedim den Sabbat entweihen, um

das Leben jedes beliebigen Juden zu retten, erzählt mir MK Uri, sondern sie wären auch unter wesentlich weniger extremen Umständen wohlwollend gegenüber säkularen Juden. Wenn jemand aus einer charedischen Familie den Schoß der Gemeinschaft verlässt, so sein Beispiel, wird die Familie ihn oder sie unterstützen und unter allen Umständen in die Arme schließen.

»Ich habe dies mit eigenen Augen gesehen, als ein Vater zu Rabbi Eljaschiw kam [dem verstorbenen Oberhaupt des litwakischen Zweigs der charedischen Welt] und ihn fragte, ob er seine Tochter, die sich von der Gemeinde losgesagt hatte, des Hauses verweisen könne. Er sagte zu dem Rabbi: ›Das Betragen meiner Tochter wird immer schlechter; sie ist das älteste meiner Kinder und hat einen sehr schlechten Einfluss auf die anderen.‹ Als Rabbi Eljaschiw das hörte, sagte er zu dem Vater: ›Schicken Sie Ihre Kinder in Jeschiwas, und behalten Sie Ihre Tochter bei sich.‹«

Ich kann mich beim besten Willen nicht an ein solches Verhalten erinnern, als ich noch ein Teil der charedischen Welt war.

MK Uri erzählt mir noch mehr: »Der leitende Rabbi einer bestimmten Jeschiwa kam zu Rabbi Schteinman [einem ebenfalls verstorbenen Führer des litwakischen Teils der charedischen Welt] und bat ihn um die Erlaubnis, einen Studenten von der Jeschiwa zu relegieren, den er für problematisch hielt, einen Studenten, von dem er das Gefühl hatte, dass er ihn nicht mehr in der Jeschiwa behalten konnte. Rabbi Schteinman sagte: ›Nein, lassen Sie ihn bleiben.‹ Also ließ der Jeschiwaleiter den Studenten bleiben, aber die Situation verschlimmerte sich. Er ging wieder zu Rabbi Schteinman und sagte zu ihm: ›Dieser Student zermürbt die anderen Studierenden. Ich muss ihn hinauswerfen. Entweder er oder wir.‹ Rabbi Schteinman fragte: ›Haben Sie alles getan, was Sie konnten, um ihm zu helfen?‹ ›Ja‹, sagte der leitende Rabbi. ›Ich habe alles getan, was ich konnte, aber nichts hilft. Wenn dieser Student bleibt, richtet er die Jeschiwa zugrunde. Kann ich ihn hinauswerfen?‹ Rabbi Schteinman fragte: ›Wie heißt er?‹ ›Jaakov‹, antwortete der leitende Rabbi. ›Und wie heißt seine Mutter?‹, fragte Rabbi Schteinman. ›Das weiß ich nicht‹, kam die Antwort des Rabbis. Rabbi Schteinman war schockiert und sagte zu dem Jeschiwaleiter: ›Wollen Sie mir sagen, dass Sie für einen solchen Jungen nicht gebetet haben? Dass Sie noch nicht einmal den Namen seiner Mutter kennen?‹« (In der religiösen Welt muss man, wenn man für andere zum Namen betet, den Namen der betreffenden Person und den ihrer Mutter nennen.)

Das Gespräch mit MK Uri Maklev versetzt mich auf sehr persönliche Weise in meine Kindheit zurück. Wir kannten uns als Kinder, ich kannte seinen Vater und seinen Onkel und er meine Eltern. Wenn ich ihn anschaue, sehe ich ihn vor meinem geistigen Auge im Alter von sieben, als das Kind, das er einst war, und ich sehe mich selbst neben ihm, im gleichen Alter. Es ist eine Erinnerung, in die sich die Realität hineinmischt, denn er und ich sind hier, leibhaftig. Oh, wenn wir nur die Jahre zurückdrehen und wieder sieben sein könnten!

Als ich wieder in Mea Schearim eintreffe, herrscht direkt vor meinem Hotel ein Riesenaufruhr. Die Straße ist lauter als an allen anderen Tagen. Anscheinend hat die Stadtverwaltung oder wer auch immer zwei der alten, kleineren Müllcontainer zurückgelassen, und jetzt haben einige Charedim sie auf der Straße ausgeleert, um die Linienbusse der Firma Egged, einer der größten im Land, am Durchkommen zu hindern. Einige andere Charedim schieben die Container von der Straße herunter, doch wenn ein Egged-Bus auftaucht, pflanzen sich zwei charedische Demonstranten vor ihm auf und hindern ihn am Weiterfahren. Ich mische mich unter die Demonstranten, um alles aus der Nähe zu beobachten. Plötzlich nimmt ein Mann einen Karton, zündet ihn an und wirft den brennenden Karton unter den steckengebliebenen Bus, damit er mit all seinen Passagieren in Brand gerät.

Wer sind die Passagiere im Bus? Auch sie sind Charedim, aber für die Randalierer hier hat das keine Bedeutung. Wenn die Menschen im Bus bei lebendigem Leibe verbrennen, geht das für sie in Ordnung.

Andere Charedim stürzen wutentbrannt über diesen Anblick unter den Bus, ziehen den brennenden Karton heraus und drängen diejenigen, die vor dem Bus stehen, energisch beiseite, sodass er weiterfahren kann.

Diese Szene wiederholt sich Bus für Bus immer wieder von Neuem.

Die Gruppe, die hier auf Ärger aus ist, besteht aus drei Erwachsenen und vielleicht zehn Kindern. Sie liefert sich einen erbitterten Kampf mit einer viel größeren Gruppe von Charedim, die genug von ihnen haben.

Zwei charedische Gruppen, die gegeneinander kämpfen, geben ein bizarres Bild ab, ein Bild allerdings, das von einem Konflikt zwischen einer kleinen gewalttätigen Minderheit und der Mehrheit der Menschen hier zeugt. »Die machen den guten Namen unseres Viertels kaputt«, sagt mir eine charedische Frau über die Demonstranten.

Es dauert eine halbe Stunde, bis endlich zwei Polizeikommandos auftauchen. »Nazis!«, schreien einige der Kinder einen nahenden Bus an, weil sie anscheinend glauben, dass es die Egged-Fahrer waren, die im Holocaust sechs Millionen Juden ermordeten. Soll doch mal einer das Gegenteil beweisen.

Die Polizei wirft einen Blick auf das Chaos und fährt weiter. Sie weiß wohl einen besseren Weg, um die Situation zu beruhigen. Und tatsächlich werden die Egged-Busse nach weiteren 20 Minuten einfach um dieses Viertel herumgeleitet.

Drei Männer und zehn Kinder genügen, um eine ganze Nachbarschaft wie einen Haufen aggressiver, gewalttätiger Typen erscheinen zu lassen.

Es ist reiner Zufall, dass ich das unmittelbar nach meinem Besuch bei Uri gesehen habe, veranschaulicht aber zweifellos seinen Standpunkt bezüglich eines kleinen Kerns von Unruhestiftern. Vor Jahren wurde MK Uri Maklev Medienberichten zufolge bei einem Besuch in dieser Gegend von einem Haufen »Sikrikim« (oder Sikarikim) angegriffen, wie man die örtlichen Randalierer nennt. Die Querulanten hier sind aber keine Sikrikim, was immer Sikrikim bedeutet, sondern sephardische Baalei Teschuwa. Wenn diese drei Männer je heiraten, schießt es mir durch den Kopf, dann höchstwahrscheinlich Taliban-Ladys. Eine himmlische Verbindung.

Unterdessen schickt mir Rabbi Nota die versprochenen Quellenangaben.

Ich lese in den Quellen nach.

Ja, jetzt steht es fest: Es ist der Messias, der auf Patriarch Abrahams Esel angeritten kommen wird, nicht Prophet Elias.

Nicht schlecht.

Wie wird der Prophet Elias dann in Jerusalem Einzug halten? Ich bin mir zwar nicht sicher, aber vielleicht nimmt er ja einen

Saudia-Flug aus Ägypten und fährt dann mit einem Egged-Bus nach Jerusalem, wenn nicht drei sephardische Baalei Teschuwa den Bus in Brand stecken, bevor er die Heilige Stadt erreicht.

Was den Bojaner Rebbe betrifft, so warte ich immer noch auf eine Antwort.

Ob da noch etwas kommt? Keine Ahnung, aber in der Zwischenzeit gucke ich mir erst mal Ohel Sarah an, angeblich das Hauptquartier der Sikrikim, die MK Uri Maklev für gewalttätig und gefährlich hält.

Es dauert eine Weile, bis ich den Ort gefunden habe, er liegt in einer schmalen Seitengasse. Ich bin ganz gespannt darauf, die Störenfriede dieses Viertels kennenzulernen, und marschiere schnurstracks rein. Ob sie wohl Schlagstöcke haben, einen Haufen großer Steine und vielleicht ein oder zwei Messer neben einer Sammlung palästinensischer Fahnen?

Zwei Männer sind in dem Gebäude. Sind Sie die Sikrikim?, frage ich sie. »Wer sind Sie denn?«, fragen sie zurück. Ein Mann, der nach Sikrikim sucht, antworte ich. Sie lachen. »Von woher kommen Sie?«, fragen sie. Von der Welt, antworte ich. Der jüngere von ihnen, der im Hintergrund sitzt, sagt: »Möchten Sie eine Tasse Kaffee? Ich kann Ihnen eine machen, wenn Sie Zeit haben.«

Keine Steine, keine Fahnen, keine Messer. Nur Kaffee.

Ich setze mich zu ihm und frage ihn, was er im Leben so macht.

Er studiert, sagt er,

Was studieren Sie gerade?

»Das 1. Buch Mose.«

Ich blicke auf das Buch neben meiner Kaffeetasse, um zu sehen, was der gefährliche Mann liest. Das Kapitel, das er gerade liest, schildert den heißen Kuss, den Patriarch Jakob der schönen Rachel auf die Lippen drückt, gleich als er sie zum ersten Mal sieht.

Ja, ja, ich gebe zu: Heißer Kaffee und ein heißer Kuss können sehr gefährlich sein.

Zeit, weiterzuziehen.

WER IST DER GRÖSSERE IDIOT, DER LITWAK ODER DER CHASSID? BEIDE – SAGT DER LITWAK

Zwei junge Litwakim träumen nachts von deutschen Blondinen

Die Sonne erhebt sich über einem neuen Tag, und auf die alte Anfrage von David, dem Philanthropen, antwortet der Gabbai des Rebbes von Toldos Aharon, ich würde den Rebbe diese Woche treffen können. Er sei gerade nicht in Jerusalem, aber in den nächsten Tagen würde ich ihn sprechen können, wo immer er sich dann aufhalte.

Der Bojaner Rebbe hingegen ist nicht ansprechbar, während er im Urlaub weilt, aber mit Hilfe des Himmels, wird mir ausgerichtet, werde ich auch ihn gleich nach seiner Rückkehr sehen können. Wann er denn zurückkomme? Weiß der Himmel, aber wenn ich Jiddisch richtig verstehe, dann wahrscheinlich erst mit dem Propheten Elias. Ich schicke auch eine Nachricht an Reb Jankew Chaim bezüglich einer Verabredung mit dem Lelever Rebbe, und er antwortet, dass er sich bei mir melden würde. Was auf Jiddisch bedeutet, dass er es nicht tun wird.

Während ich darauf warte, den einen oder anderen Rebbe zu treffen, frage ich mich, was die heutigen Litwakim grundsätzlich über Rebbes denken.

Um eine Antwort auf diese brillante Frage zu finden, nehme ich einen Egged-Bus, der mich zur Hebron-Jeschiwa im Jerusalemer Stadtteil Givat Mordechai bringt.

Als ich noch ein reizender Knabe war und durch die Straßen von Mea Schearim streifte, lag Hebron nur wenige Schritte von meinem jetzigen Hotel entfernt. Aber das war einmal; das Leben geht weiter, und manchmal nimmt es eine Jeschiwa mit.

Dann soll es so sein.

Ich setze mich in den Bus, und kurz darauf stehen meine Füße
direkt vor der Hebron-Jeschiwa.

Welch ein Unterschied zwischen dieser Hebron und der alten! Diese Hebron sieht prächtig aus. Ein kleiner Garten mit Oli-
ven und anderen Bäumen erfreut meinen Blick, während ich den
Komplex in Augenschein nehme. Zu meiner Linken sehe ich
einen riesigen Hörsaal, in der Mitte eine große Kantine und zu
meiner Rechten die Studentenwohnheime. Hunderte von Studenten in weißen Hemden und dunklen Hosen laufen herum,
unterhalten sich oder sprechen in ihre Mobiltelefone. Die meisten sind pausenlos in Bewegung, wobei sich einige eine Zigaret-
tenpause gönnen und koscheren Rauch in den blauen Himmel
blasen.

Einer der Studenten, der wahrscheinlich glaubt, ich sei zum Talmudstudium hier, fragt mich, ob ich zusammen mit ihm lernen möchte. Ohne zu zögern, sage ich Ja, und wir gehen in den Hörsaal. 1500 Jungs studieren in der Jeschiwa, erzählt er mir, und obwohl er rasend gern hier ist, würde er viel lieber bald sein »Gegenstück« kennenlernen, ein Mädchen, und heiraten. Er ist 23 und gilt damit nach hiesigen Maßstäben als »alt«. Wie viel kostet es, hier zu studieren? »1200 Schekel [ca. €300] im Monat, einschließlich Studiengebühr, Essen und Unterkunft.«

Die Studenten, die jeden Tag von frühmorgens bis spätabends lernen, mit einer Pause am Nachmittag, kommen nach und nach aus der Pause in den Hörsaal zurück und nehmen ihre Plätze auf den zahllosen Bänken ein. Dann studieren sie in Zweiergruppen, Chavrusas.

Dieses Semester arbeiten die Studenten dieser Jeschiwa den Traktat Bawa Metzia (oder Baba Mezia) durch, so auch mein neuer Studienkollege und ich. Wir beginnen am Anfang des Traktats:

Wenn zwei ein Gewand halten und der eine sagt, er habe es gefunden, und der andere sagt, er habe es gefunden, oder der eine sagt, das Ganze gehöre ihm, und der andere sagt, das Ganze gehöre ihm, so schwöre der eine, dass er daran nicht weniger als die Hälfte habe, und der andere schwöre ebenfalls, dass er daran nicht weniger als die Hälfte habe, und sie teilen.

Das erste Mal, als ich mich mit diesem Traktat beschäftigte, war ich fünf Jahre alt, wenn ich mich nicht irre, und jetzt sitze ich wieder dran. Bin ich etwa wieder fünf? Ich wünschte, ich wäre es!

Der Student, ein sehr netter Typ, und ich lernen etwa eine halbe Stunde, diskutieren jedes Jota dessen, was wir gerade gelesen haben, debattieren über die Bedeutung des Ganzen, bis sich andere Studenten zu uns gesellen und mich fragen, was ich so mache und wie das Leben außerhalb ihrer großen Jeschiwa ist.

Die Essenszeit naht, und mein Studienkollege bietet mir an, mich in jedes Restaurant meiner Wahl zu bringen und noch einen seiner Freunde zum Abendessen und zu unseren Diskussionen mitzunehmen.

Sein Freund, ein netter junger Mann, taucht auf, und wir fahren zu einem superkoscheren Restaurant 25 Minuten von hier.

Wir bestellen Hühnchen, gehackte Leber, Hühnerleber, Püree und Cola Zero.

Und wir reden.

Beide Jungs sagen mir, dass es ihr Hauptziel im Leben ist, »die Thora zu studieren«.

Warum?

»Weil die Bibel sagt: ›*Und lass das Buch dieses Gesetzes nicht von deinem Munde kommen, sondern betrachte es Tag und Nacht.*‹ Was ist das Buch des Gesetzes? Die Thora«, erklärt der Erste der beiden.

Wo in der Bibel steht dieser Vers?

»In den Psalmen.«

Da muss ich ihn leider korrigieren. Dieser Vers, sage ich zu ihm, steht im Buch Josua, und ich schlage vor, dass wir uns seinen Kontext anschauen. Ich öffne die Bibel auf meinem iPhone und lese ihnen ein paar Verse vor:

Mein Knecht Mose ist gestorben; so mach dich nun auf und zieh über den Jordan, du und dies ganze Volk, in das Land, das ich ihnen, den Israeliten, gebe. Jede Stätte, auf die eure Fußsohlen treten werden, habe ich euch gegeben, wie ich Mose zugesagt habe. Von der Wüste bis zum Libanon und von dem großen Strom Euphrat bis an das große Meer gegen Sonnenuntergang, das ganze Land der Hetiter, soll euer Gebiet sein. [...] Und lass das Buch dieses Gesetzes nicht von deinem Munde kommen, sondern betrachte es Tag und Nacht [...].

Diese Verse werden zu Josua gesprochen, sage ich zu ihnen, vor dem Hintergrund der Eroberung des Landes Israel. Was haben diese Verse mit euch zu tun, zwei jungen Männern, die in Jerusalem gehackte Leber essen?

Aber die Weisen sagen, widersprechen sie mir, diese Verse würden bedeuten, dass wir, die Juden, jeden Augenblick unseres Lebens dem Studium der Thora widmen müssen.

Nein, entgegne ich. Ihr wisst es besser oder solltet es besser wissen. Es gibt eine solche Meinung, ja, aber viele andere widersprechen dieser Interpretation.

Jetzt sind sie verwirrt. Sehr verwirrt. Wie sich zeigt, wissen sie nicht, warum sie ihr Leben überhaupt dem Studium der Thora widmen wollen. Beide hatten schon Dates, aber keiner von ihnen fühlte sich von den Mädchen, mit denen sie sich trafen, genügend angezogen. Von welchen Mädchen träumen sie im Dunkel der Nacht in ihren Betten?, frage ich sie. Tja, die Antwort ist einfach: Wenn niemand sie sieht oder hört, dann träumen sie von blonden deutschen Mädchen.

Die Hühnerleber, nebenbei bemerkt, ist ausgezeichnet. Sie ist außen ein bisschen angebrannt, innen ganz zart und mit gebratenen Zwiebeln angerichtet. Himmlisch geradezu, und geht auch sehr gut runter mit der Cola. Vertrauen Sie mir.

Wie denkt ihr über chassidische Rebbes?, frage ich meine Mitesser.

Das ist eine sehr einfache Frage für sie, die sie ohne zu zögern beantworten. »Wer einem Rebbe folgt«, sagen sie, »ist ein Idiot.«

Warum das?

Nun, nur Idioten folgen einem Rebbe, sagen sie. Klare Sache.

Als ich ein Kind war, hieß es, wenn ich krank werde, ist das Erste, was ich tun muss, zum Namen zu beten, dass er mich wieder gesund macht. Wenn ihr nun, frage ich sie, krank werdet, wann sind die Chancen, dass Der Name euch heilt, besser – wenn ihr direkt zu Ihm betet oder wenn Rabbi Chaim Kaniewski in eurem Namen betet?

Mein Studienkollege von heute meint, seine Chancen auf Heilung durch Den Namen stünden definitiv besser, wenn Rabbi Kaniewski für ihn bete. Wenn die Chassidim wirklich Idioten sind, bescheinige ich ihm nun, sei er es um nichts weniger. Sein Freund schaut uns beide an und stimmt zu. »Meine Chancen, dass Der Name mich heilt«, sagt er, »stehen besser, wenn ich direkt zu Ihm bete.« Es gibt einen Grund für seine abweichende

Meinung, erklärt er mir. »Ich habe mich etwas von der Religion entfernt, aber ich hoffe, dass ich ein Mädchen finde, das rechtschaffener ist als ich und mich hoffentlich im Glauben wieder stärkt.« Wenn das passiert und er krank wird, sobald er wieder rechtschaffener ist, wird auch er lieber wollen, dass Rabbi Chaim Kaniewski für ihn betet.

Nun, da wird er zuerst einmal eine blonde Deutsche finden müssen, die rechtschaffener ist als er. Sollte ihm das gelingen, wird sie wahrscheinlich entweder Atheistin oder Christin sein, und dann wäre ich gerne dabei, wenn er Rabbi Chaim Kaniewski bittet, für ihn zu beten.

Wie war das gleich mit »Wer einem Rebbe folgt, ist ein Idiot«?

Am Ende unseres Gesprächs ein paar Stunden später kommen sie zu dem Schluss, dass alle Idioten sind, ob sie nun Chassidim, Litwakim oder sonst was sind.

Nach unserem Abendessen verabschiede ich mich von den charedischen Blondinensuchern und rufe die Gabbais des Toldos-Aharon-Rebbes Rabbi Dovid Kohn an, um sie erneut um ein Treffen mit ihm zu ersuchen.

Rufen Sie mich morgen an, sagt einer seiner Gabbais zu mir.

Was ich am nächsten Morgen auch tue. »Kommen Sie vorbei«, sagt der Gabbai.

Wo vorbei?, fragt dieser Depp.

»Beit Meir.«

Wo in Beit Meir?

»In der Schul.«

Wo in Beit Meir ist die Schul?

»Wenn Sie nach Beit Meir kommen, werden Sie sie sehen.«

Ich kenne Beit Meir nicht, ein Moschaw (Dorf), das als religiös-zionistische Siedlung gegründet wurde und in dem ich noch nie war. Ich weiß nur, dass Beit Meir mit seiner Bevölkerung von angeblich weniger als 750 Menschen um diese Tageszeit mit dem Auto 30 Minuten von Mea Schearim entfernt liegt. Ich solle um circa 18 Uhr dort sein, wird mir gesagt.

Um 17 Uhr verlasse ich Mea Schearim und bin um 17.30 Uhr in Beit Meir.

Wo ist hier die Schul?, frage ich den Erstbesten, den ich sehe. »Welche der beiden?«, fragt er zurück. Ups, ich habe keine Ahnung. Er auch nicht, er versucht aber, mir zu helfen, und zeigt auf eine Straße vor uns: »Da drüben sind zwei Schuls, eine aschkenasische und eine sephardische, schauen Sie sie sich an.«

EIN GESPRÄCH MIT DEM REBBE VON TOLDOS AHARON

Der Rebbe spricht unzensiert und lässt eine
Bombe platzen

Die Landschaft um Beit Meir ist wunderschön, besonders jetzt, bei Sonnenuntergang. Aber ich muss zur Schul gehen und überlasse die bezaubernde Landschaft den Touristen. Wie ich feststelle, ist die gesuchte Schul die sephardische. Warum geht der Rebbe in die sephardische Schul und nicht in die aschkenasische, wo er doch Aschkenase ist? Ich weiß es nicht. Vielleicht meint er, dass sich ein »arabisch« gekleideter Mann zu den Sepharden gesellen sollte, deren Großeltern in arabischen Ländern gelebt haben. Auf jeden Fall ist diese Schul klein, eine winzige Einrichtung im Vergleich zum großen Toldos Aharon in Jerusalem.

Wir sind aber in Beit Meir und nicht in Jerusalem, und der Rebbe weilt nur für ein paar Tage hier, um sich von den Feiertagen zu erholen, und für diesen Zweck ist kleiner wohl besser.

Als ich gerade in die sephardische Synagoge hineingehen will, spricht mich einer der Chassidim des Rebbes an. »Sie müssen sehr gute Verbindungen haben!«

Warum glauben Sie das?

»Für eine Privataudienz beim Rebbe braucht man gute Verbindungen. Ich habe gehört, dass Sie ein Journalist sind.«

Nun –

»Sagen Sie dem Rebbe nicht, dass Sie ein Journalist sind.«

Warum nicht?

»Weil er dann nicht mit Ihnen reden würde.«

Und wenn der Rebbe mich fragt, was ich beruflich mache, was sage ich dann?

»Machen Sie beruflich noch etwas anderes?«

Ich mache Theater in New York.

Er schaut mich an, als hätte ich ihm gerade gesagt, dass ich auf dem Mond Esel reite.

Und ich bin Autor, ich schreibe Bücher.

»Worüber?«

Zufälligerweise leider über Antisemitismus.

»Sind Sie dafür oder dagegen?«

Sie wollen wissen, auf welcher Seite des Antisemitismus ich stehe?

»Ja.«

Ich bin dagegen.

»Perfekt! Sagen Sie ihm, dass Sie Bücher gegen den Antisemitismus schreiben, das wird ihm gefallen!«

Ich bin froh, das zu hören.

Als der Nachmittagsgottesdienst beendet ist, betrete ich die Synagoge. Zusammen mit einigen Gemeindevorstehern sitzt der Rebbe an der Vorderseite neben einer Art Tisch. Ein paar sephardische Ortsbewohner schicken sich gerade an, ihn um seinen Segen zu bitten, den Segen eines heiligen Mannes.

Der Rebbe, Dovid Kohn, etwa 75 Jahre alt, trägt ein langes weißes Schultertuch, Brille und chassidische Tracht. Sein langer Bart zeugt von seinem Alter, sein Gesicht aber ist weich, und seine fröhlichen Augen heften sich auf die Menschen um ihn herum.

Ein junger Mann wendet sich mit einer Frage an den Rebbe:

Er würde gerne die Thora studieren, hat aber einen Job. Kann der Rebbe ihn segnen?

Ich weiß nicht, welche Art Segen sich dieser Mann erhofft; wie mir scheint, würde er wohl gerne vom Rebbe hören, dass er nicht arbeiten muss, und vielleicht einen Segen von ihm erteilt bekommen, durch den Geld direkt vom Himmel in seine Taschen fällt. Wenn der Dritte Tempel vom Himmel fallen kann, warum dann nicht ein paar Schekel in eine sephardische Tasche?

Die Antwort des Rebbes?

»Sie müssen arbeiten«, sagt der Rebbe zu ihm. »Der Mensch muss arbeiten, und wenn Sie studieren wollen, können Sie das zusätzlich tun. Nachdem Sie morgens aufwachen, sich die Hände waschen, die Morgengebete sprechen und etwas essen, können Sie ein wenig studieren. Nachdem Sie das getan haben, gehen Sie zur Arbeit, erledigen Ihre Aufgaben, und am Abend, wenn Sie mit der Arbeit fertig sind, die Abendgebete sprechen und essen, nehmen Sie sich Zeit zum Studieren. Man kann beides tun: arbeiten und studieren.«

Das ist alles. Kein Manna vom Himmel, nur Im Schweiße deines Angesichts.

Prof. Dan Schueftan sollte hier sein, um das zu hören.

Ein Mann mit einem neugeborenen Baby spricht den Rebbe an. Er möchte, dass sein Baby gesegnet wird. Der Rebbe legt eine Hand auf den Kopf des Babys und murmelt ein Gebet.

Dann bin ich dran.

Ich gebe dem Rebbe einen Kvitel, dieses kleine Stück Papier, auf dem mein Name und der Name meiner Mutter stehen. Welche Geheimnisse wird der Rebbe enthüllen?, frage ich mich. Wird er, wie in der Geschichte von Reb Chaim, dessen Rebbe der Bruder dieses Rebbes ist, herausfinden, dass ich am Morgen nicht zur Mikwe gegangen bin? Wird er mir, wie in der Geschichte, die Bentzi mir über den Bojaner Rebbe erzählt hat, etwas über irgendeine schwangere Verwandte sagen, eine Frau, die gar nicht weiß, dass sie schwanger ist?

Schauen wir mal. Ich bin sehr, sehr neugierig!

Der Rebbe nimmt den Kvitel, blickt ihn keine zwei Sekunden lang an und lässt ihn dann auf dem Beistelltisch neben sich liegen. Er segnet mich, auf dass ich ein gutes Leben und einen guten Verdienst haben möge.

Danke.

Ich sage dem Rebbe, dass ich der Urenkel des ersten Radzyńer Rebbes bin. Auch ich könnte ein Rebbe sein, sage ich zu ihm, obwohl ich mich offensichtlich dagegen entschieden habe.

»Sie können es immer noch«, sagt er.

Er hält es mit den Rabbis von meiner Bar-Mizwa, die davon träumten, dass ich der Landesrabbiner werden würde.

Ja, ja. Ich habe meinen Beruf verfehlt.

Der Rebbe, merke ich schnell, liebt meine Familie. »Oh! Der Radzyńer Rebbe war ein heiliger Mann! Alle Radzyńer Rebbes waren es. Ich habe ihre Bücher; ich habe sie studiert, heilige Bücher, brillante Bücher. Welch heilige Menschen sie waren!«

Famos!

Jetzt, wo wir einen Rebbedraht zueinander haben, werde ich ein bisschen aufgeregt über die Möglichkeit, dass ich, meine Wenigkeit, vielleicht, vielleicht eines baldigen Tages ein Rebbe werden könnte. Also frage ich diesen Rebbe: Was braucht man, um ein Rebbe zu sein, muss man eine besondere Person sein, um Rebbe zu werden, und woher weiß man, dass man dazu berufen ist, ein Rebbe zu sein?

»Um ein Rebbe zu sein, muss man eine Person mit dem inneren Bedürfnis sein, anderen zu helfen, an den anderen zu denken, bevor man an sich selbst denkt.«

Dieser Rebbe kennt mich offensichtlich nicht. Hast du jemals, meine Liebe, einen Autor oder Journalisten gesehen, der an andere denkt, bevor er an sich selbst denkt?

Gut, ja, ich kann der Erste sein.

Lass mich darüber nachdenken. Inzwischen setze ich mein Gespräch mit dem Rebbe fort.

Ein Rebbe, führt der Rebbe aus, ist kein Rabbiner. »Ein Rabbiner muss eine Semicha [rabbinische Ordinationsurkunde] haben und sagen, was die Halacha [religiöses Gesetz] ist; er muss den Talmud und die Kommentatoren kennen. Ein Rebbe muss die Menschen kennen, ein Rebbe muss sich um die Menschen kümmern, ein Rebbe muss die Menschen geistig erheben.«

Braucht man eine besondere Seele, um ein Rebbe zu werden?

Ich weiß nicht, wie mir diese Frage über die Lippen gekommen ist, da ich keinen blassen Schimmer habe, was eine »Seele« oder gar erst eine »besondere Seele« ist. Der Rebbe indessen scheint meine Frage besser zu verstehen als ich selbst und bestätigt, dass man eine besondere Seele braucht, um ein Rebbe zu werden.

Was für eine Art Seele?

»Ein Mensch, der es in sich hat, die Menschen um sich zu versammeln und sie auf den rechten Weg zu führen, sie geistig zu erheben; ein Mensch, der Menschen helfen will.«

O Herr, das wird zu kompliziert für mich. Bin ich ein solcher Mensch? Kann ich es sein?

Ich frage den Rebbe: Wann haben Sie gewusst, falls Sie es gewusst haben, dass Sie eines Tages ein Rebbe sein werden, dass Sie die Fähigkeit haben, ein Rebbe zu sein? Wann war das erste Mal, als Sie das begriffen?

Er erzählt mir, dass seinerzeit, bevor er Rebbe wurde, Uneinigkeit im chassidischen Hof seines Vaters darüber herrschte, wer nach dessen Ableben die Führung übernehmen solle, er oder sein Bruder. Am Ende wurden beide Rebbes. Er wurde der Rebbe von Toldos Aharon, während sein Bruder einen anderen, deutlich kleineren Hof gründete, Toldos Avrohom Yitzchok. Aber er wusste immer, von früh auf, dass er eines Tages ein Rebbe werden würde.

Wann wurde Ihnen das klar?

»Als ich ein Kind war. Als ich ein Kind war, verspürte ich das Bedürfnis, mich um die anderen Kinder zu kümmern und ihnen zu helfen. Dann wusste ich, dass es das ist, was ich zu tun habe, wenn ich groß bin, dass das meine Mission ist.«

Dieser Rebbe ist ganz anders als ich, so viel ist klar. Als ich ein Kind war, träumte ich davon, Generalsekretär der Vereinten Nationen zu werden. Warum? Nun, was wusste ich schon als charedisches Kind? Ich hielt den Generalsekretär der Vereinten Nationen für den König aller Nationen. Warum dann also nicht ich?

Ich erzähle dem Rebbe nichts von meinen VN-Träumen, sondern frage ihn aus reiner Neugier: Wie alt waren Sie, als Sie diesen Gedanken hatten, vier Jahre?

»Nicht vier, aber um dieses Alter, ein wenig älter. Ein kleines Kind.«

Was ist das Herausforderndste am Amt des Rebbes?, frage ich ihn, da ich immer noch mit der Idee spiele, vielleicht, vielleicht, vielleicht am Ende ein Rebbe zu werden, wenn ich tausend Chassidim dazu bekomme, mir zu folgen.

»Man muss an andere denken, nicht an sich selbst.«

Dieser Rebbe, wird mir klar, hat noch nie von Jaakov Arje Alter gehört, dem Hodenquetscher von Ger.

Wie dem auch sei, mehr als alles andere interessiert mich natürlich die Sache mit dem Kvitel. Wenn ich ein Rebbe werde, wie in aller Welt kriege ich das mit dem Kvitel hin? Also frage ich den Rebbe: Ich habe Ihnen gerade einen Kvitel gegeben, auf dem ich meinen Namen und den meiner Mutter notiert habe. So machen es die Chassidim schließlich. Was hat es damit auf sich?

»Nichts.«

Können Sie irgendetwas in meinem Kvitel lesen außer meinem Namen?

»Nein.«

Was werden Sie mit meinem Kvitel machen?

»Wie Sie sahen, nahm ich ihn von Ihnen entgegen und ließ ihn hier liegen.«

Das ist alles?

»Also, ja.«

Ich kann nicht glauben, dass er das sagt, dass ein Kvitel nicht mehr ist als ein Stück Papier, womit er in Wirklichkeit sagt, dass die Chassidim, die Rebbes Kvitels und dabei zugleich einen Teil ihrer Barschaft geben, nichts weiter als Dummköpfe sind. Aber da haben wir es, der Mann hat es gesagt.

Vielleicht weil er meine »Enttäuschung« sieht, ergänzt er: »Früher gab es Rebbes, die einen Kvitel angucken, die Namen auf ihm lesen und dann alles Mögliche sehen konnten. Aber solche Rebbes gehören der Vergangenheit an.«

Der Mann gefällt mir, und daher frage ich weiter.

Ich bin einige Male bei Toldos Aharon gewesen und war beeindruckt von Ihren Chassidim. Was ist das Wichtigste, das Toldos Aharon zu Toldos Aharon macht?, will ich wissen.

»Der Glaube. Das ist das Wichtigste. Den Glauben zu haben.«

Glaube, ja. Was ist mit Juden, die keinen Glauben haben? Es gibt säkulare Juden, die nicht gläubig sind. Wie denken Sie über sie? Und was halten Sie von den Zionisten? Was tun Sie, wenn die zu Toldos Aharon kommen?

»Wenn sie kommen, um uns zu bekämpfen, was können wir tun? Wenn sie aber nicht deshalb kommen, was ist dann die Frage? Wir werden sie mit offenen Armen empfangen. Wir sind alle Juden!«

Es herrscht viel Hass unter verschiedenen jüdischen Gruppen, mitunter sogar innerhalb einer Gruppe. Warum gibt es so viele Kämpfe zwischen Juden?

Er schaut mich an, schaut dem Enkel des Radzyńer Rebbes tief in die Augen und sagt: »Diejenigen, die hassen, denken nicht an die anderen; sie denken nur an sich selbst. Sie tun nicht das, was der Radzyńer Rebbe getan hat, was der heilige Radzyńer Rebbe getan hat. Im Radzyńer Rebbe brannte ein Feuer, und er tat für seine Chassidim alles, was in seiner Macht stand.«

So großartig, wie der Radzyńer Rebbe war, hat es sich für ihn offensichtlich nicht ausgezahlt. Denn was ist passiert? Der chassidische Hof von Radzyń existiert nicht mehr; er ist tot. Ist das die Belohnung für den Glauben des Radzyńers?

»Die Radzyńer Rebbes kamen wie alle anderen Menschen auf die Welt, um ihre Seelen zu reparieren. Und sie gehören zu den wenigen, die es geschafft haben; sie haben ihre Mission erfüllt. Andere Rebbes, andere Höfe haben es nicht geschafft, und deshalb weilen sie immer noch unter uns.«

Dieser Rebbe ist einer der unerschrockensten, die ich kenne. Zu sagen, dass ein Kvitel nichts bedeutet, derselbe Kvitel, auf den Hunderttausende Chassidim weltweit schwören und nach dem sie leben, ist nichts weniger als eine Häresie in der chassidischen Welt. Davon abgesehen ist der Kvitel eine der Haupteinnahmequellen in vielen chassidischen Höfen, und wenn er den Kvitel schlecht macht, wird er viele »David, der Philanthrop« brauchen, um ihn zu ersetzen. Gibt es überhaupt so viele?

Ich betrachte diesen alten Mann, einen Mann, in dessen Seele ein Feuer brennt, ein Feuer, das so schnell nicht gelöscht werden wird, und ich unterhalte mich noch ein wenig mit ihm über dies und das, und als es an der Zeit ist, verabschiede ich mich von ihm.

Und ich denke: Toldos Aharon ist ein wunderbarer chassidischer Hof, weil ihr Rebbe ein wunderbarer Mann ist. Was aber wird passieren, wenn er einmal nicht mehr ist? Was wird passieren, wenn sein Sohn, dieser »Londoner« Rabbi, der lahme Ehemann von Leah, der so rechtschaffen ist, dass er keine Zeit hat, mit Leuten zu reden, die Macht übernimmt? Er könnte dieses großartige Toldos Aharon in eine Armee von Hooligans verwandeln, so wie es Jaakov Arje Alter mit seinem Hof macht.

Aber so ist das Leben.

Und jetzt, wo die Sonne schon lange untergegangen ist und Dunkelheit in dieser Kleinstadt oder vielmehr in diesem Dorf herrscht, genieße ich die klare, kühle Luft. Ich setze mich auf eine Bank an der nahegelegenen Bushaltestelle, stecke mir eine Zigarette an und notiere meine Eindrücke. Ein Auto mit zwei Reb Arelach hält an. »Wohin wollen Sie?«, fragt der Chassid auf dem Beifahrersitz. Nach Jerusalem, sage ich. »Möchten Sie mit uns mitfahren?« Ja, gerne!

Ich steige ins Auto und bin, bevor ich mich's versehe, wieder in meinem Jerusalemer Hotel.

Diese Chassidim fahren schnell.

Und bei mir selbst denke ich: Wenn der Kvitel nichts bedeutet, die Chassidim aber trotzdem an ihn glauben und ihn als eine der Grundlagen ihres Glaubens in Ehren halten, heißt das, dass Reb

Israel Meir Hirsch recht hatte mit seiner Behauptung, dass »die ganze charedische Welt eine einzige große Götzenverehrung ist«?

Während ich so nachdenke, erhalte ich eine Nachricht von einem Gerrer Chassid, einem der drei Chassidim, mit denen ich vor einer Weile eine diskrete Zusammenkunft hatte. Er sagt, dass er unter vier Augen mit mir sprechen möchte, um loszuwerden, was er auf dem Herzen hat. Ob ich Zeit hätte?

Ja, klar.

Der Mann muss Schmerzen haben und versuchen, seinen Schmerz bei jemandem abzuladen, in der Hoffnung, dass ihn das erleichtert.

DER REBBE IN MEINEM BETT

*Der Chassid, der ein Jahrzehnt lang seinen Samen
nicht vergossen hat*

Der Gerrer besucht mich in meinem Hotel in der typischen Tracht von Ger, dem langen schwarzen Mantel, und wir setzen uns über eine Tasse türkischen Kaffee und Erdnüsse zusammen.

Er erzählt mir, dass er gegen den Rebbe Jaakov Arje Alter ist und auf einen Erfolg von Rabbi Shaul Alter hofft.

So viel wusste ich bereits. Er ist schließlich derselbe Mann, der mir erzählte, dass der Rebbe seine Hoden in der Hand hat.

Ich beginne mit Smalltalk. Wie viele Chassidim im Palast von Ger, dem Nadlan-Ger, sind treue Anhänger des Rebbes?, frage ich ihn.

»Das hängt davon ab, wie alt sie sind und inwieweit sie finanziell abgesichert sind. Wenn man über 35 ist und eine gute Arbeit hat, kann einem der Hof von Ger nichts bieten.«

Die meisten sind aber trotzdem noch da. Warum?

»Ich bin noch da, aber nicht weil ich es möchte. Wenn ich ginge, würden meine Brüder nicht mehr mit mir sprechen; dem Rest der Familie würden die Ger-Aktivisten verbieten, mit mir zu sprechen. In manchen Gerrer Stadtvierteln in Israel muss man seine Wohnung aufgeben, wenn man beim Beten in Rabbi Shauls Schul erwischt wird. Vieler Gerrer Chassidim leben Tür an Tür, und wenn sich unsere Loyalitäten ändern, können wir nicht im selben Viertel bleiben. Wenn Sie bei Rabbi Shaul beten, dürfen Sie die alte Gerrer Schul nicht mehr betreten, Ihre Kinder fliegen von ihren Schulen. Und niemand wird mehr Geschäfte mit Ihnen machen. In einigen Fällen wollten die Kinder von Leuten, die gegangen sind oder das vorhatten, sie nicht in ihre neue Schul begleiten, sodass Familien auseinandergerissen wurden. Unlängst hat das alte Ger eine neue Organisation gegründet, die diese Kinder gegen ihre Eltern aufhetzt. Und wenn sich die Kinder gegen ihre Eltern wenden, bezeichnet diese Organisation sie als Helden. Die Kinder sind dann stolz darauf, dass sie ihren Eltern den Gehorsam verweigern.«

Wo liegt der Ursprung des Zerwürfnisses zwischen dem Rebbe und dem Rabbi?

»Offiziell hat Rabbi Shaul Ger vor zwei Jahren verlassen, aber der Konflikt zwischen den beiden gegnerischen Lagern begann Jahre davor.«

Was war der Grund?

»Auf Anweisung des Rebbes Jaakov Arje Alter wurden alle Klassen in Ger-Institutionen abgeschafft.«

Wann?

»Vor 20 Jahren.«

Wegen des Wechsels von einem vertieften Talmud-Studium, Ijun, zu Bekius, dem Studium ohne Tiefe?

»Ja. Der Rebbe sagte: ›In Polen hatte der Hof von Ger keine Klassen, und hier brauchen wir sie auch nicht.‹«

Keine Klassen? Wie lernen die Schüler in den Gerrer Einrichtungen?

»Sie studieren ohne Klassen. Sie rezitieren den Talmud, Seite um Seite um Seite um Seite. Ohne irgendetwas zu analysieren.«

Jahrelang war Rabbi Shaul der einflussreichste Lehrer am Hof von Ger, wenn ich richtig informiert bin. Wie nahm er diese Neuordnung auf?

»Er verlor seine Stelle. Es waren keine Klassen mehr zu unterrichten. Er saß zuhause und studierte allein, all diese Jahre. Die Schüler, die keine Klassen mehr hatten, mussten sich anpassen. Der Rebbe, Jaakov Arje Alter, hat die Elite der Gerrer Institutionen zerstört, der hoch angesehenen Gerrer Institutionen.«

Wenn ich Sie recht verstehe, lag dieses Problem viele Jahre lang offen zutage, und doch gab es keinen Bruch. Wie kam es dann dazu?

»Dovid Mendel Berliner, der im Ausland lebt, hatte einen großen Immobilienstreit mit dem Rebbe. Eines Tages reiste er nach Israel, um an der Hochzeit seiner Tochter teilzunehmen, und was dann passierte, war schrecklich. Horden von Chassidim standen vor dem Haus in Jerusalem, in dem er sich aufhielt, und riefen: ›*So sollst du die Erinnerung an Amalek austilgen unter dem Himmel. Das vergiss nicht!*‹ Damit setzten sie Berliner mit Amalek gleich, dem erbittertsten Feind der Juden in der Bibel. Sie schrien auch mit Blick auf Berliner: ›Möge sein Name und Andenken ausgelöscht werden!‹ Es ging so weit, dass Berliner das Haus nicht mehr verlassen konnte. Rabbi Shaul veröffentlichte dann einen Brief zur Unterstützung Berliners, nannte ihn ›meinen Freund‹ und forderte, dass die Gewalt, die er ›Terror‹ nannte, gegen Berliner aufhört. ›Diese Akte des Terrors, der Gewalt und der Anprangerung sind das Gegenteil dessen, was unsere heilige Thora und unsere heiligen Rabbis uns gelehrt haben‹, schrieb er. Dieser Brief wurde im Gerrer Hof als Rebellion gegen den Rebbe verstanden, und als Rabbi Shaul das nächste Mal im Ger [dem alten Ger] beten wollte, wurde sein Begleiter zusammengeschlagen.«

Wie hat die Spaltung Sie persönlich betroffen?

»Als ich jung war, war der Rebbe alles für mich! Ich war stolz darauf, ein Chassid des Rebbes zu sein. Nicht nur das, in meinen Augen sah er auch noch sehr gut aus!«

Sieht er in Ihren Augen immer noch sehr gut aus?

»Nein.«

Was ist er heute für Sie? Was sehen Sie nun in ihm?

»Ein Monster.«

Das »Monster« hat immer noch Zehntausende Gefolgsleute. Warum entscheiden sich Leute für ein Monster?

»Seine größter Trumpf ist sein Schweigen. Er spricht kaum, und mit seinem Schweigen schafft er eine Aura um sich, die ihn extrem mächtig macht.«

Schweigen? Das ist alles?

»Durch die Takunes von Ger kontrolliert er das Sexualleben seiner Chassidim. Sie sind sein Sklave. Er sitzt in den innersten Winkeln Ihres Herzens. Er ist mit in Ihrem Bett, wenn Sie Sex haben, weil Ihre Hoden ihm gehören. Als ich an ihn glaubte, gehörten meine Hoden ihm. Und wenn Sie zu ihm gehen und vor ihm stehen, kann er mit vier Minuten seines Schweigens dafür sorgen, dass Sie sich hundeelend fühlen!«

Wenn ich mich nicht irre, sind die Sex-Takunes auch Teil von Rabbi Shauls Lager, oder?

»Von Anfang an, als diese Takunes vor Jahren Gestalt annahmen, waren sie als Ideen gedacht, als etwas, was ein Gerrer Chassid anstreben sollte, nicht als etwas, das man praktizieren muss; und so sehen die Leute hinter Rabbi Shaul sie auch. Für Jaakov Arje aber gibt es keine Ideen. Er ist kein Mann der Ideen; er ist ein Mann der Tat. Er hat keine Ideen. Er hält kaum Reden, weil Ideen kein Teil seiner Persönlichkeit sind. Für ihn müssen die Takunes in der Praxis durchgesetzt werden. Und im alten Ger setzen sie diese Takunes durch. Man hat einen Ratgeber, einen Mann, der älter ist als man selbst, und dem muss man mitteilen, was man in der letzten Nacht im Bett mit der eigenen Frau gemacht hat.«

Wo stehen Sie heute, religiös gesprochen?

»Jaakov Arje Alter hat dafür gesorgt, dass ich an allem zweifle.«

An was zweifeln?

»In der charedischen Welt ist das System so: Fragen sind nicht erlaubt. Aber aufgrund Jaakov Arjes unnachgiebigen Interpretationen und weil er meine Hoden in der Hand hatte, begann ich zu zweifeln und Fragen zu stellen. Und für mich war es das dann.«

Was meinen Sie, glauben Sie nicht mehr an Gott?

Er blickt mich an und schüttelt den Kopf. Es fällt ihm, einem Gerrer Chassid in der ganzen vorgeschriebenen Tracht, mit Bart und langen Schläfenlocken, offensichtlich schwer, die Wörter, die schrecklichen Wörter auszusprechen: Ich glaube nicht an Gott. Ich lasse ihm seinen Freiraum, damit er auf seine Weise damit umgehen kann, ohne Druck.

Nach ein paar Minuten spricht der Mann:

»Ich kann nicht aufrichtig sagen, dass ich an Gott glaube. Vom Alter von neun Jahren an wurde mir eingeimpft, dass ich darauf achten muss, meinen Samen nicht zu vergießen. Für mich, und ich kann nur von mir selbst sprechen, war das sehr schwierig. Aber ich habe mich an die Regeln gehalten. Ich tat mein Möglichstes, um das ganze nächste Jahrzehnt meinen Samen nicht zu vergießen. Dann aber, eines Tages, nachdem ich begonnen hatte, Fragen zu stellen, erkannte ich, dass das Samenthema vor einigen Jahrhunderten von einem Rabbi in Polen erfunden worden war; dass es kein Verbot war, das Moses auf dem Berg Sinai erteilt worden wäre, wie man es mir beigebracht hatte. Ich hätte schreien können!«

Sie unterstützen Rabbi Shaul. Warum?

»Wie ich es sehe, zerschlägt Rabbi Shaul einen der korruptesten chassidischen Höfe in Israel.«

Warum interessiert Sie das? Sie glauben ja nicht einmal an Gott?

»Ich bin ein Gläubiger und Ungläubiger zugleich. Das Judentum von Jaakov Arje ist ein Judentum, an das ich nicht glaube. Das Judentum von Rabbi Shaul ist ein Judentum, an das ich glauben will.«

Ich habe eine Frage an Sie. Ich bin nun schon seit einigen Monaten in Mea Schearim und habe die Schuls vieler chassidischer Höfe besucht. Meistens werde ich sehr freundlich empfangen, aber nicht in Ger. Als ich dorthin ging, kam ein Chassid auf mich zu und erhob auf Englisch seine Stimme gegen mich: »Was suchen Sie hier?« Keiner der umstehenden Chassidim hat gegen dieses Verhalten protestiert. Gibt es einen Grund dafür?

»Ja. Das alte Ger ist ein Kult und kein Hof. Die sehen Sie und sagen sich: Von diesem Mann, so wie er gekleidet ist, ist nichts Gutes zu erwarten. Sie wissen, dass etwas faul an ihnen ist. Sie verbergen es, aber sie fürchten, ein Fremder würde es sehen.«

Wenn ich mich richtig entsinne, sagten Sie mir neulich, dass der Rebbe ein gnadenloser Mensch ist.

Der Mann, der mir gegenübersitzt und spirituell wie psychisch gebrochen ist, scheint schockiert über seine eigenen Worte. »Nein«, sagt er jetzt zu mir, »der Rebbe ist kein gnadenloser Mensch. Er denkt nur anders.«

Als ich bei Ihnen und Ihren Freunden war an jenem Abend, sagten Sie, Jaakov Arje Alter »ist ein grausamer, gnadenloser Rebbe«.

»Was er tut, ist gnadenlos, was er tut, ist grausam, aber er ist kein grausamer Mensch. Ich möchte, dass Sie das verstehen. Es macht einen Unterschied. Er ist nicht grausam oder gnadenlos.«

Wenn ich diesen Mann richtig verstehe, dann quetscht der Rebbe in genau diesem Moment seine Hoden, sodass er versucht, weniger kritisch über den heiligen Quetscher zu sprechen.

Ich habe einen Videoclip gesehen, sage ich ihm, den mir einer Ihrer Freunde gab und in dem Jaakov Arje von einem der Vorsteher des alten Ger als Gott bezeichnet wird: »Ein Wort der Thora: Der Rebbe, das ist Gott.«

»Nein, nein. Diese Worte sind nicht so gemeint. Ja, sie sind gefallen, aber es ist ein *Wort*, die Veranschaulichung eines Begriffs, nicht real.«

Welches Begriffs?

Er weiß es nicht.

Er ist einer derjenigen, die mir erzählten, dass die Chassidim im Palast von Ger ihre Spodiks absetzen müssen, damit jeder den Rebbe, Gott, anschauen kann, wenn sie beten. Aber jetzt, da er gequetscht wird, wo es weh tut, versucht er netter zu dem Hodenquetscher zu sein.

Der Mann mir gegenüber schreit um Hilfe. Seine Vergangenheit wurde ihm geraubt, und wenn er nicht bald handelt, wird ihm auch seine Zukunft ein für alle Mal geraubt werden. Und er hat Angst.

Er steht auf, schüttelt mir die Hand, und ich sehe ihm nach, wie er herausgeht, ein gebrochener Geist in schwarzem Gewand, der immer kleiner und kleiner wird, je weiter er läuft, und schließlich verschwindet.

Welche Möglichkeiten hat dieser Gerrer Chassid, wenn er seine Gemeinde verlässt? Welche Möglichkeiten hat irgendein Chassid, der eine solche Entscheidung trifft?

Ein ehemaliger Jeschiwaschüler lädt mich für den kommenden Freitagabend zum Essen bei sich und seiner Frau ein. Er lebt in Jerusalem, weitab von Mea Schearim.

Ich nehme die Einladung an.

EIN JOINT ZU EHREN DES SABBATS
*Doch warum ehren sephardische Rabbis
einen Pädophilen?*

Er und seine Frau, ein junges Paar Anfang 20, halten den Sabbat
und leben koscher. Sie haben eine schöne Wohnung in einem
Künstlerviertel der Stadt, und ihr Sabbattisch ist reich gedeckt:
mit Salaten aller Art, Weinflaschen, Challot, Fleisch, Fisch und
einem frischen Schokoladenkuchen. Falls ich interessiert wäre,
gäbe es auch spezielle Kekse: Cannabiskekse, etwa zwei Dutzend,
appetitlich auf einem großen Tablett arrangiert. Vor Anbruch des
Sabbat, erzählen sie mir, haben sie sich eine nette gemeinsame
Auszeit mit etwas Gras gegönnt. »Wir hatten einen Vor-Sabbat-
Joint«, wie er es formuliert.

Wie ich sehe, ist bei dem jungen Mann Cannabis an die Stelle
des Talmuds getreten. Ja, er hat den kompletten Talmud zuhause, kifft aber zu viel, um ihn zu lesen. Er ist verloren, und seine
Frau ist es auch.

Ja, vor kurzem hat er den Schalter komplett umgelegt, ist säkular geworden und hat sich von Gott verabschiedet, aber nicht
für lange. Er kam zurück. Nicht ganz, aber ein bisschen. Er ehrt
den Sabbat mit Cannabis und begrüßt die Königin Sabbat mit
einem Joint.

Was sonst macht das junge Paar? Nicht viel.

Aber sie haben einen Traum. Welchen Traum? In der Schweiz
zu leben. Warum in der Schweiz? Nun, warum nicht? Für wie
lange? Das wissen sie nicht; sie werden bei ihrem nächsten Joint
darüber nachdenken.

Die beiden lassen durchblicken, dass sie aus gut situierten Familien stammen und alles haben, was man sich wünschen kann.
Sie haben die Liebe gefunden, sie haben Geld, sie haben ein schönes Haus und ein teures Auto, wie sie mir erzählen, aber sonst
nichts. Sie kennen keine Gemeinschaft, außer die von anderen

Cannabisliebhabern und Straßenkatzen. Sie füttern Straßenkatzen; das ist ihre Leidenschaft.

Was wollen sie in Zukunft erreichen?, frage ich sie.

Das ist ein bisschen verzwickt. Was sie im Leben erreichen wollen, lässt sich nicht in Worte fassen. Es ist spirituell, am Horizont, irgendwo zwischen Katzen und Cannabis.

Als ich ein Stück von dem frischen Schokoladenkuchen nehme, spaziert eine Straßenkatze herein. Soweit ich weiß, sind Katzen nicht gerade wild auf kosheren Schokoladenkuchen, aber über die Katze mache ich mir keine Gedanken. Die Frau sieht die Katze und springt gleich auf, um sie zu füttern. Sie schnappt sich eine Tüte mit Katzenfutter, eine randvolle Rieseneinkaufstasche, mit der man 20 000 Katzen versorgen könnte, und füttert diese eine. Wenn man bekifft ist, sehe ich, wirkt eine Katze wie ein Löwe und eine Rieseneinkaufstasche wie ein Geldbeutel. Wenn sie später am Abend zu Bett gehen, dann vielleicht in Begleitung einer Straßenkatze.

A giten Schabbes.

Noch vor Ende des Sabbats am nächsten Tag beschließe ich, zur Lelever Schul zu gehen, um zu schauen, ob ich den Rebbe auch ohne Termin treffen kann. Aber der Rebbe ist nicht da, nur ein paar Chassidim, die sich einen Hering schmecken lassen.

Beim Verlassen der Schul werde ich Zeuge, wie ein sephardischer Charedi auf ein Plakat an der Mauer auf der anderen Straßenseite zustürzt. Er reißt das Plakat herunter und schmeißt die Fetzen auf den Bürgersteig. Was machen Sie da?, frage ich ihn. »Warum mischen Sie sich ein?«, schreit er mich wütend an. Weil Sie mein Viertel zumüllen, schreie ich zurück.

Er reagiert nicht darauf. Stattdessen wird er noch wütender und wirft noch mehr Fetzen auf den Boden. Als ich ihm sage, dass er damit aufhören soll, sofort, rennt er weg.

Ich gehe auf die andere Straßenseite, hebe die Fetzen auf und setze das zerrissene Plakat wie ein Puzzle zusammen. Was zeigt es? Es ist eine Bekanntmachung für die Anwohner, dass ein charedisches Privatgericht zwei charedische Rabbis, Brüder, sexueller Übergriffe gegen Jeschiwaschüler für schuldig befunden hat. Die beiden Rabbis, Jitzchak und Mosche Tufik, Leiter der Jeschiwa Beer Yehuda, die fast sechs Millionen Schekel Umsatz im Jahr macht, also knapp eineinhalb Millionen Euro, waren angeklagt, in den vergangenen Jahren »schwere Übergriffe« gegen Dutzende von Studenten begangen zu haben, die Art von Übergriffen, die »nicht aufgeschrieben werden können«: eine charedische Umschreibung für Sexualdelikte einschließlich Pädophilie. Mit seinem Urteil verbietet es das Gericht den Mitgliedern der Gemeinde, ihre Kinder auf die Jeschiwa Beer Yehuda zu schicken, eine Jeschiwa mit 300 Studenten.

Das ist jedoch noch nicht die ganze Geschichte. Vor knapp einer Woche fand die Hochzeit von Jitzchak Tufiks Sohn statt, unter Teilnahme führender sephardischer Rabbis. Was haben sie sich dabei gedacht?

Diese Missbrauchsgeschichte, lese ich, läuft bereits seit drei Jahren. Seinerzeit unterschrieb Rabbi Jitzchak Tufik einen Brief, in dem er versprach, nie mit Studenten allein zu sein. Wie das besagte charedische Gericht, das sich aus führenden sephardischen charedischen Rabbis zusammensetzt, jedoch befunden hat, hält Rabbi Tufik sein Versprechen nicht und hat es nie gehalten.

 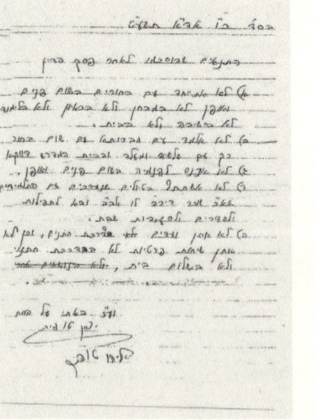

Statt an eine Geschichte über einen Rebbe bin ich an eine Pädophiliegeschichte gekommen. Aufregender Wochenbeginn!

Muss ich noch einen Rebbe treffen? Nicht wirklich. Meine »Rebbe-Neugier« habe ich bereits durch meine Privataudienz beim Toldos-Aharon-Rebbe befriedigt. Aber wenn ich mir noch den einen oder anderen Rebbe angeln kann, warum nicht?

Auf dem Rückweg zum Hotel begegne ich Motta. Kannst du mir zu einem Termin bei deinem Rebbe verhelfen?, frage ich ihn. Ich will ihm nur einen Kvitel geben und sehen, was er sagt. Motta antwortet, dass er sein Bestes tun und mit den Leuten sprechen wird, die sich um solche Anfragen kümmern. Er wird ihnen empfehlen, es zu ermöglichen.

Schauen wir mal. Wenn keinen Rebbe, finde ich vielleicht unterwegs eine andere interessante Geschichte. Hoffentlich nicht noch einen Pädophilen.

DIESER SEPHARDISCHE RABBI IST SO HEILIG, SEINE AUGEN HABEN NOCH NIE EINE FRAU ERBLICKT

Und ein aschkenasischer Rabbi wird wegen Mordverdachts festgenommen

Ich habe keine Ahnung warum, aber meine Füße tragen mich am nächsten Tag zur Gemeinde von Rabbi Berland. Seine Gefolgsleute leben östlich von Mea Schearim, im Viertel Morasha, das am Ende der Mea-Schearim-Straße beginnt.

Als ich es, von Mea Schearim kommend, erreiche, fällt mein Blick auf zwei höchst interessante Gebäude: ein polnisches Kloster, »Dom Polski«, rechts und die »Vertretung des rumänisch-orthodoxen Patriarchats im Heiligen Land« links. Das sind die beiden Länder, aus denen ich sozusagen stamme: Mein Vater wurde in Polen geboren, meine Mutter in Rumänien.

Willkommen zuhause.

Ich gehe weiter. Ist das die Gegend von Rabbi Berlands Anhängern?, frage ich einen jungen Mann. »Ja«, sagt er.

Ist Rabbi Berland heute in der Gegend?

»Nein.«

Wo ist er?

»Im Norden.«

Im Urlaub?

»Nein. Er steht unter Hausarrest.«

Warum?

»Das wissen Sie nicht?«

Nein. Ich bin nicht von hier.

»Von woher dann?«

Von überall her.

»Wo liegt das?«

In Berlin.

»Oh.«

Warum steht Rabbi Berland denn unter Hausarrest?

»Wir haben ihm Geld gegeben, damit er für uns betet, und er hat es angenommen.«

Was ist daran falsch?

»Das ist eine ausgezeichnete Frage! Hören Sie: Eines Tages werden alle Juden ihre Augen öffnen und sehen, was für ein heiliger Mann er ist!«

Klingt vielversprechend.

»Ja. Ich wünsche Ihnen einen wunderschönen Tag.«

Eine Frage noch: Was für eine Art Chassidim sind Sie?

»Wir sind Brazlawer Chassidim.«

Wie alle anderen Brazlawer Chassidim?

»Wir folgen dem Zaddik, Rabbi Berland.«

In Wirklichkeit steht Rabbi Berland nicht unter Hausarrest, sondern verbringt seine Zeit wegen verschiedener Anklagepunkte zwischen einer Untersuchungshaft und einem Strafvollzug. Abgesehen von den Geldgeschichten verdächtigen die Ankläger ihn der Beteiligung an der Ermordung zweier Menschen vor rund 30 Jahren, ein Mordfall, in dem die Ermittlungen kürzlich wieder aufgenommen wurden, nachdem neue Beweismittel aufgetaucht waren, wie die Polizei mitteilte.

Aber die Gefolgsleute folgen.

Was natürlich keine Überraschung ist. Eine der absoluten Grundlagen des Hofs von Brazlaw besteht in einem alten Ausspruch ihres Rebbes Nachman: »Keine Fragen zu stellen, ist das Wesen des Glaubens.«

Vor mir geht ein Paar. Er trägt sein schwarzes chassidisches Gewand, während sie wie eine Kreuzung aus einer jesuitischen Nonne und einer Frau der Muslimbruderschaft gekleidet ist. Entschuldigen Sie, frage ich sie, sind Sie eine Anhängerin von Rabbi Berland? »Ja«, antwortet sie. Ich frage: Sind Sie auf Geheiß von Rabbi Berland so angezogen? »Nein«, antwortet sie. Sie mag es einfach, sich so zu kleiden, sagt sie und lächelt mich schüchtern an.

Ich laufe zu der Schul, in der Rabbi Berland betet, wenn er nicht irgendeine Form von Haft absitzen muss, und treffe dort eine Gruppe von Männern an. Sie beten oder studieren nicht. Was tun sie dann? Sie essen Suppe. Man kann Den Namen anbeten, lerne ich, indem man Suppe isst. Man schlürft seine Suppe zu Ehren des Herrn, und niemand kann sagen, dass man weniger rechtschaffen ist als irgendein anderer Chassid.

Ich versuche, Jiddisch mit ihnen zu sprechen, aber sie schütteln nur den Kopf und löffeln weiter. Ich brauche einen Moment, um zu begreifen, dass nur einer dieser Suppenesser Jiddisch versteht. Sie sind Baalei Teschuwa, die Art von Leuten, die Reb Yoilish Krauss am liebsten komplett von hier verbannen würde. Eines Tages wird er vielleicht auch hier Palästinenserfahnen aufhängen. Das wäre lustig.

Im Unterschied zu Rabbi Berland verdient Reb Yoilish Krauss kein Geld mit den Leuten, die ihn besuchen, soweit ich das von meinem Besuch bei ihm sagen kann. Manche prominenten Rebbes hingegen verdienen ein hübsches Sümmchen an ihren Anhängern, und ihr geschätzter persönlicher Wert geht in die Millionen. In einem Artikel über die wohlhabendsten Rabbis Israels, den Mako, eine der führenden israelischen Nachrichten-Websites, vor rund zehn Jahren veröffentlicht hat, belief sich der geschätzte Wert des Belzer Rebbes auf 180 Millionen Schekel (ca. €44,5 Mio.), der des Gerrer Rebbes auf 350 Millionen Schekel (ca. €86,5 Mio.), und der von Rabbi David Abuchatzeira auf 750 Millionen Schekel (ca. €185 Mio.). Die Zahlen dürften heute deutlich höher liegen, doch vermittelt diese Liste einen Eindruck von der finanziellen Seite der Heiligkeit.

Rabbi Abuchatzeira, auch als Admor bekannt, ein weiterer Ausdruck für Rebbe, ist ein sephardischer Rabbi, der in der Stadt Naharija im Norden Israels lebt, etwa drei Autostunden von hier. Das ist eine lange Fahrt, aber ich sage mir: Ich will einen Mann sehen, der den Gerrer Rebbe aussticht, den größten chassidischen Rebbe in Israel. Und das Gute an der Sache ist: Für einen Besuch bei diesem speziellen Rebbe braucht man keinen Termin.

Soll ich hinfahren? Ich bitte einen Mann auf der Straße, den ich persönlich nicht kenne, mir seine Gedanken über Rabbi David anzuvertrauen.

»Er ist heilig, er ist rein«, sagt er und seine Augen leuchten vor Wonne, als hätte er gerade die umwerfendste Frau auf dem Planeten gesehen, vielleicht sogar die biblische Schönheit Rahab.

Woher wissen Sie das? Und was bedeutet »rein«?, frage ich den Mann.

»Er hat noch nie eine Frau angesehen«, antwortet er. »Noch nie. Wenn Frauen zu ihm kommen, sieht er sie nicht. Frauen, die seinen Segen oder Rat wünschen, können kommen, aber sie bleiben draußen. Sie schreiben einen Zettel mit ihren Anliegen, den geben sie einem Gabbai, aber der Admor sieht sie nicht. Er schaut keine Frauen an. Seine Augen haben nie eine Frau erblickt. Ein heiliger Mann!«

Dieser Admor, dämmert mir, ist der fortschrittlichste Mann auf Erden, denn er sieht Frauen nie mit hungrigen, begehrlichen Blicken an. Er sitzt nicht in Cafés, an einem italienischen Kaffee oder arabischen Tee nippend, während seine Augen begierig über jeden Quadratzentimeter der Körper vorbeilaufender Frauen streifen. Nein. Er ist gut, und er sollte als progressiver Kandidat der Demokraten in den USA, der Grünen in Deutschland oder von Labour in Großbritannien antreten. Meine Meinung.

»Rabbi Davids Vision ist so tief, dass seine Augen dorthin vordringen, wohin normale menschliche Augen nicht reichen«, sagt mir ein anderer Passant.

Wow!

DER PREIS DES SEGENS: VON 20 BIS ZU 50 000 SCHEKEL
Ein Mann wird in der Kommenden Welt belohnt,
eine Frau in Dieser

Wie ich höre, residiert Rabbi David in der Abir-Jaakow-Straße in Naharija, also nehme ich einen Zug von Jerusalem nach Naharija. Dort frage ich im Bahnhof einen Mitreisenden nach der Straße. »Wollen Sie zu Rabbi David?«, entgegnet der Mann. Ja, sage ich überrascht, woher wissen Sie das? »Jeder, der nach Naharija kommt und fragt, wo die Abir-Jaakow-Straße ist, will zu Rabbi David«, erklärt er mir.

Er heißt Itzik und stammt aus Naharija. Er ist nicht hier, um den Admor zu sehen, das hat er bei früherer Gelegenheit schon getan. Was wollte er vom Rabbi? »Ich ging zu ihm, als ich ein großes finanzielles Problem hatte. Ich hatte jede Menge Schulden und konnte sie partout nicht zurückzahlen, und es wollte einfach kein Geld hereinkommen. Ich war erledigt, wirklich am Boden. Ich war am Untergehen. Ich ging zu Rabbi David und schilderte ihm mein Problem. Ich weiß nicht, was ich Ihnen sagen soll, aber ein paar Tage später fand das Geld den Weg in meine Richtung. Hören Sie: Die Abir-Jaakow-Straße ist zu Fuß ein ganzes Stück entfernt, warum nehmen Sie nicht ein Taxi? Es gibt einen Festpreis vom Bahnhof zum Admor: 15 Schekel [€ 3,70]. Würde ich an Ihrer Stelle machen.«

Ich nehme ein Taxi und bitte den Fahrer, mich in die Abir-Jaakow-Straße zu bringen. »Zu Rabbi David?«, fragt er. »Das sind 15 Schekel.«

Gut.

Er lässt mich an der Abir-Jaakow-Jeschiwa in der Abir-Jaakow-Straße heraus. »Der Admor empfängt Besucher in der Jeschiwa«, klärt er mich auf.

Ich gehe hinein.

Ich treffe auf rund 50 Personen in einem großen Saal voller Bücher, Tische und Stühle.

Gibt es hier eine Schlange?, frage ich einen Mann, der ganz hinten sitzt und auch darauf wartet, den Admor zu sehen. »Nein, keine Schlange«, antwortet er mir.

Muss ich eine Nummer ziehen?

»Nein.«

Komme ich nach Ihnen?

»Es gibt kein Davor und Danach.«

Wie meinen Sie das?

»Keine Sorge. Setzen Sie sich einfach.«

Wie lange ist die Wartezeit?

»Das weiß niemand außer dem Admor.«

Wo ist er?

»Drinnen.«

Wo?

»Sie können ihn von hier aus nicht sehen. Setzen Sie sich.«

Was passiert, nachdem ich mich hingesetzt habe?

»Rabbi David ist ein heiliger Mann. Er weiß, dass Sie hier sind, ohne Sie zu sehen. Er spricht mit Ihrer Seele und weiß, dass Sie hier sind, sobald Sie das Gebäude betreten. Wenn er Sie leibhaftig sehen will, wird er nach Ihnen rufen. Woher sind Sie? Leben Sie hier in der Gegend?«

Ich lebe im Ausland.

»In welchem Land waren Sie, bevor Sie nach Israel kamen?«

Deutschland.

»Er weiß das.«

Wer weiß das?

»Rabbi David. Er weiß alles. Er weiß bereits alles über Sie durch Ihre Seele, wenn Sie hereinkommen. Er weiß, dass Sie aus Deutschland gekommen sind.«

Wo sollte ich am besten warten?

»Setzen Sie sich. Irgendwohin. Wenn er Sie sehen will, wird er nach Ihnen rufen. Wann immer er nach Ihnen rufen will.«

Ich setze mich auf den erstbesten leeren Stuhl.

Auf dem Tisch neben mir liegt ein Buch. Ich schlage es auf und lese: »Isch [Mann] ist mit einem I, Ischah [Frau] ist mit einem H, zusammen sind I und H der Name Gottes. I, der Mann, wird in der Kommenden Welt belohnt, H, die Frau, wird in Dieser Welt belohnt.«

Was es damit wohl auf sich hat?

Ich stehe auf und setze mich näher dahin, wo der Admor ist oder wo ich ihn zumindest vermute. »Warum sitzen Sie hier?«, fragt mich der Gabbai des Admors. »Setzen Sie sich wieder dorthin, wo Sie vorher waren.«

Mache ich.

Zwei Minuten später ruft mich der Gabbai mit einem strahlenden Lächeln im Gesicht. »Sie können nun hineingehen. Möge der Herr Sie segnen!«

Er führt mich in einen Gang, in dem ein paar Leute Schlange stehen. Wir sind die Auserwählten, die Rabbi David zuerst sehen dürfen. Wenige Schritte vor uns, hinter einem kleinen Podium aus Holz und Plexiglas, sehe ich den Admor stehen. Die Besucher ziehen an ihm vorbei. Sie halten für ein paar Sekunden an, bitten um einen Segen oder einen Rat und gehen weiter.

Wie läuft das ab?, frage ich den Mann vor mir. »Schreiben Sie Ihren Namen oder eine Bitte auf einen Zettel, und wenn Sie bei Rabbi David stehen bleiben, dann geben Sie ihn ihm.«

Das ist ein Kvitel, begreife ich, wie wenn die Chassidim zu ihrem Rebbe kommen.

Muss ich ihm Geld geben?, frage ich den Mann.

»Nein. Es sei denn, Sie wollen.«

Wie viel?

»Von 20 bis 50000 Schekel [€5 bis 12350]. Jeder Betrag, den Sie ihm geben wollen, ist gut.«

Wie viel geben Sie?

»100 Schekel [€25].«

Ich mache dasselbe, was ich bei meinem Besuch des Toldos-Aharon-Rebbes getan habe. Ich schreibe meinen Namen und den meiner Mutter auf einen Zettel und warte, bis ich an der Reihe bin, den Rebbe anzusprechen.

Als es so weit ist, gebe ich Rabbi David den Kvitel zusammen mit einem 50-Schekel-Schein. Er nimmt das Geld und legt es in ein Kästchen. Den Kvitel hingegen behält er in seinen Händen.

Hinter mir sind Menschen mit Gott weiß welchen Schwierigkeiten und Problemen, ich darf die Zeit des Admors nicht über Gebühr beanspruchen. Ich rücke besser mit einer Frage heraus, irgendeiner, schnell und zackig. Was soll ich ihn fragen? Ich entscheide mich dafür, »originell« zu sein und sage also zu ihm: Ich bin in Israel, um ein Buch über die charedische Welt zu schreiben. Hat der Rabbi irgendeinen Rat oder Segen für mich?

Brillant, oder?

Er blickt mich an, lächelt und legt einen Finger auf meinen Vornamen. »Ihr Name ist Tuvia«, sagt er und gewährt mir noch ein weiteres Lächeln. »Was bedeutet Tuvia? Sehen Sie!« Er zeigt auf jeden der hebräischen Buchstaben meines Vornamens und sagt, dass jeder Buchstabe des Namens die Abkürzung von Wörtern über das Buch ist. Welches sind die abgekürzten Wörter? Auf Hebräisch stehen sie für: »Das Buch wird sich sehr gut verkaufen.«

Sehr schön. Definitiv meine 50 Schekel wert.

Und jetzt, wo ich sowohl einen aschkenasischen als auch einen sephardischen Rebbe aufgesucht habe, bekomme ich das Gefühl, dass ich eines meiner Hauptziele erreicht habe: das Leben eines Charedi in seinem intimsten Moment kennenzulernen: in der Gegenwart eines allmächtigen Führers.

Von den sephardischen Gefolgsleuten ihres Oberhaupts umringt, erinnere ich mich an Rabbi Reuven Elbaz, der mich am ersten Tag des sephardischen Slichotgebets in seiner Jeschiwa Or Hachaim hat sitzenlassen. Soll ich noch einen weiteren Versuch unternehmen, um sicherzugehen, dass er mich nicht sehen will?

Morgen, flüstert mir ein Vogel ins Ohr, wird Rabbi Elbaz als Mohel (Beschneider) fungieren und eine Brit Mila (Beschneidung) an einem acht Tage alten Baby irgendwo in Jerusalem vornehmen. Es gibt keine bessere Gelegenheit, um einen alten Rabbi zu treffen, der sich versteckt, falls er sich wirklich vor mir versteckt, als neben der Vorhaut eines Babys, wenn sie abgeschnitten wird.

Es ist morgen, und ich bin da.

EIN RABBI VERSTECKT SICH HINTER DER VORHAUT EINES BABYS

Und der Prophet Elias erscheint, aber die Rabbis trauen sich nicht, ihn anzusprechen

Auf dem Vorplatz des Gebäudes wird erst einmal reichlich Essen aufgefahren, bevor die Vorhaut irgendeines Babys beschnitten wird. Schnitzelstreifen, marokkanische Zigarren (Hackfleisch im Knuspermantel), frittierte Kartoffelplätzchen, Orangensaft, diverse Colasorten und eine Menge anderer Leckereien stehen für die eintreffenden Gäste bereit. Die sagen nicht Nein und lassen es sich schmecken.

Ich bin dabei: Schnitzel, Kartoffelplätzchen, Zigarren und eine oder zwei Flaschen Cola Zero. Warum nicht? Ich zünde mir eine Zigarette an, rauche sie und unterhalte mich mit anderen rauchenden Gästen.

Nach einer Weile, und nachdem alle Raucher ihre Sucht gestillt haben, werden wir zur Beschneidungszeremonie in den Saal gebeten, wo Tische für das Essen aufgestellt sind, das sich an die Beschneidung anschließen wird.

Der Sandak, der Mann, der das Baby während der Beschneidung hält, setzt sich mit dem Baby auf den Stuhl des Propheten Elias, der bekanntlich jeder Brit Mila beiwohnt. Ja. Rabbi Elbaz tritt ein, strahlend vor Vorfreude auf seinen Termin mit dem Baby. Er stellt seinen Mohelkoffer neben dem Stuhl ab und öffnet ihn.

Die Gäste bilden einen Kreis um die beiden Männer und das Baby und sind bereit für den Beginn der Show, bei der sich das Neugeborene von einem bloßen Menschen in einen Juden verwandeln wird.

Zunächst ordnet Rabbi Elbaz seinen Instrumentenkoffer. In ihm befinden sich Messer, Scheren, ein Britschutz (ein Hilfsmittel, um sicherzustellen, dass der Mohel nicht versehentlich mehr abschneidet als nötig), irgendwelche Puder, eine Wundsalbe, Verbandsmull und Listerine. Ich dachte immer, Listerine sei eine Mundspülung, aber anscheinend gibt es noch weitere Verwendungsmöglichkeiten.

Während er seinen Mohelkoffer sortiert, blickt Rabbi Elbaz mich an und lächelt, als sei er erfreut, mich zu sehen.

Das ist ein gutes Zeichen, oder?

Dann bewegt Rabbi Elbaz seinen Kopf etwas und lächelt mich weiterhin an.

Vor uns liegen glückliche Tage!

Und er beginnt mit der Beschneidung.

Als er die Vorhaut des Babys abschneidet, spritzt Blut aus dem Penis des Babys. Beim Anblick des Bluts verlangt er Wein von einem Helfer. Der Assistent reicht ihm den Wein in einem Silberkelch, aus dem Rabbi Elbaz einen Schluck trinkt. Dann beugt er sich nieder und saugt das Blut aus dem Penis des Babys. Anschließend spuckt er das Blut in den Silberkelch.

Das Baby schreit.

Der Sandak, ein bekannter israelischer Rabbi namens Yitzchak Dovid Grossman, spricht: »Mögen wir alle bald am Tag des Kommens des Propheten Elias dabei sein, wenn er die bevorstehende Ankunft des Messias verkündet. Amen.«

»Amen«, erwidern die Zuschauer.

Ich bin mir nicht sicher, warum er dem Kommen des Propheten Elias entgegensieht, wo dieser doch bereits hier ist und direkt neben ihm sitzt, auf genau diesem Beschneidungsstuhl, dem Sitz des Propheten Elias. Genauso wenig verstehe ich, wieso er zu den Gästen über den Propheten Elias spricht, statt mit dem Propheten selbst zu reden.

Nun, vermutlich verstehe ich eben nicht alles. Aber wer tut das schon?

Rabbi Elbaz reinigt sein Messer, wirft den blutigen Verband weg und verbindet das Baby neu. Er streut Puder und verteilt etwas Salbe, legt dem Baby schließlich eine Windel an. Nur die Listerine gelangt nicht zum Einsatz, soweit ich sehe.

Das Baby hört auf zu schreien.

Und während die Menge fröhlich singt und betet, wendet sich Rabbi Elbaz an mich.

»Was haben Sie geschrieben?«, fragt er mich.

Ich habe nichts über unseren kurzen Austausch geschrieben, wenn Sie das meinen, weil Sie und ich uns noch nicht zu einem Gespräch zusammengesetzt haben. Wären Sie dazu bereit?

Rabbi Elbaz antwortet nicht. Stattdessen beschreibt er mit seinem rechten Zeigefinger einen Kreis, als wäre ich ein Taubstummer, der nur die Zeichensprache versteht.

Was meinen Sie?, frage ich ihn.

Er antwortet nicht.

Und das war es.

Ich beginne mich für den Mann zu interessieren und durchforste einige Datenbanken nach ihm, nur um festzustellen, dass er vor einigen Jahren von einem israelischen Gericht für die »Begünstigung von Bestechungen und ein Komplott zu einem Verbrechen« zu einer achtmonatigen Haftstrafe auf Bewährung sowie einer Geldstrafe von 120 000 Schekel, also fast 30 000 Euro, verurteilt wurde. Er legte beim israelischen Obersten Gerichtshof Berufung ein, was ihm eine Erhöhung seiner Geldstrafe auf 250 000 Schekel (ca. € 62 000) eintrug.

Na bitte.

Ich setze mich an einen Tisch, esse und trinke noch etwas und unterhalte mich mit anderen Gästen, überwiegend Sepharden, über Rabbi David aus Naharija. »Er ist ein heiliger Mann, der rechtschaffenste Mensch auf Erden«, sagt mir einer von ihnen. Als er erfährt, dass ich ihn am Vortag getroffen habe, befindet einer meiner neuen Essgesellen: »Sie sind der glücklichste Mann im ganzen Land!«

Freut mich zu hören. Ich trinke noch eine Zero und verabschiede mich langsam.

Zurück in Mea Schearim kündigt ein Auto die bevorstehende Beisetzung eines weiteren großen Mannes an.

Juden werden geboren, Juden sterben. Der Prophet Elias ist damit beschäftigt, die Vorhäute der Neugeborenen einzusammeln, und der Messias ben David wird bald damit beschäftigt sein, Auferweckungen auf dem Ölberg vorzunehmen.

Eine Gruppe von Baalei Teschuwa, allesamt Sepharden, marschiert die Jeheskel-Straße direkt neben meinem Hotel auf und ab. Sie tragen Schilder, die Smartphones und nicht koschere Handys jedweder Art verdammen, singen und schreien und gehen jedermann auf die Nerven. Interessant ist aber, wie sie es tun. Sie unterbrechen ihren Marsch, wenn sie an einem Geschäft vorbeikommen, in dem Mobiltelefone verkauft werden, zeigen auch mal mit dem Finger auf den Ladeninhaber, brüllen oft irgendetwas und halten stets die Augen geschlossen, damit sie um Des Namens willen keine Frauen erblicken. Sie tun das jeden Tag in der einen oder anderen Straße auf Befehl ihres Rabbis, eines Aschkenasen, der der Meinung ist, Sepharden seien produktiver, wenn sie demonstrieren, als wenn sie in einer Jeschiwa sitzen und studieren. Manche dieser Baalei Teschuwa sind ehemalige Sträflinge, die zu Gewalt neigen und gelegentlich einen Charedi, wenn sie ihn mit einem Smartphone antreffen, brutal zusammenschlagen.

Neben diesen Kerlen gibt es eine Organisation namens Rabbinisches Komitee für Kommunikationsangelegenheiten, das in der charedischen Welt als eine Art »Mafia« gilt, hinter der gar keine echten Rabbis stehen, und das oft zu gewaltsamen Mitteln greift, um Geschäftsinhaber dazu zu zwingen, ausschließlich Handys zu verkaufen, die das Komitee und nur das Komitee für »koscher« erklärt. Erst vor wenigen Tagen brachte das Komitee eine Gruppe von Männern dazu, vor einem Handyladen in Bnei Brak aufzumarschieren, zu randalieren und ihre Rückkehr anzukündigen, sollte sich der Inhaber ihren Forderungen nicht beugen.

So ist das Leben, und so geht es weiter, und niemand wird die Richtung ändern, die es nimmt. Es sei denn natürlich, das Internationale Jüdische Parlament im Saure-Gurken-Laden von Schuk Habucharim beschließt, dass das Maß voll ist, und die Mehrheit seiner Abgeordneten stimmt dafür, diese Richtung ein für alle Mal zu ändern.

Die Feiertage sind schon lange vorbei, aber das heißt nicht, dass die Leute nicht beschäftigt sind, merke ich im Lauf der Tage. Beschneidungen, Bar-Mizwas, Hochzeiten und Begräbnisse sind einfach Teil der täglichen Routine der Charedim in Mea Schearim. Und dann wären da noch die Mikwe, die Gebete, die Sabbate, die Tischs, die Rebbebesuche und die Thorastudien – um nur einige charedische Aktivitäten zu nennen.

Die Thora zu studieren, gründlich oder nicht, ist ein großes Thema. Das hier zum Beispiel habe ich gerade auf einer charedischen Webseite gelesen: »Wenn ein Mann stirbt, während er einen Talmudtraktat studiert und diesen vor seinem Tod noch nicht durchgearbeitet hat, so steht geschrieben, dass ihn der Talmudtraktat nach seiner Wiederauferstehung daran erinnern wird, auf welcher Seite er unterbrochen wurde, und ihn dazu auffordern wird, ihn [den Traktat] zu beenden.« Ja, Bücher haben Persönlichkeiten, Münder haben sie auch, und sie sagen mehr, als es Rabbi Elbaz je tun wird.

Durch ihren geschäftigen Lebensstil, ganz zu schweigen von den Gemachs überall, den zinsfreien Kreditfonds, führen die Charedim ein zufriedeneres Leben als der Rest von uns. Obwohl ihre Beschäftigungsrate soeben veröffentlichten Berichten zufolge unter der des israelischen Durchschnitts liegt, für Frauen bei 83 Prozent und für Männer bei 46 Prozent, sind sie ein fröhliches Völkchen. Ausgehend von vier bis fünf Jahre alten Statistiken, den jüngsten, die ich zum Thema Zufriedenheitsrate finden konnte, geben 98 Prozent der Charedim an, dass sie mit ihrem Leben zufrieden sind, was mehr ist als in jedem anderen Segment der Gesellschaft, während nur elf Prozent von ihnen sagen, dass sie sich einsam fühlen – der geringste Prozentsatz unter allen Gruppen, die von Israels Zentralem Statistikamt erfasst werden.

Die Charedim, die zum Zeitpunkt, da ich dies schreibe, fast 13 Prozent der israelischen Gesellschaft ausmachen, haben ein gutes Leben. Viele von ihnen, vor allem die Chassidim (ohne Berücksichtigung von Höfen wie etwa Ger), sprechen Jiddisch, eine Sprache, die sie mehr als alles andere eint. Gott selbst spricht Jiddisch, das möchte ich Ihnen in aller Deutlichkeit sagen. Ja. Und nur für den Fall, dass Sie noch nicht begriffen haben, was das heißt, lassen Sie es mich wiederholen: Wenn sich diese Chassidim auf Jiddisch über den Esel des Patriarchen Abraham, die große Auferstehung oder den Propheten Elias unterhalten, wie er überall herumfliegt, nicht zu vergessen die weißen und schwarzen Engel, dann hat es keinen Sinn, sie nach den genauen Details zu fragen. Genau zu sein bringt einem etwas, wenn man in Stuttgart lebt und für Mercedes arbeitet, nicht wenn man in Mea Schearim lebt und für Gott arbeitet. Manche sephardischen Charedim, die sich gerne besonders gottgefällig geben, brechen sich die Zunge ab beim Versuch, Jiddisch zu sprechen. Es ist nicht leicht für sie, weil Jiddisch nicht nur eine Sprache, sondern auch ein Lebensstil und ein Prisma ist, durch das seine Sprecher die Welt sehen, aber diese Sepharden versuchen es. Bei der Brit Mila beispielsweise streuten einige der Sepharden, mit denen ich mich unterhielt, hie und da jiddische Wörter ein. Aber ihr Jiddisch war so schlecht, dass es eine Qual war, ihnen zuzuhören.

Einfach gesagt: Man kann ein Bündel strenger Takunes in den Kopf eines jiddischsprachigen Chassid herunterladen, aber viel wird davon nicht hängenbleiben. Die Gerrer Chassidim, die wenig bis gar kein Jiddisch sprechen, sind eine andere Geschichte. Daher ihre großen Kämpfe und ihr striktes Verhalten.

»Es gibt jemanden in Hatzor Haglilit«, erreicht mich eine Nachricht, »der gerne mit Ihnen über die Ger-Thematik sprechen würde.«

Soll ich da hinfahren?

DER WEG ZUM TRAUMPARTNER: HÄNGEN SIE EIN TUCH AN EINEN BAUM NEBEN EINEM GRAB

Amerikanische Juden, die ihr euch über Transgender und politisch korrekte Halloweenkostüme den Kopf zerbrecht: Lest Psalm 15!

Hatzor liegt im Norden, und ich frage mich, ob ich mich schon wieder dorthin bemühen soll. Doch meine Neugier siegt, und ich fahre noch einmal nach Nordisrael.

In Hatzor angekommen, spreche ich auf der Straße zwei Chassidim an und frage sie, ob sie für Rebbe Jaakov Arje Alter oder Rabbi Shaul Alter sind. Sie bleiben stehen und starren mich an, als wäre ich ein weißer Esel, ein Al-Buraq oder sonst eine nichtmenschliche Erscheinung. Sie geben keinen Laut von sich und laufen weiter.

Ich besuche den Mann, der mich sprechen will.

In seinem Haus habe ich mich gerade an den Tisch gesetzt, als seine Frau hereinkommt. Ihr Mann sagt ihr, ihre Anwesenheit sei jetzt nicht erforderlich, er könne alleine mit mir sprechen. Doch sie bleibt und sagt, sie wolle sicherstellen, dass er nicht schlecht über den Rebbe rede. Er erwidert, dass er nicht sprechen könne, wenn sie hierbleibe und jedes Wort aus seinem Mund überwache. Daraufhin verlässt sie das Zimmer, um ihren Ehemann nicht in Verlegenheit zu bringen.

Sie geht ins Nebenzimmer und presst anscheinend ihr Ohr an die Wand, um uns unbemerkt zu belauschen. Eine Sekunde später hat ihr Mann begriffen, was sie tut, und erklärt ihr erneut, dass er unter einer solchen Beobachtung nicht frei sprechen könne. Ob sie sich bitte irgendwohin im Haus zurückziehen könne?

Endlich lenkt sie ein.

Worüber macht sie sich solche Sorgen? Das ist doch merkwürdig, oder?

Jetzt setzt sich der Mann und redet. Er wiederholt die Geschichte. Rabbi Shaul, der Cousin von Rebbe Jaakov Arje Alter, war der Rosch-Jeschiwa, der Leiter der Jeschiwa Sefat Emet, bis der Rebbe sie schloss und das Curriculum für das Talmudstudium der Gerrer Chassidim umschmiss.

Gut. Diese Geschichte kenne ich schon.

Wer hat in alldem recht und wer unrecht?, frage ich ihn.

Keine Antwort.

Ich bin den ganzen Weg nach Norden gefahren, merke ich gerade, um nichts zu erfahren.

Gut. Sprechen wir über die Takunes. Was ist Ihre Meinung über sie? Sind Sie für oder gegen sie?, frage ich den Mann.

»Wenn man den Leuten sagt, sie sollen nicht auf den rosa Elefanten am Himmel achten, werden sie als Nächstes nach dem rosa Elefanten am Himmel suchen«, lautet seine Antwort.

Was wollen Sie damit sagen?

»Wenn man Menschen etwas verbietet, verlangt es sie nur umso mehr danach.«

Könnten Sie etwas genauer sein?

»Die Psychologie und die Gefühle sind zwei Elemente im Menschen, die ihn mit seinem Körper und seiner Seele verbinden. Die Takunes sind darauf ausgerichtet, die psychologischen und emotionalen Anteile des Menschen zu kontrollieren.«

Weiter wird dieser Mann nicht gehen. Aber ich kann mir ja schließlich meinen eigenen Reim darauf machen, wo er steht.

Trotzdem versuche ich weiterhin, ihn dazu zu bringen, seine Gedanken in klare Worte zu fassen. Ich sage zu ihm: Wenn ich Sie richtig verstehe, sind Sie total gegen die Takunes?

Der Mann verweigert die Antwort. Seine Zunge sitzt irgendwo in seinem Mund fest und bewegt sich keinen Millimeter mehr.

Ich versuche es mit einer anderen Frage: Fordert Rabbi Shaul seine Anhänger auch dazu auf, sich an die Takunes zu halten?

»Nein. Rabbi Shaul hat explizit gesagt, dass die Takunes für eine bestimmte Zeit in der Vergangenheit konzipiert waren und heute nicht mehr gültig sind.«

Unterstützen Sie also Rabbi Shaul?

Keine Antwort.

Ob es ihm bewusst ist oder nicht, dieser Mann erweckt den Eindruck eines Menschen, der in ständiger Furcht davor lebt, was die Gerrer Chassidim ihm und seiner Familie antun werden, wenn er es wagen sollte, den Mund aufzumachen. Er lebt in schrecklicher Angst, ist wie gelähmt und verwirrt, er würde so gerne etwas tun, hat aber nicht den Mumm dazu.

Bei meinem Aufbruch sagt er mir, ich solle den Prozess vor einem israelischen Gericht verfolgen, der auf einer Klage des Rechtsanwalts Shlomo Elbaum gegen die Anhänger des Rebbes, einschließlich dessen Sohnes Shlomo Zvi Alter, beruht.

Ich weiß nicht, wovon er spricht, werde mich aber schlau machen.

Nicht weit von Hatzor befindet sich in einem tiefen Tal namens Amuka das Grab des Weisen Jonathan ben Usiel. So heißt es jedenfalls.

Der Talmud sagt über diesen Weisen, dass Vögel, die über ihn hinwegflogen, wenn er die Thora studierte, »sofort verbrannten«. Warum? Weil, wie manche Kommentatoren behaupten, Engel von oben herabstiegen, um ihm beim Thorastudium zuzuhören, und mit ihrem Feuer die Vögel bei lebendigem Leib verbrannten.

So sei es.

Es wird behauptet, ob es nun stimmt oder nicht, dass Sie, wenn Sie im Leben einsam, also alleinstehend sind, nach Amuka kommen, beten und einen kleinen Zettel mit Ihrem Namen auf dem Grab hinterlassen sollten und dann zwölf Monate später verliebt sein werden.

Der frühere Gerrer Rebbe, Pinchas Menachem Alter, der Vater von Rabbi Shaul, schickte seine unverheirateten Anhänger nach

Amuka, damit sie »die Vögel in ihren Köpfen verbrennen«. Darin liegt ein doppeltes Wortspiel, und das gefällt mir.

Heute, lasse ich mir sagen, ist Amuka eine der fünf heiligsten Stätten Israels. Wie kam es zu dieser Ehre, wo doch zu meiner Zeit fast niemand dorthin fuhr? Ich weiß es nicht.

Vom Parkplatz der Grabstätte aus, der wohl neu angelegt wurde, muss man einen bestimmten Weg zum Grab nehmen. Der Weg ist durch einen Zaun geteilt, der die Sicht auf die Grabbesucher auf der anderen Seite verdeckt; eine Seite ist für Frauen, die andere für Männer.

Da sei Gott vor, dass die Augen eines Mannes, der nach einer Frau sucht, eine Frau erblicken.

Das ist bizarr, macht das Leben aber auch interessanter, oder?

Den Zaun gab es noch nicht, als ich ein reizender Jüngling war, jetzt aber, wo ich ein Erwachsener bin, wollen die Verantwortlichen hier sicherstellen, dass ich keine Frau sehe.

Macht voll Sinn.

Ich betrete die Grabanlage, die von betörenden grünen Hügeln und Zedern umgeben ist. Auch sie ist in der Mitte geteilt, eine Seite für die Männer, die andere für die Frauen, sodass kein Mann von einer Frau in Versuchung geführt werden kann und, Der Name schütze uns, seinen Samen über dem »Luz« des Weisen verschüttet.

An dem Grab sind durchsichtige Plastiktütchen für die einsamen Singles angebracht, die sich nach einer Partnerin von der anderen Seite sehnen. Sie können dort ihren schriftlichen Partnerwunsch deponieren, damit sich der tote Weise darum kümmern kann.

Gütiger Gott.

Neben dem Grab steht ein Baum. An seinem Stamm und seinen Ästen hängen unzählige Tücher. Was machen sie da? Sie wurden von einsamen Frauen aufgehängt, die glauben, dass der Weise Jonathan sie nicht vergisst, wenn ihre Tücher hier hängen, und mit doppelter Energie daran arbeiten wird, einen Partner für sie zu finden.

Hat irgendetwas von alldem irgendetwas mit dem Judentum zu tun?

In ein paar Tagen ist Halloween, ein überaus nichtjüdisches Fest. Laut Encyclopædia Britannica scheint sich Halloween »hauptsächlich aus christlichen Totenfesten entwickelt zu haben«. In den Vereinigten Staaten wird die einflussreiche jüdische NGO Anti-Defamation League (ADL) heutzutage von progressiven Juden geleitet. Die sich, warum auch immer, intensiv mit Halloween befassen.

In einer offiziellen Erklärung zu Ehren von Halloween üben die guten Juden von New York scharfe Kritik an »Mädchenkostümen«, bei denen es vor allem um »Kleider und hübsch sein« geht. Sie bemängeln, dass zu diesen Mädchenkostümen ihrem Eindruck nach »Röcke statt der für die Verbrechensbekämpfung praktischeren Hosen gehören«.

Ja, so ist New York in diesen Tagen. Frauen sollten keine schöne Kleidung tragen, sondern solche zur »Verbrechensbekämpfung«. Ich glaube, meiner Jerusalemer Reformrabbinerin würde das gefallen. Aber so was von.

In einem Ton, der trauriger ist als der der Beerdigungsankündiger von Mea Schearim, heißt es in der Erklärung der ADL weiter: »Die Kostüme für ältere Mädchen betonen Attraktivität und Sexappeal.«

O weh, o weh, o weh.

Für die ADL sind der Zaun und der Sichtschutz in Amuka, die Männer und Frauen trennen, zweifellos nicht hoch genug.

Wie wir dahin gekommen sind, dass Charedim und Progressive, jüdische Gottesfürchtige und jüdische Atheisten, nichts so sehr fürchten wie das geringste Anzeichen weiblicher Schönheit, geht über meinen Verstand.

Darüber hinaus beklagen die ADL-Juden: »Viele Halloweenkostüme halten Geschlechterstereotype aufrecht und schließen diejenigen aus, die traditionellen Geschlechternormen nicht entsprechen, vor allem Personen, die trans, nichtbinär oder nicht geschlechtskonform sind. Bedenken Sie, dass Sie Studierende haben könnten, die sich durch die übermäßig geschlechtliche Weise, in der Halloweenkostüme vermarktet werden, ausgeschlossen und marginalisiert fühlen.«

Diese amerikanischen Jüdinnen und Juden, die sich immer so sehr darum bemühen, rechtschaffener zu sein als die Gojim, sollten sich den Jerusalemer Taliban anschließen. Gerade unter den Taliban-Ladys dürften sie Seelenverwandte finden.

Bislang allerdings hat die ADL meines Wissens noch keine Ratschläge zu Grabtouren erlassen.

Die Landkartenfirma Carta hingegen hat einen »Carta-Führer zu den Gräbern der Rechtschaffenen im Land Israel« herausgebracht. Auf 496 Seiten verzeichnet er Gräber aller Art und Sorte, die einen Besuch lohnen, und empfiehlt dazu die jeweiligen Psalmen, die man bei Bedarf rezitieren kann.

Etwa so: Wenn Sie arbeitslos sind, rezitieren Sie Psalm 41. Wenn Sie Dieben begegnen, Psalm 16. Wenn Sie Schulterschmerzen haben, Psalm 3. Wenn Sie schlechte Begierden verspüren, Psalm 69. Wenn Sie von Dämonen verfolgt werden, Psalm 15.

Psalm 15 ist der richtige für die Leute von der ADL, meine ich.

Ich fahre zu einer anderen Grabstätte; diese hier liegt in Zefat (Safed) nur wenige Kilometer weiter.

Vor mir steht eine Limousine, ein VIP-Limousinenservice für chassidische amerikanische Juden, die nach Nordisrael kommen,

um in Zefat zu beten, einer Stadt, die für ihr Übermaß an Gräbern, toten Rabbis und toten Kabbalisten bekannt ist.

Der Straßenkreuzer parkt in der Nähe des Eingangs zum Alten jüdischen Friedhof, während seine amerikanischen Touristen an einem Grab beten und dabei vielleicht die empfohlenen Psalmen in ihrem Carta-Führer rezitieren. Sein Fahrer hält sich bereit, um sie weiterzufahren, sobald sie mit ihrem Grabgebet fertig sind, und ich unterhalte mich ein wenig mit ihm.

Warum beten Sie nicht mit ihnen?, frage ich den Fahrer, einen orthodoxen Juden.

»Das ist heidnisch.«

Was ist heidnisch?

»An Gräbern zu beten.«

Wie er mir erzählt, liegt eine beeindruckende Zahl berühmter Juden auf dem Alten Friedhof begraben, darunter Rabbiner Josef Karo, der Heilige Haari und viele mehr.

Und an welchem Grab beten ihre chassidischen Touristen gerade?

»Bat Ajin.«

Was ist Bat Ajin (wörtlich: Tochter des Auges – Augapfel)?

»Ich weiß es nicht. Es ist ein Grab, das sich immer größerer Beliebtheit erfreut. Vor sechs Jahren, als ich mit den Grabtouren anfing, kamen maximal sechs Busse an Bat Ajins Todestag, der nächsten Monat ist. Heute sind es schon 70 Busse. Und es wird von Jahr zu Jahr populärer.«

Wofür ist das Grab gut?

»Um Sie vor dem Verlust Ihrer Augen zu schützen«, sagt er lachend.

Nein ehrlich, wofür ist es gut?

»Was fragen Sie mich? Was verstehe ich schon von heidnischen Kulten?«

Wenn Ihre amerikanischen Chassidim all ihre Gebete an dem Grab verrichtet haben, wohin bringen Sie sie dann?

»Das weiß ich nicht. Sie haben eine Liste von Gräbern, und ich fahre sie, wohin sie wollen. Ich hoffe, dass es den ganzen Abend dauert.«

Wie bitte?

»Ich werde nach Stunden bezahlt. Jedes Grab ist für mich Geld wert. Gott sei Dank gibt es so viele Gräber in Israel.«

Mit Hilfe von Cartas Grabbuch finde ich heraus, dass Bat Ajin das Grab des 1841 verstorbenen Rabbi Avraham Dov Auerbach aus Ovruch, Ukraine, ist, der ein Buch mit dem Titel *Bat Ajin* geschrieben hat (oft werden Rabbis nach ihren Büchern benannt).

Der wahre Grund, weshalb die Leute an dem Bat-Ajin-Grab beten, hat, wie ich von jemand anderem erfahre, nichts mit dem Witz des Chauffeurs über den Verlust der Augen zu tun, sondern schlicht damit, dass diese Chassidim auf Partnersuche sind, weil sie so wie die, die das in Amuka oder bei der Klagemauer tun, glauben, dass ihrem Gebet ein Gespons auf dem Fuße folgt.

Tja, so ist das Leben.

Ich bin wieder in Jerusalem und sehe große Plakate, die die einsamen Seelen dazu einladen, am kommenden Samstag an der Klagemauer zu beten, um einen Partner zu finden.

Ich war bereits vor einigen Monaten bei einer solchen Veranstaltung und habe nicht vor, mir das nochmal anzuschauen. Trotzdem starre ich auf dieses Plakat und gerate ins Grübeln.

Charedische Männer tragen als Kopfbedeckung eine Kippa

beziehungsweise Schädelkappe beziehungsweise Jarmulke. Warum tragen sie eine Kippa? Die Quelle fürs Kippatragen liegt meines Wissens im Traktat Kidduschin, in dem ein Weiser namens Huna mit dem Ausspruch zitiert wird, er bedecke seinen Kopf wegen der »Heiligen Gegenwart über meinem Kopf«. Und ich denke: Wenn das der Grund ist, weshalb charedische Juden Kippa tragen, warum sollten diese Leute dann zur Klagemauer gehen, wo die Heilige Gegenwart ihren Sitz haben soll, um in ihrer Gegenwart um passende Partner zu beten? Schließlich steht oder sitzt die Heilige Gegenwart direkt über ihren Köpfen. Wenn sie möchten, dass die Heilige Gegenwart ihnen bei der Partnersuche hilft, warum stellen sie sich nicht vor einen Spiegel, betrachten ihren Scheitel und beten dann?

Ich bin hier noch nicht fertig.

FAKT IST: EIN SCHAF SAGT »AMEN« ZU EINEM RABBI
Fakt ist: Ein toter Mann wird die anderen Toten auferwecken

Bedeckten die Juden in talmudischen Zeiten ihre Köpfe tatsächlich mit Schädelkappen? Nicht wirklich. Einige wenige vielleicht, der große Rest aber nicht. Noch im 18. Jahrhundert war dieser Brauch unbekannt, und selbst der Vilnaer Gaon (1720-1797), bis heute die rabbinische Autorität der charedischen Litwakim, entschied ausdrücklich, dass es Juden überhaupt nicht verboten ist, barhäuptig zu sein (mit kleinen Ausnahmen wie etwa beim Gebet).

Die Litwakim, die angeblich die intellektuellsten Vertreter der charedischen Welt sind und ihren eigenen Worten zufolge dem Weg des Vilnaer Gaons buchstabengetreu folgen, scheinen in Wirklichkeit weder das eine zu sein noch das andere zu tun.

Was mich angeht, so trage ich in Mea Schearim eine Kippa, wenn ich mein Hotelzimmer verlasse, um meinen Nachbarn zu signalisieren, dass ich sie respektiere, und sie wissen das zu schätzen.

Jetzt beispielsweise, in genau diesem Moment, mache ich einen Spaziergang mit einer schwarzen Kippa auf dem Kopf.

Ein charedischer Jude, der auch eine schwarze Kippa trägt, spricht mich an. »Ich habe gehört«, sagt er, »dass Sie ein Buch über die charedischen Juden schreiben, stimmt das?« Ja, antworte ich. »Was gibt es denn über uns zu schreiben?«, wundert er sich.

Ich treffe Leute, ich spreche mit ihnen, und ich schreibe auf, was sie sagen, antworte ich ihm.

»Stellen Sie ihnen Fragen?«

Ich versuche es.

»Welcher Art?«

Unterschiedlich.

»Fragen Sie sie, was sie glauben?«

So könnte man sagen.

»Stellen Sie die schwierigen Fragen?«

Welche zum Beispiel?

»Was ist Gott?«

Was glauben Sie?

»Worüber?«

Was ist Gott?

»Das ist schwierig.«

Was denken Sie?

»Ich weiß es nicht.«

Glauben Sie an Gott?

»Keine Frage!«

Wer ist Er? Was ist Er?

»Das weiß ich nicht.«

Danke für die Mitteilung.

»Schönen Tag noch.«

Er geht weg.

Ich finde diese Begegnung sehr interessant. Sie nicht auch?

Da das Viertel meiner Wahl eine geschlossene Welt ist, wissen viele seiner Bewohner bereits, dass ich hier bin, um über sie zu schreiben. Manche Charedim halten mich auf der Straße an, um mir ihre Gedanken anzuvertrauen, was ich schreiben sollte, manche senden mir Nachrichten und andere laden mich zu sich nachhause ein.

Ein sephardischer Jude schickt mir etwa folgende Nachricht: Unser Rabbi, Rabbi Jitzchak Josef, hat einen Segen erteilt, und ein Schaf, das dabeistand, hat mit »Amen« geantwortet.

Wie reagiert man auf so etwas?

Mitunter werde ich auch von Charedim eingeladen, die nicht in diesem Viertel wohnen. Am kommenden Freitagabend beispielsweise bin ich bei einem Chabad-Lubawitscher Paar, das in einiger Entfernung von Mea Schearim lebt, zum traditionellen Sabbatmahl eingeladen.

Chabad-Lubawitsch ist als ein missionarischer chassidischer Hof bekannt, der überall auf der Welt Repräsentanten (»Emissäre«) hat. In gewisser Weise hat dieser Hof mehr mit Brazlaw gemein als mit jedem anderen Hof. Beide haben keinen lebenden Rebbe und folgen einem toten; beide sind missionarisch und wenden einen Großteil ihrer Mittel dafür auf, eingefleischte Atheisten in inbrünstige Gläubige zu verwandeln.

Ich treffe zur genannten Zeit in der Wohnung des Paars ein.

Glücklicherweise ist die Frau des Hauses eine großartige Köchin, und der Mann verwöhnt mich mit teurem Whisky. Was kann man mehr verlangen?

Mein Gastgeber sitzt am Kopf des Tisches. An der Wand hinter ihm hängt ein großes Foto des verstorbenen Rebbes von Chabad, Menachem Mendel Schneerson, der 1994 in New York von uns ging.

Wobei »von uns ging« strittig ist. Ja, es gab eine Beerdigung, und sein Grab, eine unter dem Namen Ohel bekannte Stätte, steht erhobenen Hauptes in Queens, New York. Nicht alle aber sind davon überzeugt, dass er wirklich von uns ging. Einige seiner Anhänger glauben, dass er gar nicht gestorben ist und dass der Leichnam, der 1994 auf seiner Begräbnisprozession getragen wurde, nicht der seine war. Er ist, sagen sie, der berühmte Messias ben David, und in Wirklichkeit nur untergetaucht. Nach dem Ende seines Abtauchens, so sagen sie, wird er wiederkehren, die Toten erwecken und Israel erlösen. Punkt. Andere Chabader Chassidim, die das Grab aufsuchen und dort beten, wann immer sie können, glauben, dass er, obwohl er gestorben ist, trotzdem der Messias ist und die Toten auferwecken und Israel erlösen wird. Beide Seiten sind mithin zuversichtlich, dass er Messias ben David ist.

Meine Gastgeber gehören zur letzteren Gruppe.

Der Rebbe ist also der Messias aus dem Talmud?, frage ich sie.

»Ja«, antwortet der Mann.

Um es besser zu verstehen: Der Talmud sagt, dass der Messias kommen und die Toten erwecken wird, richtig?

»Ja.«

Wenn nun der Rebbe tot ist, wie könnte er die anderen Toten auferwecken?

»Rechtschaffene Menschen, heißt es, werden auferstehen, bevor der Messias kommt.«

Wo steht das?

»In den Quellen.«

Wer sonst wird von den Toten erweckt werden, bevor der Messias kommt?

»Der Rebbe.«

Nur er?

»Ja.«

Wie viele Fotos vom Rebbe hängen in Ihrer Wohnung?

»Drei.«

Ich betrachte das Foto hinter ihm.

Ich habe das Gesicht dieses Rebbes an den Wänden jedes Chabader Chassids gesehen, den ich je in meinem Leben besucht habe. Die Christen haben Jesus, sie haben Schneerson, und alle sind glücklich.

Das Ohel (Zelt auf Hebräisch) ist eine Konstruktion über dem Grab des Rebbes, an dem rund um die Uhr Betrieb herrscht. Diejenigen, die das Ohel aus irgendwelchen Gründen nicht besuchen können, können dem Rebbe postalisch oder online schreiben, und ihre Briefe werden an den Rebbe zugestellt. Der Rebbe, seien Sie versichert, wird Ihren Brief lesen und darauf reagieren. Wie das genau funktionieren soll? Da bin ich überfragt.

Es gibt auch Chabader Chassidim, hat man mir einmal gesagt, die nicht glauben, dass der Rebbe der Messias ist, aber ich habe noch keinen zu Gesicht bekommen.

Ich genieße den Abend mit diesem reizenden Paar, die ausgezeichnete Gastgeber sind, aber ich vermisse Mea Schearim. Ja, tue ich.

EIN GESPRÄCH MIT DEM REBBE
VON SHOMER EMUNIM

Wer ist Gott? Was ist Gott? Was ist ein Kvitel?

Am Freitag der folgenden Woche besuche ich die Chassidim von Shomer Emunim. Vor einigen Monaten habe ich mit ihnen am Sabbatmorgen gebetet und ihren Lokschen-Kugel sehr genossen; warum sollte ich diese Erfolgsformel nicht wiederholen?

Das Wichtigste zuerst: das Gebet. Wie beim letzten Mal beten die Chassidim von Shomer Emunim sehr, sehr, sehr langsam. Sie betonen jede einzelne Silbe und brauchen ewig, bis sie ein Wort ausgesprochen haben. Anders als seinerzeit mache ich es diesmal genauso wie sie und schleppe mich so langsam durch ein Wort, wie ich kann.

Es zu tun heißt, es zu glauben.

Wenn man die Wörter so langsam ausspricht, selbst Wörter, die man in- und auswendig kennt, ändert sich plötzlich ihre Bedeutung. Es ist wie beim Eisessen. Man kann es schnell tun und man kann es langsam tun, lässt man sich aber Zeit und schleckt in Ruhe, reagieren die Geschmacksknospen anders, und man hat viel mehr davon. Wenn diese Chassidim, und ich mit ihnen, so langsam wie möglich (aus Psalm 93) lesen »*Mächtiger als das Tosen großer Wasser, mächtiger als die Wellen des Meeres ...*«, dann stelle ich mir das endlose Meer vor, höre das Tosen, spüre die mächtigen Wellen, und die Worte vermitteln mir ein anderes Gefühl. Nie zuvor habe ich diese Bilder so klar gesehen wie jetzt; nie zuvor habe ich sie so empfunden und gehört wie jetzt. Es ist erstaunlich.

Der Gottesdienst dauert auf diese Weise natürlich mehrere Stunden, aber es ist schön, etwas so Einfaches und Grundlegendes zu entdecken: dass man sich vorstellen, hören und empfinden kann, was der eigene Mund sagt.

Shomer Emunim ist deutlich kleiner als Toldos Aharon, obwohl sie auf denselben Großpapa zurückgehen. Wie viele Familien gehören dieser chassidischen Gruppe an? 300, hatte mir Reb Mordche seinerzeit gesagt, aber vielleicht war das übertrieben.

Der Rebbe und seine Familie leben über der Schul, und ich bin eingeladen, das Sabbatmahl mit ihnen einzunehmen.

Oh, das wird interessant! Ich möchte nur zu gerne sehen, wie sich der Rebbe gegenüber seiner Frau, seinen Kindern und allen anderen Anwesenden verhält.

Ich gehe hoch.

Das Haus ist reizend, makellos, mit einem glänzenden Marmorboden, wie mir scheint. Ein schöner Leuchter hängt an der Decke, ein großer Tisch und Stühle stehen im Wohnzimmer, und kleine Kinder mit leuchtenden, lächelnden Gesichtern begrüßen den Gast, mich.

Ich stehe am Fenster und schaue hinaus. Mein Blick fällt direkt auf die Nachbarhäuser, die so nahe sind, dass ich sie fast mit dem Finger berühren kann. In diesem Viertel stehen manche Häuser, wie mir schon vor langem auffiel, so eng beieinander, dass kaum eine Privatsphäre bleibt. Niemand, der bei Sinnen ist, dies nur zur Klarstellung, wird hier natürlich auch nur davon träumen, sich ein kleines Bordell einzurichten, diesen Garten der Lüste mit den ukrainischen und russischen Schönheiten. O nein!

Ich setze mich an den Tisch und bin gespannt, wie sich der Abend entwickeln wird.

Wo ist der Rebbe? Er ist noch nicht da.

Zwei seiner Schwiegersöhne, sehr hübsch gekleidet, und ein paar weitere Kinder kommen herein.

Keine Frau im Zimmer. Keine. Nada.

Die Rebbetzin bereitet in der angrenzenden Küche das Abendessen zu.

Die Männer, sagt man mir, werden in diesem Zimmer essen, die Frauen in einem anderen.

Ja, nicht eine Lady wird sich hier zu uns gesellen. Kein Garten, keine Lüste. Vergiss es. Keine Versuchungen.

Der Rebbe tritt ins Zimmer und ist in weniger als einer Minute auch schon wieder weg.

Warum ist er gegangen?

Oh, er wird nicht mit uns zusammensitzen, erfahre ich.

Isst er etwa nicht? Nun, er wird beim Tisch essen, in ein paar Stunden, mit den Chassidim.

Und was macht er bis dahin?

Studieren.

Seit er vor einigen Jahren Rebbe wurde, sagt man mir, isst er nicht mehr mit seiner Familie.

Wie ich höre, hat er unten einen eigenen Raum, in dem er studiert, isst und schläft. Der Mann ist, kurzum, ein Heiliger.

Es gibt keinen Rebbe im Zimmer, dafür aber Essen, alles von der Rebbetzin zubereitet. Und was für ein Essen! Der Gefilte Fisch ist zunächst einmal der beste seiner Art, den mein Mund und meine Seele je gekostet haben. Gesegnet sei Shomer Emunim!

Nach dem Gefilte Fisch werden weitere Speisen aufgetragen: eine köstliche Suppe, mit heiligem Wasser gemacht; Huhn, höchstwahrscheinlich vom rechtschaffenen Reb Berisch gekauft; ein Kartoffelkugel wie für die Engel und andere Gerichte aus dem Garten Eden, nicht dem Garten der Lüste, nach einem Rezept von Adam und Eva.

Ja, ich sehe es vor mir. Adam, der erste Mensch überhaupt laut Bibel, sitzt an einem Ende des Tisches im Garten Eden, von einem 26 000-Dollar-Schtreimel gekrönt, während seine Frau Eva, die ihm gegenübersitzt, ein strahlend weißes Tichel trägt, und beide verspachteln sie genau dieses Essen.

Welch Paradies!

Und als Adam und Eva Sabbatlieder singen, auf Jiddisch, schaut Der Name vorbei, um den beiden Geschöpfen, die Er erschaffen hat, mit einem koscheren israelischen Carmel 777 Brandy zuzuprosten. Was für ein Bild! Willkommen, Papale, willkommen, Tatale, sagen sie zu Ihm, und Er lächelt sie an und reicht ihnen eine Prise *schmek-Tabek* zu schnupfen. Oh, wie schön!

Zurück auf der Erde, fragen mich die Schwiegersöhne nach meinen bisherigen Eindrücken. Ihr seid, sage ich ihnen, die größten Zionisten, denen ich je begegnet bin.

Das überrascht sie. Wie kann ich so etwas sagen? Weiß ich nicht, dass sie die glühendsten Antizionisten sind?

Schauen Sie, sage ich zu ihnen: Sie sind nicht die einzigen Charedim auf der Welt. Es gibt Charedim in Manchester und London, in New York und Antwerpen und noch an vielen anderen Orten. Diese Charedim leiden unter Antisemitismus, wie ich ganz genau weiß, aber sie wehren sich kaum je gegen ihre Peiniger, sondern bleiben stumm wie die Fische. Auf der anderen Seite der Welt sind Sie. Sie wenden enorme Energien gegen die »Zionisten« auf, sprayen Slogans und Beschimpfungen gegen die Regierung und die anderen Bürger dieses Landes, im Wesentlichen ohne Grund.

Dort, im Ausland, erdulden Ihre Brüder Gewalt und Missbrauch von ihren Nachbarn, ohne ein Wort zu sagen. Dort haben sie Angst, den Mund aufzumachen, weil sie wissen, dass sie Gäste in einem Land sind, das anderen gehört. Sie hier haben keine Angst. Warum haben Sie keine Angst? Weil Sie hier das Gefühl haben, zuhause zu sein in Ihrem eigenen Land, als Schlossherr, inmitten anderer Juden, inmitten Ihrer Brüder. Sind Sie nicht, schauen Sie mir in die Augen, die größten Zionisten aller Zeiten?

Sie hören zu. »Interessant«, sagt einer von ihnen, während der andere zustimmend nickt und hinzufügt: »Vielleicht haben Sie recht.« So haben sie darüber noch nie nachgedacht, sagen sie mir, aber jetzt tun sie es.

Wir unterhalten uns noch ein, zwei Stündchen, bis ich mich nach einer Portion köstlicher superkoscherer Eiscreme verabschiede. Aber nicht für lange. Gleich am Sonntagabend schreibe ich einen Kvitel mit meinem Namen und komme zurück. Diesmal zu einer Privataudienz mit dem Rebbe.

Manche Rebbes verstecken sich oder schieben meinen Gesprächswunsch auf die lange Bank, nicht aber der Rebbe von Shomer Emunim, Schloime Rote.

Ja, ich habe früher am Tage seinen Gabbai angerufen, und der sagte: »Können Sie heute Abend um neun Uhr kommen?«

Und hier bin ich.

Der Rebbe, Schloime Rote, sitzt in seiner Studierstube am Kopfende eines Tisches, als ich eintrete.

Als Erstes bedanke ich mich bei ihm für den Kiddusch, zu dem er mich vor einigen Monaten eingeladen hat, als ich meine ersten Schritte in Mea Schearim unternahm, und sage ihm, dass der Lokschen-Kugel, den ich an jenem Tage in seiner Schul gegessen habe, der beste war, den ich je hatte.

Er erinnert sich an mich, entgegnet er, was mich überrascht. Ja, seine Gemeinde ist nicht besonders groß, aber er muss ja täglich vielen Menschen begegnen, sodass ich nicht der Einzige bin, den er seitdem gesehen hat.

Wie dem auch sei, ich gestehe ihm: Nicht nur der Kugel, dieser unvergessliche Lokschen-Kugel, der beste aller Zeiten, sondern auch der Gefilte Fisch, den ich am Freitagabend essen durfte, ist der beste Gefilte Fisch, der jemals gemacht wurde! Die Frau des Rebbes, Ihre Frau, ist die beste Köchin der Welt!

Wahrscheinlich bin ich der Erste in der Geschichte des chassidischen Judentums, der einen Rebbe aufsucht, um sich mit ihm über Kugels und Gefilte Fisch zu unterhalten, aber was soll's. »Warum sind Sie nicht gestern zum Sabbatmorgenmahl gekommen?«, fragt er mich. Nun, antworte ich, selbst wenn ich da gewesen wäre, hätten Sie nicht mit am Tisch gesessen, so wie Sie am Freitagabend nicht mit am Tisch saßen. Das stimmt, gibt er zu. »Ich sitze nicht mit meiner Familie am Tisch. Ich esse mit den Chassidim und den Männern aus der Jeschiwa, nicht mit meiner Familie.« Er ist gesegnet, sagt er mir, eine Frau zu haben, eine Rebbetzin, die seine Hingabe an seine Chassidim versteht. Seine Frau ist Amerikanerin, erzählt er mir, mit Englisch als Muttersprache, doch wollte er nicht, dass seine Kinder Englisch lernen, deshalb wird zuhause kein Englisch gesprochen.

Warum nicht?

»Englisch ist eine unreine Sprache, es ist eine Sprache von Nichtjuden.«

Wir unterhalten uns auf Jiddisch, der Sprache, die in seinem Haus gesprochen wird. Und warum?

»Jiddisch ist eine jüdische Sprache!«

Jiddisch ist ein alter deutscher Dialekt und von seinen Wurzeln her überwiegend deutsch. Nicht gerade eine jüdische Sprache.

»Jiddisch ist nicht Deutsch. Wenn Sie mit einem Deutschen Jiddisch sprechen, wird er Sie nicht verstehen.«

Das stimmt nicht ganz. Wenn Sie mit Deutschen Jiddisch sprechen, werden die das meiste verstehen, was Sie ihnen sagen. Jiddisch ist eine Tochter des Deutschen, wenn man so will.

»Verstehen Sie Deutsch?«

Ja.

Er schaut mich an, und ich gebe ihm meinen Kvitel.

Was wird er damit machen?, frage ich mich.

Er nimmt ihn, liest meinen Namen, und legt ihn auf den Tisch.

Ich habe gerade das getan, sage ich ihm, was die Chassidim meines Wissens tun: dem Rebbe einen Kvitel geben. Hat der Rebbe mir irgendetwas zu sagen? Sieht der Rebbe in dem Kvitel irgendetwas, das über meinen Namen hinausgeht?

»Vor Generationen war es so, dass Rebbes einen Kvitel bekamen und Welten in ihm sahen. Heute nicht mehr. Alles, was ich sehe, ist Ihr Name. Kein Rebbe kann heute einen Kvitel anschauen und irgendetwas anderes in ihm sehen, als was auf ihm steht.«

Dieser Rebbe sagt mir genauso wie der von Toldos Aharon, dass ein Kvitel nichts ist. Es ist unglaublich, das zu hören, und mutig von ihm, es zu sagen. Ich habe aber eine Frage: Wenn Sie wissen, dass Kvitel auch nur eine Bobe-Majße ist, warum nehmen Sie ihn dann an?

»Wenn der Chassid an ihn glaubt, wirkt der Herr des Universums manchmal Wunder«, antwortet er, auf Jiddisch natürlich. In anderen Sprachen würde diese Antwort so lauten: Was erwarten Sie von mir, wenn ein Idiot mit einem kleinen Stück Papier zu mir kommt? Soll ich ihm befehlen, kein Idiot zu sein?

Das erinnert mich an die falschen Wunder, von denen ich im Buch seines Großvaters las, und so frage ich ihn: Wenn ich mich

440

nicht irre, schrieb der Großvater des Rebbes in seinem Buch *Shomer Emunim*, es sei Häresie, an falschen Geschichten über Wunder zu zweifeln, die Rebbes bewirkt haben sollen. Geht es darum?

»Ich erinnere mich nicht an den genauen Wortlaut, mein Bruder kennt das Buch *Shomer Emunim* viel besser als ich, aber ich meine, es spräche nicht von falschen, sondern von übertriebenen Geschichten. Manchmal bleibt eine Geschichte nicht mehr dieselbe, wenn sie von Mund zu Mund geht, wenn sie von jemandem erzählt wird, der sie von jemandem gehört hat, der sie von jemandem gehört hat. Der Gedanke ist der: Es kommt nicht darauf an, ob die Geschichte über ein bestimmtes Wunder, das ein rechtschaffener Rebbe vollbracht hat, wahr ist oder nicht, weil der rechtschaffene Rebbe sowieso dazu in der Lage gewesen wäre, ein noch größeres Wunder zu vollbringen als das, von dem die Geschichte erzählt.«

Diese Sätze sind völlig überzeugend, wenn man sie auf Jiddisch hört.

In anderen Sprachen bedeutet das, was dieser Rebbe gerade gesagt hat: Alle Geschichten über Rebbes, die Wunder bewirkt haben, sind ungefähr so wahrheitsgetreu wie irgendeine der *Erzählungen aus den Tausendundein Nächten*.

Ja, ja, mir dämmert jetzt, dass dieser Rebbe recht hatte, als er vorhin sagte, »Jiddisch ist nicht Deutsch«. Er hat recht. Jiddisch und Deutsch sind zwei verschiedene Sprachen und haben fast nichts miteinander gemeinsam. Jiddisch, meine Lieben, ist die Sprache Gottes und Seines Auserwählten Volkes. Ende der Durchsage.

Yeah.

Das scheint mir der passende Moment, um meinen Hauptkritikpunkt an den Bewohnern von Mea Schearim anzubringen: ihr Glaube. Ich bin jetzt schon seit einigen Monaten in Mea Schearim, erzähle ich dem Rebbe, verstehe aber beim besten Willen nicht, woran die Leute hier glauben, und ich habe den Eindruck, sie wissen es selbst nicht.

Er bittet mich, mich zu erklären.

Hier ist ein Beispiel, sage ich zu ihm: Die Leute von Mea Schearim behaupten, dass sie ihr Leben dem Studium der Thora widmen, aber sie tun es nicht. Die Grundlage der Thora, und niemand wird das bestreiten, ist die Bibel, genau das Buch, das sie nicht studieren, genau das Buch, das sie nicht einmal gut kennen.

Er weiß, dass das stimmt, und wird es nicht bestreiten, sagt aber zur Verteidigung der Ablehnung der Bibellektüre: »Die größten Häretiker sind die, die die Bibel studieren.«

Schluss, aus, Ende!

Wenn ich ihn richtig verstehe, sollte ein Jude, der nicht als Häretiker gelten möchte, dieser Regel folgen: Lies nicht die Bibel, sondern picke dir die Rosinen aus den talmudischen Sprüchen gegen das Anschauen von Frauen heraus.

Der Rebbe erinnert mich seinerseits daran, dass »einer der gelehrtesten Weisen, der Weise Elischa ben Abuja, all die Fragen gestellt hat und schließlich aufhörte, an Gott zu glauben. Komplett.« Von dem Moment an, als er ungläubig geworden war, wurde Elischa von den Weisen so verachtet, dass der Talmud ihn nicht mehr beim Namen nennt, sondern nur noch als »Acher« bezeichnet, den »Anderen«.

Auch Gott wird nicht beim Namen genannt, aber lassen wir das an dieser Stelle.

Ich lasse meinerseits nicht locker: Nicht nur, dass die Menschen hier die Bibel nicht lesen, sondern sie haben keine Ahnung vom Wesen ihres Glaubens.

Er bittet mich, mich zu erklären.

Sie glauben, wie es sicherlich auch der Rebbe tut, dass sie nach ihrem Ableben, und wenn sie Gottes Gebote in dieser Welt befolgt haben, in den Himmel kommen. Und ich frage sie: Was ist der Himmel? Was wird im Himmel sein? Ist der Himmel etwas Reales, etwas, das man sehen und fühlen kann, oder etwas anderes? Sie haben keine Ahnung.

»Das ist keine Frage. Der Talmud erörtert sie detailliert.«

Und was sagt der Talmud?

»Es gibt Meinungsverschiedenheiten zwischen den Weisen hierüber. Aber warum stellen Sie diese Frage? Würden Sie auch fragen: Was ist Gott? Wer ist Gott?«

Offensichtlich geht er davon aus, dass ich eine solche Frage nie stellen würde und dass ich, wenn ich diese Frage nicht stelle, auch die anderen Fragen nicht stellen sollte. Ich aber sage zu ihm: Keine schlechte Frage! Der Rebbe hat eine gute Frage, und ich stelle sie: Was ist Gott? Wer ist Gott?

Er mustert mich, den seltsamen Kugel- und Gefilte-Fisch-Esser, der ich bin, und sagt: »Der Herr des Universums ist das Wesen, das Sein von Allem. Er hat die ganze Welt mit dem Atem Seines Mundes erschaffen, mit Worten, die aus Seinem Munde kamen. Er sagte, ›Es werde‹, und es ward. Das ist es, wer Er ist, und so hat Er die Welt erschaffen.«

Warum hat Er die Welt erschaffen, wo wir schon dabei sind?

»Weil Er ein König ist, ein Herr, und ein Herr muss Leute um sich haben.«

Dem jüdischen Glauben zufolge wurde die Welt vor etwa 6000 Jahren erschaffen. Demselben Glauben zufolge ist Gott die Unendlichkeit und existierte unendlich viele Jahre, bevor die Welt erschaffen wurde. Ich möchte Sie nun Folgendes fragen: Wenn Sie recht haben und Gott die Welt vor rund 6000 Jahre erschuf, weil Er Menschen in seinem Königreich haben wollte, warum ist Er dann erst vor 6000 Jahren aufgewacht, um eine Welt zu erschaffen, und nicht schon eine unendliche Zahl von Jahren früher, Trillionen von Jahren früher?

»Das ist eine Frage, die Sie nicht stellen dürfen!«

Sein Gabbai steckt den Kopf zur Tür herein und sagt, dass draußen jemand wartet.

»Ich brauche nicht mehr lange«, sagt der Rebbe zum Gabbai.

In den wenigen verbleibenden Minuten erzählt er mir, dass er weiß, dass Gott existiert, weil er Gottes Wunder gesehen und am eigenen Leibe erfahren hat. Es war ein Wunder, sagt er mir, dass er die Millionen Schekel aufgetrieben hat, die er für den Bau seines Hauses hier über der Schul brauchte, unterstützt durch den Verkauf seines Hauses in Bnei Brak. Als er nach dem Tod seines Vaters den Sitz des Rebbes übernahm, blieb er anfangs in einem kleinen Zimmer in der Schul, während seine Familie woanders lebte, eine Situation, die für ihn und seine Familie extrem schwierig war. Doch Der Name half ihm, und er zweifelt nicht eine Sekunde an Seiner Existenz. Sein Haus, erwähnt er als weiteres Beispiel, wurde ohne die erforderliche Baugenehmigung errichtet, doch bemerkten die städtischen Bauaufseher die Bauarbeiten nicht, bis das Haus fertig war, obwohl sie während seiner Errichtung Gott weiß wie viele Male durch das Viertel gingen. Ist das nicht ein Beweis für die Existenz Gottes?

Sein Glaube ist im Recht, sein chassidischer Hof ist im Recht, und selbst der traditionell erbittertste Feind der chassidischen Welt, die Litwakim, geben inzwischen zu, dass die Chassidim im Recht sind, erklärt er mir.

»Als die chassidische Bewegung gegründet wurde, bekämpften die Litwakim sie. Fast 200 Jahre lang bekämpften sie uns mit ihrer ganzen Macht, predigten gegen Rebbes und die bloße Idee von Rebbes. Es war ein erbitterter Kampf, aber heute haben sie ihre eigenen Rebbes, die sie um Segnungen und Rat bitten und denen sie folgen. Der Chassidismus hat gewonnen. Wir haben gewonnen!«

Als ich aufstehe, um mich zu verabschieden, sagt er zu mir: »Ich habe dieses Land noch nie verlassen.«

Sie müssen der größte Zionist sein, sage ich ihm, dem Anführer einer Gemeinschaft, die als extrem antizionistisch bekannt ist.

»Ich bin der größte Zionist auf Erden«, erwidert er.

Ja, das sind Sie, entgegne ich.

Ich mag diesen Mann.

Ich gehe hinaus und atme die frische Luft des Jerusalemer Abends ein, der kühl und ruhig ist. Seit ich hier bin, hat es mit Ausnahme von ein paar Unruhestiftern keine Demonstrationen auf der Straße gegeben, keine Wutklänge, aber viele Freudentöne, und ich bin vorbehaltloser aufgenommen worden, als ich in meinen kühnsten Träumen zu hoffen gewagt hätte. Vielleicht werden nach Murphys Gesetz in dem Moment, in dem ich abreise, gewaltsame Demonstrationen in Mea Schearim ausbrechen. Und wer weiß, wie die Geschichte von Ger ausgehen und wie viel Gewalt es noch zwischen den beiden Lagern geben wird. Das kann passieren. Alles kann passieren. Ich hätte nie geglaubt, dass ich einmal gewaltsame Demonstrationen in Midtown Manhattan erleben würde, aber erst vor wenigen Jahren kam es in New York City zu einem Ausbruch von Wut und Feuer, mit Plünderungen und Schüssen.

Während ich durch die Straßen spaziere und die Leute um mich herum in ihrer Menschlichkeit betrachte, denke ich an die Geschichte, die ich in dem *Shomer-Emunim*-Buch über die Mutter und ihre Tochter und die unendliche Folter gelesen habe, die beide durchmachten und immer noch durchmachen, in einem Haus, das es nie gab.

Ist diese Geschichte wahr? Hat sie sich zugetragen? Haben die beiden Frauen je existiert?

Kommt es darauf an?

Und während ich so weiterlaufe, denke ich an New York.

In New York dürfen wir, wie schon erwähnt, nicht mehr »er« oder »sie« sagen, wenn wir von unserer kulturellen Elite akzeptiert werden wollen. Es gibt kein Er, und es gibt keine Sie. Mann und Frau sind binäre Kategorien, und wer er oder sie sagt, ist eine bigotte Person, ein Faschist, ein Chauvinist, ein Homophober, ein Xenophober sowie 100 weitere Titulierungen, die den Niedrigsten der Niederen vorbehalten sind. Ein Nazi, kurz gesagt. Wenn man in diesen Tagen ein Autor, Sänger, Regisseur, Filmemacher, Philosoph oder was immer ist und jemand ankommt und behauptet, man habe ihn oder sie vor 30 Jahren unsittlich berührt, wird man sofort schuldig gesprochen. Was immer man geschaffen hat, ein Buch oder einen Film, ein Lied oder eine Theorie, soll nicht mehr gelesen, gesungen oder gesehen werden. Man nennt es Cancel Culture. Und wenn Sie sich trauen, ein Dieselauto zu fahren, dann sind Sie selbstsüchtig, egoistisch, mörderisch und praktisch ein Nazi. Und wehe dir, wenn du eine Zigarette statt Marihuana rauchst. Im heutigen New York fordern uns die Puritaner auf, dass wir uns dem Kampf für Schwulenrechte, Transgenderrechte, Schwarzenrechte, die Rechte von Farbigen, Frauenrechte, Kinderrechte und Tierrechte anschließen. Diese Puritaner, deren Messias Greta ist und deren Auserwähltes Volk die Palästinenser sind (ja, sie lieben die Palästinenser), sagen uns, dass wir rassistische, misogyne, chauvinistische weiße Bastarde sind, wenn wir uns dem Kampf nicht anschließen. Sie, die berühmten New Yorker, zu denen zu gehören ich mich vor Jahren entschied, haben keinen weißen Esel und werden nie einen haben. Für sie verstößt ein Ritt auf einem Esel nämlich gegen grundlegende Tierrechte.

Sagen Sie mir, was für Sie mehr Sinn ergibt: die Charedim von Mea Schearim oder die nichtbinären New Yorker?

Ich halte inne, um eine große Todesanzeige zu lesen, die Toldos Aharon in Mea Schearim plakatiert hat und die das Ableben von Ester Malke Steinberger betrauert, einer Frau, die auf dem Ölberg zur letzten Ruhe gebettet wurde. Ist sie mit Eliohu Steinberger verwandt, dem Schwiegervater des Mannes, der seine Seele am allerersten Tag meiner Ankunft in Mea Schearim dem Himmel zurückgab?

Als ich die Zefanja-Straße erreiche, sehe ich Reb Jankew Chaim in seinem Wagen. Er war für einige Zeit weg, erzählt er mir, und lädt mich zum Sabbatessen am nächsten Freitagabend zu sich ein. Wie üblich sage ich sofort zu. »Wie ich höre, haben Sie sich mit Motta Brim angefreundet; stimmt das?«, fragt er mich. Woher wissen Sie, dass ich Motta kenne?, frage ich ihn.

Er lächelt und fährt weiter. Ein alter Mann lebt alleine hier irgendwo, und Reb Jankew Chaim wird ihm einige Zeit Gesellschaft leisten. An einem Tag speist er die Bedürftigen, am anderen unterhält er die Einsamen. So ist er eben.

Spät in der Nacht oder auch am frühen Morgen, um 4.22 Uhr, hört man den Muezzin. Ja, wir sind in Jerusalem: Charedim hier, Muslime dort, Tausendundeine Nacht, ein weißer Esel und ein weißer Al-Buraq, und ich habe für heute genug.

EIN WUNDER: EIN REBBE KOMMT ZU BESUCH, WAR ABER GAR NICHT DA

Was ist der Unterschied zwischen Charedim und Katholiken?

Auf die Nacht folgt der Tag, und ich erledige einige Anrufe.

Ich kontaktiere den Gabbai des Bojaner Rebbes und sage ihm, dass ich mich gerne mit dem Rebbe treffen würde. »Diese Woche wird es schwierig«, antwortet er. »Rufen Sie mich nächste Woche an, und ich versuche, es einzurichten.«

Ich rufe den Gabbai des Lelever Rebbes an und sage ihm dasselbe. Er ruft mich noch heute zurück, sagt er.

Der Tag vergeht, ohne dass er sich meldet.

Am nächsten Tag melde ich mich wieder bei ihm. »Ich rufe Sie in zwei Stunden zurück«, sagt er.

Die zwei Stunden verstreichen, ohne dass er zurückruft.

Also rufe ich den Gabbai des Lelever Rebbes noch einmal an. »Rufen Sie mich in einer halben Stunde wieder an«, sagt er. Mit der Pünktlichkeit einer Schweizer Uhr rufe ich ihn eine halbe Stunde später an. Der Gabbai geht nicht dran. Das war mein letzter Versuch. Ich muss einen Mann nicht quälen, der nicht ja und nicht nein sagen kann.

Unterdessen besucht mich zu meiner Überraschung ein Rebbe in meinem Hotel. Wir sprechen über dies und das, doch bevor er sich verabschiedet, sagt er zu mir: »Das bleibt unter uns, niemand soll wissen, dass wir uns getroffen haben. Ich war gar nicht hier.«

Kein Problem.

Der Rebbe hat anscheinend Angst.

Zwei weitere Stunden sind vergangen, als ich eine Nachricht von einem Jeschiwaschüler erhalte, den ich nicht kenne. Er fragt mich, ob ich ihn nicht in seiner Jeschiwa besuchen möchte, jetzt, wo ich in der Hebron war. Woher wissen Sie, dass ich der Hebron einen Besuch abgestattet habe?, frage ich ihn. »Ich habe es von einem Freund gehört, der dort studiert«, antwortet er und ergänzt: »Sagen Sie niemandem, dass ich Sie eingeladen habe; niemand darf wissen, dass ich Internetzugang habe.«

Alles klar, erwidere ich. Ich versuche, nächste Woche zu kommen. Wie lautet die Adresse?

Er schickt mir die Adresse. Seine Jeschiwa, die Jeschiwa Netivot Chochma, auch bekannt als Wolfson-Jeschiwa, liegt in dem orthodoxen Viertel Bajit Vegan in Jerusalem, und ich denke, dass ich irgendwann nächste Woche dort vorbeischaue.

Der Student hat Angst vor seinen Rabbis, und der Rebbe hat Angst vor seinen Anhängern. Was für eine Welt.

Ich mache gerade einen Spaziergang in der Nähe des Sabbat-Platzes, als mir ein Unbekannter von hinten auf die Schulter klopft. »Wie es scheint, sind Sie zurückgekommen; Sie sind wieder einer von uns«, sagt der Mann.

Hat er recht?

Ein reizendes chassidisches Mädchen von vielleicht 14 Jahren geht an mir vorbei. Sie verhält den Schritt, um mich anzuschauen, tief in mich hineinzublicken. Heißt sie etwa Rachel?

Verliere ich den Verstand? Ich hoffe nicht, aber vorsichtshalber beschließe ich, eine kurze Pause von Mea Schearim einzulegen. Wo? Auf der Jaffa-Straße. Auf der Jaffa-Straße flanieren, wie wir alle inzwischen wissen, unzüchtige Frauen herum, Gott schütze uns. Sie sind der Grund, las ich neulich in einem religiösen Buch, warum der Messias noch nicht unter uns weilt.

Tja.

In einem der zahlreichen Cafés in dieser Gegend, in dem ich einen italienischen Kaffee nippe (ja, den gibt's auch hierzulande), lerne ich einen Historiker kennen. Wie er mir erzählt, ist er ein gläubiger Jude und trifft sich derzeit mit einer deutschen Lady. Sobald sie zum Judentum übertritt, eröffnet er mir, wird er sie heiraten. Will sie denn übertreten? »Sie ist jüdischer als ich«, so seine Antwort.

Während ich weiter an meinem Italiener schlürfe, bitte ich

den Mann, mir ein Bild der Gesellschaft im Königreich Polen in der Mitte des 18. Jahrhunderts zu zeichnen, als die chassidische Bewegung aufkam. Ich vermute, sage ich ihm, dass diese chassidische Bewegung, die von Menschen aus Fleisch und Blut gemacht wurde, unter dem Einfluss der sie umgebenden Kultur stand. Stimmt diese Annahme?, frage ich ihn. »Es steht außer Frage«, antwortet er, »dass die Juden von der äußeren Kultur beeinflusst wurden.«

Und wie sah die äußere Kultur in Osteuropa im 18. Jahrhundert aus?

»Die Osteuropäer waren damals traditionell ziemlich abergläubisch, ziemlich ungebildet und ziemlich primitiv.«

Lassen Sie mich überlegen: Wir sprechen von einer Zeit, als noch die Leibeigenschaft herrschte und ein großer Teil der Gesellschaft aus Bauern bestand. Sie waren gottgläubig, lasen die Bibel nicht, wandten sich über einen Vermittler, den Priester, an Gott und glaubten an Wunder. So weit korrekt?

»Ja.«

Die Chassidim sind gottgläubig, lesen die Bibel nicht, wenden sich über einen Vermittler, den Rebbe, an Gott und glauben an Wunder. Korrekt?

»Ja.«

Kann ich daraus schließen, dass die chassidische Bewegung eine Kopie der katholischen Bewegung darstellt, nur auf Jiddisch und ohne Jesus?

Weil er ein gläubiger Jude ist, ist dieser Vergleich für ihn schwer zu verkraften. Er hält mir einen langen Vortrag über die Unterschiede zwischen Katholizismus und orthodoxem Christentum, Polen und der Ukraine und allem dazwischen. Aber am Ende sind wir wieder am Ausgangspunkt, und er stimmt mir letztlich zu: Die chassidische Bewegung ist in ihren Wurzeln eine Kopie der Kultur, die sie vor Jahrhunderten umgab, nur auf Jiddisch und ohne Jesus.

Ich schlürfe noch ein letztes Schlückchen von meinem Italiener.

Es gab einmal eine Zeit, als die Litwakim genau das über die Chassidim sagten. Heute allerdings, wo sie die chassidische Form der Rabbiverehrung übernommen und ihre eigenen Rebbes eingesetzt haben, hinterfragen sie nichts mehr, sodass der einzige Unterschied zwischen beiden Gruppen in der anhaltenden Humorlosigkeit der Litwakim besteht.

O Herr, mit solchen Gedanken muss man sich herumschlagen, wenn man auf die Jaffa-Straße geht, wo die Ladys unzüchtig unterwegs sind.

Nichts wie zurück nach Mea Schearim.

O Mea Schearim: Schön, wieder hier zu sein, wo der reizende Knabe, der ich einst war, immer noch lebt.

Und am Sabbat, wenn die Braut des Herrn kommt, gehe ich zu Reb Jankew Chaim, um die Freuden des Sabbats zu genießen: einen Salat aus Hering und Zwiebeln, der nicht von dieser Welt ist, begleitet von einem 18 Jahre alten Glenlivet – und das ist nur der Anfang.

»Haben Sie Rabbi Mailech schon getroffen?«, fragt mich Reb Jankew. Wer ist Rabbi Mailech?, frage ich zurück. »Wenn Sie Rabbi Mailech, Rabbi Elimelech Bidermann, nicht kennen«, erwidert er, »dann müssen Sie mit Ihrer ganzen Reise in die charedische Welt von vorne anfangen. Wie kann es sein, dass Sie Rabbi Mailech nicht kennen?« Rabbi Mailech, stellt sich heraus, ist ein wichtiger Mann in vielen Kreisen. Was macht ihn besonders? Ein Rebbe ist er nicht, wenngleich er mit dem chassidischen Hof von Lelev verbunden ist. Was ist er dann? Er ist ein Maschpia, ein Influencer mit vielen Followern. Am kommenden Montagabend, lese ich in einem charedischen Nachrichtenportal, nimmt er an einer Großveranstaltung im Saal der Bojaner nicht weit von mir teil, zu der Tausende erwartet werden. Worum geht es bei der Veranstaltung? Es ist der Todestag des Bat Ajin, des Augapfels. Ja, des Mannes, der in Zefat begraben liegt und dessen Grab zu einer der heiligsten Stätten im ganzen Land geworden ist. Und wie sich weiter zeigt, ist Rabbi Mailech für die Popularität der Grabstätte verantwortlich. Werden all die Tausenden auf Partnersuche zu der Veranstaltung strömen? Der Bat Ajin, Rabbi Avraham Dov aus Ovruch, hatte eine Frau, aber keine Kinder. Damit ist er der ideale Kandidat dafür, dass sich jemand wie Rabbi Mailech zu seinem Fürsprecher aufwirft.

Was mich angeht: Ich kann Rabbi Mailechs Veranstaltung am Montag nicht besuchen, weil ich an diesem Tag mit Haja verabredet bin, einer Anhängerin eines Rabbis, der im Gefängnis sitzt. Tut mir leid.

SIE IST GESTORBEN, IHR RABBI ABER HAT SIE AUFERWECKT
Die rumänische Nonne füttert mich mit palästinensischen Plätzchen

Haja war einmal säkular, so säkular wie nur möglich, diente in der israelischen Armee und war mit einem nichtjüdischen Österreicher liiert. Heute ist sie nicht mehr säkular, und kein Österreicher sollte auch nur im Traum auf ein Stelldichein mit ihr hoffen. Heute ist sie gläubig, so gläubig wie nur möglich, und hält große Stücke auf Rabbi Eliezer Berland. Genauer gesagt, sie glaubt an ihn. Für sie ist er alles. Er ist wie Moses der Gesetzgeber, und wie es im 2. Buch Mose von den Kindern Israels heißt, belehrt sie mich, »sie glaubten Ihm und Seinem Knecht Mose«. So steht es geschrieben, Fragen erübrigen sich.

Haja erzählt mir, dass alles mit einem Unfall begann, als sie in der israelischen Armee diente. Es war ein schwerer Unfall, sie war für etwa 20 Minuten klinisch tot. Ihre Seele, berichtet sie, verließ ihren Körper und flog in den Himmel, zum Himmelsgericht. Dort sollte ihr Schicksal in der Anderen Welt entschieden werden: Käme sie ins Paradies oder in die Hölle? Das Himmelsgericht tagte wie jedes Gericht unten auf Erden, und als ihr Fall an der Reihe war, nahm einer der Richter den Richterhammer, schlug auf den Tisch und sagte: »Ihre Zeit ist noch nicht um. Sie muss auf die Erde zurückgebracht werden, ins Leben.« Das Himmelsgericht akzeptierte diesen Richterspruch und schickte ihre Seele zurück auf die Erde, wo sie auferweckt wurde.

Haja erinnerte sich an das Gesicht des Richters, der ihre Rückkehr ins Leben verfügte, erzählt sie mir, wusste aber jahrelang nicht, wer er war. Bis sie Rabbi Eliezer Berland kennenlernte. Er war es! Er war es, der im himmlischen Gerichtshof gesessen und die Wiedervereinigung ihrer Seele mit ihrem Körper befohlen hatte. Er und kein anderer, ohne Zweifel. Und so wurde sie gläubig und eine Anhängerin.

Einige Frauen, sage ich zu ihr, haben bezeugt, dass sie von Rabbi Berland sexuell missbraucht wurden, wofür er jetzt eine Gefängnisstrafe absitzt. Lügen sie alle?

»Wissen Sie, warum sie das gesagt haben?«

Verraten Sie's mir.

»Weil Rabbi Berland diesen Frauen Geld gezahlt hat, damit sie es sagen.«

Sagen, dass er sie sexuell missbraucht hat?

»Ja.«

Warum sollte irgendjemand Frauen Geld zahlen, damit sie ihn beschuldigen, dass er sie missbraucht?

»Lesen Sie das Buch Jesaja, Kapitel 53, Vers für Vers, und Sie werden es verstehen.«

Der Prophet schreibt über Berland? Wow. Mal schauen, ich lese einige Verse:

»Aber er ist um unsrer Missetat willen verwundet und um unsrer Sünde willen zerschlagen. Die Strafe liegt auf ihm, auf dass wir Frieden hätten, und durch seine Wunden sind wir geheilt.

Als er gemartert ward, litt er doch willig und tat seinen Mund nicht auf wie ein Lamm, das zur Schlachtbank geführt wird; und wie ein Schaf, das verstummt vor seinem Scherer, tat er seinen Mund nicht auf.

Er ist aus Angst und Gericht hinweggenommen. Wen aber kümmert sein Geschick? Denn er ist aus dem Lande der Lebendigen weggerissen, da er für die Missetat seines Volks geplagt war.

Und man gab ihm sein Grab bei Gottlosen und bei Übeltätern, als er gestorben war, wiewohl er niemand Unrecht getan hat und kein Betrug in seinem Munde gewesen ist.«

Okay, ich kapier's. Und um die Wahrheit zu sagen, sind Rabbi Berlands Anhänger nicht die Ersten, die sich auf Jesaja beziehen, um ihre Argumente in Glaubensfragen zu untermauern. Im Laufe der Jahrhunderte hat das Christentum dieselben Verse herangezogen, um das Leiden Jesu Christi, eines sterbenden Gottes am Kreuz, wegzuerklären, und tut dies bis heute.

Haja fährt fort. »Wie es in Jesaja heißt, leidet Rabbi Berland für uns, um uns zu erlösen. Er will beschuldigt werden, er will ins Gefängnis gehen, um mehr zu leiden, für uns.«

Und deshalb hat er gestanden, Frauen missbraucht zu haben?

»Ja.«

Er war auch in einen Doppelmord verwickelt.

»Er bat seine Anhänger, zur Polizei zu gehen und zu sagen, dass er an dem Mord beteiligt war. Und er gesteht es. Er tut das alles für uns. Er leidet für uns, wie es in Jesaja heißt.«

Er hat nie eine Frau missbraucht?

»Niemals! Er ist ein heiliger Mann! Wissen Sie, wie viele Menschen er gerettet hat? Wer hat mich gerettet, als ich total am Boden war? Der Zaddik. Er hat Tausende Juden gerettet. Viele Menschen schulden ihm alles, was sie haben.«

Mehr noch, sagt sie, ist Rabbi Berland zudem auch »ein Nachfahre von König David«.

Woher wissen Sie das?

Nun, ganz einfach. Unlängst, erzählt sie mir, unterschrieb Rabbi Berland mit »Eliezer, Sohn von David.«

Na super.

Sie gibt mir ein Bändchen mit Auszügen aus Psalmen mit, die der Zaddik zusammengestellt hat und die mir in schwierigen Zeiten helfen sollen. »Besuchen Sie mich jederzeit wieder«, sagt sie zum Abschied.

Nur wenige Schritte von unserem Treffpunkt entfernt steht das eindrucksvolle Gebäude der »Vertretung des rumänisch-orthodoxen Patriarchats im Heiligen Land«, direkt gegenüber von Mea Schearim. Von außen habe ich es schon gesehen, als ich das letzte Mal in dieser Gegend war, jetzt möchte ich es mir auch von innen anschauen.

Eine zauberhafte Nonne, Mutter Nicolaida, öffnet mir die Pforten und lässt mich eintreten. In schöner züchtiger Kleidung, einer chassidischen Frau nicht unähnlich, begrüßt sie mich mit einem Lächeln und einer Entschuldigung. Entschuldigung wofür? Ihr Habit, sagt sie, sei schmutzig, weil sie unmittelbar vor meinem Besuch den Hund versorgt habe, und es fühle sich schrecklich für sie an, einen Gast in unsauberer Kleidung zu empfangen. Ich sehe nicht den geringsten Fleck auf ihrer Kleidung, sie aber hält sich trotzdem für verdreckt.

Wofür braucht sie einen Hund? Weil einige hier in der Gegend versucht haben, das Gebäude zu beschädigen, das gleichermaßen als Kirche wie als Kloster dient, sagt sie. Und ergänzt, dass vor ein paar Monaten jemand versucht hat, es in Brand zu setzen, und unlängst jemand nachts über den Zaun springen wollte. Ein Araber oder ein Jude?, frage ich sie. Ein Jude, antwortet sie.

Ein guter Grund, um einen Hund zu halten.

Sie führt mich in die Kirche, eine prächtige Kirche mit Wandgemälden, zahlreichen Ikonen und Vergoldungen überall, und ich setze mich auf einen der wenigen Stühle hier. Wie ich schon vor Längerem gelernt habe, ziehen orthodoxe Christen es vor, beim Gottesdienst zu stehen.

Waren Sie je verliebt?, frage ich die Nonne.

»Ja, in Jesus.«

Sonst nicht?

»Wenn man sich erst einmal in Jesus verliebt hat, der so vollkommen ist, reicht kein anderer Mann mehr an ihn heran!«

Auf der anderen Straßenseite befindet sich der Sitz der Brazlawer. Die lieben Rabbi Nachman, während sie Jesus liebt. Beide Juden, Nachman und Jesus, sind schon lange von uns gegangen, tot, ihre Gefolgsleute aber folgen ihnen weiterhin.

Ich mag die Rumänen, sage ich ihr. Sie sind vielleicht nicht so vollkommen wie Jesus, aber sie kommen ihm nahe. Meine Mutter, lasse ich sie wissen, wurde in Rumänien geboren.

Als sie das hört, verspürt die zauberhafte Nonne sofort eine Verbundenheit mit mir und beginnt, rumänisch zu sprechen. Entschuldigung, wende ich ein, aber meine Mutter hat mir nie Rumänisch beigebracht.

»Warum nicht?«, fragt sie.

Das ist eine lange Geschichte, sage ich zu ihr, sie will sie aber trotzdem hören.

Nun, entgegne ich und versuche mich an einer Kurzfassung, darum: Nachdem die Nazis den Krieg verloren hatten, kehrte sie in ihre Heimat zurück, aber ihre Eltern waren nicht mehr am Leben, und eine rumänische Familie hatte sich ihr Haus unter den Nagel gerissen. Ihre Nachbarn hatten sie verraten, und der Schmerz war zu überwältigend.

Sie sieht mich mit ihren beiden schönen Augen an und entschuldigt sich. Sie geht kurz weg, um gleich darauf mit einem Tablett voller frischer palästinensischer Kekse, Grießkekse, und Wasser für den jüdischen Gast zurückzukommen.

Wir plaudern noch ein wenig, und als ich aufbreche, schenkt sie mir die Reproduktion eines Gemäldes von der Jungfrau Maria mit dem Baby Jesus vor rumänischem Hintergrund. Das mir, wie ich vermute, in schwierigen Zeiten helfen soll. »Kommen Sie bitte wieder«, sagt sie zum Abschied.

Ich ziehe wieder durch die Straßen und betrachte die Passanten, wie ich es inzwischen seit Monaten gewohnt bin, und kann den Gedanken nicht abschütteln: Diese Nonne und die chassidischen Frauen auf der Straße sind sich so ähnlich. In Aussehen, Verhalten, Glauben, Denken und Kleidungsstil.

Ich spaziere weiter, als sich mir ein Auto auf der Mea-Schea-rim-Straße nähert, dessen Fahrer mir zuwinkt. Wer ist es? Reb Yehezkel Lefkovits.

Ich winke zurück.

Ich erinnere mich an seine Worte, als wir uns vor Gott weiß wie vielen Monaten sprachen: »Wir sind Juden, weil wir als Juden geboren wurden und Juden sein müssen.«

Würde er Nicolaida kennenlernen, denke ich mir, wäre er überrascht, wie jüdisch sie ist.

Eine kleine Welt, in der innerhalb weniger Schritte alles enthalten ist. Und jeder. Außer Rabbi Eliezer Berland. Er ist nicht hier; er weilt da oben und sitzt gerade jetzt dem Himmelsgericht vor.

Es ist ein langer Tag, wie es Tage ja oft sind, und ich gehe in Motis Restaurant nur wenige Minuten von hier.

Ich bestelle mir eine Hühnersuppe und unterhalte mich mit einem Chassid über den weißen Esel. Ich frage ihn: Warum glauben Sie, dass Der Name diesen Esel in den sechs Tagen der Schöpfung erschuf? »Nein«, hält er mir entgegen. »Der Esel, der am Ende der sechs Schöpfungstage erschaffen wurde, unmittelbar vor dem Sabbat, war nicht Abrahams Esel, sondern Bileams Eselin.« Damit bezieht er sich auf die biblische Geschichte eines Propheten namens Bileam, der die Juden verfluchen wollte, sie aber schließlich segnete, nachdem seine Eselin das Maul aufgemacht und mit ihm gesprochen hatte.

Nun, was soll ich sagen? Diese Eselgeschichte wird mir langsam zu komplex. Wussten Sie übrigens, dass Nicolaidas Geliebter, Jesus Christus, ebenfalls auf einem Esel in die Heilige Stadt geritten kam?

Leider habe ich keinen Esel. Ich nehme ein Taxi nach Bajit Vegan, zur Wolfson-Jeschiwa.

Unterwegs rufe ich den Gabbai des Bojaner Rebbes an. Ich

klingle immer wieder bei ihm durch, aber der Mann geht nicht ran.

Sein Pech.

Er ist nicht der einzige Rebbe in der Stadt.

Ich kann mich auch mit anderen treffen.

EIN GESPRÄCH MIT DEM KARLINER REBBE

Warum der Bojaner Rebbe ein kluger Mann ist

Warum will ich noch einen Rebbe treffen? Nun, ich kann einfach nicht aufhören, über einen meiner kleinen Funde zu sinnieren, die Sache mit dem Kvitel. Der Kvitel ist ein zentraler Bestandteil des Glaubens der Charedim, da er ein unerschütterliches Vertrauen in die Fähigkeit des Rebbes (oder in anderen Fällen des Rabbis) ausdrückt, tief in ihre Seelen zu blicken und ihr Schicksal vorherzusehen, wenn er ihre Namen auf dem Kvitel liest. Andererseits haben mir die Rebbes von Toldos Aharon und Shomer Emunim klipp und klar gesagt, dass sie rein gar nichts in diesen Kvitels lesen können. Würden auch andere Rebbes dies zugeben?

Ein Einwohner von Mea Schearim, ein brillanter Kopf, der enge Verbindungen zum chassidischen Hof von Karlin-Stolin hat, schlägt mir vor, zum Karliner Rebbe zu gehen. Wenn wir früh an einem Abend kommen, an dem er seine Chassidim empfängt, sagt er, dann wird der Rebbe mich sprechen.

Perfekt.

Um den Rebbe zu treffen, fahren wir nach Givat Zeev ein paar Kilometer nordwestlich von Jerusalem, wo er lebt und ein zweites chassidisches Zentrum betreibt, neben dem in Mea Schearim.

In einem Wartezimmer direkt vor dem Büro des Rebbes steht ein großer Tisch mit vielen Stühlen. Heilige Bücher liegen für diejenigen bereit, die lernen oder beten wollen, bevor sie den Rebbe sprechen. In der Mitte des Tisches liegen Stifte und Papier, damit die Chassidim, die das noch nicht getan haben, ihre Kvitels schreiben können.

Ich nehme ein Stück Papier und einen Stift und schreibe meinen Namen und den meiner Mutter auf.

Neben uns befinden sich etwa 30 Chassidim in dem Zimmer,

die dasselbe tun. Manche nehmen sich ausgiebig Zeit, um ihren Kvitel zu schreiben, andere sind schneller, alle aber warten begierig darauf, dass sie an der Reihe sind, als ob ihr Leben davon abhinge, dass der Rebbe ihre Kvitels liest. Einige von ihnen wirken äußerst angespannt, weil sie sich wahrscheinlich darüber sorgen, was der Rebbe über sie herausfinden wird.

Ich gehe hinein.

Der Rebbe, Baruch Meir Yaakov Shochet, sieht mich an, und sofort breitet sich ein Lächeln in seinem Gesicht aus. Er sagt: »Sie leben in Mea Schearim, sind von Deutschland aus hierhergekommen, und jetzt sind Sie hier.«

Moment mal. Woher wissen Sie all das, Rebbe?

»Sofern Sie glauben wollen, dass ich Dinge sehen kann, wenn Leute gerade zu mir hereingekommen sind, dann steht Ihnen das frei. Aber ich sage Ihnen, woher ich es weiß: Ich habe ein paar Artikel über Sie in den Zeitungen gelesen. Was führt Sie zu mir, Tuvia?«

Ich versuche, mich mit einigen Rebbes zu treffen, weil ich Fragen habe.

»Welche Rebbes haben Sie schon getroffen?«

Ich habe die Rebbes von Toldos Aharon und von Shomer Emunim gesprochen, ich habe Rabbi David Abuchatzeira besucht, nur der Bojaner Rebbe will mich nicht sehen.

»Er ist ein kluger Mann!«

Danke.

Wir lachen.

Nachdem wir ausgelacht haben, reiche ich dem Rebbe meinen Kvitel. Ich sage zu ihm: Jetzt, wo ich Ihnen meinen Kvitel gegeben habe, was sehen Sie darauf, außer meinem Namen?

»Ich sehe nichts.«

Er lacht, und ich lache mit ihm. In haltloses Gelächter brechen wir aus ...

Ja, an einem Kvitel ist nichts dran. Aber wenn ich daran glauben will, wenn ich naiv genug bin, daran zu glauben, steht es mir frei.

Schau einer an. Der dritte Rebbe in Folge, der mir dasselbe sagt.

Doch seine Chassidim schreiben ihre Kvitel, weil sie wollen, dass er sich mit ihrer Seele verbindet, und er kann ihnen nicht sagen, dass sie es bleibenlassen sollen. Sie akzeptieren kein Nein als Antwort. Fertig aus.

Ich verbringe 20 Minuten bei ihm, erzähle ihm von meinen Erfahrungen in Israel, und wir haben einiges zu lachen. Dieser Rebbe, dessen Hof etwa zweitausend Familien umfasst, ist einer der freundlichsten, die ich kennengelernt habe.

Ich mag ihn, aber jetzt ist es Zeit, einige Litwakim zu besuchen.

ES IST GOTTES WILLE, DASS CHAREDISCHE LITWAKIM ARM SIND

Kommt ein jiddischsprachiges Kamel in eine Jeschiwa

Ich war noch nie in der Wolfson-Jeschiwa, ja, ohne die Textnachricht des Unbekannten Studenten wüsste ich nicht einmal, dass sie überhaupt existiert.

Als ich mich auf dem Weg dorthin nach ihr erkundige, sagt man mir, sie sei eine der besten litwakischen Jeschiwas im Land.

Das freut mich.

Dort angelangt betrete ich das Gelände, einen großen Hof vor dem Studiensaal, wo ich mit einigen Studenten ins Gespräch komme, die sich fragen, was mich in ihre Jeschiwa führt. Ich weiß nicht, ob der Mann, der mich hierher eingeladen hat, unter ihnen ist, jedenfalls gibt er sich nicht zu erkennen.

Ich erzähle den Studenten, dass ich ein Autor bin, der über die charedische Welt schreibt, und dass ich sie gerne interviewen würde. Als sie das hören, bitten sie mich herein.

Im Studiensaal setze ich mich auf den ersten freien Stuhl, in der ersten Reihe, wo normalerweise ihre Rabbis sitzen. Von denen kurz darauf auch einer erscheint. Er staunt mich an, wie man ein Kamel in einem Bordell anstaunen würde, und scheint sich zu fragen, was ein Wesen wie ich an einem heiligen Ort wie diesem macht, zumal in einem für Rabbis reservierten Bereich. Ich begrüße ihn auf Jiddisch, eine Sprache, die er zwar versteht, aber nicht sprechen kann, sodass er nicht weiß, wie er sich mit mir verständigen soll. Er setzt sich zwei Plätze links von mir hin und schlägt ein Buch auf. Wahrscheinlich will er mir etwas sagen, aber was kann ein Litwak, der kein Jiddisch spricht, einem jiddischsprachigen Juden sagen? Nicht viel. Er beißt sich auf die Lippen, auf seinem Gesicht zeigen sich die ersten Anzeichen von Frustration und Ärger, und offensichtlich wünscht er sich, dass ich mich sofort in Luft auflöse.

Seine Studenten, denen das Leiden ihres Rabbis nicht entgeht, fragen mich, ob es mir etwas ausmachen würde, mich zu ihnen nach draußen zu setzen, an den Eingang zum Studiensaal.

Okay, sage ich.

Ich gehe raus, gefolgt von fünf Studenten.

In kürzester Zeit haben sich uns etwa 20 weitere angeschlossen, die alle wissen wollen, was das jiddischsprachige Nichtkamel in ihrer Jeschiwa macht. Schon bald tauchen noch mehr Studenten auf, halten einen gewissen Abstand und fixieren mich, als wäre ich ein Ausstellungsstück, das ein Jerusalemer Museum in ihrer Jeschiwa aufgestellt hat.

Die Studenten um mich herum reden allesamt. Jeder hat eine Frage oder Anmerkung, mit der er an eine Frage oder Anmerkung anknüpft, die seine Kommilitonen gerade geäußert haben.

Sie wollen wissen, sagen sie mir, warum ich ausgerechnet hier aufgetaucht bin, jetzt im Ernst.

Ich bin hierhergekommen, um etwas über euch zu erfahren.

»Was zu erfahren?«

Was ist euer Schnitt (Spezialgebiet)? Was beispielsweise bietet diese Jeschiwa, das man an anderen Jeschiwas nicht findet?

»Warum wollen Sie das wissen?«

Nun, da ich über die Welt der Charedim schreibe und da ich hier bin, bin ich neugierig darauf, was euch von anderen unterscheidet.

»Waren Sie schon in anderen Jeschiwas?«

Ja, war ich.

»Und was ist deren Schnitt?«

Weiß ich nicht. Ich habe sie nicht gefragt.

»Warum fragen Sie dann uns?«

Ich stelle an jedem Ort, den ich aufsuche, andere Fragen, was immer mir in den Sinn kommt. Wenn ich jeden das Gleiche fragte, würde ich mich langweilen.

»Sie waren in der Hebron-Jeschiwa, nicht wahr?«

Ja, war ich.

»Haben Sie die nach ihrem Schnitt gefragt?«

Nein.

»Haben Sie herausgefunden, was ihr Schnitt ist?«

Darüber muss ich nachdenken.

»Was haben Sie die gefragt?«

Andere Dinge.

»Warum haben Sie uns nach unserem Schnitt gefragt?«

Ist mir so in den Sinn gekommen.

»Aus welchem Grund ist Ihnen das in den Sinn gekommen?«

Ich habe keine Ahnung. Es ist mir einfach in den Sinn gekommen.

»Als Sie hierherkamen, kamen Sie also nicht, um herauszufinden, was unser Schnitt ist.«

Nein, das tat ich nicht.

»Warum kamen Sie dann hierher, zu uns?«

Ich erhielt eine Nachricht von einem von Ihnen, der mich hierher einlud.

»Von wem?«

Ich kann seinen Namen nicht nennen, aber soweit ich weiß, könnte er einer von Ihnen sein.

»Wenn Sie herausfinden, was unser Schnitt ist, werden Sie es dann schreiben?«

Vielleicht.

»Werden Sie positiv oder negativ über unseren Schnitt schreiben?«

Das hängt vom Schnitt ab.

»Werden Sie im Allgemeinen positiv oder negativ über die Charedim schreiben?«

Das weiß ich noch nicht; darüber muss ich noch nachdenken.

»Aber was haben Sie im Kopf?«

Das versuche ich herauszufinden.

»Wie machen Sie das?«

Ich spreche mit Leuten.

»Sind Sie wie alle diese Journalisten, die zu Yoilish Krauss gehen, und der erzählt ihnen dann, dass es die Graffiti gegen die

Zionisten auf den Straßen von Mea Schearim nur gibt, weil die Anwohner verhindern wollen, dass sich Baalei Teschuwa im Viertel ansiedeln ...?«

Ich habe das von ihm gehört.

»Dann sind Sie wie sie: Sie gehen zu Krauss und Hirsch und werden dann schreiben, wie verrückt wir sind.«

Eher nicht. Ich spreche mit vielen Menschen, sehr vielen. Ich lebe tatsächlich in Mea Schearim.

»Sie leben in Mea Schearim?«

So ist es.

»Warum Mea Schearim? Es gibt noch viele andere charedische Viertel neben Mea Schearim. Warum leben Sie nicht hier, in Bajit Vegan?«

Gerade jetzt bin ich ja hier, oder?

»Ja, das stimmt. Wie finden Sie uns so weit?«

Ihr scheint ein ganz netter Haufen zu sein.

»Was an uns ist nett?«

Finden Sie sich selbst nicht nett?

»Die Frage ist: Warum halten Sie uns für nett?«

Und so geht es endlos, endlos weiter. Ich bin hierhergekommen, um sie zu interviewen, letztlich aber interviewen sie mich. Großartig!

Und sie haben Fragen ohne Ende.

Sie sind, mit einem Wort, Litwakim.

Wir sprechen fast zwei Stunden miteinander, von denen ich keine Sekunde missen möchte.

Während wir so palavern, kommen zwei weitere Rabbis vorbei, die kurz innehalten, um sich dieses seltsame Zusammentreffen zwischen ihren Studenten und mir anzuschauen. Ihrem Gesichtsausdruck nach zu urteilen, sind sie nicht glücklich, sagen aber nichts. »Das ist der Schnitt unserer Jeschiwa«, meint einer der Studenten. »In dieser Jeschiwa lassen uns die Rabbis so sein, wie wir sind. Gewiss gibt es rote Linien, wie in jeder Institution, aber wenn man die nicht überschreitet, mischen sich die Rabbis hier nicht ein.«

Das ist gut. Die älteren Studenten, erzählt er mir stolz, dürfen sogar die Bibel studieren, wenn sie wollen.

Wahnsinn!

Da diese Jungs hier Litwakim sind, muss natürlich mindestens einer der Erklärung, die man mir gerade gegeben hat, entschieden widersprechen – und wie es so geht, steht dieser eine direkt neben mir und sagt: »Der Grund, warum die Rabbis nichts gesagt haben, als sie uns im Gespräch mit Ihnen sahen, ist ein anderer!«

Was ist der Grund?

Sie haben keinen Mumm!

Ich mag diese Jeschiwajungs und genieße ihre endlosen Fragen. Trotzdem vermisse ich das eine, was die Chassidim haben und sie nicht – und Sie wissen, was es ist: einen Sinn für Humor. Ich weiß nicht warum, aber genau in diesem Moment kommt mir das Widduj, das Sündenbekenntnis von Jom Kippur, in den Sinn.

Der Gebetstext ist für Chassidim und Litwakim derselbe, wie er jedoch vorgetragen wird, ist ein Schauspiel der Gegensätze.

Der Litwak schlägt sich für jede Sünde, zu der er sich bekennt, auf die Brust, beginnend mit *Oschamnu, Bogadnu, Gosalnu, Dibarnu dejfi* (wir haben gesündigt, wir haben betrogen, wir haben gestohlen, wir haben schlecht geredet) und so weiter. Er schlägt sich so fest auf die Brust, dass es an ein Wunder grenzt, wenn er keinen Herzinfarkt erleidet, bis er mit allen Sünden durch ist. Der Chassid dagegen verfährt anders: Auch er schlägt sich für jede Sünde an die Brust und bekennt sich zu den schrecklichsten Missetaten, und er spricht dieselben Worte, wenngleich mit chassidischem Akzent, zwischendurch aber singt er. Das klingt dann so: *Uschamni*, ta, ta, ta, la, la, la, oh, oh, oh, *Bugadni*, ba, la, ba, la, ba, la, da, da, da, ja, ja, ja, *Gusalni*, pam, pam, pam, oo, oo, oo, li, li, li, li, ma, ma, ma, mu, mu, mu, *Dibarni doifi*, jom, jom, jom, tam, tam, tam, tam, tam, tam, la, la, la, la, pom, pom, pom.

Der Litwak, der dazu erzogen wurde, nach Wissen und Vernunft zu streben, sieht ein, dass er solche schrecklichen Taten –

Oschamnu, Bogadnu, Gosalnu, Dibarnu dejfi usw. – ernst nehmen muss, wenn er sich zu ihnen bekennt und um Vergebung für sie bittet. In der Hoffnung, dass ihm Der Name vergeben wird, wenn er körperliche Schmerzen erleidet, schlägt er sich so fest auf die Brust, wie er kann. Der Chassid, der dazu erzogen wurde, sich seines Glaubens zu erfreuen und ihn aus sich herauszusingen, sieht ein, dass es da einen Text gibt, den er lesen muss, weil das die Tradition ist, und er wird sich sogar an die Brust schlagen, wenngleich nur leicht, und hoffen, dass er, wenn er laut genug singt und leicht genug schlägt, genügend weiße Engel erzeugen wird, die ihm in Zeiten der Not helfen können.

Auf jeden Fall lerne ich, ob Sie es glauben oder nicht, noch vor dem Ende des Tages einen weiteren Litwak kennen, der an einer anderen Jeschiwa studiert. Wir treffen uns in seiner Wohnung, die überwiegend mit Plastikmöbeln bestückt ist. Reich ist der Mann nicht.

Er erzählt mir von den schrecklichen »Tieren«, die durchs Land streifen, den Zionisten, die den Charedim alles Geld stehlen, möge Der Name sie alle auf einen Schlag töten, sagt er, und mögen sie danach alle in der Hölle landen.

Wie haben die Zionisten Ihr Geld gestohlen?

»Bisher wurden Jeschiwaschüler vom Staat dafür bezahlt, dass sie in der Jeschiwa sitzen und die Thora studieren, jetzt aber wurde eine neue zionistische Regierung in Israel eingesetzt, die unsere Bezüge um zwei Drittel gekürzt hat. Schande über sie!«

Die Charedim mögen die gegenwärtige israelische Regierung nicht, denn sie halten sie für anticharedisch. Eines der von ihnen am heftigsten abgelehnten Regierungsmitglieder ist Jair Lapid, der Sohn von Tommy Lapid, seinerzeit Vorsitzender einer nicht mehr existierenden Partei, die als anticharedisch galt. »Sehen Sie nur, wer der Koalition angehört«, sagt mein Litwak. »Jair Lapid!«

Ohne auf einzelne Namen einzugehen, möchte ich Sie fragen: Die Vorgängerregierung setzte sich auch aus Zionisten zusammen, und von ihnen erhielten Sie eine großzügige Thora-Beihilfe oder wie das heißt. Waren Sie ihnen dankbar, diesen Zionisten?

»Die Zionisten, egal welcher Couleur, haben mir nie irgendetwas gegeben; das ist völlig falsch.«

Wer gab Ihnen dann das Geld, bevor die neue Regierung an die Macht kam?

»Der Name.«

Um es recht zu verstehen: Bevor diese Zionisten die zwei Drittel kürzten, war es Gott persönlich, der das Geld auf Ihr Bankkonto überwies, direkt aus dem Himmel auf Ihr Girokonto. Stimmt das?

Er schaut mich an, meine Wenigkeit, diesen Idioten, der nicht genügend Hirn hat, um die einfachsten Dinge zu begreifen: »Wollen Sie mir sagen, dass Sie es gutheißen, was die Regierung tut? Wissen Sie was? Es ist egal. Es ist der Wille Des Namens, dass wir klar sehen, wie grausam die Zionisten sind, wie sie unser Geld stehlen, und dieser Diebstahl bringt uns Dem Namen näher. Je weniger wir haben, desto näher kommen wir Ihm.«

Ist es Gottes Wille, dass Sie arm sind?

»Ja, so wie uns die Weisen in den Sprüchen der Väter darüber belehren, wie man die Thora am besten studiert: ›Iss Brot mit Salz! Trink Wasser abgemessen! Schlaf auf der Erde! Leb kümmerlich!‹«

Dann ist es Gott, der will, dass Sie kein Geld haben, nicht die Zionisten. Was ist Ihr Problem mit ihnen?

»Sie glauben nicht an Gott!«

Hätte dieser Litwak nur ein wenig Sinn für Humor, dann wüsste er, wie sinnlos seine Argumente sind.

Ich versuche, mich in den israelischen Medien über die Geldthematik schlau zu machen, und was springt mir direkt entgegen? Folgende Meldung: Im Gegensatz zu früheren Berichten streitet Rabbi Eliezer Berland jede Beteiligung an dem Mordfall ab und wird bald aus dem Gefängnis entlassen. Er wird jedoch anderer Straftaten wegen erneut eingebuchtet, um dann einige Tage später wieder auf freien Fuß gesetzt zu werden.

Ich frage mich, was Haja sagen würde, wo ihr Himmelsrichter jetzt freikommt.

Mit dieser letzten Nachricht neigen sich meine Tage in Jerusalem dem Ende entgegen.

SIE WÜRDEN IHR LEBEN FÜR IHREN GLAUBEN HINGEBEN, NUR WORAN GLAUBEN SIE?

Ein Toter im Tallit am Stadttor

An meinem letzten Sabbat in Mea Schearim spaziere ich noch einmal durch die Straßen des Viertels, dessen Bewohner gerade das achttägige Chanukkafest feiern.

Schau dir nur, meine Liebe, diese Familie an, die vor mir geht. Siehst du sie? Alle Geschwister tragen ähnliche Kleidung, ähnliche Schnitte, ähnliche Formen, ähnliche Farben, und sie sehen so hinreißend aus!

Was soll ich sagen?

Je länger ich hier bin, desto mehr bin ich hin- und hergerissen. Ich mag die Menschen hier wirklich sehr, verstehe sie aber beim besten Willen nicht. Sie sind liebenswürdig, sympathisch, herzlich und witzig, und ich kann nicht genug von ihnen bekommen, aber an was in aller Welt glauben sie? Ja, sie haben es mir erzählt, unzählige Male, und ich verstehe jedes einzelne Wort, das sie mir sagen, aber die Logik dahinter begreife ich nicht. Wenn ich tiefer in ihren Glauben eindringen möchte, jenen Glauben, der sie als Gemeinschaft und als Individuen definiert, dann bleiben sie beim Versuch stecken, mir zu erklären, was sie wirklich tief im Herzen glauben. Ich fürchte, die Wahrheit ist, dass sie ihren Glauben gar nicht kennen, obwohl sie ihr Leben für ihn hingeben würden. Sie warten darauf, dass eines Tages ein weißer Esel erscheint, verstummen aber, wenn man sie nach Details fragt. Sie beten in ihren Synagogen »Du bist heilig und Dein Name ist heilig«, aber der einzige Name, den sie kennen, ist Kein Name. Drei ihrer besten Rabbis haben im Gespräch mit mir tapfer erklärt, dass Kvitels bedeutungslos sind – ganz zu schweigen von Rabbi Shaul, der jedem, der es hören will, ausdrücklich sagt, dass er nicht mit dem Heiligen Geist in Verbindung steht –, ihre Anhänger aber glauben felsenfest an das Gegenteil. Glauben sie tief im Innern wirklich, dass es irgendeinen Sinn hat, zu Gräbern zu pilgern? Ihre Hauptaufgabe im Leben ist das Studium der Thora, behaupten sie, aber den Großteil der Bibel, also der Grundlage der Thora, lesen sie gar nicht. Das ganze Jahr über verbringen sie jeden wachen Moment damit, den Herrn zu preisen und zu Ihm zu beten, aber an ihrem heiligsten Tag präsentieren sie sich als ein Haufen inzestuöser Lügner und Diebe vor ihrem Herrn. Sie haben den Judaismus in einen Glauben an züchtige Kleidung für Männer und Frauen verwandelt, doch wenn man sie nach den Ursprüngen ihrer charakteristischen Tracht fragt, erzählen sie bizarre Geschichten über russische Zaren, Katzenschwänze, türkische Sultane und Mütter, die ihre Töchter mit kochendem Wasser foltern. Und als wäre das alles noch nicht genug, glauben sie, dass sich Satan unter den Kleidern der Frauen verbirgt und dass die Heilige Gegenwart über den Köpfen der Männer schwebt. Und dass bei einem Aufeinandertreffen der beiden, oj wej, Satan gewinnt, nicht Gott. Nein, ich habe nichts gegen die chassidische Mode; ich halte sie für die sexyste überhaupt. Aber sie sehen das nicht so.

Andererseits kann man sich fragen, welche Gruppe von Menschen denn überhaupt ein irgendwie nachvollziehbares Bild abgibt. Kann man sich etwa auf die Konservativen in den Vereinigten Staaten einen Reim machen? Viele von ihnen sind gläubige Christen, die darauf warten, dass Jesus, der ihrem Glauben zufolge von den Toten auferstanden ist, als ihr Messias erscheint. Ist das nachvollziehbar? Ist es nachvollziehbar, dass Gott Seinen Sohn, Seinen einzigen Sohn töten würde? Er ist für uns gestorben, für unsere Sünden, sagen die Gläubigen. Als ob Gott ihnen ihre Sünden nicht hätte vergeben können, ohne dass Sein Sohn an einem Kreuz verblutet. Und wenn Jesus wirklich drei Tage nach seiner Kreuzigung auferstanden ist, drei Tage, nachdem er am Kreuz für ihre Sünden gestorben war, wie sie glauben, welchen Sinn hatte es, dass er nur drei Tage lang tot war? Und natürlich, wenn er tatsächlich von den Toten auferstanden ist, wo hat er sich in den letzten zweitausend Jahren versteckt?

Und dann haben wir die Progressiven. Kann man die amerikanischen oder die europäischen Progressiven etwa verstehen? Wenn sie glauben, wie sie behaupten, dass jeder das Recht auf seine eigene Meinung hat, warum können sie dann niemanden tolerieren, der nicht ihrer Meinung ist? Und warum kümmern sie sich so sehr um sexuelle Themen und schreiben uns Tag und Nacht vor, was wir sagen oder tun oder sehen oder denken sollen und was nicht, als ob sie fromme Mormonen wären? Seit wann, bitte schön, ist es das Vorrecht der Progressiven, sich in die Schlafzimmer der Menschen einzumischen, als wären sie der Rebbe von Ger?

Kann man die Muslime etwa verstehen? Wenn Allah mit Mohammed sprechen wollte, warum ließ Er ihn dann auf einem Al-Buraq herumfliegen? Hätte er sich nicht über einer Tasse türkischen Kaffees in Mekka mit ihm besprechen können?

Oder kann man jene Japaner etwa verstehen, die tagein, tagaus mit den Geistern der Toten konferieren? Oder verstehen, weshalb die australischen Aborigines einen Berg anbeten? Oder die Hindus Kühe? Ergibt es etwa irgendeinen Sinn, dass westliche Schwule und Lesben die Einwohner von Gaza lieben, die größten Feinde der homosexuellen Gemeinschaft?

Unterm Strich ergibt vielleicht niemand von uns irgendeinen Sinn.

Das sind meine Sabbatgedanken.

Ja.

Und dann ist der Sabbat vorbei, die Straßen füllen sich wieder mit Autos. Die Begräbnisse werden wieder aufgenommen, an diesem Abend werden innerhalb einer Stunde gleich zwei angekündigt.

Aber nicht alles ist traurig. Es ist Chanukka, ein Fest der Lichter und Hoffnungen.

Da alle mir sagen, man müsse zu den Reb Arelach gehen,

wenn man zu Chanukka in Jerusalem ist, tue ich genau das und besuche ihre Feier.

Die Schul ist brechend voll. Ich fühle mich wie eine Sardine in einer hermetisch verschlossenen Dose. Das ist keine Übertreibung und kein Eindruck, wie man ihn vielleicht von einem Klaustrophoben beim Gang über Manhattans Fifth Avenue zu hören bekommt, sondern eine exakte Beschreibung der Realität. Ich kann keine Hand bewegen; der Schtreimel des Mannes hinter mir schmiegt sich an meinen Hinterkopf, mein Bauch drückt gegen den Rücken meines Vordermannes, und meine Füße könnte ich nur bewegen, wenn ich wie ein Bulle beim Rodeo hochspringen würde, was ich nicht ernsthaft in Erwägung ziehe.

Ich weiß nicht, ob ich diese Veranstaltung überleben werde, ohne Schaden an diesem oder jenem Körperteil zu nehmen, genauso wenig wie ich weiß, ob ich unter diesem Druck noch viel länger werde atmen können, aber ich bleibe.

Zum ersten Mal bin ich nun, da sich Fleisch gegen Fleisch presst und Körper ineinander verschlungen sind, eins mit diesen Menschen, charedischen Juden in goldenen Kaftanen und sexy weißen Strümpfen.

Das ist Chanukka bei Toldos Aharon.

Laut der Beschreibung der Encyclopædia Britannica feiert man bei Chanukka »das Andenken der makkabäischen (hasmonäischen) Siege über die Streitkräfte des Seleukidenkönigs Antiochus IV. Epiphanes und die Wiedereinweihung des Tempels im Jahr 164 v. Chr. [...] Als Judas Makkabäus den Tempel betrat, fand er dem Talmud zufolge nur einen kleinen Krug Öls vor, das nicht von Antiochus entweiht worden war. Der Krug enthielt gerade genug Öl, um einen Tag zu brennen, doch brannte das Öl wundersamerweise acht Tage lang, bis neues geweihtes Öl beschafft worden war, und bildete damit die Voraussetzung, dass das Fest acht Tage lang dauern sollte.«

Der Rebbe, den ich vor mittlerweile etlichen Wochen gesprochen habe, betritt den Hauptsaal von Toldos Aharon mit einer großen Menora und stellt diese feierlich auf den Tisch. Dann beginnt er, sie anzuzünden, was allerdings eine Ewigkeit dauert. Ich habe keine Ahnung warum, und den Chassidim ist es vollkommen gleichgültig. Sie haben Zeit, und es macht ihnen nichts aus, weitere 40 Stunden aneinandergeklebt dazustehen und dem Rebbe dabei zuzuschauen, wie er versucht, eine Menora anzuzünden. Normalerweise dauert dieser Vorgang vier bis sieben Sekunden, hier jedoch eine Ewigkeit.

Endlich ist, Dem Namen sei Dank, die Ewigkeit zu Ende, und der Rebbe bringt die Menora erfolgreich zum Leuchten. Er setzt sich in ihrem Lichtschein auf einen Stuhl und betet. Was betet er? Das geht nur ihn und Den Namen etwas an. Er betet und betet und betet; dieser Mann hat alle Zeit der Welt. Er hat heute keine weiteren Verpflichtungen mehr und zu dieser Stunde, dem frühen Abend, sowieso nichts Besseres zu tun. Die Chassidim starren ihn mit geschlossenem Mund an und genießen jede Sekunde des Vorgangs. Was sie betrifft, soll er beten, bis der Messias kommt.

Was sehen sie, das ich nicht sehe? Was erleben sie, und warum genießen sie es so?

Nach einer weiß der Herr wie langen Zeit gibt der Gabbai, oder wer immer es ist, der neben dem Rebbe steht, ein Zeichen, und der Pulk der Chassidim beginnt zu singen. Was singen sie? Sehnsuchtsvolle Melodien, wenngleich nicht deutlich wird, wonach sie sich sehnen. Nämlich so: Ja, ja, ja, la, la, la, na, na, na, da, da, da. Nach einer Weile davon wechseln sie zu Jo, jo, jo, lo, lo, lo, di, di, di, ti, ti, ti.

Und so weiter und so fort. Die Goldenen Jungs amüsieren sich prächtig.

Was immer diese Goldenen erstreben, und ich weiß ja nicht, was es ist, so scheinen sie es an einem bestimmten Punkt erreicht zu haben, wenigstens teilweise, denn jetzt gehen sie zu fröhlichem Gesang über. Dieses Lied handelt von der Chanukka-Geschichte, es hat einen Text und erzählt, wie die Griechen sich vor Jahrhunderten gegen die Juden zusammenscharten und den Heiligen Tempel entweihten, bis, o Wunder aller Wunder,

der Heilige Tempel zurückerobert war und das heilige Licht alles überstrahlte.

Eng zusammengepresst mit den Goldenen Jungs, von Gold umgeben und in den Zauber der Menora versunken, gehen mir in rasender Geschwindigkeit gegensätzliche Bilder aus den vergangenen fünf Monaten durch den Kopf: vom Fastentag des 9. Aw bis zum Chanukkafest, vom Tag, an dem der Tempel verlorenging, bis zum Tag, an dem er zurückerobert wurde, die Geschichte eines tragischen Verlusts, die mit einem wunderbaren Gewinn endet. Und zwischen diesen beiden Extremen war ich, gehend und schlafend, essend und tanzend, redend und betend und mich mit jedermann auseinandersetzend, auf den meine Augen, meine Füße und mein Mund trafen.

Die vielen Eindrücke der vergangenen Monate, von denen einer den anderen befruchtet, bilden einen Kreis von Bildern in meinem Kopf, die sich permanent widersprechen, zugleich aber auch ergänzen.

Weiß ich jetzt mehr als vor fünf Monaten? Verstehe ich diese Leute jetzt?

Vielleicht, womöglich.

Wer sind sie?

Zunächst einmal: Menschen. Genau wie du und ich.

Und dann sind sie einzigartig.

Ja, meine Liebe, du bist auch einzigartig, nur ist ihre Einzigartigkeit anders als deine.

Inwiefern?

Versuche einmal, für einen Tag oder ein Jahr sie zu sein, und vielleicht erfasst du es dann.

Ihr menschliches Verlangen nach dem Fleisch wird in Verbindung mit dem Verbot, seinen Samen zu vergießen, in eine Sehnsucht nach Dem Namen kanalisiert, und das ist es, was sie antreibt.

Wenn die charedischen Chassidim am Sabbat beten und die Braut begrüßen, rezitieren sie einen Text, der gleichermaßen spirituell und sexuell ist, ein Er und eine Sie, Gott und Sein Volk, wodurch sie sich in eine intime Beziehung vertiefen, die durch das Sexuelle angetrieben ist und vom Spirituellen vollendet wird.

In den Worten des Sohar:

So wie sie sich oben zu Einem vereinigen, so vereinigt Sie sich unten im Geheimnis des Einen, um oben mit ihnen Eins in Einem zu sein. Der Heilige, Gesegnet Sei Er, wird nicht oben auf Seinem Ehrenplatz sitzen, bis Sie nicht im Geheimnis des Einen ist. Um wie Er Eins in Einem zu werden. Und hier haben wir das Geheimnis von »Der Herr ist eins und sein Name ist Eins« erklärt. Das Geheimnis des Sabbats: Der Sabbat vereinigt sich mit dem Geheimnis des Einen, damit das Geheimnis des Einen bei ihr verweilen kann.

In ihren schönsten Kleidern dienen sie als Zeugen und Teilnehmer einer Hochzeit zwischen der Braut Sabbat und Dem Namen, betreten an jedem Sabbat ein Reich, das nicht mit Worten zu beschreiben ist, und sind doch vollkommen davon erfüllt.

Und manchmal nicht nur am Sabbat.

An diesem Festtag, an dem sie jetzt hier sind, ins Licht starren, ihrem Rebbe beim Beten zuschauen und sich mit Dem Namen vereinen, sind sie Zeugen einer Beziehung, die sich zwischen Mensch und Gott vollzieht.

Sie sehen es. Sie sind die lebendigen Zeugen davon.

Und welch würdige Zeugen sie sind! Ihre goldenen Kaftane, Pelzhüte und weißen Strümpfe sind eine heilige Tracht, die

die Heiligkeit in ihre Körper saugt. Ihre Kleidung ist nicht arabisch, und auf ihren Köpfen befindet sich kein einziger Katzenschwanz. Ihre Kleidung ist heilig, jeder Teil von ihr ist geweiht. Die Verheirateten unter ihnen tragen weiße Socken, die Alleinstehenden schwarze Socken, wie ich jetzt sehe, wo ich zwischen ihnen eingezwängt bin. Die Jarmulkes, die weißen Jarmulkes mit den Chupchiks, wurden für sie, erzählen sie mir, von ihren Müttern, Frauen und Schwestern handgefertigt. Allesamt heilig.

Sie, diese ganze mich umgebende Masse menschlichen Fleisches, vereinigen sich, genau wie am Sabbat, »im Geheimnis des Einen«, und dieses Verhalten bildet den Glauben, eine Blase des Seins, könnte man sagen, die ihrem Wesen nach immer begehrt, immer herbeisehnt, aber physisch nie ankommt. In ihr, dieser engen Blase, ist für Fragen kein Raum. Wie auch? Kann man »Jo, jo, jo, lo, lo, lo, di, di, di, ti, ti, ti« befragen? Kann man die Heiligkeit der eigenen Kleidung, hinreißender Kleidung, die unsere nackte Haut so anmutig bedeckt, bestreiten? Das Geheimnis des Einen wird vor dem geistigen Auge sichtbar, wenn der Rebbe so viel Zeit damit verbringt, die Menora mit dem Feuer in seinen Händen zu erfüllen, oder wenn der Belzer Rebbe den Gefilte Fisch berührt, den seine Chassidim begierig herunterschlucken wollen. Wir können die Menora mit den Augen sehen, aber wir können das heilige Feuer nicht mit den Fingern berühren; wir mögen um all die wunderschönen Ladys da draußen wissen, können aber unseren Samen auch nicht einmal vergießen; wir können tausend Fragen haben, dürfen aber nicht eine stellen. Und solange wir nicht hinschauen, vergießen und fragen, löst sich die Spannung in uns erst an der Pforte zum Herrn, einer Pforte, die just in dieser Schul sperrangelweit offen steht.

Vielleicht werden Sie sagen, dass all dies womöglich die männliche Seite der charedischen Existenz erklärt, aber was ist mit der weiblichen Seite? Zählen die Frauen, 50 Prozent des charedischen Judentums, denn gar nichts?

Die Antwort lautet: Sie zählen, und zwar uneingeschränkt.

Sie nennen es Das Geheimnis des Einen. Wie Der Name, der sich mit der Schechina oben, dem weiblichen Heiligen Geist vereinigt, so vereinigen sich auch die Juden mit den Jüdinnen, und alle zusammen vereinigen sich in Einem. Alles, Gott, die Schechina und die beiden jüdischen Geschlechter, ist Eins. Kein Mann ist auf sich gestellt und keine Frau ist auf sich gestellt, kein Rebbe ist auf sich gestellt und keine Chassidim sind auf sich gestellt, kein Gott ist auf sich gestellt und keine Schechina ist auf sich gestellt, sondern sie sind alle Eins. Sie und ich glauben, dass es Männer gibt und dass es Frauen gibt, aber nein. Männer und Frauen sind eins. Und deshalb ist es so entscheidend, einen »Partner« zu haben, weil es sonst keinen Mann und keine Frau gibt. Und selbst sie, auf sich gestellt, existieren nicht unabhängig voneinander, solange sie nicht mit dem Himmel vereinigt sind. Aber auch das ist noch nicht das Ende der Geschichte. Der Mensch, einschließlich der Frau, ist nicht unabhängig vom Engel, und die Lebenden sind nicht unabhängig von den Toten. Es ist alles eins. Das Geheimnis des Einen.

Diese sorgsam konstruierte Blase kann platzen und kaputtgehen, wenn einer ihrer Bestandteile fehlt. Schau eine Frau an, die nicht deine Ehefrau ist, vergieße diesen Samen, stelle eine Frage, und alles ist vorbei.

Das, mögen Sie sagen, ist vielleicht das chassidische Judentum, aber kein Litwak wird sich dazu bekennen. Nun ja, doch. Wie der Rebbe von Shomer Emunim zu mir sagte: »Wir haben gewonnen.«

Wie sie es sehen, so verstehe ich endlich, bedeckt die Kleidung, die der Männer wie die der Frauen, das Fleisch und bringt die Seele heraus. Ja, ja, ja. Ich begreife es endlich, ich begreife endlich ihre Besessenheit von der Kleidung, der Züchtigkeit; warum das Thema »Züchtigkeit« eine so große Rolle für sie spielt und warum sie nicht aufhören, jedermann daran zu erinnern, dass er züchtig gekleidet sein muss. Den Körper zu bedecken und die Seele zu feiern, ist das Wesens ihres Seins. Und damit hat sich's.

Vor über 20 Jahren gab meine Mutter seligen Angedenkens ungefähr um diese Zeit im jüdischen Kalender ihre Seele an den Himmel zurück und wurde in dieser Heiligen Stadt Jerusalem beerdigt. Als ich in diese Stadt kam, war es um den Todestag meines Vaters, und jetzt ist es um den Todestag meiner Mutter.

Wie schnell die Zeit vergeht.

Am achten Tag von Chanukka, als die letzte Kerze bereits angezündet ist, breche ich von Jerusalem, von Mea Schearim auf und fahre nach Bnei Brak, in die Stadt der Charedim, die auch als Stadt der Thora bekannt ist, die Stadt, in der ich gezeugt worden bin.

Ich bin jetzt bereit, spüre ich, den Ort aufzusuchen, der mich geprägt hat.

Auf der breiten Straße an der Zu- und Ausfahrt von Jerusalem staut sich der Verkehr Stoßstange an Stoßstange. Seitlich der Straße, wo keine Autos fahren, sehe ich vielleicht hundert Chassidim, die raschen Schritts in einer Gruppe laufen. Sie werden von vier Chassidim angeführt, die eine Bahre tragen, auf der ein mit einem Tallit bedeckter Leichnam liegt. Das muss ein Trauerzug sein, obwohl ich keinen Leichenwagen oder sonst ein Fahrzeug vor oder hinter ihnen sehe. Nur eine Gruppe von Männern, die den toten Körper eines Freundes tragen.

Ich habe so etwas noch nie gesehen, Menschen, die einen Leichnam auf der Straße tragen, und es ist beängstigend. Es erinnert mich an meinen ersten Tag in Mea Schearim, an das Auto mit dem Lautsprecher auf dem Dach, aus dem es tönte: »Der Trauerzug für den rechtschaffenen Rabbiner ...« So, meine Liebe, sieht ein solcher Trauerzug aus.

EIN NOTGEBET: DAS IST IHRE LETZTE CHANCE, EINE PARTNERIN ZU FINDEN

Wenn Sie in einem Grab kein Mädchen finden können, kommen Sie hierher!

Es ist immer noch der letzte Tag von Chanukka, als ich in Bnei Brak ankomme, der Stadt meiner Kindheit. Meine Tage im Tzefania Hotel sind vorbei, willkommen im Hotel Aristocrat in Kiryat (Kiryas) Vizhnitz, Bnei Brak. Was hat ein solches Wort, Aristocrat, im Wörterbuch des charedischen Bnei Brak zu suchen? Da bin ich überfragt. Als ich ein Kind war, kannte ich die Bedeutung des Wortes Aristokrat nicht und hätte es schon gar nicht buchstabieren können.

Ich buche eine Suite im Aristocrat, weil ich kein anderes Hotel in Bnei Brak finden kann, einer Stadt, die nicht gerade für ihre Hotels bekannt ist. Glücklicherweise liegt das Aristocrat keine zehn Gehminuten vom Haus meiner Kindheit entfernt.

Ich stelle meine Koffer im Hotel ab und gehe hinüber zu meiner Vergangenheit, zu dem reizenden Baby, das ich einst war.

Auf dem Weg begegne ich keiner Patricia und keinen Taliban. Gibt es keine Taliban in Bnei Brak?

Gegenüber der Wohnung meiner Kindheit liegt die Hazon-Isch-Synagoge, auch Lederman-Synagoge genannt, in der ich wochentags oft zum Namen betete. Zu meiner Zeit war es eine kleine Synagoge mit nur einem Stockwerk, heute aber ist sie groß, breit und beeindruckend. Und siehe da: Im zweiten Stock sind gerade in diesem Moment, kurz vor 23 Uhr, alle möglichen Leute mit großen Kameras unterwegs. Findet dort eine Hochzeit statt? Ein Begräbnis? Ich gehe die Treppe hoch und sehe, dass sich die Menschen in der zweiten Etage dicht an dicht drängen. Alles, was sie tun, ist beten. Keine Hochzeit, keine Torten, nicht mal ein Begräbnis. Was ist es dann? Ein besonderes Gebet, ein Notgebet. Worin besteht der Notfall? Genau zu dieser Stunde, lese ich in einer Broschüre, die man mir reicht, sind die Tore des Himmels für die Annahme unserer Gebete weit geöffnet. Im Bewusstsein, dass sich die Himmelspforten bald wieder schließen werden, haben sich die Gottesdienstbesucher zu einem Notgebet versammelt. Welcher Art ist der Notfall? Mal wieder ein Finde-deine-Partnerin-Notfall.

Diese Leute sind zweifellos ungebildete Idioten. Wissen sie nicht, dass man zu einem Grab in Amuka, einem Grabmal in Zefat, einem Ohel in New York oder zur Klagemauer gehen muss, um eine Partnerin zu finden? Wissen sie nicht einmal, dass der Himmel nur für Slichot-Tage versprochen hat, sich menschlichen Bitten zu öffnen? Wissen sie nicht, dass sie Heilswein trinken müssen, wenn Gott ihre Wünsche erfüllen soll?

Wer steht hinter einer solchen ignoranten Maßnahme? Wer veranstaltet dieses Gebet?, frage ich mich.

Aus der Broschüre erfahre ich, dass der Veranstalter Rina Shel Torah ist, eine Organisation unter der Leitung eines Mannes, der gleich neben der Synagoge lebt: Rabbi Chaim Kaniewski.

Interessant.

Rabbi Kaniewski hat sogar angekündigt, lese ich, dass er selbst an dem Gebet teilnehmen wolle, obwohl er es offensichtlich nicht geschafft hat. In seinem Alter, mit 94 Jahren, sucht er vielleicht gar nicht nach der passenden Partnerin.

Seine Anhänger aber schon; sie sind auf Partnersuche in der Lederman-Synagoge.

Moment mal! War es nicht Rabbi Kaniewski selbst, der versprochen hatte, sich um alle Singles zu kümmern, die ihm am Vorabend von Tu B'Aw, dem 15. Aw, bis 13.30 Uhr ihre Namen zugesandt haben, wenn die Himmelspforten angeblich für alleinstehende Juden auf der Suche nach einem Zivug, einer Partnerin, geöffnet sind?

Es hat schon seinen Grund, warum die Charedim keine Fragen stellen sollen.

Rina Shel Torah kündigt zudem für heute ein »Geheimgebet« am Grab von Hazon Isch an, einer hochgeschätzten litwakischen

Autorität, die ihre Seele 1953 dem Himmel zurückgab. Dieses geheime Gebet wird offensichtlich von Rabbi Chaim Kaniewski gebilligt, der sich mit den Worten zitieren lässt: »Auch ich werde zum Beten dorthin gehen.«

Die Leute um mich herum, nehme ich jedenfalls an, freuen sich darüber, dass keine Mühe gescheut wird, um junge Frauen für sie zu finden.

Ich beobachte die einsamen Seelen von Bnei Brak, Männer auf Frauensuche, Männer, die keine Frauen ansehen dürfen, und frage mich, was für Idioten sagen, dass charedische Frauen unter dem Joch der charedischen Männer leiden. Die leidenden Charedim, meine Liebe, sind die Männer, diejenigen, die mit einem Bris geboren wurden. Und wenn du mir nicht glaubst, dann komm her und schau selber.

In ihrer Litwakim-Tracht sehen sie völlig anders aus als die Goldenen Jungs. Sie haben keine Schtreimel, keine Kaftane, und ich kann beim besten Willen nicht sagen, von welcher Farbe ihre Socken sind, da diese von ihren langen Hosen verdeckt werden. Sie tragen Hüte, langweilige Hüte, und schwarze Sakkos, die in Schnitt und Machart der Kleidung eines durchschnittlichen europäischen Buchhalters gleichen, nur von geringerer Qualität. Diese Frauenjäger sollen zumindest ihrer eigenen Überzeugung nach Intellektuelle und im Talmud viel besser bewandert sein als jeder andere Chassid im Land. Was, soweit ich sehen kann, durchaus fragwürdig ist. Der Talmud, wenn sie ihn denn kennen würden, widmet sich dem Thema Heiratsvermittlung auf sehr schöne Weise, was sie aber nicht zu wissen scheinen. So ist im Talmud im Traktat Sotah zu lesen, »dass vierzig Tage vor der Bildung der Geburt eine Hallstimme ertöne und spreche: die Tochter von jenem für diesen«. Anders gesagt, meine lieben beunruhigten Junggesellen: Eure Mädchen warten schon irgendwo da draußen auf euch, sodass ihr Den Namen zu dieser späten Stunde gar nicht behelligen müsst. Er hat euch eure Mädels schon gegeben, liebe Litwakim, lange bevor ihr geboren ward, nur hier sind sie mit Sicherheit nicht, weil ihr ja nur von Männern umgeben seid.

Und von Broschüren, mehr als nur einer.

Zwei Arten von Broschüren liegen hier für die Betenden aus. Die eine enthält verschiedene Psalmen und Gebete, die andere Namenslisten von Menschen, die mit ihrem Vornamen und dem Vornamen ihrer Mutter identifiziert werden und auf der Suche nach einer Partnerin sind. Die aufgelisteten Personen, lasse ich mir erklären, möchten, dass die einsamen Gottesdienstbesucher, die selbst auf der Suche nach einer Partnerin sind, Den Namen darum bitten, auch eine für sie zu finden.

Die Kameras surren, als der Gottesdienst eine Stunde vor Mitternacht, um Punkt 23.00 Uhr beginnt.

Ich lese die Gebetstexte zur Partnersuche, einer für Jungen, die nach einem Mädchen suchen, und einer für den umgekehrten Fall. Sie sind identisch, mit einer bezeichnenden Ausnahme. Das Mädchen betet um einen attraktiven Mann, während der Junge um ein gutes Mädchen bittet. Ja, ich erinnere mich noch aus meinen alten Tagen daran: Man darf »attraktiver Mann« sagen, aber auf gar keinen Fall »schönes Mädchen«. Und warum nicht? Weil man sich dann womöglich ein schönes Mädchen vorstellt und, der Herr schütze uns, seinen Samen verschüttet.

Wenn Sie also als Mann Gott darum bitten, dass er ein Mädchen für Sie findet, sagen Sie bloß nicht »schönes Mädchen«, sondern eben »gutes Mädchen«.

O ja.

Sie tun mir echt leid. Ein Chassid ohne Partner hat zumindest hervorragende Kugels; diese Litwakim haben nichts, nur Broschüren.

Der Abend der Einsamen Seelen geht weiter.

Zwischen den Gebeten um die Attraktiven und die Guten hält ein Rabbi eine Rede. Er erzählt den Andächtigen, dass der Herr Tränen annimmt, viele Tränen, und fordert sie auf, zu Ihm zu weinen, Ihm zu zeigen, wie verletzt sie sind und welches Leid sie durchmachen.

Sie hören zu, akzeptieren es, und die Tränen fließen.

Ich betrachte die jungen Männer. Sie weinen, sie rufen, sie schokeln. Es lässt einen nicht kalt, wenn man das sieht, so viele einsame Menschen, Männer, die noch nie eine Frau berührt haben und sich nach nichts so sehr sehnen.

Die Geschichte der Einsamen wiederholt sich eine Etage höher im Frauenbereich, wo die Frauen den Himmel darum bitten, attraktive Männer für sie zu finden. Ihre Schar ist allerdings deutlich kleiner und umfasst auch Mütter junger Männer, die für ihre Söhne beten.

Gebete und Versammlungen wie diese gab es zu meiner Zeit nicht. Wie die Zeiten sich ändern, denke ich nicht zum ersten Mal.

Anders als gestern tanzen und singen diese Gottesdienstbesucher nicht. Die Menschen hier sind keine Chassidim; sie sind Litwakim. Chassidim singen, Litwakim weinen.

Für einen Moment könnte man, wenn man diese Menschen sieht und weinen hört, denken, dass sie heute den Fastentag des 9. Aw begehen, statt das Chanukkafest zu feiern. Nur Litwakim können – wer hätte das gedacht? – einen fröhlichen Tag in einen Tag der Tränen verwandeln. Das muss ihnen erst einmal einer nachmachen.

Was brachte Rabbi Kaniewski und Rina Shel Torah dazu, Chanukka in einen Partnergebetstag der Tränen und Seufzer zu verwandeln?

Mal sehen, ob ich es herausfinden kann.

HASSER UND TERRORISTEN, IM GEBET VEREINT

Die Uneinigkeit zwischen Studenten und Rabbis
in einer Zeit, in der sich die charedische Welt ein wenig
öffnet und die freie Welt sich sehr verschließt

Das »Yale« unter den litwakischen Jeschiwas, so habe ich oft gehört, ist die Jeschiwa Ponevez (Ponewiesch). In der Hebron-Jeschiwa in Jerusalem würden sie das bestimmt bestreiten, weil niemand besser ist als sie, aber jetzt sind wir in Bnei Brak. Und Bnei Brak entscheidet selbst, wer die Beste ist und wer nicht, da braucht eine Jeschiwa von außerhalb der Stadt der Thora gar nicht erst zu kommen.

Ich jedenfalls gehe zur Ponevez-Jeschiwa, die von Rabbi Yosef Kahaneman gegründet wurde, als in Europa noch der Holocaust wütete.

Die Ponevez-Jeschiwa liegt auf einem Hügel und sieht schon von außen beeindruckend aus, zumal in Bnei Brak, einer Stadt, die stark von dem deprimierenden Bauhausstil geprägt ist.

Offiziellen Angaben zufolge hat die Jeschiwa über zweitausend Studierende, der große Studiensaal scheint aber keine tausend Sitzplätze zu umfassen.

Und doch, was für ein Studiensaal! Schau dir, meine Liebe,

diesen vergoldeten Thoraschrein an, ein Meisterwerk sakraler Schnitzkunst. Einen solchen Thoraschrein wirst du im Vatikan vergeblich suchen.

Der Saal ist voller Studenten, doch in der Mitte rechts sehe ich noch einen freien Platz und setze mich.

Ich nehme die Studenten um mich herum in Augenschein.

Anders als in den Jerusalemer Jeschiwot spricht mich hier keiner der Studenten an. Ich betrachte die jungen Männer in ihren weißen Hemden und dunklen Hosen und höre ihnen dabei zu, wie sie in Chavrusas, Zweiergruppen, studieren. Mit großem Vergnügen lausche ich, wie sie Talmudtraktate und komplexe religiöse Gesetzestexte analysieren und diskutieren oder leidenschaftlich miteinander über Themen debattieren, die für den Rest der Menschheit gegenstandslos sind, für sie aber die Welt bedeuten. Ich erinnere mich an die Tage, als ich in einer Jeschiwa lernte und wir tagtäglich Stunden mit haarspalterischen Argumenten verbrachten oder voller Inbrunst Fragen diskutierten wie: Was bedeutet es, auf einem Stuhl zu sitzen? Heißt es, dass man auf dem Stuhl sitzt, oder bedeutet es, dass der Stuhl unter einen gesetzt ist?

Ja, das waren noch Zeiten.

Wenn der Gerrer Rebbe Jaakov Arje Alter hier wäre und diesen gelehrten Burschen zuhören würde, bekäme er wahrscheinlich einen solchen Brummschädel, dass er noch vor Sonnenuntergang auf dem Ölberg landen würde.

Was die gelehrten Burschen selbst angeht, so diskutieren sie miteinander und kümmern sich nicht die Bohne darum, wer wo sitzt. Ich sitze hier, aber für sie bin ich Luft.

Sie ignorieren mich.

Fünf Minuten vergehen, zehn, fünfzehn, nichts.

Es wird Zeit, sage ich mir, dass ich den ersten Schritt mache.

Das ist Ponevez, nicht wahr?, frage ich einen Studenten.

»Ja. Und wer sind Sie?«

Ein Jude.

»Von wo?«

Von der Welt.

»Von wo in der Welt?«

Überall und nirgends.

»Wo ist überall und nirgends?«

Nirgends und überall.

»Interessant.«

Ist Rabbi Shmuel Markowitz heute da?

Rabbi Markowitz ist ein Verwandter von mir, den ich allerdings seit meinen Kindheitstagen nicht mehr gesehen habe. Ich frage mich, wie er heute aussieht.

»Nein.«

Sein Chavrusa schaltet sich ein. »Doch, er ist da.«

Wo?

Er zeigt auf die andere Seite des Saals und sagt: »Da.«

Wo da?

»Da, der mit der Jacke.«

Ich sehe ihn nicht. Wo?

»Der sich am Kopf kratzt.«

O ja, jetzt sehe ich ihn. Wow. Der Mann ist alt; so habe ich ihn nicht in Erinnerung. Warum kratzt er sich am Kopf? Ist er verwirrt?

Wie ist er, mögt ihr ihn?

»Er ist nicht unser Rabbi.«

Wessen Rabbi ist er?

»Von der anderen Hälfte.«

Welche andere Hälfte?

»Die andere Hälfte der Jeschiwa, die in Wirklichkeit eine andere Jeschiwa ist.«

Wovon sprecht ihr?

»Zwei Jeschiwot nutzen diesen Studiensaal.«

Wer sind die, die zu Markowitz gehören?

»Die Terroristen.«

Interessant. Und wer seid ihr?

»Die Hasser.«

Nette Namen.

»Ausgezeichnete!«

Im Internet kursieren viele Videos, erzählen sie mir, die zeigen, wie die Terroristen die Hasser in eben diesem Hörsaal gewaltsam angreifen und Möbelstücke auf sie werfen. Oft müsse die Polizei aufs Gelände der Jeschiwa kommen, um die Ordnung wiederherzustellen.

Was ist die Geschichte dieses Studiensaals?

»Dieser Studiensaal ist in der Mitte geteilt. Nicht physisch, aber eine Zweiteilung, ein unsichtbarer Zaun. Die eine Hälfte des Saals gehört uns, die andere ihnen. Der Streit zwischen beiden Seiten wird gerade vor Gericht ausgetragen, und bis das Gericht entscheidet, welcher der beiden Seiten dieser Studiensaal gehört, überquert keiner von uns den unsichtbaren Zaun.«

Das ist eine traurige Geschichte.

Nach dem Ableben von Rabbi Yosef Kahaneman gerieten zwei seiner Erben in einen erbitterten Streit: sein Sohn, Rabbi Eliezer Kahaneman, und sein Schwager, Rabbi Shmuel Markowitz. Es ist ein Streit um Geld, um viele Millionen, um Ehre, Ansehen und Macht. Und wie die Dinge inzwischen stehen, gehört zu jedem der beiden Lager ungefähr die Hälfte der Studentenschaft, wobei Rabbi Eliezer Kahaneman etwas mehr Studenten hat.

Heiraten die Familien der Hasser und der Terroristen untereinander?

»Nein!«

Wann sind hier zum letzten Mal Möbel über eure Köpfe geflogen?

Ein anderer Student schaltet sich ein. »Sie meinen die ganzen Clips im Internet?«

Ja.

»Die sind gestellt.«

Wie meinen Sie das?

»Was in diesen Clips gezeigt wird, ist nicht wahr. Ist nicht geschehen. Nicht hier. Sie dürfen nicht alles glauben, was Sie im Internet sehen.«

Während wir uns unterhalten, schließen sich immer mehr Studenten unserem Gespräch an, und mir geht durch den Kopf, dass es in meiner Zeit gar nicht zu einer solchen Situation hätte kommen können. Damals hätten mich ein bis drei Rabbis sofort aufgefordert, zu verschwinden, und kein Student hätte im Traum mit mir gesprochen, mit einem Fremden, der das Gespräch womöglich, Gott bewahre, auf Schöne Mädchen gebracht hätte. Diese Studenten sind jedoch viel offener als die zu meiner Zeit, und die Rabbis kommandieren sie nicht so herum wie uns früher.

Ich erzähle der ständig wachsenden Gruppe von Studenten, dass ich gestern Abend in der Hazon Isch war, der Lederman-Synagoge, in der Hunderte Männer um passende Partnerinnen beteten.

Ein Student merkt an: »Die haben geweint, oder?«

Ja, haben sie. Und ich habe eine Frage: Seit wann gibt es diese Art von Gebet?

»Wie meinen Sie das?«

Ich bin in dieser Stadt aufgewachsen, in der Raschbam-Straße, und damals gab es das nicht.

Ein Student aus einer angesehenen rabbinischen Familie, der anonym bleiben möchte, sagt: »All diese Organisationen wie Rina Shel Torah sind korrupte Abkassierer, die Veranstaltungen organisieren, um Geld für sich selbst zu beschaffen.«

Wenn ich mich nicht irre, untersteht Rina Shel Torah der Leitung von Rabbi Chaim Kaniewski. Wollen Sie mir sagen, dass es ihm nur ums Geld geht?

»Zur Verteidigung Rabbi Chaims und um seiner Ehre willen sei gesagt: Er ist ein alter Mann. Er ist senil und weiß nicht, was er tut oder sagt. Alles, was Sie in seinem Namen hören oder lesen, was er abgesegnet hat, stammt nicht von ihm, sondern von seinem Enkel Janki. Janki macht Geschäfte mit vielen Organisationen und Personen, und dabei geht es nur ums Geld. Er benutzt seinen Großvater, um sich die Taschen vollzustopfen.«

Bei diesen Worten wendet sich der Student, der mich davor gewarnt hatte, alles zu glauben, was ich im Internet sehe, an seinen Kommilitonen: »Nein, es ist nicht Janki, es ist Rabbi Chaim. Er ist nicht senil, der Himmel bewahre. Im Netz kann man ganz viele Videoclips mit den Wundern sehen, die Rabbi Chaim bewirkt!«

Was halten Sie von dem Gebet um eine Partnerin, das ich gestern sah?

»Was soll ein 30-Jähriger, der noch nicht verheiratet ist, Ihrer Meinung nach denn tun?«

Wenn er 30 und noch nicht verheiratet ist, soll er doch ein junges sephardisches Mädchen heiraten, statt in der Lederman-Synagoge zu weinen!

Sie lachen.

Dann bemerkt einer von ihnen: »So etwas zu sagen, ist nicht nett!«

Ich sage, was ihr Jungs denkt. Oder etwa nicht? Ich möchte Sie etwas fragen: Wie viele Sepharden studieren in dieser riesigen Jeschiwa, zwei?

»Von wegen! In dieser Jeschiwa sind mindestens 30 Prozent der Studenten Sepharden!«

Sie machen sich lustig über mich, oder? Wo sind sie? Ich kann in diesem Saal nicht mehr als eine Handvoll Sepharden ausmachen, wenn überhaupt.

Ein anderer Student fährt seinen Kommilitonen daraufhin an:

»Welche 30? Wo sind die 30? Wie, jeder dritte Student ist ein Se-pharde? Was ist denn mit dir los?«

Zu diesem Zeitpunkt stehen mehr Studenten um mich he-rum als um jeden Rabbi, und ich fühle mich wie ein Rebbe. Was ein tolles Gefühl ist.

Ich frage die Umstehenden: Betet ihr, liebe Studenten, an Gräbern?

Der Student aus der berühmten rabbinischen Familie ant-wortet wie aus der Pistole geschossen: »Wir, die Litwakim, sind schlimmer geworden als die Chassidim. Sie haben von uns ge-lernt, wie man den Talmud studiert, und wir haben von ihnen gelernt, wie man an Gräbern betet. Es ist eine Schande! Wir sind das Gespött der charedischen Welt!«

Die anderen hören das und schweigen, denn dem gibt es nichts mehr hinzuzufügen.

Es ist 13.25 Uhr, in fünf Minuten beginnt das Nachmittags-gebet. Jetzt ziehen alle ihre Jacketts an und setzen ihre Hüte auf, zu Ehren Des Namens, der offensichtlich Männer in Jacketts mag.

Ich betrachte die betenden Studenten und bemerke ein inte-ressantes Detail: Je weniger attraktiv ein Student ist, desto ernst-hafter betet er. Diese Studenten rühren mich am meisten an. Sie beten so eifrig und bitten Den Namen, ihnen zu helfen, höchst-wahrscheinlich mit einem schönen Volltreffer. Aber die Frage ist: Warum sollte ein schönes Mädchen ausgerechnet sie hei-raten? Ja, ich weiß: Sie hoffen, dass Gott Wunder wirkt und sie mit schönen Mädchen zusammenbringt, aber das wird, so leid es mir tut, nicht passieren. Schließlich haben gestern Abend die charedischen Frauen von Bnei Brak Gott um die attraktiven Män-ner gebeten. Und Gott erfüllt, wie wir wissen, die Bitten einsa-mer Menschen um 23 Uhr nachts am letzten Tag von Chanukka. Die unattraktiven Männer hier, so sorry, haben den Zug verpasst. Vielleicht beten sie deshalb so intensiv und bitten Gott, ihnen we-nigstens ein paar Knochen hinzuwerfen.

Die Terroristen, vermute ich, beten nicht so intensiv. Wenn sie nicht bekommen, was sie wollen, haben sie mehr als nur ein paar Möbelstücke, die sie herumwerfen können. Um ehrlich zu sein, will ein Teil von mir zur anderen Seite hinüberwechseln und die Terroristen von Nahem beäugen, aber ich glaube, ich sollte den liebenswürdigen Hassern, die mich so freundlich empfangen haben, ein klein wenig Loyalität zeigen.

Bald ist das Gebet zu Ende, und ich rüste mich zum Aufbruch aus der Jeschiwa, umringt von Unmengen Studenten, die mich auf dem Weg nach draußen begleiten.

Wahnsinn! So viele Studenten, die alle so erpicht darauf sind, die Welt außerhalb ihrer Welt zu beschnuppern, und so neugierig.

Was soll ich sagen? Ich verliebe mich in diese Jungs. Ja, sie sind Litwakim, aber reizende Litwakim! So offen, so neugierig und mit einem solchen Funkeln in den Augen. Herrlich.

In etwas geringerem Maße konnte ich diese Neugier und Offenheit schon in den anderen litwakischen Jeschiwas erleben. In einigen von ihnen konnte ich den Rabbis an den Gesichtern ablesen, wie sehr sie diese Begegnung zwischen ihren Studenten und mir Fremdem missbilligten, aber sie sagten kein Wort. Ich habe das Gefühl, dass eine Uneinigkeit zwischen der jüngeren Generation der charedischen Welt, jenen Studenten, die sich mit der Außenwelt auseinandersetzen möchten, und den Rabbis besteht, die weiterhin an der seit langem praktizierten Weltabgewandtheit festhalten wollen. Es ist interessant mitzuerleben, wie die jüngeren Charedim versuchen, sich immer mehr zu öffnen und zumindest einige der Verbotsfesseln abzustreifen, während die Welt da draußen, die Welt der vermeintlichen Freidenker, immer neue Regeln für die eigenen Mitglieder und immer mehr Verbote für die eigenen Anhänger auftürmt.

Ich verlasse Ponevez, ohne Guten Tag oder Auf Wiedersehen zu Rabbi Markowitz zu sagen. Ja, wir gehören zur selben Familie, aber diesen Teil der Familie konnte ich noch nie besonders gut leiden. Seinen Vater, auch er ein Rabbi, hielt ich immer für einen Spitzbuben, und der Apfel scheint nicht weit vom Stamm gefallen zu sein. Rabbi Markowitz bringt im Übrigen nicht nur alles in dieser Jeschiwa durcheinander, sondern führt auch noch eine merkwürdige Gruppe namens Jerusalem-Peleg (Jerusalem-Gruppierung) an, die für ihre Gewaltbereitschaft bekannt ist. Vergangene Woche, heißt es, fuhren seine Anhänger nach Jerusalem in die Bar-Ilan-Straße, um gegen Baumaßnahmen zur Verlegung von Straßenbahngleisen in der Gegend zu protestieren. Wenn man sie danach fragt, was so falsch an einer Straßenbahn sein soll oder warum sie daran Anteil nehmen an einem Ort, an dem sie gar nicht leben, antworten sie nicht, sondern werfen Steine auf die Polizei oder liefern sich Faustkämpfe mit Leuten, die sie auffordern, aus der Gegend zu verschwinden. Warum beschäftigt sich unser Heiliger Rabbi mit Straßenbahngleisen in Jerusalem? Ich bin mir nicht sicher, aber vielleicht hat Rabbi Markowitz einen Gotteskomplex und lechzt für sein geistiges Überleben nach Blutopfern von seinen Gefolgsleuten. Ich würde das als triftigen Grund durchgehen lassen, verstehe aber nicht, warum er sich die ganze Zeit am Kopf kratzt.

Was Janki betrifft: Ich versuche, ein Treffen mit ihm zu vereinbaren, um mir seine Version der Geschichte anzuhören, aber er will nicht. Sein gutes Recht.

Ich gehe in der Ra'avad-Straße an der Wohnung des verstorbenen Rabbi Mosche Bergman vorbei, wohin mein Vater mich oft mitnahm, wenn er ihn besuchte. Als ich mich dem Varsha (Warschauer) Garten an der nächsten Ecke nähere, mache ich kurz vor einem Geschäft halt, das einmal ein Schusterladen war, mit dem sich ein jemenitisches Paar mühsam seinen Lebensunterhalt verdiente.

Sie waren ein älteres Paar, diese Jemeniten. Eines Tages, erinnere ich mich, kamen sie zu uns, um meinen Vater um Hilfe zu bitten, wobei sie sich gegenseitig ankeiften. Sie kamen nicht mehr miteinander aus, sagten sie, und wollten von meinem Vater wissen, ob es eine Möglichkeit gäbe, die Flamme der Liebe wieder zu entfachen. Ich schlich mich ins Nebenzimmer und belauschte ihr Gespräch. Ja, sagte mein Vater, es gibt einen Weg, wie sie ihre Liebe zurückgewinnen können, vorausgesetzt, sie folgen seinen Anweisungen. Wie lauteten die Anweisungen? »Jeden Morgen«, sagte mein Vater ihnen, »müssen Sie zusammen zum Lebensmittelgeschäft gehen und Folgendes kaufen: Hüttenkäse, drei Scheiben gelben Käse, vier Scheiben Feta und eine kleine Packung Streichkäse. Sie stecken die Käse in eine Tüte, und wenn Sie wieder zuhause sind, tun Sie Folgendes: Schneiden Sie den gelben und den Fetakäse in acht gleich große Stücke und verteilen Sie sie auf einem Teller, fügen Sie drei Löffel Hüttenkäse und zwei Löffel Streichkäse hinzu und vermischen Sie alles fünf Minuten miteinander. Lassen Sie das Ergebnis vier Minuten ruhen, dann setzen Sie sich und essen die Käsemischung in zehn Minuten zusammen auf. Das machen Sie sechs Tage lang jeden Tag, von Sonntag bis Freitag.«

Nachdem das Ehepaar gegangen war, fragte ich meinen Vater: Bist du verrückt geworden? Was soll diese Käsemischungsgeschichte? »Hab Geduld«, erwiderte mein Vater.

Eine Woche später traf ein großer Karton mit allen möglichen Geschenken bei uns ein, in dem auch ein kleiner Zettel lag. »Danke, heiliger und genialer Rabbi, dass Sie uns unsere Liebe zurückgegeben haben. Wir sind so glücklich!«

Da haben Sie es. Keine Gräber, keine Kvitels und keine Segnungen. Nur Käse.

Weiter oben auf der Rabbi-Akiva-Straße stand einmal ein Kiosk, bei dem man alle möglichen säkularen israelischen Zeitungen kaufen konnte, aber das ist Vergangenheit. Ich frage Passanten, wo ich in Bnei Brak ein nichtreligiöses Blatt oder Buch kaufen könnte, aber keiner weiß es. In einigen Buchhandlungen hier kann man heilige Bücher kaufen, aber wenn Sie, sagen wir, *Verbrechen und Strafe* in die Hände bekommen wollen, dann nehmen Sie besser ein Taxi oder einen Bus in eine andere Stadt.

Neben dem Kiosk befindet sich eine Bushaltestelle, falls Sie eine suchen. Früher hielt dort die Buslinie 54, aber die 54 gibt es nicht mehr. Warum, so fragten wir uns damals, hieß die Buslinie 54? Die Antwort: Alle fünfzig Minuten treffen vier Busse gleichzeitig ein. Man muss schon ein Litwak sein, um auf diese Frage und auf diese Antwort zu kommen, ich weiß, aber ehrlich gesagt, war das auch eine Tatsache.

Jetzt ist Stoßzeit, und ich fahre mit dem 53er-Bus die Rabbi-Akiva-Straße entlang, die geschäftigste Straße in Bnei Brak. Ein paar charedische Sepharden steigen mit mir in den Bus, ohne einen Fahrschein zu kaufen. Es ist nicht das erste Mal, dass ich junge charedische Sepharden dabei beobachte. Warum tun sie das? Darum. In Deutschland nennt man solche Leute Schwarzfahrer, aber sagen Sie dieses Wort nicht zu diesen jungen Sepharden, weil sie sich durch dessen wörtliche Bedeutung extrem auf den Schlips getreten fühlen könnten.

Der Bus schleicht jedenfalls nur so voran, weil vor ihm die Müllabfuhr ihre Runden dreht. Was hat die Müllabfuhr mitten in der Hauptverkehrszeit auf dieser Straße zu suchen? Keine Ahnung. Etwas so Dämliches habe ich während meines mehrmonatigen Aufenthalts in Jerusalem nicht ein einziges Mal erlebt.

Da gehe ich lieber zu Fuß, das ist schneller. Ich steige wieder aus, und was sehe ich? Überall liegt Müll herum, entweder auf der Straße oder direkt vor vielen Häusern, Müll, den keine Müllabfuhr abtransportieren wird, weil er allgegenwärtig ist. Ich schäme mich für die Menschen, die in dieser Stadt leben. Haben sie gar keinen Sinn für Ästhetik?

Kurz darauf bin ich bei einem Lehrhaus namens Kollel Radzyń angelangt. Bis auf drei Personen ist es verwaist, ein weiteres Zeichen für das traurige Schicksal der chassidischen Dynastie von Radzyń, das entsetzliche Schicksal meiner Familie.

Ich gehe weiter und mustere die Leute um mich herum; sie sehen alle aus, als stammten sie vom selben Montageband im Himmel, wo angeblich die Menschen hergestellt werden.

Bnei Brak, dämmert mir, ist eine Inselstadt, ein Ort, den keine Touristen besuchen, zu dem keine Auswärtigen kommen, um auf seinen Straßen zu flanieren, eine Stadt der hässlichen Gebäude und ein Punkt auf der Landkarte, an dem alles und alle mehr oder weniger gleich aussehen. Im Unterschied zu Jerusalem hat Bnei Brak keine Jaffa-Straße, auf der unzüchtige Frauen die Rechtschaffenen in Versuchung führen könnten. Statt verführerischer Frauen erblicken meine Augen Dreck, Abfall und Müll. Zum Glück haben die Einwohner von Bnei Brak eine Jeschiwa der Hasser und der Terroristen – von denen nur Gott weiß, wie sie auf solche Namen verfallen sind –, die ihnen ein wenig Erregung verschafft. Bnei Brak, so mein Eindruck, ist eine melancholische Stadt. In Jerusalem sah ich die Menschen oft lachen, hier nicht. Kein Wunder, dass der Messias ben David mit der Auferweckung der Toten nicht in Bnei Brak beginnen wird. Wenn er hier loslegt, kriegen die Leute es womöglich gar nicht mit, dass die Toten auferstanden sind.

Soll ich sie nach dem Wesen ihres Glaubens fragen, wer und was Gott ist, und sie dazu bringen, mir die Idee mit dem weißen Esel zu erklären, oder würde ich sie mit solchen Fragen nur noch melancholischer machen? Ich weiß es nicht. Das Einzige, was ich weiß, ist, dass ich jetzt Lust auf etwas Süßes habe.

BLÄST DER WIND DIR INS HAAR, FLIEGST DU VON DER SCHULE

Warum die Straßen von Bnei Brak so verdreckt sind?
Weil Bnei Brak eine liberale Stadt ist

Als ich ein Kind war, nahm mich meine Mutter immer mit in die Bäckerei Katz in der Rabbi-Akiva-Straße, wo wir uns ein oder drei Stücke Apfelstrudel teilten. Der war so gut, dass ich mich heute noch an ihn erinnere, und ich hätte jetzt gern ein Stück davon, gleich jetzt!

Es ist früh am Nachmittag des folgenden Tages, und ich mache mich auf die Suche nach der Bäckerei Katz. Gibt es sie noch? So viel hat sich in dieser Straße verändert, so viele Läden haben zugemacht und neue sind eröffnet worden, dass es ein Wunder wäre, wenn Katz immer noch da ist.

Aber ja, Katz ist noch da!

Ich gehe rein und frage: Haben Sie immer noch Apfelstrudel?

Der Mann hinter der Theke nickt. Soll ich Ihnen einen guten warmen Apfelstrudel servieren, denselben Apfelstrudel, den wir seit 1961 anbieten?

Aber bitte!

Wahnsinn! Er schmeckt immer noch genauso, und ich fühle mich wieder wie ein kleines Kind. Ich stelle mir vor, meine Mutter säße neben mir und hätte ihre Freude daran, dass ihr Sohn dieselben Leckereien verschlingt, die sie in seinem Alter so gern aß.

Nach dem Apfelstrudel gehe ich die Rabbi-Akiva-Straße entlang bis zu den berühmten Itzkowitsch-Schtiebela (Schtiebels) an der Ecke Rabbi-Akiva- und Herzl-Straße.

Itzkowitsch umfasst mehr als zehn Schtiebels, in denen israelischen Medien zufolge täglich 17 000 Menschen beten, was sie vermutlich zur betriebsamsten Synagoge der Welt macht. Von außen beleidigt das Gebäude das Auge, ist man aber erst einmal drinnen, sieht es wesentlich besser aus. Das Schöne an Itzkowitsch ist, dass sich hier jeder zuhause fühlen kann: Charedim und Nicht-Charedim, Chassidim, Litwakim, Sephardim und ein Haufen Schnorrer jeden vorstellbaren Hintergrunds.

Aber hoppla, Itzkowitsch ist gar nicht an der Ecke Herzl.

Ja, früher einmal hieß diese Straße Herzl, nach dem Begründer des modernen Zionismus, Theodor Herzl, jetzt aber ist sie die Rabbi-Schach-Straße, benannt nach dem verstorbenen Leiter der Ponevez-Jeschiwa. Wen interessiert der Staat Israel, dieses winzig kleine Land, wenn es etwas viel Bedeutenderes zu feiern gibt, die Ponevez-Jeschiwa! Und wer weiß, noch eine Generation, und die Straße wird vielleicht Terroristen-und-Hasser-Straße heißen.

Draußen auf der verregneten Straße sehe ich ein Kind von vielleicht vier oder fünf Jahren, das alleine unterwegs ist. Der Junge trägt einen Regenschirm, der ungefähr so groß ist wie er selbst. Damit steuert er auf der nassen Straße durch Autos und Menschen hindurch, was in der belebten Straße keine Kleinigkeit ist, besonders an einem solchen Regentag. Ich kann mich nicht erinnern, dergleichen je irgendwo in NYC erlebt zu haben. Wie viele charedische Kinder ist auch dieser Junge ungewöhnlich selbständig, und ich vermute, er wird es gut haben im Leben. Wenn er erwachsen ist, weiß er vielleicht nicht, warum Gott und der Messias keine Namen haben, aber ich glaube nicht, dass ihn das übermäßig beschäftigen wird.

Einige Schritte vor mir sehe ich zwei Schilder am Eingang eines Gebäudes. Auf dem einen steht, das Erdgeschoss sei ein Lebensmittelgeschäft, auf dem anderen, es sei eine Synagoge. Welches der beiden Schilder hat recht?, frage ich ein fünfjähriges Mädchen. »Beide«, antwortet sie.

Gut!

Drei Blöcke weiter stoße ich auf dieses Plakat: »Warum ist offenes Haar für Studentinnen verboten, ihren Lehrerinnen aber gestattet? Die Antwort des Lehrers: Das nächste Mal, wenn Sie diese Frage stellen, können Sie sich eine neue Schule suchen.«

Was ist »offenes Haar«? Ich habe keine Ahnung. Ich weiß nur, dass Sie von Ihrer Schule fliegen, wenn Sie es wagen, dieses Thema anzusprechen.

Ein Rabbi geht an mir vorbei, ein gutaussehender Litwak mit einem großen schwarzen Hut und einem neu wirkenden Gehrock, und ich frage ihn, ob er ein paar Minuten Zeit hätte, um einem wandernden Juden zu helfen.

»Was möchten Sie gerne wissen?«

Was ist »offenes Haar«?

Bitte?

Ich deute auf das Drohplakat.

»Ach, da geht es um Haar, das ›fließt‹, im Unterschied zu Zöpfen.«

Ich möchte das verstehen: Wenn einem der Wind ins Haar bläst, wird man aus der Schule geworfen? Was ist das Problem mit fließendem Haar?

»Nicht dass ich wüsste. Wer immer das hier hingehängt hat, ist ein Idiot. Nicht alles, was Sie auf den Straßen von Bnei Brak sehen, hat mit charedischen Juden zu tun. Oft ist das, was Sie sehen, das Werk von Gestörten.«

Zufällig hat er einige Blatt selbstklebendes Papier bei sich und überklebt das Plakat. »Das sind Idioten, Idioten«, murmelt er, sichtlich wütend.

Ich möchte Sie noch etwas fragen: Warum ist Bnei Brak so schmutzig?

»Sie leben nicht hier?«

Nein. Ich lebe im Ausland.

»Wo?«

Hier und da.

»Und ist es da sauberer, wo Sie sind?«

Ich würde sagen, ja.

»Moment mal. Sind Sie Tuvia? Sie haben in der Raschbam-Straße gewohnt, als Sie ein Kind waren, richtig?«

Ja, das stimmt. Aber ich erinnere mich nicht an Sie.

»Das macht nichts.«

Warum also sind die Straßen hier so verdreckt?

»Der kleinen Kinder wegen. Sie kaufen etwas, essen es und schmeißen die Verpackung auf den Boden. Wenn Sie das in Tel Aviv täten, würden die Leute sie anschnauzen, dass sie ihren Abfall aufheben; in Bnei Brak schnauzt niemand sie an. In Bnei Brak sind wir demokratischer und liberaler als die Liberalen von Tel Aviv!«

Sind Sie das?

»Solange es nicht um Glaubensfragen geht.«

Und warum sind die Eingänge der Gebäude so verschmutzt, mit oder ohne Verpackungen?

»Fragen Sie Rubinstein.«

Wer ist Rubinstein?

»Der Bürgermeister, wer sonst?«

In genau diesem Moment überkommt mich ein so starkes Verlangen nach einer der ausgezeichneten Frikadellen, die ich als Kind jeden Donnerstagnachmittag bei Teitelbaums Deli kaufte, dass ich sofort dorthin eile.

Aber Fehlanzeige. »Teitelbaum ist vor Jahren gestorben«, sagt mir ein Mann, der neben dem ehemaligen Deli steht. »Aber wenn Sie etwas Gutes wollen, gehen Sie zu Kurnik, zwei Blöcke die Straße runter, nach der Ampel. Das ist gut.«

Bei Kurnik treffe ich zwei Gerrer Chassidim an: einen, der dem Gerrer Rebbe Jaakov Arje folgt, und einen Anhänger Rabbi Shauls. »Es gibt keine zwei Ger«, sagt mir der Anhänger des Rebbes, dieweil er mir einen Kartoffelkugel reicht. »Die anderen, jene anderen, über die wollen wir nicht sprechen. Sie existieren nicht!«

Was soll ich sagen? Ich hätte nicht geglaubt, dass ich das je sagen würde, aber dieser Kartoffelkugel, hier in Bnei Brak, ist mein absoluter Favorit, der allerbeste Kartoffelkugel überhaupt. Das ist keinesfalls eine Befürwortung des alten Ger, lediglich ein Bericht über einen Kugel, einen Kugel, der von einem Gerrer ausgerechnet in Bnei Brak verkauft wird.

Wird mich die Ger-Geschichte auch in Bnei Brak verfolgen?
Wir werden sehen.

IST MEIN VATER VON DEN TOTEN AUFERSTANDEN?

Ein alter Jude mietet ein Zimmer neben dem Grab seiner verstorbenen Frau

Unter der Woche pflegten mein Vater und ich in der Lederman-Synagoge zu beten, aber am Sabbat gingen wir zur Waloschyn, die nach der ursprünglichen Waloschyn-Jeschiwa aus dem 19. Jahrhundert benannt ist, der »Mutter aller Jeschiwas«. Diese Synagoge war besonders, weil ihr stets tadellos gekleideter Rabbi mit seinem langen, schneeweißen Bart in ihren Räumlichkeiten wohnte, was seinerzeit eine Seltenheit war. Der Rabbi lebt nicht mehr, sowenig wie mein Vater, aber als ich den Saal betrete, der so aussieht wie früher, trifft es mich wie ein Schlag, und zwar mit aller Macht. Ich sehe meinen Vater vor meinem geistigen Auge, mit seinem langen gesprenkelten Bart und seinen Schläfenlocken, und er fordert mich auf, mich zu ihm zu setzen. Diese Begegnung mit meiner Vergangenheit ist sehr lebhaft, als sei sie real und als fände sie genau in diesem Moment statt. Ich höre die Stimme meines Vaters, ich sehe seine Augen, und ich sehe, wie er mit seinem rechten Zeigefinger auf den leeren Stuhl neben sich zeigt. Er mustert mich nun, mit seinem stechenden Blick. O Gott, das ist beängstigend und zauberhaft zugleich. Ist er auferweckt worden?

Ich laufe hinaus und halte den ersten Litwak an, auf den ich treffe: Sagen Sie mir, mein Lieber, glauben Sie an die Auferweckung, diese Geschichte mit dem Esel?

»Ja, natürlich«, antwortet er.

Und haben die Toten, wenn sie ins Leben zurückkehren, dasselbe Alter, in dem sie gestorben sind?

»Die Auferstehung bedeutet nicht unbedingt, dass die Körper der Toten aus ihren Gräbern steigen werden.«

Was bedeutet es dann?

»Ihr Geist wird auferstehen.«

Wir werden sie nicht wiedersehen?

»Nein.«

Wie? Das ist alles?

Nun, er sagt »ja« und ergänzt dann, »vielleicht«, um mich anschließend zu bitten, dass ich seinen Namen nicht nenne, nicht einmal seinen Vornamen. Als ob ich den überhaupt wüsste.

Ich glaube, wenngleich ich ihm das nicht sage, dass er sich irrt. Ich habe gerade die Auferstehung meines Vaters erlebt; wie kann er sagen, dass die Toten nicht auferstehen?

Diese Frage stelle ich ihm nicht. Stattdessen frage ich ihn: Was ist Gott? Wer ist Gott?

»Der Schöpfer.«

Meine Frage ist nicht, was Er getan hat. Meine Frage ist: Wer ist Er?

»Wer Er ist? Ich weiß es nicht, aber ich weiß, dass Er ist.«

An dieser Stelle und warum auch immer fühlt sich der Mann nicht mehr wohl mit mir und geht weiter.

Und ich laufe, laufe einfach nur herum.

Ich komme an dem Wohnblock vorbei, in dem ich aufgewachsen bin, und versuche, einen Blick in die Wohnung meiner Kindheit zu werfen, aber der jetzige Eigentümer weigert sich, mich hineinzulassen. »Auf keinen Fall«, sagt er.

Ein alter Mann geht an mir vorbei und bleibt stehen. »Sie sind Tuvia, nicht wahr?« Ja, bin ich. »Sie sind der Sohn des genialen Rabbi Akiva, meines Lehrers in der Jeschiwa, als ich ein junger Mann war. O Gott, was für ein Wunder, dass ich Sie treffe. Ich habe Ihren Vater geliebt. Was für ein Mann!«

O Herr.

Der alte Mann erzählt mir, dass er ein Zimmer in einem Altenpflegeheim in Kiryat Vizhnitz gemietet hat, obwohl es verboten teuer ist, 12 000 Schekel im Monat, fast € 3000. Seine Frau ist nicht weit davon begraben, und er will unbedingt in ihrer Nähe leben.

Das ist Liebe.

Hätten Sie je gedacht, dass Charedim so lieben können?

WENN SIE HEIRATEN WOLLEN, TRAGEN SIE EINEN TALLIT AUS EINEM GRAB

Die spannende Bnei-Brak-Show: eine alte Dame, die eine Straßenkatze füttert

Ich streife durch die Straßen von Kiryat Vizhnitz, wo das Hotel Aristocrat liegt, und sehe eine alte Dame mit einer Plastiktüte, in der sich augenscheinlich trockenes Brot und Essensreste befinden. Sie bleibt an einer Bank stehen, setzt sich und wirft einer Straßenkatze ein paar Brocken hin. Die Katze beginnt, das koschere Essen zu verschlingen, woraufhin eine Gruppe Kinder von der anderen Straßenseite herüberkommt, um die fressende Katze zu beobachten. Ich kann mich nicht entsinnen, in Mea Schearim Kinder gesehen zu haben, die eine fressende Katze spannend fanden, aber wir sind hier in Bnei Brak, einer Stadt von angeblich über 200 000 Einwohnern, die jedoch so abgeschnitten vom Rest der Welt ist, dass eine Straßenkatze ihre Jüngsten fasziniert. Nachdem die Katze gefüttert ist, nimmt die alte Dame die Reste ihres Brots und Challas und wirft sie auf den Boden. Binnen Sekunden kommen vielleicht 50 Tauben angeflogen und halten ein Festmahl. Für die Tauben ist diese Frau anscheinend ein Rebbe, und sie fliegen in Scharen herbei, um ihre Schirajim zu verspeisen.

Nett.

Und dann lerne ich einen Mann mittleren Alters kennen, einen Litwak; er hatte einmal eine Sendung bei einem charedischen Radiosender, der sich hauptsächlich an Sepharden richtet.

Welche Art Sendung war es?

»Spirituelle Beratung.«

Welche Art der Beratung war am meisten gefragt?

»Wie man eine Partnerin findet.«

Und was war Ihr Rat für die einsamen Seelen?

»Ich riet ihnen, nach Amuka zu fahren.«

Sie taten was?

»Ich habe den Trend ins Leben gerufen, nach Amuka zu fahren; vorher gingen nur sehr wenige Leute dahin.«

Warum haben Sie das getan?

»70 Prozent der Zuhörer, überwiegend Sepharden, fragten mich um Rat bezüglich passender Partner. Was konnte ich ihnen schon erzählen? Ich sagte ihnen, sie sollten nach Amuka fahren. Ich bin auch im Tallit-Geschäft tätig, und eines Tages nahm ich mehrere Leute mit nach Amuka, ließ sie alle einen Tallit tragen und betete spezielle Gebete. Dann sammelte ich die Tallits ein und verkaufte sie als Amuka-Tallit, Tallits mit besonderer Leistung, die ihren Käufern helfen, ihre Partnerinnen zu finden.«

Da haben wir's. Na, Nach, Nachman, Nachman von Uman, Amuka-Tallits und Bat Ajin – Torheiten, die zu zentralen Glaubensartikeln werden.

Nachdem der Amuka-Verkäufer gegangen ist, erhalte ich eine Nachricht von Reb Moische, dem Lelever Chassid, der mich vor geraumer Zeit in Jerusalem zu sich nachhause zum Sabbatmahl eingeladen hat. Er hat gerade in einem Sabbat-Bulletin, schreibt er mir, einen zweiseitigen Artikel über den Vater meiner Großmutter gelesen, der zufälligerweise der Enkel von Rabbi Akiva Eger war, einer der angesehensten Autoritäten in der Geschichte des europäischen Judentums. Es ist unglaublich: Diese Charedim wissen mehr über meine Familie als ich. Ich bin natürlich begeistert, zu erfahren, woher ich komme, und vielleicht werde ich eines Tages, man weiß ja nie, auch als Fürst der Thora bekannt. Unter welchem anderen Titel sollte ich mit einem solchen Stammbaum auch bekannt werden? Ich, Fürst. Ganz mein Ding.

DIE MACHT DES KLEINEN FINGERS DER CHASSIDISCHEN LADY

Die glücklichsten Männer kriegen einen Happen
vom Heiligen Gefilte

Am Freitagabend treffe ich mich mit anderen Gästen des Aristocrat-Hotels zum Sabbatmahl. Sehen Sie nur, sehen Sie sich die charedischen Frauen und ihre Töchter an, und wie sie gekleidet sind! Glitzernde Samtkleider, mit goldenem Futter und rosafarbenen Blumen, wie europäische Prinzessinnen aus längst vergangenen Zeiten, und alle haben eine perfekte Figur. Wie machen sie das nur? Auf keinem französischen Filmfestival findet man eine so fantastisch gekleidete Schauspielerin! Sie sehen absolut hinreißend aus, diese verführerischen charedischen Ladys, und ich frage mich, ob ihre Rabbis nicht durch die schiere Existenz dieser Mädels verrückt werden.

Das Essen ist übrigens köstlich. Chassidische Spitzenküche, wie sie einem selbstverliebten Aristokraten geziemt, und davon reichlich. In meiner Kindheit war koscheres Essen ziemlich schlecht, aber die koschere Lebensmittelindustrie hat sich seither enorm weiterentwickelt, und ich liebe jeden einzelnen Bissen davon.

Echt.

Nachdem ich mir den Magen vollgeschlagen und Loblieder auf den Sabbat gesungen habe, gehe ich zusammen mit Tausenden von Vizhnitzer Chassidim zum Tisch des Rebbes von Vizhnitz. Die Gemeindevorsteher haben die Straße, die zur Schul führt – und wie alle Straßen in Bnei Brak am Sabbat für den Autoverkehr gesperrt ist –, mit Trennwänden zweigeteilt: Die eine Seite der Straße ist für die Männer, die andere für die Frauen. Wenn Männer und Frauen auf der Straße dieser heiligen Gemeinde unterwegs sind, dürfen Männer, der Herr schütze uns, weder das Gesicht noch den kleinen Finger einer Frau sehen.

Ich weiß nicht, ob ich das vor Ihnen ausbreiten soll, und würde es öffentlich natürlich niemals zugeben, aber ich nehme mir die Zeit, die kleinen Finger der ultrarechtschaffenen Vizhnitzer Ladys ausgiebig zu studieren. O mein Gott, Schöpfer des Himmels und der Erde, diese kleinen Finger sind die sinnlichsten, reizendsten, sexysten und romantischsten kleinen Finger der Welt! Wenn der Messias auch nur einen halb so mächtigen kleinen Finger hat wie diese chassidischen Ladys, wird er eine Million toter Juden pro Sekunde auferwecken können. Das schwöre ich.

Ich begebe mich zum Tisch und den heiligen Vizhnitzer Chassidim.

Sie singen, und die Glücklichsten unter ihnen erhaschen sogar ein paar Krümel Schirajim, Essensreste. Ich bin so neidisch auf sie. Zwischen zwei Liedern hält der Rebbe eine Rede, von der allerdings niemand ein Wort versteht, mit Ausnahme der wenigen Auserwählten direkt neben ihm. Er redet und redet und redet, und niemanden hier scheint es zu kümmern, dass er seinen Rebbe nicht hören kann. Das erinnert mich an den Slonimer Rebbe am Vorabend von Jom Kippur. Ein Chassid bietet mir einen Schluck aus einer großen Flasche Mineralwasser an, während der Rebbe vor sich hinmurmelt, und als ich mich auf Jiddisch bedanke, verliebt er sich gleich in mich. So ein Jiddisch, sagt er, ich müsse wohl ein heiliger Mann sein.

Sein Opa und mein Opa, nehme ich an, sind sich gerade begegnet.

Dieser Chassid ist ein Glückspilz, da er nunmehr zwei Männer hat, die ihn beschützen, den Rebbe und meine Wenigkeit.

O Gott, ich habe meinen Beruf verfehlt. Ich hätte Rebbe werden sollen.

Die Vizhnitz-Lieder, die bei diesem Tisch gesungen werden, sind heilige jüdische Weisen, die die jüdische Seele mit ihrem Ursprung im Himmel vereinen, wie mir ein Chassid erklärt, und ich frage mich: Wer hat sie komponiert? Moses der Gesetzgeber, König David, Patriarch Abraham? Es gibt kein chassidisches Judentum ohne chassidische Musik, wie jedes Kind weiß, aber wer hat sie begründet?

Chaim Banet, mit dessen Musik ich aufgewachsen bin, dürfte der produktivste Komponist chassidischer Musik der vergangenen Jahrzehnte sein, vielleicht kennt er die Antwort. Der gebürtige Rumäne lebt in Haifa und hat sein Studio in Bnei Brak. Seine Kompositionen sind im Stil der alten Vizhnitzer Melodien gehalten, und auch er ist ein Chassid von Vizhnitz (Seret-Vizhnitz, um genau zu sein). Über seinen Sohn Ruvi, den Manager von Motty Steinmetz, mache ich einen Termin mit ihm in den nächsten Tagen aus und hoffe, dass er mich aufklären wird.

Wie klein die Welt ist. Motty hat mich überhaupt erst auf die Idee gebracht, in Vizhnitz diesen chassidischen Hof und seine Musik zu erleben. Und hier bin ich und versuche, das größte jüdische Musikgeheimnis zu ergründen.

GOTT IST EIN WORT, BASTA!
Schön gekleidete charedische Frauen töten rechtschaffene charedische Männer

An diesem Sabbat feiert eine der angesehensten Familien Bnei Braks, die Familie Povarsky, in meinem Hotel eine Bar-Mizwa. Der verstorbene Großvater der Povarskys war über 50 Jahre lang Leiter der Ponevez-Jeschiwa. Dutzende Verwandte sind ins Hotel gekommen und feiern Tag und Nacht. Einer von ihnen, ein neunjähriger Junge, unterhält die Menge spirituell, indem er verschiedene jüdische Bittgesänge singt, in denen Der Name beschworen wird, die Gebete Seiner leidenden Kinder, der Juden, zu erhören. Sein Vater, im bürgerlichen Leben Anwalt, sitzt hinter ihm und ermutigt ihn pausenlos, nicht zuletzt dadurch, dass er in völliger Harmonie leise mitsingt. Der Junge hat eine fantastische Stimme und eine sehr warmherzige Ausstrahlung, Eigenschaften, durch die er für uns Zuhörer das Bild eines Kindes heraufbeschwören kann, das unseretwegen mit Dem Namen spricht und als unser Sprachrohr vor Ihm dient. Die Worte, die er singt, sind zweifellos zu schwere Kost für ein Kind seines Alters, aber das interessiert hier niemanden. Für die Menschen hier zählt, dass sie die Worte zu Gehör bekommen, selbst wenn dieses Kind keine Ahnung hat, was es da sagt. Wichtig ist, dass die Worte, mit dem richtigen litwakischen Akzent, ihnen Trost spenden. Die Worte haben ein Eigenleben, leben aus sich heraus, und deshalb ist es nicht wichtig, ob derjenige, der sie vorträgt, sie versteht oder nicht. Die Verbindung dieser Leute zu Gott wird über den Gebrauch von Worten hergestellt. Der Name, geht mir gerade auf, existiert in Worten, Worten des Gebets, und je mehr Worte die Gläubigen äußern, desto näher und stärker sind sie Dem Namen verbunden. Sie wissen, dass Der Name existiert, weil sie Worte äußern, die besagen, dass Er existiert. Der Name – ist ein Wort. Kann irgendjemand daran zweifeln? Kann irgendjemand an der Existenz Des

Namens zweifeln, an der Präsenz des *Wortes*? Sein Name, wenn Sie so wollen, ist ein Wort. Deshalb, falls Sie sich das fragen, hat Er auch keinen Namen. Er *ist* der Name. Ein Wort. Und seine Thora, Worte, ist Er.

Wow! Bin ich nicht brillant?

Ich denke länger darüber nach, stolz auf meine Einsicht, bis ich Pini kennenlerne, einen zwar gläubigen, aber nicht charedischen Taxifahrer aus der Gegend, der mich auf den Boden der Tatsachen zurückholt, indem er mir zeigt, dass nichts so einfach ist, wie es aussieht.

Wir unterhalten uns vor dem Hotel auf der Straße. »Es gab einmal eine Zeit«, erzählt er mir, »in der zwei Charedim, wenn sie in meinem Wagen saßen, unablässig über den Talmud und die Halacha sprachen, aber das ist vorbei. Wenn heute zwei oder drei von ihnen bei mir einsteigen, dann reden sie über Geld, Geld und nochmals Geld. Mehr interessiert sie nicht. Sie sind Trickser, Diebe, Lügner. Sie sind eine Mafia. Der Talmud sagt, dass die Gesichter der Menschen unmittelbar vor der Ankunft des Messias wie die Gesichter von Hunden aussehen werden, und so sehen die Charedim heute aus. Alles, was sie wollen, ist essen. Vielleicht hat das ja auch sein Gutes, denn jetzt können wir die Ankunft des Messias sehr bald erwarten.«

Warum sprechen Sie so schlecht über sie?

»Sie sind gewalttätig, diese Charedim. Glauben Sie etwa, ich wüsste nicht, was in dieser Gemeinde vor sich geht? Vor einigen Jahren, bevor der Rebbe von Vizhnitz starb, wollten zwei seiner Söhne seine Nachfolge antreten. Manche Chassidim schlossen sich dem einen Sohn an, die anderen dem anderen. Sie hätten sehen müssen, was hier auf diesen Straßen los war! Sie verprügelten sich gegenseitig gnadenlos, auf der Straße floss Blut. Am Ende wurden beide Brüder Rebbes, jeder mit seiner eigenen Gefolgschaft. Aber schön war das nicht.«

Wo wir von Schönheit sprechen: In einem Viertel unweit von hier, so habe ich gehört, versammelt sich eine Gruppe von Charedim, um der Rede eines alten örtlichen Rabbis zu lauschen. Was sagt er? Er sagt, dass unlängst einige Bewohner des Viertels verstorben sind. Und woran? An der modischen Kleidung, die charedische Frauen tragen, Kleidung, in der sie schön aussehen, Kleidung, die Männer dazu verführt, sie anzuschauen. Solche Kleider, sagt er, sind von der Halacha verboten, und sie können dazu führen, dass Männer ihr Leben verlieren.

Und futsch ist meine Theorie, meine große Worttheorie. Sie war leider nur so gut wie meine alte Theorie, dass der wahre Name Des Namens Kleiner Finger ist. Ich und meine Träume. Im wirklichen Leben gibt es keine großen Ideen über das Wort und den Kleinen Finger, nur einen alten Rabbi, der Angst vor schönen Ladys hat, und zwei eifersüchtige Brüder, die sich gegenseitig ruinieren wollen.

Was ist die wahre Geschichte dieser beiden Rebbes?

Ich werde neugierig. Zurück im Hotel, unterhalte ich mich mit einigen Chassidim über die beiden von Pini erwähnten Rebbes und erfahre so die Geschichte der beiden Schätzchen. Der Vizhnitzer Rebbe, der, bei dessen Tisch ich war, ist Rabbi Israel (Yisroel) Hager, der Vizhnitzer Hauptrebbe. Dem Wunsch seines verstorbenen Vaters gemäß leitet er die Vizhnitz-Dynastie, die in Kiryat Vizhnitz angesiedelt ist, genau da, wo ich jetzt bin. Alles in allem steht er rund 5000 Familien vor, was seinen Hof zu einem der größten chassidischen Höfe in Israel macht, nach Ger und Belz. Sein Bruder, Menachem Mendel Hager, akzeptierte seinen Bruder nicht als Führer und gründete seinen eigenen Hof, Vizhnitz-Zentrum, einen deutlich kleineren chassidischen Hof von etwa 700 Familien in Bnei Brak, aber außerhalb von Kiryat Vizhnitz. Dieser Rebbe, Menachem Mendel, nennt sich selbst »Der heilige Rebbe«, und seine Anhänger werden »Die Schwänze« genannt, wie der Schwanz eines Affen oder einer Katze. Anders gesagt ist er der Heiligste der Heiligen, Der Herr, und seine Gefolgschaft sind kleine Schwänze. Merkwürdigerweise lieben seine Chassidim das und geben ihm alles bis auf ihren letzten Cent. Am letzten Chanukkafest, erzählt mir einer meiner chassidischen Gesprächspartner, verkündete der heilige Rebbe seinen Plan, ein neues chassidisches Zentrum zu errichten, und forderte zu diesem Zweck von jedem seiner Chassidim eine Spende von mindestens 120 000 Schekel (ca. €30 000). In einer Schnorrer-Rede vor den Kindern der Gemeinde sagte er ihnen: »Ich kann euch nicht nach Geld fragen, aber ihr müsst verstehen, dass eure Eltern von jetzt an weniger Geld haben werden, welches sie für euch ausgeben können. Wenn ihr es gewohnt seid, zwei Hühnergerichte in der Woche zu essen, wird es von nun an nur noch ein Hühnergericht pro Woche geben. Wenn ihr es gewohnt seid, jedes Jahr ein neues Paar Schuhe zu bekommen, wird es von nun an alle zwei Jahre ein Paar Schuhe geben.«

Ist das wahr? Hat er das wirklich gesagt? Ich weiß es nicht und werde versuchen, die Schul des Heiligen aufzusuchen und mich dort umzuschauen.

Aber nicht jetzt. Jetzt muss ich etwas anderes tun, denn ich habe gerade eine interessante Nachricht erhalten. Sie stammt von dem ungenannt gebliebenen Mann, den ich vor einiger Zeit in Hatzor traf, und besagt, dass die hässliche Spaltung zwischen den beiden Fraktionen von Ger morgen ihre hässliche Fratze außerhalb der charedischen Welt zeigen wird. Um genau zu sein, in einem israelischen Gericht in Tel Aviv.

Ich werde dort sein.

EIN CHASSID MIT LANGEM BART ERKLÄRT GOTT DEN KRIEG

Wenn Chassidim versuchen, den Kopf eines anderen Chassids zu sprengen

Im Namen von Akiva Greentzeig verklagt Rechtsanwalt Shlomo Elbaum den Sohn des Gerrer Rebbes Jaakov Arje Alter, Shlomo Zvi Alter, sowie 17 Gemeindevorsteher des alten Ger wegen Verleumdung vor dem Amtsgericht von Tel Aviv unter Oberrichterin Yael Pradelsky.

Wann hat man je eine Gruppe von chassidischen Gemeindeleitern, ganz zu schweigen vom Sohn des größten Rebbes, als Angeklagte, als Straftäter vor einem offiziellen israelischen Gericht gesehen? Ein Anblick, der dem mächtigen Ger-Establishment mit seinen rund 100 000 Anhängern natürlich alles andere als gefällt und den es unter allen Umständen zu verhindern sucht.

Die Anhörung findet in Halle C, Zimmer 306 statt, und die heutige Sitzung ist vor allem technischer Natur. Aufgrund der aktuellen Coronawelle in Israel müssen alle Anwesenden eine Gesichtsmaske tragen. Was die charedische Tracht betrifft: Ich bin der Einzige im Gerichtssaal, der sie nicht trägt, und frage mich, warum kein Nachrichtenmedium es für angemessen hielt, einen

Reporter zu dieser Sitzung zu schicken. Aber wie dem auch sei, das Gericht vertagt sich binnen weniger als einer halben Stunde, nicht ohne eine neue Sitzung in rund acht Monaten anzuberaumen.

Worum geht es bei dem Ganzen?, frage ich Shlomo Elbaum, einen Mann mit langem Bart und langem schwarzen Mantel, mit dem ich mich auf dem Weg aus dem Gericht unterhalte. Es geht um eine falsche Anschuldigung, die gegen seinen Mandanten erhoben wurde. Wie lautet die Anschuldigung? »Dass er Gerrer Chassidim mit Tränengas bedroht hat.«

Bitte?

»Später am Tag wird eine Demonstration vor meinem Haus stattfinden. 15 000 Demonstranten werden erwartet«, vertraut er mir an.

Ich werde es mir nicht nehmen lassen, dort zu sein, sage ich zu ihm.

Was soll das alles?

Wie sich herausstellt, hat die Führung des alten Ger ein Video veröffentlicht, das zeigen soll, wie Akiva Greentzeig, angeblich ein Anhänger der Gruppe von Rabbi Shaul Alter, Tränengas gegen unschuldige Chassidim einsetzt, die vor dem Zimmer des Rebbes warten. Andererseits zeigen Fotos, die von Akiva nach seinem angeblichen Angriff aufgenommen wurden, dass er stark im Gesicht blutet, als hätte jemand versucht, seinen Kopf zu sprengen, und Rettungssanitäter, die unmittelbar danach am Tatort eintrafen, haben ausgesagt, dass es keine Anzeichen für den Einsatz von Tränengas gab, zumindest nicht in nachweisbaren Mengen.

Glaubt man den Sanitätern, die zu keiner Seite im Ger-Streit gehören, so besteht die offizielle Führung von Ger aus lauter Lügnern. Bevor das Gericht sein Urteil gefällt hat, kann ihnen natürlich niemand etwas anlasten, doch stellt die aktuelle Beweislage ihre Glaubwürdigkeit in Frage.

In den Abendstunden tauchen dann tatsächlich charedischen Medien zufolge 20 000 Mann in der Hazon-Isch-Straße auf, um vor seinem Haus gegen Anwalt Elbaum zu demonstrieren und ihn so zu kompromittieren, dass er seine Klage zurückzieht.

Ich mische mich unter die Menge und spaziere zwischen den Chassidim umher.

Ich weiß nicht, wie man die Größe von Menschenmengen abschätzt, aber da die charedische Welt zur Übertreibung neigt, etwa beim Zählen von Engeln und Samen, kommt die ursprünglich genannte Zahl von 15 000 der Wahrheit wahrscheinlich näher.

Wie hoch auch immer die genaue Zahl liegt, so sehe ich überall im zentralen Teil der Hazon-Isch-Straße Gerrer Chassidim in ihren charakteristischen »Hosensocken« (das heißt, dass ihre schwarzen Strümpfe über das Hosenbein gezogen sind), Block um Block um Block. Auch die Polizei zeigt starke Präsenz, unter anderem vor dem Eingang zum Haus des Anwalts, um sicherzustellen, dass niemand auf dumme Gedanken verfällt, wie man den Mann loswerden kann.

Gerrer Musik bekommt man bei diesem Menschenauflauf nicht zu hören, dafür aber jede Menge Ansprachen.

Ein Redner nach dem anderen, allesamt Rabbis, droht dem Anwalt mit den schwersten Konsequenzen, sollte er die Klage nicht zurückziehen. Sie verkünden, dass seine Seele niemals ins

Paradies gelangt, und erinnern ihn an die Strafen, die jeden erwarten, der Gottes Messias verletzt.

Ja, Jaakov Arje wird somit Gottes Messias genannt. An einem Tag ist er Gott, am anderen Gottes Messias.

Sauber.

Der Hauptredner, Rabbi Flakser, drängt die Tausenden von Demonstranten dazu, ihm dreimal die biblischen Worte »*Alles, was der Herr gesagt hat, wollen wir tun und darauf hören*« nachzusprechen. In diesem Falle bedeuten sie das Versprechen, jeden Befehl des Rebbes zu befolgen, wie auch immer er lautet. Dann ruft Rabbi Flakser dreimal »*... wollen wir tun und darauf hören*«, doch kann ich um alles in der Welt nicht einen Chassid sehen, der die Worte mitspricht, schon gar nicht dreimal. Warum wiederholen Sie die Worte nicht, die Sie wiederholen sollen?, frage ich einige von ihnen, aber sie lachen nur. Ich habe den Eindruck, dass sie hier sind, weil man sie herbeordert hat, dass sie aber nicht mit dem Herzen dabei sind. Das zu beobachten ist ausgesprochen interessant. Ich habe schon Chassidim gesehen, die nicht an Gott glauben, bis jetzt aber noch nie einen Chassid, der nicht an einen Rebbe glaubt.

Eine echte Offenbarung!

Auf charedischen Nachrichtenwebseiten lese ich, dass der Rebbe von Vizhnitz heute früh überraschend ins Krankenhaus eingeliefert worden ist, da er an einer nicht genannten Krankheit leidet, und die Menschen für ihn beten sollen. Ich habe den Rebbe erst vor wenigen Tagen gesehen, und er wirkte gesünder auf mich, als ich es je war. Unter welcher mysteriösen Krankheit leidet er?

Ich will versuchen, das herauszufinden.

Im Moment jedoch befinde ich mich auf einer Demonstration, und abgesehen vom »*... wollen wir tun und darauf hören*«-Desaster gleicht der Rest der Aktion einem Armeeeinsatz. Die Chassidim sind pünktlich aufgetaucht, bleiben befehlsgemäß an ihrem Platz und zerstreuen sich anderthalb Stunden später wieder. Als die Aktion beendet ist, werden sie per Lautsprecher aufgefordert, sich bei der Auflösung der Demonstration zu keinen Gewalttätigkeiten hinreißen zu lassen und zu den Bussen zu gehen, die sie nachhause bringen werden. Sie gehorchen. Die Chassidim waren aufgefordert, einen Mann zu kompromittieren, einen chassidischen Anwalt, und sie haben es getan. Jetzt ist Zeit zum Aufbruch. Wir werden später erfahren, ob der Anwalt bereit ist, das Paradies aufzugeben.

Ich frage mich: Wie fühlt sich ein Mann, der sich Tausenden von Demonstranten gegenübersieht?

Am nächsten Tag besuche ich den Anwalt in seiner Kanzlei im achten Stock eines Bürogebäudes in Bnei Brak.

Als ich an der Tür klingle, öffnet mir RA Shlomo höchstpersönlich. Ich sehe keine Sekretärin und keine Anwaltskollegen, die mit ihm zusammenarbeiten würden. Ist das eine Einmannveranstaltung gegen den mächtigsten Rebbe des Landes?

Shlomo begrüßt mich mit einem Einwegplastikbecher, der mit Leitungswasser gefüllt ist, der Art von Wasser, mit dem die Duschinsky-Chassidim Taschlich machen, und wir setzen uns in einem nichtssagenden Besprechungszimmer zusammen.

Als Erstes bitte ich ihn um eine Kopie der bei Gericht eingereichten Strafanzeige. Er gibt sie mir, und ich lese, dass die Anschuldigung auf »öffentliche Verleumdung in böswilliger Absicht« lautet.

Die Anzeige führt 24 Zeuginnen an, allesamt Frauen, plus Akiva Greentzeig. Warum keine männlichen Zeugen? Das ist ein bisschen bizarr, aber bitte: Anders als die meisten anderen chassidischen Höfe hält Ger nichts davon, die wichtigsten Teile seiner verschiedenen Regeln schriftlich festzuhalten, genauso wenig wie davon, Aufzeichnungen über vertrauliche Zusammenkünfte oder Vorträge anzufertigen. So finden sich die Takunes in keinem offiziellen Dokument von Ger, obwohl sie das Herzstück des Wesens und Verhaltens von Ger bilden. Auch diverse Anordnungen des Oberkommandos von Ger sind weder veröffentlicht noch dokumentiert. Sie werden in Schuls und Schtiebels, auf Klausurtagungen und in Jeschiwas erlassen, ohne dass es je belastende Unterlagen über sie gäbe. Dasselbe gilt natürlich für Sondervorführungen.

Was ist eine Sondervorführung? Das ist interessant. Ein Beispiel für eine Sondervorführung ist etwa, wenn einige Chassidim mit einem Computer oder Videoplayer von Haus zu Haus gehen und damit ein Video vorführen oder eine Tonaufnahme abspielen. Und danach ziehen die Chassidim mit ihren Geräten weiter. Es ist von entscheidender Bedeutung, wichtige Angelegenheiten geheim zu halten, wohlgemerkt.

In einem Fall aber erfuhr Shlomo im Vorfeld, dass in der israelischen Stadt Arad eine Vorführung für die dort ansässigen Gerrer Frauen stattfinden würde, und er sorgte dafür, dass der ganze Sermon mit versteckter Kamera aufgenommen wurde – daher die vielen Zeuginnen.

Worum ging es bei dieser Vorführung?

Laut Strafanzeige zwang die Leitung von Ger chassidische Gruppen und Gruppenmitglieder dazu, sich eine offizielle Videovorführung anzuschauen. In dem Clip sieht man Akiva im Palast von Ger, im Wartezimmer des Rebbes, wo die Chassidim darauf warten, zum Rebbe vorgelassen zu werden, üblicherweise mit einem Kvitel. Der Strafanzeige zufolge sieht man zudem, wie Akiva grundlos Tränengas versprüht, und der Film legt nahe, dass sein eigentliches Ziel nicht die Chassidim waren, sondern der Heiligste der Heiligen, der Rebbe. Akiva und die Anhänger von Rabbi Shaul werden, falls es Sie interessiert, als »Satan« bezeichnet.

In Wirklichkeit aber, so der Vorwurf in der Anklage, verhielt sich alles ganz anders: Akiva wurde von den Chassidim grundlos brutal angegriffen, wie die vorhandenen Überwachungskameras beweisen würden. Anträge auf Einsichtnahme in deren Aufnahmen wurden jedoch laut Anklageschrift rundweg abgelehnt.

Ich erzähle Shlomo, dass ich bei der Demonstration gestern Abend vor seinem Haus stand, wo ein kleines Kind auf seine Wohnung zeigte und sagte: »Er lebt da oben, im obersten Stockwerk.«

»Warum sind Sie nicht hochgekommen?«, fragt er.

Die Polizei stand vor dem Treppenhaus und hat niemanden reingelassen.

»Sie hätten mich anrufen sollen! Meine Familie hat eine große Party zuhause gefeiert; Sie hätten kommen sollen!«

Seine Kinder, berichtet er mir, hätten es toll gefunden. Für sie war es ein denkwürdiges Erlebnis, wie es sich vielleicht nicht so bald wiederholt.

Wie fühlt es sich an, wenn Tausende von Menschen gegen einen demonstrieren?

»Von den 15 000 Demonstranten gestern Abend waren Tausende auf meiner Seite, das kann ich Ihnen versichern. Tausende haben mich kontaktiert und gesagt: ›Machen Sie weiter! Was Sie tun, ist das Einzige, das uns retten kann.‹ Direkt vor Ihnen kam ein Chassid hier vorbei und bat mich, nicht aufzugeben. ›Verfolgen Sie das bis zum Ende‹, hat er gesagt. Ich kriege haufenweise E-Mails von Gerrer Chassidim, bei denen ich weinen muss, wenn ich sie lese.«

Was mir aufgefallen ist: Als Rabbi Flakser die Demonstranten aufforderte, ihm dreimal nachzusprechen: »... *wollen wir tun und darauf hören*«, haben sie es nicht getan.

»Und wissen Sie, warum nicht? Ich verrate es Ihnen. ›Worte, die von Herzen kommen, gehen zu Herzen‹, aber seine Worte kamen nicht von Herzen. Seine Worte, mit denen er die Leute aufforderte, ihm jene Zeile nachzusprechen, kamen nicht aus seinem Herzen. Ich kenne Rabbi Flakser, und ich weiß, dass er genauso denkt wie ich.«

Das Bild, das er zeichnet und das größte Freude inmitten des Chaos ausdrückt, ist unvollständig. Demonstrationen sind eines, aber boykottiert zu werden, ist etwas anderes. »Vor einem Monat habe ich meine Tochter verheiratet. Mein Bruder kam nicht zur Hochzeit, ebenso wie drei meiner Schwäger. Der Vater des Bräutigams hat zehn Geschwister, die ließen sich auch nicht blicken. Es sah aus wie eine Hochzeit nach dem Holocaust: ohne Verwandte«, vertraut er mir an.

Die Geschichte mit Akiva trug sich in derselben Schul zu, in der ich das Jom-Kippur-Gebet mit den Chassidim gebetet habe, und wurde zum Teil von seiner Schwester miterlebt, erzählt er mir. Akiva, der darauf wartete, im Büro des Rebbes empfangen zu werden, wurde von einigen Chassidim herumgeschubst und geschlagen. Mithilfe eines Wachmanns drängten sie ihn nach draußen und schlugen dort weiter auf ihn ein.

»Meine Schwester, die verwitwet ist, war mit ihren Kindern

in der Nähe und sah es, sie sah, wie Akiva zusammengeschlagen wurde. Sie sah, wie der Wachmann Akiva so hart auf den Kopf schlug, erzählte mir meine Schwester, dass sie und ihre Töchter fürchteten, er werde den Angriff nicht überleben. Der Wachmann schlug Akiva ins Gesicht, sehr hart, bumm, bumm, und die Chassidim standen um ihn herum und feuerten ihn an. Sie klatschten und riefen: ›Schön, schön. Erledige ihn!‹ Nach diesem Geschehen weinten meine Schwester und ihre Kinder drei Stunden lang hemmungslos; sie konnten nicht aufhören.«

Die Wurzel all dieses Übels, erklärt Shlomo mir, sind die Takunes. Die Takunes sind so schwer einzuhalten, dass die Führer von Ger den Chassidim das Gefühl vermitteln mussten, sie seien Gott am nächsten, um ihre Befolgung sicherzustellen.

Stellt sich natürlich die Frage, wie Sie sich sicher denken können: Wer ist Gott?

»Bevor ich geheiratet habe«, so Shlomo, »wurde mir gesagt: ›Die Weisen sagen: Es gibt drei Partner bei der Erschaffung des Menschen: seinen Vater, seine Mutter und Den Gesegneten, der Er ist, doch wir, die Gerrer Chassidim, sagen: Es gibt vier Partner bei der Erschaffung des Menschen: seinen Vater, seine Mutter, den Rebbe und Den Gesegneten, der Er ist.‹«

Was bedeutet das? Ich bin mir nicht sicher, aber Shlomo erklärt es mir in Zahlen: »In Ger drehen sich 90 Prozent des Judentums um den Rebbe.«

Würden Sie sagen, dass bei Ger der Rebbe Gott ist?

»Ja, der Rebbe ist der Schöpfer.«

Das weiß ich schon; ich habe den Clip gesehen. »Ein Wort der Thora: Der Rebbe, das ist Gott.«

Wenn ich mich recht entsinne, glauben die Mormonen, dass Gott einst ein Mensch war. Die Gerrer Chassidim glauben, wenn ich das richtig verstehe, dass der Mensch Gott ist. Die beiden sind Glaubensbrüder und sollten im selben Haus zusammen beten. Wäre doch toll, wenn die Mormonen in Utah Schtreimel trügen!

Ja, sicher: Ich kann darüber Witze machen, Shlomo nicht.

Was gibt Ihnen die Kraft, weiterzumachen, frage ich den Herrn Rechtsanwalt.

»Als Kind las ich ein Buch über die Résistance in Frankreich, wie sie die Vichy-Regierung bekämpfte, und sagte: ›Ich hätte dabei sein sollen!‹ Ich werde bis zu meinem letzten Blutstropfen für das Recht der Menschen kämpfen, dort zu beten, wo sie beten wollen, die jüdischen Feiertage dort zu feiern, wo sie sie feiern wollen. Das ist ein Krieg!«

Die Demonstration von gestern Abend, erzählt er mir, war beileibe nicht die erste, die die Führung von Ger gegen ihn angezettelt hat. Als er mal in Tiberias war, wurden mehrere Chassidim aus Hatzor gesandt, um gegen ihn zu demonstrieren und Schofar vor dem Haus zu blasen, in dem sie ihn vermuteten. Er hat sie nicht einmal mitbekommen, lacht Shlomo, weil er zu diesem Zeitpunkt im See schwimmen war. Zwei Tage darauf erkrankte der Anführer der Demonstranten am Coronavirus, und Angehörige seiner Familie baten Shlomo, ihm zu vergeben. Was er natürlich getan hat.

Hat er das Virus überlebt?

»Nein, er verstarb.«

Nein, Shlomo glaubt so wenig wie ich, dass der Mann seinetwegen starb. Wäre Shlomo jedoch eine Frau gewesen, in modischer Kleidung, dann hätte das den Tod des Anführers erklären können, wie der alte Rabbi von Bnei Brak sicher bestätigen würde.

Ich verlasse Shlomos Büro, um mich auf die Suche nach einer modisch gekleideten chassidischen Lady zu begeben, aber statt Miss Bnei Brak finde ich einen ehemaligen Chassid, einen Mann ganz ohne Schtreimel und goldenen Kaftan.

WAS IST GOTT? EINE BATTERIE
Schlucken Sie diese Pille, und Sie werden nie wieder Ihren Samen vergießen

Da der Vater dieses Ex-Chassids dem obersten Führungsgremium des alten Ger angehört, bittet er mich, seinen Namen nicht zu nennen.

Kein Problem.

Äußerlich scheint diesem Mann ein nahtloser Übergang vom Chassid zu einem Normalo gelungen zu sein. Er trägt ein blaues Hemd, eine gräuliche Hose, hat ein Smartphone bei sich und spricht Iwrit (modernes Hebräisch). Doch sobald er seine düstere Geschichte erzählt, weiß man, dass er kein Normalo ist. Er war über fünf Jahre mit einer Ger-Frau verheiratet, schildert er mir, schlief aber nur einmal mit ihr, weil er sich von ihr nicht angezogen fühlte. Sein Ratgeber, der Gerrer Ratgeber, der Ehepaaren zugeteilt wird, um sie in sexuellen Dingen anzuleiten, schlug vor, dass »ich eine bestimmte Art Flüssigkeit in meinen Penis injiziert bekomme, aber ich sagte ihm, dass das nicht das Problem war. ›Ich masturbiere jeden Tag‹, erzählte ich ihm.« Der Ratgeber war schockiert. Wie konnte ein Chassid, Gott steh uns bei, seinen Samen Tag für Tag so schamlos vergießen? Er war nicht nur schockiert, sondern fürchtete auch, dass der Himmel einstürzen würde, wenn dieser Jude seinen Samen weiterhin so verschwendete. Was machte er also? Er schickte den masturbierenden Juden zu einem speziellen Arzt. Dieser spezielle Arzt, der mit der Ger-Führung zusammenarbeitet, gab dem Masturbator ein Rezept für spezielle Tabletten. Doch bevor er mit dem Rezept zur Apotheke ging, überprüfte der Masturbator, wozu diese Tabletten gedacht waren. Und er fand es heraus. »Die Pillen waren dazu gedacht, mich physisch und geistig so zu schwächen, dass ich nicht mehr würde masturbieren und meinen Samen vergießen können.«

Er ging nicht zur Apotheke.

»Andere Männer aber, viele, tun es. So kontrolliert Ger seine Chassidim. Wenn du von ihrem Weg abweichst, werden sie dir eine Pille verabreichen und dich irreparabel schädigen.«

Bevor wir uns verabschieden, zeigt er mir ein paar Fotos von seinem Vater, wie er neben dem Gerrer Rebbe steht. »Wenn Sie ein Foto des Rebbes sehen, werden Sie oft meinen Vater neben ihm stehen sehen.«

Apropos Rebbe: Der Rebbe von Vizhnitz ist – wenn das mal keine Überraschung ist – aus dem Krankenhaus entlassen worden, und es geht ihm gut, danke der Nachfrage.

Was ist das für eine Geschichte? Wie hat er sich so schnell von seiner mysteriösen Krankheit erholt?

Ich kontaktiere einige Leute, die Bescheid wissen, und lasse es mir erklären. Der Vizhnitzer Rebbe, erläutern sie mir, war nicht krank; er hatte nur ein kleines Problem zu lösen. Welches Problem? Er stand unter Druck von den Führern des alten Ger, an der Demonstration gegen Shlomo teilzunehmen, wollte das aber nicht. Und er wollte ihnen auch nicht sagen, dass er es nicht wollte. Also ließ er sich unter dem Vorwand einer mysteriösen Erkrankung ins Krankenhaus einweisen. Wie so oft mit mysteriösen Krankheiten dieser Art, verschwand die mysteriöse Krankheit auf so mysteriöse Weise, wie sie gekommen war, sobald die Demonstration der Vergangenheit angehörte.

So geht ein Rebbe also mit einem anderen Rebbe um, wenn die Geschichte denn stimmt. Man kann es als Rebbe-Diplomatie bezeichnen und lustig finden, aber im Wesentlichen ist das, was sich dieser Tage in der Welt der Rebbes und Rabbis abspielt, nicht zum Lachen.

Kurz gesagt, beschränkt sich die Ger-Geschichte nicht auf den Hof von Ger; es ist vielmehr eine Geschichte darüber, was passiert, wenn sich ein Rebbe für Gott hält. Akiva hat das wunderbarerweise überlebt, der Nächste überlebt es vielleicht nicht.

Und falls Sie bislang noch nicht genügend göttliche Inspirationen hatten, so ist ein anderer Gottesrebbe, der in diesen Tagen Schlagzeilen macht, Rabbi Eliezer Berland. Unter dem Schutz seiner Anhänger, die nicht gegen ihn aussagen wollen, obwohl er angeblich an sie appelliert hat, es zu tun, wie Haja mir erzählte, konnte die israelische Staatsanwaltschaft kein Strafverfahren gegen diesen alten Gott einleiten, sodass er aus dem Gefängnis entlassen wird. Haja muss vor Freude Luftsprünge machen. Gott ist wieder da! Gott ist wieder da! Gott ist wieder da!

Nur wer ist Gott?

Ich stelle diese Frage später am Tag einem litwakischen Paar: Wer ist Gott?

»Alles«, antwortet die Frau.

Was meinen Sie mit »alles«?

»Alles.«

Was bedeutet das?

»Das Sein selbst.«

Was ist das?

»Die Kraft, die hinter allem steht«, schaltet sich der Mann ein.

Welche Kraft?

»Wie eine Batterie.«

Ist Gott eine Batterie?

»Eine unerschöpfliche Batterie.«

Wie die neuste iPhone-Batterie?

»Sie müssen mit Rabbi Zamir sprechen; er weiß solche Fragen zu beantworten«, wirft die Frau ein.

Ich liebe solche Gespräche.

EINE EINLADUNG ZUM SABBATMAHL WIRD ZURÜCKGEZOGEN

»Wie ist Ihr Name und der Name Ihrer Mutter?«

Vor meinem Hotel hält ein Auto mit zwei adrett gekleideten Chassidim mitten auf der Straße an, als ich sie gerade überqueren will. »Was machen Sie hier?«, fragt mich der Fahrer.

Atmen, antworte ich.

»Wohin wollen Sie?«

Rabbi-Akiva-Straße, sage ich.

»Wo in der Rabbi-Akiva-Straße?«

Irgendwo. Vielleicht in der Mitte.

»Möchten Sie mitfahren?«

Ja.

»Steigen Sie ein.«

Ich nehme auf dem Rücksitz Platz, woraufhin der Mann mich fragt: »Wissen Sie schon, wo Sie am Sabbat essen?«

Noch nicht.

»Möchten Sie für das Sabbatmahl zu uns kommen? Abends bei mir und am Morgen bei meinem Freund. Würde Ihnen das zusagen?«

Ja!

»Sagen Sie mir: Welche Kleidung tragen Sie am Sabbat?«

Weißes Hemd, schwarze Hose, Hosenträger, schwarze Schuhe und eine schwarze Jarmulke.

»Das ist alles?«

Ja.

»Ich verstehe.«

Ist das ein Problem?

»Nein, das geht in Ordnung.«

Wo leben Sie?

»Kiryat Vizhnitz.«

Ich freue mich darauf, am Sabbat bei Ihnen zu sein!

Er kratzt sich am Kinn, das komplett hinter seinem langen Bart verschwindet, kratzt sich noch etwas und noch ein wenig und noch einmal, dann platzt es aus ihm heraus: »Ich muss erst meine Frau fragen.«

Sie was fragen?

»Vielleicht möchte sie am Sabbat woanders hingehen.«

Ich verstehe. Wir werden uns also am Sabbat nicht treffen?

»Wir werden sehen.«

Wir erreichen die Rabbi-Akiva-Straße.

Danke fürs Mitnehmen!

»Bevor Sie gehen: Wie ist Ihr Name und der Name Ihrer Mutter?«

Möchten Sie einen Kvitel von mir?

»So ungefähr.«

Der Mitfahrer meldet sich zu Wort: »Er ist sehr gut in diesen Dingen! Er kann Ihnen anhand des Namens alles sagen, wie ein Rebbe!«

Tuvia Jeschajahu, Sohn von Dvora Leah, sage ich.

Der Fahrer, der heiligere der beiden, wiederholt meinen Namen, öffnet die Psalmen und murmelt einen oder zwei Verse vor sich hin. Er schließt das Heilige Buch wieder und sagt mir meine Zukunft voraus: »Sie werden großen Erfolg und eine gute Gesundheit haben«, prophezeit er. Danke, sage ich, und steige aus. Er fährt weg. Wer war das? Ich weiß es nicht.

Interessanterweise war wahrscheinlich meine Antwort auf die Frage, wie ich am Sabbat gekleidet bin, der Grund dafür, dass er seine Einladung zurückgezogen hat. Wir sind hier in Bnei Brak, nicht in Jerusalem; wir sind in Kiryat Vizhnitz, nicht in Mea Schearim, und hier machen sich die Leute anscheinend Sorgen, dass ihre Nachbarn alle möglichen Gerüchte verbreiten, wenn sie einen Mann ohne Hut und Mantel zum Sabbatmahl kommen sehen. Grundsätzlich besteht die Gastfreundschaft, wie ich sie in Mea Schearim erlebt habe, wo ich viele Male in Privatwohnungen eingeladen wurde, hier nicht.

Wir sind hier in Bnei Brak, nicht in Jerusalem.

EIN GELANGWEILTER LITWAK SUCHT NACH EINER AUFREGENDEN BESCHÄFTIGUNG
Stören Engel die Mobilfunkverbindungen?

Den öffentlichen Nahverkehr zu nutzen, hat enorme Vorteile, vor allem in Bnei Brak, dieser Inselstadt, in der man nirgendwohin eingeladen wird.

Und genau das mache ich jetzt.

Ich fahre in einem Bus in Bnei Brak. Hinter mir sitzt ein Litwak, der mit einem koscheren Handy telefoniert. Er spricht über wichtige Dinge: die Zukunft eines Jeschiwaschülers, dessen Leben er regeln möchte.

Worum geht es?

Um einen Jeschiwaschüler, der an einer bestimmten Jeschiwa studiert, die ihm aber nicht gefällt. Einfach so. Nicht dass er ein Ungläubiger geworden wäre, Gott bewahre, oder dass er an einer Universität statt an einer Jeschiwa studieren möchte, was ebenfalls eine große Sünde wäre. Alles, was er will, ist, an einer anderen Jeschiwa zu studieren, einer von hundert, die allesamt superkoscher sind. Aber der Wechsel von einer Jeschiwa zu einer anderen, lerne ich beim Belauschen des Telefonats, ist keine Kleinigkeit, weil er von den Rabbis abgesegnet werden muss. Vielen Rabbis. Erstens dem Rabbi der jetzigen Jeschiwa, der den Studenten ziehen lassen muss. Dann dem Rabbi der anderen Jeschiwa, der den Studenten in seiner Jeschiwa aufnehmen muss. Dann dem Vater des Studenten, der dem Wechsel zustimmen muss. Und dann noch einem Rabbi, nämlich dem Schwiegervater des Mannes, der hinter mir telefoniert.

Dieser Litwak nun versucht, sich mit dem Studenten zu verabreden, um herauszufinden, warum genau er seine aktuelle Jeschiwa verlassen will. Sobald er mit ihm gesprochen und die

Einzelheiten in Erfahrung gebracht hat, wird er sich mit all den Rabbis in Verbindung setzen, um ihre Zustimmung zu erwirken. Werden sie zustimmen?

Mein Mitfahrer ist ein Kollelnik oder Avrech, ein verheirateter Mann, der an einer Jeschiwa studiert, und scheint Gefallen an seiner Verwicklung in diese Geschichte zu finden. Er hat keine Arbeit, dafür reichlich freie Zeit. Leider steigt der Litwak jetzt aus, sodass ich keine Vorstellung habe, wie diese Geschichte wohl ausgehen wird.

Avrechim, die nach ihrer Heirat in ihrer Jeschiwa bleiben (manche nur für einige Jahre, andere für immer), sind vom Wehrdienst befreit, der für alle anderen Juden und Jüdinnen in Israel Pflicht ist. Diese Ausnahme ist für viele Israelis ein wunder Punkt, denn sie empfinden sie als ungerechtfertigt, was den Avrechim wiederum völlig egal ist. Mein Mitfahrer war ein solcher Avrech, ein Mann, in dessen Leben nichts sonderlich Aufregendes passiert. Er steht morgens auf, betet und isst, studiert dann stundenlang oder tut jedenfalls so, kehrt nachhause zurück, isst und schläft. Tagein, tagaus. Ein solcher Mann ist natürlich für jede Abwechslung dankbar. Da ist ein unverheirateter Jeschiwaschüler, der die Jeschiwa wechseln möchte, geradezu ein Geschenk des Himmels. Er wird jeden Tropfen aus dieser Geschichte herauspressen und immer mehr Rabbis hineinziehen, was ihn mindestens eine Woche oder einen Monat lang auf Trab halten wird.

Etwa eine Viertelstunde später steige auch ich aus dem Bus, der inzwischen Tel Aviv erreicht hat.

Beim Gang durch die Straßen von Tel Aviv fallen mir jetzt, nachdem ich eine ganze Weile im charedischen Bnei Brak gewesen bin, einige Dinge auf, die mir normalerweise entgehen. Die Einwohner von Tel Aviv kennen einander in der Regel nicht; man sieht draußen nur sehr wenige Kinder, Hunde aber schon; die Straßen sind sauberer; es gibt unzählige Restaurants, und mein Smartphone hat einen ausgezeichneten Empfang. Ja, in Kiryat Vizhnitz ist der Empfang in der Regel schlecht, und gerade, wo ich mich daran gewöhnt habe, funktioniert hier in Tel Aviv selbst meine GPS-Ortung anständig. Wow. Warum dieser Unterschied zwischen Tel Aviv und Kiryat Vizhnitz? Keine Ahnung. Vielleicht fliegen in Kiryat Vizhnitz wegen der vielen rechtschaffenen Charedim zu viele weiße Engel herum und stören den Empfang. Manche Engel stecken Vögel in Brand, wie Sie ja bereits wissen, andere stören womöglich den Handyempfang.

Ich setze mich in ein Restaurant, das alles außer Gefilte Fisch und Kugels anbietet und in dem überdies Hintergrundmusik läuft, Musik über Liebe und Sehnsucht, die Sehnsucht nach dem Fleisch, nicht nach Dem Namen. Wie absurd.

Von den Menschen um mich herum ist keiner züchtig gekleidet. Keine Goldenen Jungs, keine schönen Ladys.

Also, mir ist das hier zu bizarr, und ich kehre nach Kiryat Vizhnitz zurück, mische mich lieber wieder unter die Aristokraten.

Spät am Abend erhalte ich eine dringende Nachricht.

SOLLEN WIR DEM ANWALT DIE SCHLÄFENLOCKEN ODER DEN BART ABSCHNEIDEN?

Charedische Journalisten haben Angst davor, über die Ereignisse zu berichten

»Soeben wurde Anwalt Shlomo Elbaum angegriffen; die Täter haben eine seiner Schläfenlocken abgeschnitten«, lautet die Nachricht.

Wer war das, wenn es stimmt? Chassidim des alten Ger. Wer sonst?

In den charedischen Medien finde ich keinen Hinweis auf diese Geschichte. Ich kontaktiere einige charedische Journalisten, und der Erste, den ich erreiche, einer der bekanntesten von ihnen, sagt mir: »Elbaum hat kurze Schläfenlocken. Wenn überhaupt, hätten sie ihm den Bart abgeschnitten.«

Wissen Sie etwas von der Geschichte?

»Lassen Sie mich nachsehen.«

Einige Minuten später: »Ich sehe die Geschichte überall in Internetgruppen, aber nicht in den normalen Medien.«

Nach einer Weile erhalte ich eine weitere Nachricht: »Er wurde angegriffen. Keine Info, wie ernst es ist. Bleibe dran.«

Etwa eine Stunde später dann diese Mitteilung: »Er wurde vor seiner Wohnung überfallen und von den Angreifern zusammengeschlagen. Die Polizei ist vor Ort und ermittelt.«

Aber immer noch nichts in den israelischen Medien.

Warum schreiben die charedischen Medien gar nichts darüber?, frage ich den Journalisten.

»Charedische Medien? Tuvia, welche charedischen Medien? Es gibt keinen charedischen Journalismus. Wir schreiben halt, was uns so einfällt. Welcher charedische Journalismus? Niemand will über diese Geschichte schreiben.«

Gegen Mitternacht schicke ich eine WhatsApp an Shlomo El-baum: Sind Sie wohlauf? Ich habe Gerüchte gehört, dass Sie angegriffen wurden, und hoffe, dass sie falsch sind.

»Sie sind wahr«, schreibt er mir um 0.42 Uhr zurück.

Gute Besserung. Wie geht es Ihnen? Sind Sie zuhause oder im Krankenhaus? Wie viele Personen haben Sie angegriffen?

»Im Krankenhaus. Zusammen mit meinem Sohn. Zwei Leute haben uns angegriffen.«

Ich nehme an, dass ich Ihre Antworten kenne, möchte Sie aber trotzdem fragen: Wird dieser Überfall Sie dazu bringen, aufzuhören? Machen Sie sich Sorgen um Ihre Sicherheit und die Sicherheit Ihrer Familie? Was wird dieser Überfall mit Ihnen machen?

»Mit all meiner Kraft«, antwortet er. Anders gesagt: Ich werde mich noch mehr ins Zeug legen.

Passen Sie auf sich auf. Gute Nacht.

»Vielen Dank«, antwortet er. Es ist jetzt 1.35 Uhr.

Ich kontaktiere einen weiteren führenden charedischen Journalisten. Erscheint diese Geschichte irgendwo in den charedischen Medien?, frage ich ihn, da ich in den entsprechenden Organen immer noch nichts über sie finden kann.

»Glauben Sie, dass irgendjemand in den charedischen Medien es wagen wird, etwas gegen Ger zu schreiben? Das ist eine Lektion für Sie, worum es beim charedischen Journalismus geht«, so seine Antwort.

Sprich: Niemand in den charedischen Medien wird irgendetwas Negatives über einen mächtigen chassidischen Hof schreiben.

Werden Sie nicht darüber schreiben?

»Nein.«

Warum nicht?

Keine Antwort.

»Wenn die allgemeinen Medien darüber berichten, werden wir es auch tun. Vorher nicht«, erklärt mir ein führender charedischer Redakteur.

Gegen 9 Uhr kontaktiere ich einige nichtcharedische Journalisten und erfahre, dass sie nicht über den Vorfall schreiben werden, solange es die charedischen Medien nicht tun. Warum nicht? »Eine Hand wäscht die andere. So sieht der israelische Journalismus aus. Es ist eine Schande, aber so ist es.«

Eine andere Antwort lautet: »Wach auf, Tuvia. Die Medien in Israel sind sehr schwach, erwarte hier keine Helden. Ger kann klagen. Sie haben alles Geld der Welt.«

Traurig.

Die Wahrheit ist, dass Ger nicht klagen wird. »Ger« existiert juristisch nicht. Auch die katholische Kirche kann niemanden verklagen, der darüber berichtet, dass ein »Katholik« einen Anwalt angegriffen hat. In Wirklichkeit fürchten die charedischen Journalisten, gestehen sie mir, nachdem ich ein wenig nachgebohrt habe, dass der Gerrer Rebbe seinen Anhängern verbietet, charedische Medien zu lesen, die über ein solches Thema berichten, und das wiederum bedeutet finanzielle Verluste für sie.

Ich verlasse das Hotel und laufe durch Kiryat Vizhnitz; vielleicht können mich ja die Vizhnitzer Chassidim aufklären. Wie denken Sie über das, was mit Shlomo Elbaum passiert ist?, frage ich den erstbesten Vizhnitzer Chassid, der mir begegnet. Seine Antwort? »Ich habe gehört, ich weiß nicht, ob es stimmt, dass sie eine seiner Schläfenlocken abgeschnitten haben. Er hat Glück gehabt. Das nächste Mal werden sie ihm seinen Bris abschneiden und ihn zu einer Frau machen, und das war's dann.«

Sind die Gerrer Chassidim zu einer solchen Tat fähig?

»Sie sind Gangster. Ger ist eine Mafia. Der Rebbe hat Millionen über Millionen. Warum verhält er sich so? Darum. Mafia. Allein in unserer Gegend besitzt er Immobilien im Wert von 50 Millionen Schekel [ca. € 12,4 Mio.]. Warum hat er solche Angst vor Rabbi Shaul? Er ist ein kranker Mann.«

Ein anderer Chassid erzählt mir: »Wir, die Chassidim, sind gute Leute, aber unsere Führer sind korrupt. Meine Frau fährt Auto, und deshalb kann ich meine Kinder nicht auf eine normale charedische Schule schicken; sie nehmen sie nicht. Es sei denn, und vielleicht haben Sie davon gehört, ich händige unter dem Tisch ein paar dicke Briefumschläge aus. Alles in bar. Aber ich weigere mich. Korrupt. Die Führer der charedischen Welt sind korrupt.«

Ich möchte Sie etwas fragen. Ich war vor kurzem in Tel Aviv und hatte ausgezeichneten Handyempfang, in Kiryat Vizhnitz aber ist er schlecht. Wissen Sie, warum?

»Raten Sie mal! Charedische Aktivisten haben in Kiryat Vizhnitz und an einigen anderen Orten Internetsperren eingerichtet, weil sie nicht wollen, dass die Menschen Smartphones benutzen. Wer hat ihnen das Recht dazu gegeben? Ihre Rebbes und Rabbis. Es ist illegal, aber niemand stoppt sie. Korrupt!«

Am Eingang meines Hotels lerne ich Joni kennen, so nennt er sich jedenfalls. Joni ist ein Gerrer Chassid, ein gläubiger Anhänger des Rebbes, Jaakov Arje Alter. Ich frage ihn, ob er irgendeine Vorstellung hat, warum die charedischen Medien den Angriff auf Shlomo Elbaum nicht einmal erwähnt haben. »Wollen Sie es wirklich wissen?«, entgegnet er.

Ja, klar.

»Sie haben Sie nicht vergiftet?«

Wer?

»Die Anhänger von Rabbi Shaul.«

Wie kommen Sie denn auf so etwas?

»Ich habe das Foto von dem Gerichtstermin gesehen, und Sie waren da.«

Er meint ein Foto von dem Verfahren in Tel Aviv, das in vielen charedischen Medien erschienen ist und auf dem ich in der Mitte zwischen den beiden Parteien sitze, neben Akiva Greentzeig.

Das bedeutet nicht, dass ich auf irgendjemandes Seite stehe. Wenn ich auf deren Seite wäre, würde ich wahrscheinlich nicht mit Ihnen sprechen, oder?, frage ich ihn.

»Gut. Ich sage Ihnen, warum sie den Angriff nicht erwähnt haben.«

Ich höre.

»Er hat gar nicht stattgefunden. Das ist eine einzige Lüge.«

Können Sie das beweisen?

»Ich leite Ihnen eine ›Warnung vor einem Prozess‹ wegen Verleumdung weiter, die ein Anwalt an die Person geschickt hat, die sich die ganze Geschichte ausgedacht hat, Yossi Shtark.

Tun Sie das bitte.

Er schickt mir eine Kopie der Warnung, die der Anwalt Israel Hecht an Yossi gerichtet hat, nachdem dieser getweetet hatte, dass Elbaum angegriffen worden sei. Yossi hatte dabei allerdings keine Namen genannt, vielmehr hat jemand anderes zwei Personen beim Namen genannt und auf diesen Tweet verwiesen. Warum sollte Yossi sich einer Verleumdung schuldig machen, selbst wenn der Angriff gar nicht stattgefunden hat, wo er doch keine Namen genannt hat?, frage ich Joni.

Das weiß Joni nicht. Was er allerdings weiß, ist dies: »Wir haben Beweise, dass die Geschichte über Akiva Greentzeig, in dessen Namen Elbaum seine Strafanzeige wegen Verleumdung gestellt hat, falsch ist.«

Können Sie sie mir zusenden?

Er ruft einen Freund an und bittet ihn, mir das »Drei-Phasen-Foto von Akivas angeblicher Verletzung« zu schicken, durch das, wie er sagt, bewiesen wird, dass auch jener Angriff eine Erfindung war.

Rund eine Stunde später erhalte ich das Material. Worin besteht es? Es ist eine Farbkopie dreier Fotos, die angeblich nacheinander geschossen wurden und den Beweis dafür bilden sollen, dass Akiva nicht attackiert wurde. Das erste Foto der Abfolge zeigt Akiva mit einem Taschentuch, auf dem sich ein Blutstropfen befindet. Seine blutbeschmierte Nase auf dem zweiten Bild soll daher rühren, dass Akiva mit dem Taschentuch über sie gerieben hat, um den Eindruck zu erwecken, er würde bluten. Das dritte Foto, auf dem das Blut noch deutlicher zu sehen ist, soll das Ergebnis weiteren Verreibens des Blutes zeigen. Kurzum: Es gab keinen Angriff, alles ein Fake.

Doch nicht so schnell.

Ich vergrößere das dritte Foto und erkenne deutlich, dass der Bereich unter Akivas Augen die Spuren schwerer Schläge zeigt und dass das Blut nicht auf, sondern unter der Haut ist. Es ist nicht nur rot, sondern auch schwarz und blau. Es grenzt an ein Wunder, dass die Augen selbst nichts abbekommen haben, sage ich mir, wenn man dem Foto Glauben schenkt, welches Joni, dem zufolge Akiva nicht geschlagen wurde, für authentisch erklärt.

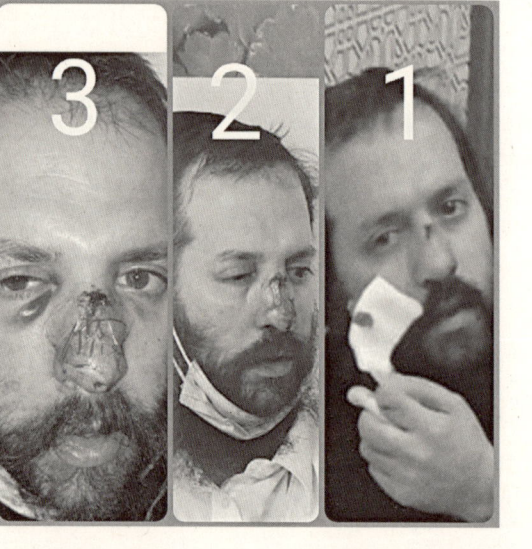

Foto 3, schreibe ich an Joni, zeigt innere Blutungen unter Akivas Augen. Wissen Sie, was es damit auf sich hat?

»Ihm [Akiva] zufolge geschah dies, nachdem ihm auf die Nase geschlagen wurde.«

Mit anderen Worten, jemand hat ihn übel verprügelt. Richtig?

»Ich weiß es nicht.«

Ende des Austauschs.

Wenn das die Verteidigungsstrategie ist, auf die das alte Ger vor Gericht setzen wird, dann kann ich mir nicht vorstellen, dass irgendein Richter ihren Behauptungen Glauben schenken wird. Aber ich bin kein Richter und habe darüber nicht zu entscheiden.

Ich bin noch nicht fertig, noch nicht. Ich schicke eine Nachricht an Shlomo Elbaum: Wie kommt es, dass die charedischen Medien nicht über den Vorfall berichtet haben?

»Gute Frage«, antwortet er.

HAND IN HAND GEHEN GOTT UND ICH MIT EINER WACHTEL IN KIRYAT VIZHNITZ SPAZIEREN

Ein Rom mit Schtreimel

Zum Glück müssen sich die kleinen Kinder von Kiryat Vizhnitz nicht mit der Ger-Affäre herumschlagen.

Ich beobachte sie im Vizhnitz-Garten, einem zwei Häuserblocks langen »Garten« mit Bänken auf beiden Seiten und Spielplätzen in der Mitte, wie sie sich um eine Wachtel scharen, eine schöne Wachtel, und sie abwechselnd streicheln und versuchen, sie mit einem kleinen grünen Apfelstück zu füttern. Sie sind ganz begeistert von diesem Vogel. Was für ein Vogel ist das?, frage ich sie. »Slav«, sagen sie (Hebräisch für Wachtel).

Ist dieser Vogel ein Gerrer Chassid?, frage ich sie.

»Nein!«

Was für ein Chassid ist er dann?

»Vizhnitz!«

Was macht ihn zu einem Vizhnitzer Chassid?

»Das ist derselbe Vogel, der auch in der Bibel erwähnt wird.«

In welchem Zusammenhang?

»Nachdem die Juden Ägypten verließen, als sie auf ihrem Weg ins Heilige Land in die Wüste geschickt wurden, beklagten sie sich beim Namen, dass sie nichts zu essen hatten, und Der Name sandte ihnen viele Slavs!«

Süße Kinder.

Alles in der charedischen Welt, vom Moment der Geburt bis zum Moment der Beerdigung, ist mit dem Glauben verbunden. Und für diese Kinder ist diese Wachtel, dieser Slav, nicht nur eine Wachtel, sondern ein biblischer Vogel, der Tausende von Jahren überlebt hat, von den Tagen der Juden in der Wüste bis zu genau diesem Moment. Von Ägypten und der Wüste bis zu Kiryat Vizhnitz, Bnei Brak. Diese Wachtel hat alles gesehen. Sie hat gesehen, wie die Juden vor Tausenden von Jahren mit schönen Schtreimeln auf dem Kopf Ägypten verließen, und sie schaut heute mal auf einen kurzen Besuch in Kiryat Vizhnitz vorbei. Wer braucht Handyverbindungen, wenn ein kleiner Vogel in seiner einen kleinen Erscheinung Tausende von Jahren verbindet! Dieser Slav ist der Beweis, o ja, der Wahrheit der Bibel. Es ist ein Vizhnitzer Vogel, mein Freund, kein Gerrer Vogel!

Als ich zu dieser Reise aufbrach, sagte ich mir: Wenn ich Glück habe, werde ich Ihn von Angesicht zu Angesicht sehen, während ich durchs Land streife. Ob Sie es glauben oder nicht, ich denke, dass es mir soeben gelungen ist. Er steht hinter diesem Slav und sieht mich an. Ich gebe Ihm die Hand, und zusammen laufen wir durch den Garten von Vizhnitz, Hand in Hand, gefolgt vom Slav.

Können Sie es sehen? Sperren Sie die Augen weit auf, und Sie werden es sehen.

Dabei kann ich meinen Blick von den Kindern nicht abwenden, wie sie sich über den Slav mit der Bibel verbinden, und sehe mich selbst in ihnen. Wir sind durch einen Slav verbunden, und natürlich durch unsere Großeltern.

Jetzt aber, glaube ich, ist es Zeit, dass ich mich mit Chaim Banet treffe, dem Mann, der mich in eine Zeit vor jedem Slav führen wird, in die Zeit des Patriarchen Abraham, zu den frühesten Anfängen der jüdischen Musik.

Sein Sohn Ruvi, einer der nettesten Menschen, die ich in Bnei Brak kennengelernt habe, holt mich in meinem Hotel ab. Aristokraten wie ich brauchen persönlichen Service, ist ja wohl klar.

Am Studio, seit Jahrzehnten in Benutzung, hat der Zahn der Zeit schon gut genagt. Es befindet sich im Untergeschoss eines mehrstöckigen Gebäudes, und der Weg vom Aufzug ins Studio ist mit nacktem Beton geschmückt, der mich eher an einen Armeebunker in Afghanistan denken lässt.

Nach einem längeren Marsch durch die Betonwelt erreichen wir schließlich das Studio, ein Studio, das die Größe des Mannes verschleiert, der in ihm arbeitet, und gleichzeitig das Verstreichen der Zeit offenbart. Chaim und seine Frau begrüßen mich und erobern sofort mein Herz. Sie strahlen eine Wärme aus, die jeden Quadratzentimeter des harten Bodens erhellt, und begrüßen mich mit zuckerfreiem Käsekuchen, Jogurt und vielen anderen Leckereien, darunter auch Hüttenkäse. Herrlich!

Was sind die Ursprünge der chassidischen Musik?, frage ich Chaim, den legendärsten Komponisten seiner Zeit, dessen Lie-

der ich seit Jahren singe, den Mann, der mit seinen bewegenden, dankerfüllten Melodien mein Herz im Innersten berührt.

Ich erwarte, dass er mir Geschichten über weiße Engel mit mindestens neun Flügeln, heilige Rebbes aus seinem Mutterland und alte Schuls erzählt, die entweder von den Nazis oder sonstigen antisemitischen Faschisten niedergebrannt wurden. Aber nein. Der Ursprung der chassidischen Musik, erklärt er mir, hängt von dem jeweiligen chassidischen Hof ab. Wurde der entsprechende Hof in Polen, Russland, der Ukraine, Belarus oder Ungarn gegründet?

Die Ursprünge der chassidischen Musik, der charedischen Musik, einschließlich der heute komponierten, liegen in den Ländern, aus denen die verschiedenen jüdischen Gruppen stammen, erläutert er. »In der Chabad-Musik liegt der Ursprung in russischen Volksliedern.« Er singt mir einige Chabad-Lieder vor und sagt dann: »Man kann den russischen Stil in ihnen spüren.« Die Melodien des chassidischen Hofs von Ger, erzählt er, gehen auf die polnische Marschmusik zurück.

Ich bitte Chaim, einen Vizhnitzer Chassid, mir von den Ursprüngen seiner Musik und der seines Hofes zu erzählen. »Viele Romalieder haben Eingang in unsere Musik gefunden«, antwortet er. Der Ursprung der Vizhnitzer Musik, erfahre ich heute, hat nichts mit irgendwelchen weißen Engeln oder dem Patriarchen Abraham zu tun.

Ups.

Chaim singt mir ein Vizhnitz-Lied mit hebräischem Text zu einer Romamelodie vor. Ich bin mit diesem Lied groß geworden und habe seine Melodie immer für die »jüdischste« gehalten, die man sich vorstellen kann, aber nein. Die Musik, die ich immer mit Jiddisch, mit den Psalmen, mit Jüdischkeit, mit den Charedim, mit Schtreimel und Kaftan in Verbindung brachte, erweist sich als Romamusik. Er singt noch einige andere chassidische Lieder und sagt mir, dass ihre Wurzeln in der ungarischen, von Roma gespielten Csárdásmusik liegen.

Csárdá bedeutet auf Ungarisch übrigens Wirtshaus.

Ja, meine reine, geistliche, heilige chassidische Musik stammt aus einer ungarischen Kneipe. Das ist geistlich, das ist heilig, reiner Wodka.

Ja, die Wurzeln meiner jüdischen Seele reichen bis ins Romaland zurück. Wir sind, wer hätte das gedacht, Roma mit Schtreimel.

»Ich möchte Ihnen eine Geschichte erzählen«, sagt Chaim.

Nur zu!

»Es ist eine Geschichte, die ich aus meiner Kindheit in Erinnerung habe. Während eines Tischs beim alten Rebbe, dem Großvater des jetzigen Rebbes von Seret-Vizhnitz, sangen die Chassidim ein bestimmtes Lied, als der Rebbe sie plötzlich mittendrin unterbrach und aufforderte, sofort mit dem Singen aufzuhören. Wir verstanden nicht, warum er wollte, dass wir zu singen aufhören; es war seltsam, aber wir sagten kein Wort; wir hörten nur auf zu singen. Nach dem Tisch ging der Rebbe mit seinem Gabbai nachhause, und der Gabbai fragte ihn, warum er unseren Gesang mittendrin so plötzlich abgebrochen hatte. Und der Rebbe antwortete: ›Dieses Lied war ein Romalied, und als wir es sangen, sah ich einen ungarischen Juden, der gerade hereingekommen war, und ich weiß, dass dieser Jude das ursprüngliche Lied kannte, mit dem ursprünglichen Text, und ich wollte nicht, dass er sich an den Liedtext erinnert, und deshalb habe ich den Gesang unterbrochen.‹ Eine Woche später war ich bei meinen Eltern und sang diese Melodie, und als meine Mutter sie hörte, kam sie zu mir und fragte: ›Chaim, was singst du denn da? Kennst du etwa den Text dieses Lieds?‹«

Was war der Text? War es etwa ein Nazi-Liedtext, ein faschistischer?

»Nein, Gott bewahre.«

Was aber war dann der Originaltext?

»Es war ein Liebeslied.«

Oy vey, vey, vey. Der Rebbe und Mama hatten Angst davor, dass sich ein Jude an den ursprünglichen Text eines Liedes über einen Rom erinnern würde, der in ein rumänisches oder unga-

risches Mädchen verliebt ist, einen Text, der den rechtschaffensten aller Männer in Versuchung führen, Der Name schütze uns,
und ihn dazu bringen könnte, etwas zu vergießen, das wir nicht
einmal beim Namen nennen sollten, möge der Himmel uns beschützen.

Oy vey, vey, vey.

Ja. Keine weißen Engel, keine heiligen Rebbes, kein Moses,
kein Abraham und kein Esel. Nur Roma. Können Sie sich das
vorstellen?

Zurück in meinem Hotel, google ich ein wenig und stelle fest,
dass Chaim recht hat. Es ist ein Romalied.

Aber keine Sorge. Wir, Juden, haben Heilige Rebbes.

O ja!

DER HEILIGE UND DIE SCHWÄNZE

Haben Sie mal eine Million für mich?

Praktischerweise praktiziert der Heilige Rebbe nicht weit von meinem Hotel und veranstaltet am Samstagabend einen Tisch zum dritten Sabbatmahl bis spät in die Nacht, lange nach dem Ende des Sabbats, wie mir ein Einheimischer erzählt. Warum sollte jemand ein Sabbatmahl nach dem Sabbat einnehmen? Das weiß er nicht.

Ich gehe hin.

Sind Sie die Schwänze?, frage ich eine Gruppe von Chassidim, als ich in dem großen Hof vor ihrer Schul ankomme, wo sich viele von ihnen versammelt haben. Sie lachen und antworten grinsend: »Ja, sind wir. Willkommen!«

Warum macht Ihr Rebbe ein Sabbatmahl nach dem Sabbat?

»Der Sabbat endet erst, wenn der Rebbe das dritte Sabbatmahl hat«, antwortet einer von ihnen, ein Chassid namens Reb Jitschok.

Wie meinen Sie das?

»Der Rebbe verlängert den Sabbat.«

Aber warum bloß?

»Die Weisen sagen, dass am Sabbat alle Höllenstrafen ausgesetzt werden, weshalb der Rebbe den Sabbat verlängert, sodass jene Juden, die in die Hölle geschickt wurden, eine längere Pause von der Hölle haben. Der Rebbe liebt die Juden, alle Juden.«

Ja, jene Frau und ihre Tochter aus der *Shomer-Emunim*-Geschichte, sie ruhen sich jetzt aus.

Und wie ist es, ein Schwanz zu sein?, frage ich Reb Jitschok.

»Oh, das ist das Allerschönste!«

Alle Anwesenden stimmen zu, mit einem breiten Lächeln im Gesicht.

Inwiefern?

»Kommen Sie zum Tisch und erleben Sie es selbst!«

Klingt vernünftig, und so betreten wir den Hauptsaal der Schul.

In der Mitte des Saals steht, wie beim dritten Sabbatmahl der Belzer, ein gigantischer Tisch, der auf drei Seiten von Tribünen umgeben ist, während an der vierten ein zusätzlicher großer Tisch dem Rebbe vorbehalten ist.

Ehe man sich's versieht, füllen Hunderte von Chassidim jeden Quadratzentimeter der Tribüne, und Reb Jitschok organisiert mir einen Platz in der Mitte des Saals.

Der Tisch soll um 20.00 Uhr beginnen, und nur wenige Minuten später tritt der Rebbe ein.

Als Erstes wäscht er sich die Hände und trocknet sie mit einem Handtuch ab. Das gefällt mir. Normalerweise machen Rebbes einen großen Aufriss, bevor sie mit irgendetwas beginnen; sie beten, schokeln, murmeln, beten noch einmal und noch einmal, wobei sie in der Regel niemand verstehen kann, und dann beten sie wieder und wieder, und das Ganze zieht sich ewig hin. Dieser Mann hier hingegen kommt gleich zur Sache.

Also, fast. Denn wie ich jetzt sehe, zieht dieser Herr die Zeremonie des Händewaschens in die Länge.

Sich die Hände zu waschen, sollte vielleicht fünf Sekunden dauern, er aber braucht einige Minuten dafür. Unter den Augen der Chassidim trocknet der Heilige einen Finger nach dem anderen ab, jeden Finger mehrfach, alle zehne, und dann noch einmal, einen Finger nach dem anderen, jeden Finger mehrfach, alle zehne, und dann wieder und dann noch einmal und dann wieder. Dann aber kommen die Challas, laaaaange Challas, Vizhnitz-Challas, die die besten der Welt sind (glauben Sie mir!), und ein Chassid tritt heran, um dem Heiligen ein Messer zu reichen, ein langes Messer, und der Heilige schneidet eines der Challas.

Als der Chassid sich wieder entfernt, geht er rückwärts. Nie, meine Liebe, zeigst du dem Heiligen dein Hinterteil!

Ein weiterer Chassid kommt mit einem Messer, das noch länger ist als das des Todesengels, und schneidet kleine Stücke der

Challas ab, um sie unter den glücklichen Chassidim zu verteilen, denen es beschieden ist, ein Stück der Challas des Heiligen in den Mund zu nehmen.

Ich bekomme ein Stück ab. O wie wunderköstlich! Diese Schwänze kriegen die besten Challas der Welt zu essen!

Nachdem sie ihr Challa im Magen haben, grüßt der Heilige einige der Chassidim namentlich. Zu meiner Überraschung blickt er mich, der ich ziemlich weit weg sitze, an und fragt seinen Gabbai: »Wie heißt er?« Der Gabbai nennt ihm meinen Namen, und der Heilige grüßt mich vor all seinen Chassidim: »Auf das Leben, Tuvia Tenenbom!«

Woher kennt der Gabbai meinen Namen?, frage ich Reb Jitschok. »Von mir«, antwortet er. Wann hatte er überhaupt die Gelegenheit dazu, ihm meinen Namen zu sagen? Da bin ich überfragt. Alles funktioniert hier, so mein Eindruck, wie beim israelischen Geheimdienst. Schnell, reibungslos, in aller Stille, und niemand weiß, wie sie es hinbekommen haben.

Jetzt wird jedenfalls der Gefilte Fisch hereingebracht. Langsam isst der Heilige seinen Gefilte und scheint jeden Bissen zu genießen. Er isst, isst, isst, und die Chassidim schauen zu, schauen zu, schauen zu, begierig darauf, selbst ein Stück des Fischs auf die Zunge zu kriegen. Noch nie habe ich einen Rebbe seinen Gefilte bei einem Tisch so genießen sehen wie dieser Heilige!

Jetzt aber weist der Rebbe seinen Gabbai an, mir eine Portion Gefilte Fisch zukommen zu lassen. »Sie wissen gar nicht, was für ein Glück Sie haben«, sagt ein Chassid zu mir. »Der Heilige mag Sie. Sie müssen ein außergewöhnlicher Mann sein!«

Klar, bin ich.

Mit diesem Schirajim in meinem Mund vereinigt sich mein Leib mit dem Heiligsten dieser Welt und aller anderen Welten, bis zum Siebten Himmel, wo die Seelen wohnen.

Bisher ist dieser Tisch mehr oder weniger so wie andere Tischs, bei denen ich schon war, aber jetzt geschieht das Unglaubliche. Alle Lichter gehen aus, es wird stockdunkel, wie die Finsternis in Ägypten. Und der Heilige, der Rebbe, singt: »Oy vey, vey, vey,

vey«, worauf die Schwänze antworten: »Oy vey, vey, vey, vey.« Der Heilige singt laut; er hat mehr Energie als sein Bruder, tausendmal mehr, und seine Schwänze antworten ihm in gleicher Weise. Zwischendurch singt er Verse aus den Psalmen, etwa: »*Und ob ich schon wanderte im finstern Tal, fürchte ich kein Unglück; denn du bist bei mir*«, und die Schwänze antworten: »*Und ob ich schon wanderte im finstern Tal, fürchte ich kein Unglück; denn du bist bei mir*«.

Das Ganze dauert über eine halbe Stunde und ist so theatralisch, eindringlich und faszinierend, dass man es in den tiefsten, intimsten Schichten seines Seins spürt. Unfassbar!

Bevor die Lichter wieder angehen, werden Kerzen hereingebracht und an der Rückseite des Saals aufgestellt. Sie sorgen für ein wenig Licht, in dem sich die Menge schemenhaft abzeichnet, was ebenfalls einen starken Eindruck macht.

Einige Minuten später gehen die Lichter wieder an, und ich fühle mich, als sei ich aus einem betörenden Traum erwacht.

Bedeutet es das, ein Schwanz zu sein?

Ich gehe hinaus, begleitet von Reb Jitschok. Ich frage ihn: Ist es wahr, dass der Heilige jeden der Schwänze aufgefordert hat, 120 000 Schekel beizusteuern?

»Ja, das stimmt.«

Haben Sie das Geld zusammenbekommen?

»Bislang habe ich fast eine Million zusammenbekommen.«

Sind Sie ein reicher Mann?

»Nein. Der Heilige hat uns nicht aufgefordert, dass wir ihm unser eigenes Geld geben, sondern nur, dass wir es auftreiben, und ich habe es aufgetrieben, mehr, als er wollte.«

Stimmt es, dass der Heilige den Kindern gesagt hat, dass sie auf ihre Hühnermahlzeiten verzichten müssten?

»Machen Sie sich keine Sorgen. Unsere Kinder werden sehr gut verpflegt. Kein Kind isst weniger als vorher. Wir müssen nur das Geld aufbringen; wir bekommen es von Reichen, nicht von unseren Kindern. Was immer Sie gehört haben, stimmt nicht.«

Was ist es für ein Gefühl, ein Schwanz zu sein?

»Schauen Sie, unser Rebbe, der Heilige, kennt jeden von uns persönlich mit Namen, und er liebt uns. Wie viele Rebbes kennen ihre Chassidim so gut? Wie man uns auch nennen mag, Schwänze oder sonst wie, wir sind glücklich, den Heiligen zu haben.«

Sind Sie der Schweif des Rebbes?

»Für uns bedeutet Schwanz, Den Namen zu verehren, nichts sonst.«

Ich würde den Heiligen gerne persönlich treffen. Können Sie das für mich einrichten?

»Geben Sie mir Ihre Handynummer, und ich rufe Sie morgen an.«

Ich gebe ihm meine Nummer, und am nächsten Morgen ruft er mich tatsächlich an.

»Können wir zu Ihnen kommen?«, fragt er.

Ja, natürlich.

Er wird, sagt Reb Jitschok, in Begleitung eines weiteren Chassids kommen.

Binnen weniger Minuten sind sie in meinem Hotel, und wir treffen uns in meiner Suite.

Der andere Chassid hat mir etwas mitgebracht, eröffnet er mir, als wir uns zum Gespräch hinsetzen.

Was ist es?

Ein Schnorrbrief. In ihm, lese ich, verspricht der letzte Vizhnitzer Rebbe, der verstorbene Vater des Heiligen, jedem Vizhnitz-Spender, dass er von seinem Platz im Himmel aus für ihn beten und sich zu Gunsten des Förderers an Gott wenden wird, direkt neben dem Heiligen Sitz. Darüber hinaus segnet der Heilige den Spender mit einem guten Leben, Gesundheit und Glück, wenn er für das neue Vizhnitz Center spendet, wie dieser chassidische Hof heißt.

Der Neubau des Vizhnitz Center wird 250 Millionen Schekel (ca. €62 Mio.) kosten, sagen mir meine Besucher, und es wäre schön, wenn ich eine oder zwei davon beisteuern könnte.

Ich?

Ja, warum nicht?

Diese beiden Chassidim halten mich für einen Millionär. Wie süß!

Ja, sie sind naiv, wenn sie glauben, dass sich dieser Millionär noch heute Morgen von einer oder zwei seiner Millionen trennt, aber etwas Süßes hat es doch. Der Heilige, erzählen sie mir, hat sie am frühen Morgen nach mir gefragt. »Er interessiert sich für Sie«, sagt Reb Jitschoks Begleiter, Reb Meir, zu mir.

Und jetzt erfahre ich ein interessantes Detail. Der Vater des gegenwärtigen Vizhnitzer Rebbes hat dem jüngeren Sohn, dem Heiligen, 270 Millionen Schekel hinterlassen, der ältere Sohn jedoch, der Mann, bei dessen Tisch ich am Freitagabend meiner ersten Woche in Bnei Brak war, enthielt ihm das Geld vor. »Der Heilige sagte, ›ich werde nicht dagegen kämpfen, Der Name wird Vorsorge treffen‹«, erzählen sie mir.

Ist das wahr? Ich weiß es nicht, aber die Leute, die mit mir zusammensitzen, sind sich sicher, dass es stimmt.

Das sind schon zwei verträumte Burschen, und ihre Naivität rührt mich, weil sie so lauter ist und so voller Hoffnung und Glauben. Vielleicht hat sie der Heilige selbst zu mir geschickt, aber mir würde ihre Hingabe auch dann gefallen. Und ihre schlichte Annahme, dass ich ihnen eine oder zwei Millionen geben würde, weil sie bemerkt haben, dass mir der Tisch ihres Rebbes gefiel, ist faszinierend.

Wenn ich die Million oder Millionen geben würde, sagen sie mir, würde mich der Heilige nur zu gerne treffen und persönlich mit mir sprechen. Er würde sich sogar hier in diesem Hotel mit mir treffen. Ja.

Ich muss ihnen leider mitteilen, dass eine Spende, um einen Rebbe zu treffen, gegen die journalistische Ethik verstößt. »Oh«, entgegnet Reb Meir, »es muss nicht von Ihrem Verleger kommen. Es kann aus Ihrer eigenen Tasche kommen! Sie verfügen über solche Summen, denken wir.«

Das ist schön zu hören.

Käme es vom Verleger, sage ich ihnen, dann gäbe es kein Ethikproblem, weil Verleger tun und lassen können, was sie wollen. Die ethische Frage, erkläre ich ihnen, ist ein Problem nur dann, wenn ich das Geld gebe. Aber wissen Sie was?, sage ich zu ihnen, ich kann Sie vielleicht mit Millionären in Kontakt bringen.

Das finden sie richtig gut. Darüber wäre auch der Heilige hocherfreut, sagen sie mir, und vielleicht würden der Heilige, der Millionenspender und ich uns alle drei zusammen treffen. Wie wäre es, versuche ich mein Glück, wenn ich erst den Heiligen treffe und dann sehe, ob ich auch den Spender auftreibe? Schließlich wird der geheimnisvolle Spender erst einen detaillierten Bericht von mir haben wollen.

Nun, sagen sie, sie werden mit dem Gabbai sprechen, und vielleicht können sie ein Treffen zwischen dem Heiligen und mir in den nächsten Tagen arrangieren.

Abgemacht.

Unterdessen lässt Shlomo Elbaum, eine der schillerndsten Persönlichkeiten in Bnei Brak, ein Mann, der ein System bekämpft, das viel stärker ist als er, nicht locker. Sein Gerichtstermin mit der Führung findet erst in ein paar Monaten statt, aber er ruht sich inzwischen nicht auf seinen Lorbeeren aus. Er schickt verschiedene Warnungen an diverse Offizielle und Stellvertreter des alten Ger, und manchmal weiß ich nicht, ob ich lachen oder weinen soll, wenn ich einige der Geschichten lese, die er in diesen Warnungen angeführt. Hier sind drei Beispiele für das, was die Chassidim des Rebbes laut Elbaum glauben: 1. Der Rebbe, Jaakov Arje Alter, hat am Hochzeitstag eines seiner Enkel gesagt, dass er den Regen für jenen Tag unterbrochen hat, dass es ihm aber nicht leichtgefallen ist. Er hat darum gebeten, dass die Hochzeiten seiner anderen Enkel in Zukunft nur im Sommer gefeiert werden, wenn es in Israel nicht regnet. 2. Die Gesichtszüge des Rebbes sind unter Gottes Heiligem Sitz im Himmel eingraviert. 3. Zu bestimmten Zeiten macht der Rebbe unverständliche Handbewegungen, aber aus gutem Grund. Diese Handbewegungen richten sich an Seelen, die in der Nähe des Rebbes in der Luft schweben und denen er signalisiert, dass sie sich nicht vor ihm verstecken können.

Jawoll.

Das ist Bnei Brak, eine charedische Stadt von 200 000 Einwohnern, eine Stadt, von der ich dachte, dass ich sie nicht mögen würde, aber ich mag sie.

Ist alles schön und gut in der charedischen Welt dieser Stadt? Nicht wirklich, zumindest nicht für alle.

ÄUSSERLICH CHAREDIM, INNERLICH ATHEISTEN – DIE ANUSIM

Bin ich ein Charedi oder ein Ungläubiger?

Gegen Ende meines Aufenthalts in Bnei Brak hat sich das Gerücht verbreitet, ein Jude, der über die charedische Welt schreibe, sei zu Gast in der Stadt. Immer mehr Menschen kommen auf mich zu, um mich zu sprechen und mir ihre persönlichen Geschichten zu erzählen. Am interessantesten finde ich die Anusim, die »Gezwungenen«, jene Menschen, die ihren Glauben verloren haben, aber ihre Gemeinde nicht verlassen wollen.

Der Ausdruck Anusim, der zum ersten Mal im 11. Jahrhundert in Deutschland aufkam und sich einige Jahrhunderte später im Zuge der Inquisition in Spanien verbreitete, bezieht sich ursprünglich auf Juden, die gezwungen waren, zum Christentum überzutreten, die ihren jüdischen Glauben aber insgeheim weiter pflegten. Heute wird dieser Begriff, was für ein Paradox, in Israel auf Juden gemünzt, die in die charedische Welt hineingeboren wurden und ihr immer noch angehören, die aber nicht mehr an Gott glauben. Sie praktizieren die Religion immer noch, aber nicht aus Glauben, sondern aus Angst. Manche von ihnen sind alleinstehend, andere sind verheiratet und haben Kinder. Manche vertrauen ihren Ehepartnern ihren neuen Stand als Ungläubige an, andere nicht. Ihr gemeinsamer Nenner aber ist: Sie glauben nicht mehr an Gott, haben aber nicht den Mut, das Stehvermögen, die finanziellen Mittel oder was auch immer, um der charedischen Welt den Rücken zu kehren. Sie führen ein Leben in Angst, in ständiger Angst, entdeckt zu werden, und schließen sich, wenn sie können, in geheimen Gruppen im Internet mit Unglaubensgenossen zusammen.

Heute Abend sind drei von ihnen bei mir im Hotel zu Besuch: zwei Gerrer Chassidim, ein Mann und eine Frau, und eine Litwak. Der Gerrer Chassid, der so gekleidet ist wie jeder Gerrer, sagt es mir ganz offen: »Ich glaube nicht an Gott, aber ich werde Ger nie verlassen.«

Warum nicht?

»Wenn ich es tue, wird meine Familie nie mehr mit mir sprechen, mein Schwiegervater wird seine Tochter verstoßen, man wird mir meine Frau und meine Kinder wegnehmen. Und ich werde meine Arbeit verlieren.«

Dieser Mann ist seit über 20 Jahren verheiratet und hat Kinder, und weder er noch seine Frau haben sich je beim Namen genannt.

Wie heißt Ihre Frau?

Er starrt mich an.

Wie heißt sie?

Er starrt mich an.

Wie heißt Ihre Frau?

Er starrt mich an.

Ich schaue ihm in die Augen, und er kriegt es mit der Angst zu tun.

Wie heißt Ihre Frau?

Seine Lippen zittern.

Wie heißt sie? Mir können Sie es sagen.

Sein Blick ist angsterfüllt, seine Lippen zittern.

Es ist in Ordnung; Sie können mir ihren Namen sagen. Wie heißt Ihre Frau?

Er flüstert ihren Namen, so leise, dass ich ihn kaum hören kann, obwohl er direkt neben mir sitzt.

»Bitte«, sagt er zu mir, »nennen Sie niemandem meinen Namen, auch nicht den meiner Frau. Bitte!«

Kein Problem. Was hat dazu geführt, dass Sie Ihren Glauben verloren haben?

»Es begann damit, dass wir uns im Judentum für das auserwählte Volk halten, das beste Volk, und ich glaube nicht, dass das stimmt.«

Und deshalb haben Sie Ihren Glauben verloren, weil Sie sich nicht für etwas Besonderes halten?

»Ja, damit hat es angefangen.«

Die Frau neben ihm, auch von Ger, erzählt mir, was sie vom Glauben abfallen ließ. »Mein Ger-Eheberater sagte mir, dass ich mir, wenn ich mit meinem Mann intim bin, den Gerrer Rebbe vorstellen soll. Das habe ich getan; ich hatte so viele Orgasmen mit ihm, weil ich ihn mir jedes Mal vorgestellt habe, wenn ich mit meinem Mann geschlafen habe! Nach einer Weile aber wurde mir klar, wie bizarr es ist, mir einen alten Mann vorzustellen, wenn ich mit meinem Mann schlafe, und es wurde mir ein Graus.« Auch ihr Mann, sagt sie, ist ungläubig geworden, und sie leben ihren Atheismus zusammen.

Dann ist da noch diese litwakische Frau, eine attraktive Lady, die uns anvertraut, dass sie an keinen Gott glaubt, aber alle jüdischen Gesetze einhält. »Das ist meine Abmachung mit meinem Mann: Ich glaube nicht, verhalte mich aber so, als täte ich es. Ich führe einen koscheren Haushalt und spüle das Geschirr am Sabbat mit kaltem Wasser, weil man am Sabbat kein heißes Wasser verwenden darf. Diesen Sabbat habe ich warmes Wasser benützt. Wenn mein Mann mich ertappt hätte, wäre er vielleicht gegangen.«

Weiß er, dass Sie hier sind?

»Nein.«

Was werden Sie ihm sagen, wenn er Sie fragt, wo Sie gewesen sind?

»Das weiß ich nicht. Ich habe noch nicht darüber nachgedacht.«

Und wie sieht die Zukunft aus?

»Keine Zukunft für mich. Ich bin am Ende.«

Sie sind eine schöne Lady, in der Blüte Ihres Lebens, und Sie geben alles auf?

»Wovon reden Sie? Ich bin eine alte Frau.«

Wie alt sind Sie?

»40.«

Das soll alt sein? Tut mir leid, ich verstehe Sie nicht.

»Ja, ich bin alt. Was glauben Sie denn, glauben Sie, dass ich meinen Mann und meine Kinder verlassen und ein neues Leben anfangen kann? Ich habe kein eigenes Geld; ich habe nicht studiert, ich habe keinen Beruf, was soll ich tun? Es gibt nichts, was ich tun kann.«

Lieben Sie Ihren Mann?

»Ja, tue ich.«

Obwohl Sie wissen, dass er Sie verlassen könnte, wenn er Sie dabei erwischt, wie Sie am Sabbat Geschirr mit warmem Wasser spülen?

»Ich werde es nicht wieder tun.«

Das ergibt für mich alles keinen Sinn.

»Ich weiß, aber so ist mein Leben.«

Alle drei kennen sich aus einer Internetgruppe und begegnen sich gerade zum ersten Mal persönlich.

Warum haben sie sich an diesem Abend mit mir verabredet? Ich weiß es nicht. Vielleicht haben sie das Gefühl, dass sie etwas mit mir gemeinsam haben. Ist das so? Wir alle haben der charedischen Welt den Rücken gekehrt, aber sosehr ich mich auch bemühe, finde ich keinen gemeinsamen Nenner zwischen ihnen und mir. Sie haben sich von ihrer früheren Welt losgesagt, sind physisch aber in ihr geblieben. Ich habe das Gegenteil getan: Ich habe die charedische Welt physisch verlassen, bin aber seelisch in ihr geblieben. Erst jetzt, wo ich auf diese Anusim blicke, wird mir überhaupt klar, was es heißt, eine Gemeinschaft zu verlassen, was es bedeutet, sich von einer Gemeinde loszusagen, doch das ist nicht, was ich getan habe. Sie haben es getan, ich nicht. Der charedische Jude tief in mir, erkenne ich beim Blick auf sie, hat sich nie losgesagt. Der Jude in mir ist gefestigt. Es ist komisch, ja, aber ich fühle mich den Schwänzen stärker verbunden als diesen Anusim.

Wie viele Anusim gibt es? Das weiß niemand. Manche vermuten, dass die meisten Anusim den Gerrern angehören, aber ich bin hierfür auf keine Quelle gestoßen und bezweifle, dass sonst jemand eine kennt.

Zum Abschied würde ich den Anusim so gerne einige weise Worte mit auf den Weg geben, aber mir fallen keine ein. Bleiben

Sie stark, sage ich, die einzigen drei Wörter, die ich über die Lippen bringe. Vielleicht werden sie eines Tages, wenn sie älter, viel älter sind und nichts mehr zu verlieren haben, die Kraft finden, umzuziehen, vielleicht in die Jaffa-Straße in Jerusalem oder nach Unter den Linden in Berlin. Dort werden sie in einem Café sitzen und einen Kräutertee mit Zitrone trinken. Man wird sie nicht mehr als die Auserwählten bezeichnen, sie werden mit keinen Rebbes mehr schlafen, und am Sabbat werden sie heißes Wasser verwenden können, endlich.

Was mich angeht, so reise ich bald aus Bnei Brak ab, spaziere aber vorher noch einmal durch seine Straßen. Und wer läuft mir da über den Weg? Reb Jitschok, der Schwanz des Heiligen. »Entschuldigung«, sagt er, »dass wir es nicht geschafft haben, ein Treffen zwischen Ihnen und dem Heiligen einzurichten, weil der Heilige sehr beschäftigt war. Aber wir versuchen es weiter. Wie gefällt Ihnen Bnei Brak?«

Ich zeige auf einen Haufen Kinder, die an uns vorbeigehen, und sage: Ich liebe es, durch die Straßen zu laufen und, wohin ich auch blicke, kleine Kinder zu sehen.

»Ja, es ist schön, sie anzuschauen. Und die Mädchen.«

Ich kann nicht glauben, dass er das gesagt hat, erfrischend, wie es ist, eine solche Bemerkung aus dem Mund eines Schwanzes zu hören.

Ich gehe weiter und erhalte kurz darauf einen Anruf von Reb Meir, dem anderen Schwanz. Der Heilige, erzählt er mir, wird ans Rote Meer fahren, um die Teilung des Schilfmeeres zu feiern und so dem Auszug der alten Juden aus der ägyptischen Knechtschaft in die Freiheit des Heiligen Lands Israel zu gedenken. Ob ich mich dem Heiligen und seinen Schwänzen anschließen wolle? Ich danke Reb Meir dafür, dass er an mich gedacht hat, muss ihm aber leider für diesmal absagen. Ich bin mir sicher, dass der Heilige es auch ohne mich hervorragend hinbekommen wird, und kann mir schon vorstellen, wie er das Rote Meer als Bühne für sein theatralisches Genie nutzen wird. Vielleicht wird der

Heilige an Pessach, wenn die Juden ihre Befreiung von ihren ägyptischen Sklavenhaltern feiern, zum Roten Meer zurückkehren, und in diesem Fall würde ich mein Bestes tun, um dabei zu sein.

Ich packe meine Koffer, steige in ein Taxi und verlasse Bnei Brak.

Als ich diese Reise begann, war ich voller Erinnerungen an den reizenden Knaben, der ich einst war und von dem ich glaubte, er sei vor langer Zeit gestorben, verschwunden für immer.

Heute weiß ich es ein bisschen besser. Dieser Knabe ist nie verschwunden und hat auch nicht vor, es in absehbarer Zeit zu tun.

Die Charedim sind meine Familie, ob ich will oder nicht, ob sie wollen oder nicht. Wir sind durch die Nabelschnüre unserer Großmütter verbunden und können uns nicht trennen.

Aber das ist noch nicht alles.

Jude zu sein heißt für mich, ein Leben endlosen Fragens zu führen, einschließlich der Frage: Gibt es Gott? Jude zu sein heißt für sie, nie etwas an Gott in Frage zu stellen, Ihm nie zu nahezukommen und nie viel über Ihn zu wissen. Sind wir nicht ein und dasselbe? Wir sind beide, bitte hören Sie mir zu, unwissend. Ja. Wir sind von der Geburt bis zum Tod aus demselben Stoff gemacht, wir haben dieselbe Vergangenheit und Zukunft. Nach all diesen Monaten, die ich bei den Charedim gelebt habe, begreife ich, dass es nicht nur meine Großeltern sind, die mit ihren Großeltern sprechen, sondern ich, der ich mit ihnen rede, und sie, die sie mit mir reden. Wir haben denselben jüdischen Gott, ob wir an Ihn glauben oder nicht. Ob Er existiert oder ob Er eine Erfindung von uns ist, Er ist doch unser Gott, unser Herr, und wir sind die Kinder des Herrn.

Vor einiger Zeit interviewte ich Jair Lapid (Israels 14. Ministerpräsidenten), den die Charedim inbrünstig hassen. »Mein Vater«, sagte Lapid zu mir, »war der berühmteste Atheist Israels, und ich sage über ihn, dass der Gott, an den er nicht geglaubt hat, ein Jude war!«

Ja, da hat er recht.

Wohin wende ich mich nun? Es spielt keine Rolle. Soll das Auto fahren. Wo immer es ankommt, wo immer ich aussteige, werde ich Jerusalem im Herzen tragen, werde ich Bnei Brak im Herzen tragen. Für immer vereint.

Und als ich wieder in Prenzlauer Berg sitze und meinen Espresso trinke, fährt ein Wagen durch Jerusalem und kündigt den Trauerzug für den Rechtschaffensten von allen an, meinen Kindheitsnachbarn Rabbi Chaim Kaniewski. Hunderttausende werden den örtlichen Medien zufolge bei diesem Trauerzug zusammenströmen – nur ich nicht. Ich bin in Berlin, in einem Café, und zünde mir eine Nelkenzigarette an. Ich starre den Rauchringen nach und sehe Adam und Eva, die in schönstem Schtreimel und Tichel mit drei ihrer Kinder vorbeikommen, Zisale, Rachel und Feigele. Ohne Patricia. Und da oben, im Garten Eden, schauen Sie in den Himmel, und Sie werden sehen. Wer ist das? Erkennen Sie Ihn? Ja, das ist Der Name, und Er ist sehr, sehr, sehr beschäftigt. Gerade erst hat er Reb Chaim im Himmelsgericht begrüßt, da macht er auch schon das beste Omelett für Zisale, die köstlichen Kartoffelkugels für Feigele sowie einen extrem leckeren Gefilte Fisch, den Terach, der Vater von Abraham, dem Besitzer des weißen Esels, für Rachel zubereitet hat, und füllt eine unschlagbare

Hühnersuppe ein, die die weißesten aller Engel für Adam und Eva gekocht haben, und zusammen singen sie alle: »Ta, ta, ta, pa, pa, pa, ma, ma, ma, da, da, da, ja, ja, ja«, während um sie herum die Schönheiten von Mea Schearim und Bnei Brak wie wild tanzen und in den Gesang einstimmen und der Herr Sich den himmlischen Brandy 777 einschenkt, um lauthals den besten Segen überhaupt auszuteilen: »Aufs Leben!«

Ich blicke in den Himmel, immer höher, und mich überkommt eine starke Sehnsucht nach dem Ort, den ich hinter mir gelassen habe. Was soll ich tun?

DIE STRASSENBAHN BEFÖRDERT
IHRE STIERE ZUM HEILIGEN TEMPEL
Verschwindet von hier, ihr Mörder!

Die Tage ziehen ins Land, und nachdem ich hierhin und dorthin gereist bin, befinde ich mich auf einmal wieder im Heiligen Land und nehme meine alten Aktivitäten wieder auf, diese schwer abzulegenden Gewohnheiten: Tisch hier und da, Ladyschau hier und da sowie reizende Spaziergänge durch die göttlichen Straßen.

Nicht ein langweiliger Tag dabei, meine Lieben.

Eines Tages beispielsweise greifen ein Mann und seine Frau, beide in Rabbi Shaul Alters Lager, ihren früheren Rebbe, Jaakov Arje Alter, öffentlich an. Über Lautsprecher lassen sie ihrer Frustration und ihrem Schmerz freien Lauf und schreien den Rebbe an. Ihre Töchter, so scheint es, sind von den Anhängern des Rebbes einer Gehirnwäsche unterzogen worden und von zuhause weggelaufen. Für immer.

Was für eine traurige Geschichte.

Und sie ist nicht nur traurig, weil die Mädchen von zuhause weggelaufen sind, wie sich bald herausstellt, sondern weil die Eltern es gewagt haben, ihre Frustration offen vor Gott, Jaakov Arje Alter, zu zeigen.

Ein solches Verhalten kann nicht folgenlos bleiben, beschließt die Führung von Ger und ruft ihre Chassidim postwendend zum Handeln auf.

Und das tun sie auch.

In diesem ganzen kleinen Land Israel beginnen Hunderte von Chassidim, die Anhänger von Rabbi Shaul zu jagen. Sie jagen sie auf den Straßen, sie jagen sie in den Schuls.

»Jagen« ist dabei noch ein zu nettes Wort. Sie tun viel mehr als das. Sie schlagen sie so brutal zusammen, dass einige von ihnen auf sofortige medizinische Hilfe angewiesen sind, bis hin zur Notaufnahme.

So soll, vergessen Sie es nie, mit all jenen verfahren werden, die aufhören, Gott zu folgen. Ein Gerrer Nadlan-Chassid, der zufälligerweise zuhause sitzt und sich mit seiner Gattin, Frau Psst, unterhält, muss das Haus sofort verlassen und hinter Rabbi Shauls Leuten herrennen, um sie zu verprügeln. Gnadenlos.

Allerliebst.

Videoclips von dieser Spezialoperation tauchen überall im jüdischen Netz auf, aber laut *Haaretz* wurde niemand festgenommen.

So viel zur Macht von Ger.

Die Gerrer Chassidim sind wohlgemerkt nicht die Einzigen, die hier beschäftigt sind. Die Jerusalem-Peleg und andere Gesellen, die nichts Besseres zu tun haben, demonstrieren weiter in der Bar-Ilan-Straße gegen den »Light Train«, die Straßenbahn. Sie wollen keine Straßenbahn, komme, was da wolle. Die Jerusalemer Stadtverwaltung allerdings, die viel in das Projekt investiert hat, setzt sich zur Wehr. Die guten Beamten haben gerade eine Aufklärungsschrift, eine Broschüre herausgebracht, die jeden guten Juden davon überzeugen soll, wie wichtig die geplante neue Straßenbahnlinie für die Juden ist. Wofür genau? Nun, für die Opferungen im Dritten Tempel.

Ja.

In der Farbbroschüre, die vorgibt, aus einer nicht näher bestimmten Zukunft zu berichten, lesen wir die Geschichte von Judi und seinem Vater. Zusammen mit vielen anderen Juden unternehmen sie eine einzigartige Straßenbahnfahrt. Sie werden von Stieren begleitet, erfahren wir zu unserer Freude, die zum Tieropfer im Tempel bestimmt sind.

Judi und sein Vater mischten sich unter die Menge, die die Straßen säumte. Sie ließen sich von den zahlreichen Ordnern leiten, die die Neuankömmlinge begrüßten und ihnen den Weg zu den Stationen wiesen. »Sind Sie mit der Straßenbahn vom Großen Opfermarkt an der Kanfei-Nesharim-Straße oder mit der Blauen Linie hierhergekommen?«, fragte ein Ordner mit Blick auf den Plan in seiner Hand.

»Friede sei mit Ihnen. Willkommen! Sie haben sich reingewaschen, wie ich vermute, nicht wahr? Begeben Sie sich durch das Tor auf der rechten Seite zum Terminal; die nächste Bahn fährt in anderthalb Minuten ab. Bitte führen Sie alle Stiere in den vordersten Wagen, nur in den Opferwagen!«

In diesem Stil geht es endlos weiter. »Wir wollen unser Studium des Traktats Bikkurim fortsetzen«, sagt Judis Vater zu ihm. »Bald wird Moses der Gesetzgeber einen Kurs halten!«

Ja. Moses der Gesetzgeber wird gleich einen Kurs über den Traktat Bikkurim halten, gleich hier bei den Bahngleisen, und Judi sollte besser darauf vorbereitet sein!

Für die Begriffsstutzigen sind Illustrationen beigefügt.

Unterdessen vergeht die Zeit, und da der Messias noch nicht gekommen ist, kommt der Amtsgerichtstermin für die Ger-Führer und Anwalt Shlomo Elbaum.

Wie läuft der Prozess?

Das weiß anscheinend niemand.

Die charedischen Medien schweigen wie ein Grab. Auch in den allgemeinen Medien findet sich kein einziges Wort. Nirgends sickert auch nur die geringste Information durch. Dabei ist es derselbe Gerichtsfall, der erst vor wenigen Monaten 15 000 Menschen auf die Straßen Bnei Braks trieb, um Shlomo

Elbaum zu verteufeln. Doch in den Medien herrscht absolutes Stillschweigen.

Der Prozess aber findet statt.

Die Oberrichterin Yael Pradelsky, die keine Gerrer Chassidin ist, hatte letztes Jahr angekündigt, dass sie an diesem Tag hier sein würde, und sie ist da.

Nu, werden Sie wahrscheinlich fragen, was tut sich?

Je nun.

Nach stundenlangem Hin und Her, einem langen Gezerre, einigen sich beide Seiten wie folgt:

RA Shlomo Elbaum erklärt sich bereit, die Strafanzeige zurückzuziehen: »In Anbetracht der Tatsache, dass die [Sonder-]Vorführung nicht mehr gezeigt wird, werden wir der Zurücknahme der [Straf-]Anzeige gemäß Abschnitt 94 (b) der Strafprozessordnung zustimmen, unter der Bedingung, dass die Vorführung in Zukunft nicht mehr gezeigt wird.«

Die Beklagten, Leiter der Ger-Gemeinde, akzeptieren diese Bedingungen. Sozusagen. Sie »kennen die Vorführung nicht«, lassen sie durch ihren Anwalt erklären. »Sie haben die Vorführung nicht gesehen, sind für die Vorführung nicht verantwortlich und haben überdies künftig nicht die Absicht, irgendetwas im Zusammenhang mit einer Vorführung zu tun, mit der sie nicht vertraut sind, und können sich dazu verpflichten.«

Kurzum, sie versprechen, etwas nicht zu geben, was sie, wie sie sagen, gar nicht haben. Brillant!

Die Tage und Wochen ziehen ins Land, ohne dass etwas Besonderes passiert, mit Ausnahme zweier außergewöhnlicher Ereignisse: Das eine findet hoch oben im Himmel statt, wo eine große Aufregung entsteht, deren Echos bis nach hier unten dringen: Königin Elizabeth erscheint im Ersten Himmel, um ihrem Schöpfer ihre Seele zurückzugeben. Das ist doch schon mal was, müssen Sie zugeben. Das zweite spielt sich hier unten auf der Erde in Mea Schearim ab: eine stürmische Demonstration direkt vor meiner Nase.

Heute ist Donnerstag, und am frühen Abend setzt sich ein

Protestzug an der Ecke Zefanja-Straße/Yehezkel-Straße in Bewegung, genau dort, wo Ihr treuer Diener seine Zelte aufgeschlagen hat. Ein Gruppe junger Menschen schiebt einen Container von der Zefanja-Straße auf die Kreuzung und zündet ihn an, sehr zur Enttäuschung der Jerusalemer Stadtverwaltung, falls sie wirklich geglaubt haben sollte, dass sich die schweren Container nicht würden wegschieben lassen. Bald tauchen Hunderte weiterer ultraorthodoxer Männer auf, diesmal überwiegend Aschkenasen, von denen einige besonders stürmisch und laut sind. Neben mir steht ein junger Mann und verflucht die Polizeibeamten, die erschienen sind, um die Demonstration aufzulösen. »Nazis!«, schreit er. Welcher Gemeinde gehören Sie an?, frage ich ihn. »Brazlaw«, antwortet er, also die Leute, die berühmt sind für ihre Heilmittel gegens Samenvergießen.

Wogegen richtet sich die Demonstration überhaupt? Die meisten Teilnehmer, die ich frage, haben keinen blassen Schimmer. Manche von ihnen nehmen vermutlich an ihr teil, weil sie innere körperliche Spannungen und geistige Belastungen abbauen müssen, indem sie so laut wie möglich schreien, während andere sich einfach des kostenlosen Straßentheaters erfreuen. So sei es. Wie gewohnt können die Egged-Busse nicht vor und nicht zurück, und ein paar gelangweilte Halbstarke schieben einen Müllcontainer die Yehezkel-Straße herunter. Der Container gerät in Fahrt, wird immer schneller und überrollt eine chassidische Frau, Mirel, Mutter von elf Kindern. Schwerverletzt wird sie ins Krankenhaus gebracht, wo sie um ihr Leben kämpft. Die Männer, die den Container die Straße heruntergewuchtet haben, »sahen, wie eine Frau überrollt wurde, und flohen vom Tatort«, lese ich auf der charedischen Webseite Kikar Haschabat. Wie konnten wir so tief sinken, dass sich ultraorthodoxe Männer wie die schlechtesten Menschen überhaupt verhalten? Ich weiß es nicht. Ich bin mir sicher, dass die meisten Menschen hier alles andere als gewalttätig sind, glaube aber, es ist höchste Zeit, dass sich die Ultraorthodoxen von den Kriminellen unter ihnen befreien.

Ob das passieren wird?

Drei Tage später, am Sonntagabend, versammeln sich wieder zahlreiche Charedim zum Beginn des Chanukkafests – meinem zweiten in Mea Schearim –, um zu protestieren.

Sie haben anscheinend immer noch nicht genug.

Ich schaue weg, starre in die Ferne, als das Bild des reizenden Knaben, der ich einst war, vor mir auftaucht, Tränen in den Augen.

»Es gibt gewalttätige Leute hier, die jeden bedrohen«, sagt ein Anwohner zu mir.

Warum stoppen die anderen Anwohner sie nicht?

»In dieser Gesellschaft stößt man nichts an.«

Warum nicht?

»Wenn Sie sich in das Geschehen auf der Straße einmischen, wird man Sie nicht respektieren.«

Am nächsten Abend schaue ich mir an, wie die Proteste beginnen, ganz am Anfang, bevor sie in Gewalttätigkeiten ausarten.

Was sehe ich?

Ein kleine Gruppe von Leuten kommt zu der Kreuzung und fängt an zu schreien: »Verfluchte Zionisten«, der Schlachtruf der Demonstrationsführer. Wenig später erscheinen alle nur möglichen Idioten auf der Bildfläche, vor allem junge Männer, und halten Ausschau nach Egged-Bussen, die sie blockieren können.

Minuten später stoßen Jeschiwa-Jungs aus dem Ausland hinzu, die in der Mir-Jeschiwa studieren, und, Leute, die sich gerne ein Gratisspektakel gönnen.

Der Kreis der Zuschauer wächst.

Vorhang auf, die Show kann beginnen.

Einige charedische Männer, die zufällig vorbeikommen, brummeln in den Bart »Idioten! Was für eine Blasphemie!«, aber ihre Stimme wird nur von den Engeln gehört, weißen wie schwarzen. Viel mehr als brummeln tun sie nicht; sie wollen nicht, dass irgendjemand den einen oder anderen Container auf sie rollt.

Doch welch Wunder! Heute bin ich nicht der Einzige, der sich anguckt, wie eine Demonstration ihren Anfang nimmt; auch die Polizei ist hier. Und da sich die Proteste noch nicht ausgewachsen haben, können sie sie im Keim ersticken.

Binnen Minuten sind Demonstranten und nichtzahlendes Publikum verschwunden.

Und es ward Abend und es ward Morgen, wie die Bibel sagt, und ein neuer Tag ist angebrochen.

Und als der Abend anbricht, wird eine neue Demonstration aus der Taufe gehoben.

Was geht hier vor? Monatelang fand weiß Gott keine einzige Demonstration statt und jetzt jeden Abend mindestens eine.

Bizarr.

Ich gehe zur Kreuzung.

Was ist da zu sehen? Offensichtlich hat eine Gruppe ultraorthodoxer Randalierer einen Müllcontainer hierhin geschoben und versucht ihn gerade anzuzünden. Nur dass das Drehbuch für diesmal eine neue Wendung vorgesehen hat: Eine andere Gruppe ultraorthodoxer Männer erscheint und drängt die Randalierer gewaltsam beiseite. »Ihr seid nicht ganz dicht im Kopf, ihr seid Mörder!«, ruft einer von ihnen den Randalierern zu. Er und seine Kameraden schieben den Container wieder auf den Bürgersteig.

Weit und breit ist kein einziger Polizeibeamter zu erblicken.

An der nächsten Kreuzung, nicht weit von der Stelle, wo Mirel so schwer verletzt wurde, scheint es ebenfalls Tumulte zu geben. »Fünf Männer im Alter zwischen 20 und 40 in ultraorthodoxer Tracht haben den Container auf die Kreuzung geschoben, angesteckt und sind weggerannt«, erzählt mir ein Ultraorthodoxer, der neben dem brennenden Container steht. »Ich hoffe, dass kein Idiot vorhat, diesen Container die Straße herunterzurollen und noch jemanden zu verletzen.«

Das wird nicht geschehen, zumindest nicht heute Abend. Einige ultraorthodoxe Männer tauchen auf, schieben den brennenden Container auf den Bürgersteig und vertreiben auch die Randalierer.

Der Busverkehr wird wieder aufgenommen.

Ich habe mich offensichtlich geirrt. Die Menschen versuchen sehr wohl, sich von den Kriminellen unter ihnen zu befreien.

Und es funktioniert. Die Randalierer, die auf den Bürgersteig gedrängt wurden, sind mit einem Mal wie vom Erdboden verschluckt. Nur ein paar Zuschauer bleiben an Ort und Stelle, alles ultraorthodoxe Männer, aber auch sie sind in kaum einer halben Stunde verschwunden. Die Polizei lässt sich übrigens nirgendwo blicken.

Am Freitag werden große Plakate an die Mauern des Viertels geklebt. Auf ihnen steht unter anderem:

Mörder, verschwindet aus unseren Quartieren!

Seit langem schon leiden wir, die Einwohner von Jerusalems Vierteln, unter Schlägern, Zerstörern der Stadt, die Gewalttaten und Vandalismus verüben, Müllcontainer und Autos anstecken und vieles mehr ... Verschwindet!

In meiner Jugend hätte im Traum niemand an einen solchen öffentlichen Aufruf gedacht.

Ein Mann mit einem Schtreimel auf dem Kopf und dem goldenen Kaftan um seinen Leib geht vorbei und sagt: »Sie haben völlig recht. Es ist blanker Horror, was hier passiert!«

Als Nächstes kommen zwei junge Litwakim aus der angesehenen Brisk-Jeschiwa vorbei und lesen den Aufruf mit großem Interesse. Auf welcher Seite stehen Sie, frage ich sie, auf der Seite derer, die Container anzünden, oder auf der Seite derer, die sie bekämpfen? »Beide Seiten haben recht«, antworten sie. Ich starre sie an, Litwakim, die am Sabbat keine Kugels essen, und gebe sie ein für alle Mal auf.

Das sind die Ultraorthodoxen, meine Liebe: Gruppen von Menschen, die sich in praktisch allen Fragen uneins sind. Sie sind Wesen, die unzählige Engel erschaffen, weiße und schwarze, und ihr Leben damit verbringen, von einem Friedhof zum ande-

ren zu reisen, von Zefat nach Uman und zu jedem Grab dazwischen. Es sind dieselben Menschen, die im Namen Gottes sprechen, Des Namens, eines Gottes, dessen Namen sie nicht kennen,
was aber an ihrem ewigen Stolz, Juden zu sein, nichts ändert.

Das ist das Einzige, was die verschiedenen Völkchen hier gemeinsam haben: den Stolz, jüdisch zu sein. Sie, das auserwählte
Volk, sehen sich als die auserwählten Juden: besser und klüger
als alle Heiden und alle anderen Juden.

Ich persönlich mag es, unter Leuten zu sein, die sich für die
besten, schönsten, sexysten, gütigsten, klügsten und liebenswer-

testen Menschen der Welt halten. Es ist schön, so zu leben, zu glauben, dass man der Beste ist, der Auserwählte der Auserwählten.

Trotzdem ist das Leben nicht perfekt, und mit dem Bild, das ich gerade gezeichnet habe, gibt es ein kleines Problem: Über den Köpfen dieser weisen und guten Menschen tanzen die Superauserwählten, denen sich das »Volk« beugen muss. Wer sind die Superauserwählten? Die Rabbis, eine Klasse von Wesen, die sich für die wahren Vertreter Gottes auf Erden halten. Sie sind ihrer Ansicht nach die Reinsten und Rechtschaffensten, alle anderen in der Gemeinde hingegen das »gemeine Volk«, dazu ausersehen, ihnen, ihren Kindern und ihren Familien zu dienen.

So seltsam es klingen mag, in der Praxis werden die ultraorthodoxen Rabbis oft mehr bewundert, gefürchtet, geliebt und geachtet als Gott; Gott ist eher von nachrangiger Bedeutung, während die Rabbis über allem stehen, auf dem Gipfel der Heiligkeit.

Nur so eine Überlegung: Sollen die Charedim doch beginnen, den Namen Gottes auszusprechen, statt ihn Den Namen zu nennen, dann wird vielleicht niemand mehr Gott und die Rabbis verwechseln.

Keine schlechte Idee, oder?

Über den biblischen Moses jedenfalls, der der Bibel zufolge dem jüdischen Volk seine Religion gebracht hat und über den die Thora sagt, dass niemand Gott näher war als er, heißt es im 4. Buch Mose: »Der Mann Mose war sehr demütig, mehr als alle Menschen auf Erden.« Bedeutet das, die Eigenschaft der Demut, den charedischen Rabbis irgendetwas?

Ich habe lange nach demütigen Religionsführern in der ultraorthodoxen Welt gesucht und nur wenige gefunden, beispielsweise den Rebbe von Toldos Aharon und den von Karlin. Ich habe viele ultraorthodoxe Gemeindevorsteher getroffen, viele mehr als die auf diesen Seiten erwähnten, die alles andere als demütig waren. Knechte hingegen – der Rabbis, nicht des Namens – habe ich überreichlich angetroffen. Der Heilige und die Schwänze, die Sie sicherlich noch in Erinnerung haben, sind nicht nur eine bestimmte, einzigartige Gemeinde, sondern Spiegelbilder voneinander. Es gibt Rabbis, und es gibt Schwänze. Und die beiden sollen sich nie vermischen. Punkt.

Rabbis haben Familien. Ja, Familien. Das hat eine einfache Konsequenz: Da die Rabbis so rein sind, ist es ihr Nachwuchs auch und *dessen* Nachwuchs ebenso. Daher die Bedeutung des Stammbaums. Wenn Sie die richtige Abstammung haben, wenn Sie aus einer rabbinischen Familie kommen, dann wird ihr Leben ein einziges Honigschlecken sein. Wenn nicht, dann helfe Ihnen Gott. Weh dir, meine Liebe, wenn du sephardisch bist, weh dir, wenn du eine Konvertitin bist, und weh dir, wenn du ein ernsthaft verletzter Jude bist, der an einem Sabbat auf der Straße liegt und dringend medizinische Hilfe braucht. Weh über weh über weh.

Ungeachtet des Gesagten ist der bittere Hass auf die Ultraorthodoxen seitens jener, die nicht ultraorthodox sind, nicht nur deplatziert, sondern er stinkt nach unverhohlenem Antisemitismus und reinem Rassismus, selbst wenn die Hassenden ihrerseits Juden sind. Die Behauptung, dass die Ultraorthodoxen gewalttätig, Sexualtäter, Diebe und Räuber, Primitive und Betrüger sind, und was es sonst noch an Schmeicheleien dieser Art gibt, ist eine groteske und abscheuliche Lüge, die unter zivilisierten Menschen völlig fehl am Platz ist.

Wie ich bei meinem ausgiebigen Aufenthalt in ihr feststellen konnte, ist die ultraorthodoxe Gemeinschaft eine der großmütigsten und humansten, die ich je kennengelernt habe. Das heißt natürlich nicht, dass nicht auch dort Gewalttäter zu finden sind, aber welche Gemeinschaft hat die nicht? Fehlt es etwa der palästinensischen Gesellschaft, diesem Hätschelkind der israelischen Linken, an gewalttätigen Individuen? Auch Diebe und Betrüger finden sich unter den Ultraorthodoxen, aber welche andere Gesellschaft ist frei von Lügnern und Schwindlern, der Vatikan etwa? In einer Hinsicht allerdings, wie Sie schon wissen, unterscheiden sich die Charedim gewaltig von allen anderen Gruppen:

in ihrem Sinn für Humor. Sie sind die witzigsten Menschen auf Erden.

Also, die Chassidim unter ihnen.

Und falls es Sie interessiert: Bis heute hat mir noch kein Charedi zugerufen: »Raus hier, Ungläubiger!« Die Einzigen, die dazu aufgefordert worden sind, von hier zu verschwinden, sind die »Mörder«.

Trotzdem bleibe ich leider nicht mehr lange hier.

Ich fühle mich hier mehr zuhause, als ich es je in New York oder Berlin getan habe, und würde das auch nie bestreiten. Hier ist der einzige Ort auf Erden, wo niemand mich hasst, weil ich ein Jude bin. Nicht nur das, sondern man liebt es sogar, dass ich jüdisch bin, was sich fantastisch anfühlt. Aber ich bin nicht bereit, das Judentum so sehr zu missachten, dass ich mich Gottesersatz-Rabbis beuge und unterwerfe.

Nein.

Leicht fällt mir der Abschied nicht, so viel ist sicher. Ich liebe die Menschen hier und werde sie vermissen, vor allem, wenn ich wieder unter den hässlichen nichtbinären Progressiven in Amerika, Deutschland und dem Rest der zerbröckelnden westlichen Demokratien unserer Zeit wandle.

Ich kann die meschuggenen Menschen des Westens ertragen, weil sie nicht meine meschuggenen Menschen sind. Es ist immer schwerer, wie Sie wissen, wenn die Idioten zur eigenen Familie gehören, nicht zu der von jemand anderem.

Lebt wohl, meine attraktiven und schönen Brüder und Schwestern. Und obwohl ich mich endgültig verabschiede, werde ich euch immer in meinem Herzen behalten.

P. S.: Mir ist zu Ohren gekommen, dass einige von euch dabei sind, die nötigen Mittel aufzutreiben, um mir, dem Rebbe von Lodz, einen Schtreimel zu kaufen. Ich bitte um Beachtung: Meine Hutgröße ist 62.

DANKSAGUNG

Mein herzlicher Dank und meine tiefe Anerkennung gebühren den ultraorthodoxen Menschen, die mir ihr Herz öffneten und mich in die Tiefen ihrer Seelen blicken ließen, die mich zu sich nachhause einluden oder mich in meiner Unterkunft mit ihrer Gegenwart beehrten.

Mein Dank geht an die Rebbes, die ich interviewen durfte und die mich in ihre Segnungen und Gebete einschlossen, sowie an ihre Anhänger, die mir an verschiedenen Tischen einen Ehrenplatz einräumten und die letzten Bissen ihres »heiligen Essens« mit mir teilten.

Ich danke den Jeschiwaschülern, die ich interviewen wollte, die stattdessen aber mich interviewten und mich in die Geheimnisse ihrer Fertigkeiten einweihten.

Mein Dank gilt auch den ultraorthodoxen Sepharden, die mich liebevoll mit ihren Gewürzgurken bewirteten, die bekanntlich alle Krankheiten heilen.

Ich schulde auch den Demonstranten Dank, die mir, während sie damit beschäftigt waren, Müllcontainer in Brand zu stecken, freundlicherweise alle Feinheiten des jüdischen Gesetzes zur Nutzung von iPhones erläuterten, aufmunternd die Geheimnisse der Zweisamkeit in Dunkelkammern auseinandersetzten und bereitwillig alles beibrachten, was ich über das Jenseits wissen muss.

Mein Dank geht an die israelischen Polizeibeamten, die mir freien Zugang zu jedem brennenden Container im Diesseits verschafften.

Florian Krauss, dem besten Videofilmer im Diesseits wie im Jenseits, bin ich zu tiefem Dank für die unzähligen Tage verpflichtet, an denen er mit seinen diversen Geräten alles aufnahm, was sich bewegte.

Möge der Segen des Himmels auf meinem deutschen Lektor

ruhen, Winfried Hörning vom Suhrkamp Verlag in Berlin, der die Idee zu diesem Buch hatte.

Dem Besitzer des Tzefania Hotels, Itzik Giladi, danke ich für die fantastischen Gratis-Omeletts jeden Morgen, seinem Sohn Asaf dafür, dass er sich um alles gekümmert hat, und Yossi Sheetrit für die reizenden Lieder und verblüffenden Fantasiegeschichten, mit denen er mich tagtäglich begrüßte.

Meiner liebenswürdigen und hingebungsvollen Schwiegermutter Isa, die mich stets mit Liebe und Zuwendung umfängt, als wäre ich ihr einziger Sohn – ich liebe dich.